2018

DAYI YEARBOOK

大邑年鉴

大　邑　县　人　民　政　府　主办
大邑县地方志编纂委员会办公室　　编

巴蜀书社

图书在版编目（CIP）数据

大邑年鉴. 2018 / 大邑县人民政府主办，大邑县地方志编纂委员会办公室编. —成都：巴蜀书社，2018.12

ISBN 978-7-5531-1086-8

Ⅰ. ①大…　Ⅱ. ①大…　②大…　Ⅲ. ①大邑县—2018—年鉴

Ⅳ. ①Z527.14

中国版本图书馆CIP数据核字（2018）第270684号

2018 大邑年鉴

DAYI YEARBOOK

大　邑　县　人　民　政　府　主办

大邑县地方志编纂委员会办公室　编

责任编辑	陈亚玲
出　　版	巴蜀书社
	成都市槐树街2号　邮编：610031
	总编室电话：（028）86259397
网　　址	www.bsbook.com
发　　行	巴蜀书社
	发行科电话：（028）86259422　86259423
经　　销	新华书店
印　　刷	成都蜀通印务有限责任公司（028）64715762
版　　次	2018年12月第1版
印　　次	2018年12月第1次印刷
成品尺寸	210mm × 285mm
印　　张	24
字　　数	650千
书　　号	ISBN 978-7-5531-1086-8
定　　价	228.00元

2018 DAYI YEARBOOK

大邑年鉴

大　邑　县　人　民　政　府　主办
大邑县地方志编纂委员会办公室　编

巴蜀书社

图书在版编目（CIP）数据

大邑年鉴. 2018 / 大邑县人民政府主办，大邑县地方志编纂委员会办公室编. —成都：巴蜀书社，2018.12
ISBN 978-7-5531-1086-8

Ⅰ. ①大… Ⅱ. ①大… ②大… Ⅲ. ①大邑县—2018—年鉴
Ⅳ. ①Z527.14

中国版本图书馆CIP数据核字（2018）第270684号

2018 大邑年鉴
DAYI YEARBOOK

大 邑 县 人 民 政 府 主办
大邑县地方志编纂委员会办公室 编

责任编辑	陈亚玲
出　　版	巴蜀书社
	成都市槐树街2号　邮编：610031
	总编室电话：（028）86259397
网　　址	www.bsbook.com
发　　行	巴蜀书社
	发行科电话：（028）86259422　86259423
经　　销	新华书店
印　　刷	成都蜀通印务有限责任公司（028）64715762
版　　次	2018年12月第1版
印　　次	2018年12月第1次印刷
成品尺寸	210mm × 285mm
印　　张	24
字　　数	650千
书　　号	ISBN 978-7-5531-1086-8
定　　价	228.00元

编委会名单

编辑说明

一、《大邑年鉴》由中共大邑县委、大邑县人民政府主办，大邑县地方志编纂委员会办公室编纂，是一部按年度系统记述全县自然、政治、经济、文化、社会等方面情况的资料性文献。年鉴全面、翔实地记载年度内大邑县国民经济和社会发展的新成就、新经验、新情况，旨在为各级党政机关、研究部门、社会各界人士以及中外投资者了解和研究大邑提供翔实史料，为各级领导提供决策依据，为推动大邑经济和社会全面发展服务。

二、《大邑年鉴》（2018）为一年一鉴本，所记述的内容，上限自2017年1月1日，下限至2017年12月31日。特载、专文、图片适当上溯或下延。

三、本年鉴采用分类编辑法，设类目、分目、子目、条目四个级次，分目、子目、条目为信息载体。标目标题以字体、字号区分。

四、本部年鉴设特载、专文、专题记述、大事记、综述、中共大邑县委、大邑县人大常委会、大邑县人民政府、政协大邑县委员会、民主党派·群众团体、法制、军事、交通运输·邮政、城乡建设与管理、房地产业、资源与环境保护、农业、工业·能源、商贸服务·旅游、传媒·通信、金融业、经济监督管理、财政·税务、教育·科技、文化·体育、卫生·人口、居民生活·社会保障、人物、乡镇、附录共30个类目。为增强年鉴的直观性、可读性，编入彩页，随文插图。

五、本年鉴的资料和数据，主要来自县级各部门、各单位和各乡镇，由县志办收集、整理、编纂。由于统计口径和方法不尽相同，使用时请以县统计局公布的数据为准。

六、本年鉴的图文虽经多次校对、审核，但难免有错漏、不妥之处，殷切希望读者批评指正，提出宝贵意见。

3月23日，省委常委、宣传部长甘霖（右二）调研安仁博物馆小镇

3月7日，市委常委谢瑞武（右二）调研大邑县农业农村工作

1月12日，县委书记李燎调研黑籽儿社会服务中心

7月12日，县委副书记、县长廖暾慰问一线职工

3月7日，县人大常委会主任马良清调研大邑望县中医医院

1月20日，县政协主席张昌勇慰问贫困群众

2月24日，召开大邑县“提升精神区位，争创一流业绩”大讨论系列活动动员会

3月22日，召开全县食品安全暨创建国家食品安全示范城市工作会

5月11日，召开十四届县委第一轮巡察工作动员部署会，宣布中共大邑县委巡察机构成立及职能职责，安排部署十四届县委第一轮巡察工作

7月20日，召开十四届县委常委会第二十七次会议，坚定不移推进“西控”战略

干部职工收看市第十三次党代会直播

6月1日，召开大邑县传达贯彻省第十一次党代会精神大会

10月27日，十九大代表占地斯门宣讲十九大精神

市委副书记、市长罗强致辞

“创业天府　菁蓉汇·大邑县”绿色智造专场活动

8月26日，由市政府主办的“创业天府·菁蓉汇·大邑县”绿色智造专场活动在四川电影电视学院安仁校区举行。来自国内行业协会、高校院所、创投机构、创新创业载体等近千名代表齐聚大邑，围绕“绿色科技、智造未来”这一主题，共话创新创业，共创美好未来。市委副书记、市长罗强出席活动并致辞。中国工程院院士刘人怀、市长助理韩春林，县领导廖瞰、马良清、张昌勇、王琰出席活动。活动现场，大邑电子信息产业园建设项目等23个重量级投资项目举行签约仪式，总投资达126亿元。

2017“创业天府　菁蓉汇·大邑县”绿色智造专场活动

我们的优势
模式创新
无任何仪器却成为最大的测试服务提供商
推广辐射能力强
背靠高分子国重实验室
所院校，百余家企业
资质认证
国家认证资质，仪
签订排他协议
云计算+深度学习
撮合更精准，服务质量更

路演现场

企业展示
公瓒酒

企业展区

蓉城之秋·安仁国际艺术音乐节

安仁古镇是成都市委、市政府确定的四个音乐特色小镇之一。11月1—5日，为了打造音乐小镇，提升和发展安仁音乐文化艺术生活氛围，首个汇集电子、爵士、流行风格，主打原创艺术气质的音乐节——蓉城之秋·安仁国际艺术音乐节在安仁古镇正式拉开帷幕，给安仁这个音乐小镇蒙上音乐面纱。来自15个国家的近50支乐队，200多名音乐艺术家齐聚安仁古镇，共同带来一场“国际范儿”原创艺术音乐盛宴。

中国安仁国际音乐节——中美乡村音乐交流会在刘氏庄园博物馆广场举行乡村音乐会

① 安仁文化协会演奏《人勤春来早》

② 大邑县1995音乐工厂演唱《年轻的大邑》

③ 大邑不老兄弟乐队主唱吴宇雨中深情献唱

④ 台湾地区排湾族徹摩＆王子乐队演唱民谣

⑤ 美国饶舌歌手拖基・赖特激情演唱

⑥ 美国田纳西州创作型歌手杰克逊・威尔斯与观众互动

9月17日，全国政协委员、全国总工会副主席崔郁（中）率队到大邑调研妇女儿童工作开展情况。图为崔郁一行在青霞镇幸福公社听取农业创客中心情况汇报

9月20日，大邑县首届茶席设计大赛在幸福公社举行

成都匠人村：
回归田园山风间　用心做好一件事

取冷铁打一片叶子、用针线绣一个故事、拿木头做一把勺子……位于青霞镇幸福公社的成都匠人村建成后，数百名来自天南海北、志同道合的匠人陆续在这里安营扎寨，静下来，慢下来，把自己的理想付诸实践。

陈宝——教授传统木艺

安自强——耐心打铁

“文创”+“非遗”吸引外国友人参与

花水湾镇、西岭镇荣获“国家卫生乡镇”称号

2014年，花水湾镇、西岭镇启动“国家卫生乡镇”创建工作。2017年7月，花水湾镇、西岭镇被全国爱卫会评为“国家级卫生乡镇”。

西岭镇云华小区

花水湾

运动 健康 文明 和谐
中国·大邑

孔裔国际公学
CONFUCIUS INTERNATIONAL SCHOOL
2017

投资大邑 合作共赢

安仁论坛
ANREN FORUM
“新时代、新矛盾、新思想、新征程”

①	②	③
④	⑤	⑥
	⑦	

① 6月14—15日，第六届中国成都国际非物质文化遗产节大邑县分会场活动隆重开幕

② 8月14—15日，全国空手道“争霸”赛在大邑县举行

③ 10月28日，首届安仁双年展国际艺术展览在安仁古镇盛大开幕，展出作品吸引嘉宾们驻足欣赏

④ 9月30日，安仁慢食论坛开幕

⑤ 10月27日，大邑县在南京召开招商项目推介会

⑥ 12月1日，大邑县在北京召开招商项目推介会

⑦ 12月15—16日，以“发展中的特色小镇”为主题的2017安仁论坛在大邑县中国历史文化名镇安仁镇举行。图为安仁论坛现场

12月14日，“身边榜样·大邑力量”典型选树主题活动颁奖典礼隆重举行

12月23日，“诗意山水·创新之邑”2017大邑半程马拉松赛开跑，2000余名跑友参加比赛

大邑县首个农田小气候观察站

大邑获批“四好农村路”省级示范县。图为美丽的乡村公路

1月22日，大邑县人民政府与中国铸造协会签订战略合作框架协议

北京红星股份有限公司成都金龙酒厂

成都望锦汽车部件公司生产车间

石油机械配套产业企业——鑫泽机械生产车间

优尚美装饰材料公司生产车间

贝根管道公司厂貌

天邑公司部分产品

海螺型材公司内景

现代农业展览馆

“菌博天下”农业观光园

创新创业孵化中心的葡萄挂满枝头

白菜丰收

蓝莓基地全景

观景台

大邑环境空气质量持续向好

流动花水湾

西岭水岸

鹤鸣山风光

小镇生活

雾夜恒大

西岭雪景

珍稀候鸟在我县越冬

新场廊桥

桃源新城迎朝阳

目 录 DAYI YEARBOOK

综 述

中共大邑县委

大邑县人大常委会

大邑县人民政府

政协大邑县委员会

民主党派·群众团体

法制

军　事

交通运输·邮政

城乡建设与管理

房地产业

资源与环境保护

农 业

工业·能源

商贸服务·旅游

传媒·通信

金融业

经济监督管理

财政·税务

教育·科技

文化·体育

卫生·人口

居民生活·社会保障

人 物

乡 镇

附录

索引

立足新时代　践行新思想　展现新作为
为加快建设“生态宜居城 创意新大邑”而努力奋斗

——在县委十四届四次全体会议上的报告

（2017年12月26日）

中共大邑县委书记　李　燎

同志们：

我受县委常委会委托，向全会报告工作。

一、县第十四次党代会以来工作开展情况

县第十四次党代会以来，县委常委会坚决贯彻中央和省委、市委决策部署，认真学习贯彻党的十九大精神，坚持以习近平新时代中国特色社会主义思想为指引，围绕省委建设美丽繁荣和谐四川、市委建设全面体现新发展理念的国家中心城市总体目标，团结带领全县各级党组织、广大党员干部群众，全力推动大邑经济社会科学发展、加快发展，充分发挥了定思路、把方向、谋全局、强统筹的作用。

全面提升发展站位格局。深入开展“提升精神区位、争创一流业绩”大讨论等干部能力提升系列活动，深化对标管理、比学赶超，以“清单制+责任制”项目化管理方式，制定贯彻落实市委“西控”战略、产业发展、城乡社区发展治理、乡村振兴、新经济发展等重大部署行动计划，自觉将大邑发展置于全省、全市战略布局中来谋划，推动大邑更高质量、更有效率、更加公平、更可持续发展。

精心绘就城乡发展蓝图。坚持规划先行，统筹“人、城、产”三大要素，聘请中规院、中科院、天津大学等知名机构和院校，高标准编制《县域发展战略规划》《城市总体规划》，对县城、沙渠镇、安仁镇、快铁站、王泗湿地等重要地区、重要地段、重要节点进行详细城市设计，明确了县域“双城两轴、五区多点”经济地理体系，着力构建“区域中心城—特色镇—新型社区及林盘聚落”三级城乡体系，精准标定大邑城市未来成长坐标。

夯实绿色发展生态本底。坚持走绿色发展道

路，严守生态安全底线，划定生态保护红线、永久基本农田保护线和城镇开发边界线3条基本控制线和川西林盘保护线。扎实开展“三治一增”行动，全面落实“河长制”，强化重污染天气应急应对、扬尘治理和农村面源污染治理，国家卫生县城创建有序推进。严格落实环境保护“党政同责、一岗双责”，强力推进中央和省市环保督察问题整改，晋原街道“砖瓦窑一条街”等群众反映突出问题得到彻底整治。

提升产业发展能级。坚持以构建产业生态圈和创新生态链为核心推进产业发展能级提升。出台“产业新政64条”“1+3”人才新政，设立5000万元人才发展基金，落实“人才公寓”房源100套，“青年人才驿站”建成运营。赴清华大学、复旦大学等名校开展高端人才引进，共引进高层次人才346名，其中博士6名、硕士151名。创新驻点招商、小分队招商和委托专业机构招商等方式，实施精准招商，赢信汇通智能制造基地、知本生物等一批龙头项目先后入驻，国家汽车零配件检测中心等项目加快建设。加快推进文旅项目建设，天府花溪谷、1458文创园区、影视学院创新创业园等项目加快推进，安仁成为全球首个“慢村共建计划”试点，深圳文交所“艺术公馆”落户安仁，成功举办安仁论坛、安仁国际艺术音乐节、安仁双年展、尼泊尔国家博物馆馆藏珍品中国首展等活动。拓展现代农业产业链条，建成5个万亩特色农产品基地，成功申报绿色国家农业高产高效示范县和农业数字化应用示范建设项目，国家地理标志保护产品数量达到10个，位居全国县级第一，绿色产业发展体系建设迈出坚实步伐。

全面推进改革创新。坚持以改革促开放、以创新促发展。深化各项重点改革，相对集中行政许可权改革试点、农村集体资产股份制试点等改革扎实推进；农村改革力度加大，新型农业主体培育改革经验在全市推广；成立县委社治委、新经济工作局，城乡融合发展体制机制不断健全。强化协同创新，天邑康和、大宏立机器等6家企业被认定为国家知识产权优势企业，大邑现代农业青年（大学生）创新创业孵化中心被科技部命名为“星创天地”，成功创建国家知识产权强县工程示范县。

始终秉持亲民为民情怀。坚持在发展中保障和改善民生，强化城乡一体公共服务功能提升，实施基层综合文化服务中心示范点建设、转诊绿色通道、公办幼儿园标准化建设提升等一批民生工程，“全国中小学校责任督学挂牌督导创新县”通过国家级实地检查，县人民医院“三乙”创建和大病医疗互助补充保险试点有序推进，县社会关爱援助中心成立运行，扶贫开发工作成效明显。大邑县荣获市政府“就业创业工作先进集体”“就业扶贫工作先进集体”。

打造共建共治共享社会治理格局。集成推进城乡社区发展治理各项工作，改造晋原街道富民路等14个老旧院落，建成沙渠镇东岳社区等10个社区综合体，完成花水湾镇温泉正街等8条特色精品街区、王泗镇赵大院子等3个川西林盘建设，我县被省政府认定为全省第一批“四好农村路”示范县，基层法治化治理“无讼社区”建设被评为全国社会治安综合治理创新典范案例。坚持加强和创新社会治理，深入推进“法治大邑”“平安大邑”建设，健全完善重大决策社会稳定风险评估、法律顾问、合法性审查等制度，建立覆盖全域的三级便民服务网络，完善矛盾纠纷多元化解机制，积极开展“法治大讲堂”“身边榜样·大邑力量”等活动，全面推行“雪亮工程+”建设，持续开展重点领域安全隐患排查整治，全县社会大局和谐稳定。人民调解和智慧司法平台建设工作受到省市充分肯定，获评“省级平安县”。

注重凝聚发展强大合力。坚持党对一切工作的领导，支持人大及其常委会依法行使职权，支持政府依法行政，支持人民政协依照章程履行职能，爱国统一战线巩固壮大，民族、宗教、侨务、对台工作进一步加强，国防动员和双拥工作持续深化，工会、共青团、妇联等群团组织作用有力发挥，形成了全社会推动大邑经济社会发展的强大合力。

从严履行管党治党主体责任。坚持党要管党、从严治党，全面加强县委常委会自身建设，常态化制度化开展“两学一做”学习教育，加强和规范党内政治生活。践行好干部标准，落实“政治强、懂城市、会经营、善治理”选人用人导向。深入实施“党建强基”工程，全省“农民夜校”现场会、全市“微党校”推进会和产业园区党建现场会在我县召开，“共产党员”微信向全国推送我县“微党校”做法。严格落实“两个责任”，强化权力运行监督制约，深入开展“微腐败”专项治理，创新“雪亮工程+微权力治理”防腐治腐模式，持续保持反腐高压态势，全县上下崇严尚实、干事创业的氛围更加浓厚。

总体来看，县第十四次党代会以来，全县各项工作扎实推进、成效明显。这些成绩的取得得益于市委市政府的坚强领导，来源于县四大班子的团结拼搏，凝聚着全县党员干部的真抓实干，汇集着全县人民的创新创造。在此，我代表县委常委会，向全县各级党组织和广大党员干部、向全县人民表示衷心的感谢！

在肯定成绩的同时，我们也要清醒地认识到工作中存在的困难和问题：一是区域经济发展能级不够，支撑性、引领性重大项目不多，产业聚集度不高，产业生态圈尚未形成，新经济发展尚在起步阶段。二是城乡公共服务配套不平衡，山丘区乡镇基础设施和公共服务配套设施建设较为滞后。三是城乡形态还需进一步提升，城市建设品质不够高，基础设施有待进一步完善。四是部分干部眼界和能力还不够高，工作作风还需进一步改进，担当精神、创新意识还需进一步加强。对此，我们必须增强忧患意识，坚持问题导向，采取强有力的措施切实加以解决。

二、贯彻新思想新理念，科学确立大邑未来城市发展目标

综观新形势、新要求，大邑面临的机遇与挑战并存。党的十九大立足新时代，提出了建设现代化经济体系的新任务，并在深化供给侧结构性改革、加快建设创新型国家、实施乡村振兴战略等方面做出了新部署，为我们提供了发展遵循，增添了发展动力。省委建设美丽繁荣和谐四川，成都建设全面体现新发展理念的国家中心城市，大力实施主体功能区战略全面建设现代化新天府，为我们带来了发展新机遇、拓展了发展新空间。从我们自身来看，我县生态环境优美、文化底蕴厚重、旅游资源富集，有一定的产业基础，特别是经过多年的努力，我们在产业升级、城乡统筹、改革创新等方面取得了较为明显成效，为进一步厚植发展优势、增强发展后劲奠定了基础。更为重要的是，大邑人心思进、风清气正，党员干部想干事、能干事的氛围已逐步形成，这是我们谋求更高层次发展的动力之源、信心之本和底气所在。我们一定要认真贯彻落实党的十九大精神和省委、市委决策部署，把握机遇、顺势而为，以强烈的责任使命和坚定的历史担当，不忘初心、继续前进，在新起点上不断开创大邑发展新局面。

全面把握大邑当前所处的时代方位，深刻分析未来发展的宏观大势，我们确立了新时代大邑“三步走”战略目标。第一步，到2020年，高标准全面建成小康社会，基本建成国家中心城市的郊区新城。“两区三地”功能显著增强；现代化产业体系基本形成；公共服务供给能力、生态环境质量显著提升。第二步，从2020年到2035年，加快建设高品质和谐宜居生活城市，基本建成国际枢纽门户城市的文化交往中心。天府文创文博集聚区、国际度假和文化旅游目的地的国际影响力显著提升，成为世界旅游目的地的核心区、成都重要的国际文化交往承载地；绿色发展机制更

加健全，绿色生态本底进一步厚植，城乡融合发展，公共服务优质均衡，人民生活幸福安康，建成山景秀丽、水润绿染、人居舒适的幸福宜居城市。第三步，从2035年到本世纪中叶，全面建设现代化美好家园，基本建成世界城市的魅力城区。全面建成“两区三地”，充分展现以西岭雪山为代表的中国山水气质、以庄园林盘为代表的川西田园风韵、以文创科创为代表的天府人文魅力，成为世界现代田园城市典范区，为成都全面建设现代化新天府、可持续发展的世界城市贡献大邑力量。

三、奋力开创经济社会发展新局面

2018年是贯彻落实党的十九大精神的开局之年，是改革开放40周年，做好2018年改革发展稳定工作意义重大。全县各级党组织和广大党员干部要高举习近平新时代中国特色社会主义思想伟大旗帜，深入学习贯彻党的十九大精神，按照高质量发展的要求，全面落实省委、市委决策部署，以新发展理念为引领，在新的时代方位下，不忘初心、牢记使命，围绕“两区三地”功能定位，奋力建设“生态宜居城、创意新大邑”，在成都建设全面体现新发展理念的国家中心城市、全面建设现代化新天府实践中贡献更多大邑力量。

功崇惟志，业广惟勤。奋力建设“生态宜居城、创意新大邑”，重在苦干实干。我们要坚定发展信心，抢抓战略机遇，扭住关键环节，推进各领域各方面新实践新突破，努力实现高质量、均衡性、可持续发展。

（一）发展绿色经济，着力建设“两区三地”

落实市委“西控”战略，坚持以构建产业生态圈为核心组织经济工作，加快建设“两区三地”，提升产业发展能级，为建设国家中心城市郊区新城提供坚实产业支撑。

加快建设天府文创文博聚集区。编制文化创意产业发展规划，瞄准创意设计、影视音乐等产业链上下游环节，制定精准招商方案，力争引进一批文创龙头企业。依托华侨城集团、建川博物馆、四川影视学院等优质资源，高标准规划建设文创产业园，构建文博文创产业生态圈。加快安仁5A级旅游景区建设，活化公馆、博物馆聚落，加快文创产业孵化园、文化产权交易所、大匠之门文化中心等重大项目建设，培育发展文化创意品牌。

加快建设国家级都市现代农业发展区。坚持农商文旅融合发展思路，以安韩都市现代农业产业园、现代粮经产业园、天府道源中药材产业园为载体，以创建国家有机认证示范县、国家地理标志产品保护示范区、国家出口食品农产品质量安全示范区为载体，集聚发展绿色高端农业，打造高附加值“西岭绿源”品牌农产品，提升农业综合效益和市场竞争力。加快推进智慧田园、锦绣安仁花卉博览园、葡萄文化创意公园、成都农业创客中心、花溪谷田园综合体、祥和田园综合体等项目建设，充分展示“农耕文化”“文博田园”的独特景致。

加快建设国际度假与文化旅游目的地。围绕创建西花国家级旅游度假区目标，加快旅游提档升级步伐，完善旅游道路交通、游客中心等基础设施配套和智慧旅游网络平台建设，规范旅游景区标识标牌，加快天府花溪谷、合景云上等重大文化旅游项目建设，着力打造文化旅游精品，充分展示“诗意山水”的精致唯美形象。做好“旅游+”文章，促进旅游与文化体验、文化创意、休闲度假、观光游览、会展商务等旅游产品有机融合，形成自然景区、文化景区、田园景致为一体的全域旅游发展格局，打造国际知名旅游目的地。

加快建设成都国际对外文化交往承载地。深度融入“一带一路”战略和长江经济带开放开发，大力拓展对外交往渠道。举办“加拿大友人回家”等活动，增强与加拿大欧文桑德市、德国凯尔斯特巴赫市等国际友城关系，启动国际慢食项目，积极推动意大利都灵艺术学院尽快落地，加大与美国纳什维尔市音乐合作交流，增强对外交往资源要素的吸附力，打造国际风情音乐小镇和成都对外交往“会客厅”。

加快建设成都重要的绿色科技产业基地。坚持把东部新区作为产业转型的主阵地，构建以现代产业、现代城市、现代生活为主要支撑的经济结构、城市形态和生活方式。强化产品全生命周期绿色管理，推进维腾大数据科技园等项目建设，深化产业链垂直整合，加快建设智能产业双创园标准化厂房，培育智能制造产业生态圈发展优势，充分展示“创新之邑”发展活力。按照“一个产业新城就是一个特色城市新区”要求，加快推进东部新区商业、医院、学校等配套建设，实现城市与产业时序上同步演进、空间上分区布局、功能上产城一体。

推动新经济发展。加快发展创意经济，突出音乐制作、影视动漫等领域，加快发展文化博览、文化创意、文化体验、科技创意等产业，培育安仁文化创客小镇、青霞幸福公社创客村等文创、农创、科创、旅创基地。加快发展智能经济，聚焦人工智能产业发展，推动“互联网+制造”，加快工业互联网集成应用，实施智慧工厂、智能车间示范行动。加快发展数字经济，加快推进以大数据、云计算、物联网等为代表的新型基础设施布局，深度融入智慧城市建设，着力培育大数据应用场景。

（二）夯实绿色本底，着力推进生态文明建设

践行“绿水青山就是金山银山”理念，大力推进国家生态文明示范区建设，全力绘就美丽大邑新画卷。

实施绿满大邑行动。强化天然林资源保护和生态修复，积极实施大双路沿山彩叶林、二环路芙蓉景观带打造，统筹推进退耕还湿、生态绿隔区工程，加快建设安仁、王滩、沙渠三大湿地，启动斜江河4.5公里绿道建设，让绿色多彩成为大邑最美的底色。

加强环境污染整治。深入实施“蓝天、碧水、净土”工程，严守生态红线，严格项目准入，严管企业“三废”排放、工地扬尘、养殖面源污染，积极推进县乡74座污水处理设施提标建设。以实施“水润天府·大邑行动”为契机，常态落实“河长制”，启动成都第三水源地（三坝水库）建设，推进“三河七库”亲水环境建设，分步推进全域滨河景观打造，推动全县环境质量持续优化。

倡导绿色生活方式。加强生态文明主流价值观宣传教育引导，提高公众环保意识和生态意识。积极倡导绿色低碳、文明健康的生活方式，开展绿色企业、绿色社区、绿色学校、绿色家庭等“绿色细胞”创建，健全便捷公交、公共自行车等公共交通体系，在全社会形成崇尚绿色生活方式的良好氛围。

（三）实现乡村振兴，着力推进城乡融合发展

按照“产业兴旺、生态宜居、乡风文明、治理有效、生活富裕”总要求，大力推进城乡融合发展，打造生态宜居现代田园城市典范区。

构建三级城乡体系。健全“多规合一”、有机衔接的全域规划体系，在全县规划布局2个新城、9个特色镇和100个新型社区及林盘聚落，形成“区域中心城—特色镇—新型社区及林盘聚落”三个城市层级，以精准规划塑造分工合理、层级清晰、有机衔接的城乡体系。

提升县城功能品质。优化完善整体布局、风貌外观、天际线、城市色彩等城市规划设计，建立智能交通指挥平台，建成并运营高铁公交站，实施滨阳路、鹤翔大道等道路提升工程，精心打造北街等特色商业街区，启动环城生态带建设，加快建设“生态区、绿道、公园、小游园、微绿地”五级城市绿化体系，让“雪山下的森林城市”成为大邑城市名片。

推进乡村振兴发展。编制全域乡村振兴发展战略规划，统筹乡村空间形态、产业布局、公共服务。加快“特色镇+林盘”聚落打造，实施安仁、花水湾等特色镇和王泗且埂、晋原马王等14个林盘聚落建设，推进“百村景区化”建设，启动5个A级以上景区村庄建设。加快推动农业跨界发展，培育乡村旅游、农事体验等新产业新业态，推进农商文旅融合发展。加快实施农业品牌建设工程，推进农产品品牌孵化、创新、整合，提升“西岭绿源”公共品牌知名度。加快推进全域景观化建设，以天新大、成温邛交通沿线为重点，实施1.6万亩土地综合整治、7.9万亩高标准农田、8.3公里绿道建设，构建川西特色田园人居形态。实施农民增收促进工程，鼓励农民参与川西林盘、田园综合体等建设，促进农民从新兴产业新型业态发展中充分持续长期受益。实施农村人居环境整治工程、农村文化现代化建设工程，促进城乡空间融合和功能衔接。以“五项改革”为重点，持续优化农业产业体系、生产体系、经营体系，加快推进农业农村现代化。

完善城乡交通网络。编制完善县域交通规划，大力实施重大交通项目攻坚行动，配合加快推进成蒲快铁、成都经济区环线高速项目，加快实施大邑—安仁空铁试验线、天新大快速路、成温邛快速路沙渠连接线等重大交通项目。推进县域交通干道、乡村公路、慢行交通系统建设，加快形成全域联动发展格局。

（四）深化改革创新，着力推进动能接续转换

树立“大改革”思维，坚持以创新强动力，以改革释活力， 为大邑新一轮发展拓宽空间、增添后劲。

推进重点领域改革。健全落实供给侧结构性改革长效机制，深化国资国企改革，积极开展相对集中行政许可权改革试点，系统推进集体经营性建设用地入市、农村产权抵押融资等改革，探索建立“管委会+园区综合党委+平台公司”产业功能区管理体制，加快释放经济社会发展新动能。

强化创新能力建设。突出企业创新主体地位，实施科技型中小企业培育行动计划，支持企业建立技术中心、工程技术研究中心等研发机构。全力推进创新载体建设，与省机械设计研究院合作共建智能制造研发中心和中小企业科技服务港。加强协同创新，支持企业加大与高等院校、科研院所合作力度，促进创新要素与产业升级有效对接。

加快高端人才集聚。优化人才“引育留用”体系，成立大邑人才发展基金，启动第二批人才公寓建设，加快引进高端人才、紧缺人才和创新创业团队，充分释放人才创新潜能，以人才优先发展引领产业生态圈建设。深化与中科院、电子科大、川农大、成都大学、四川影视学院等校地合作，实施技能人才名师、名匠工程，促进高端人才、科技知识、现代技术等更多资源汇聚大邑。

（五）改善民生福祉，着力满足人民美好生活需要

积极回应人民群众新期待，努力让城市发展更有温度，让群众有更多的获得感、更高的满意度。

健全社会保障体系。实施就业增收、社保提质、住房安居、扶贫攻坚行动，积极开展“春风行动”“就业援助月”、创业大赛等活动，全面推行以病种付费为主的医保支付方式，基本完成乡镇（街道）社会关爱援助站建设，完善公共租赁住房和廉租住房并轨运行机制，加大老旧城区和棚户区改造力度。扎实开展扶贫成效“回头看”和对口帮扶松潘县工作。

提升公共服务品质。实施教育提升、全民健康、文化惠民行动，深入推进公办幼儿园“一体化”管理，健全完善职业教育体系，探索实施家庭医生有偿签约服务试点，完善公共文化载体建设，深入推进全民健身运动，着力建设健康大邑、文创大邑，积极创建国家卫生县城，构建形成覆盖城乡、优质均衡的基本公共服务体系。

提升城市治理品质。加强城乡社区治理，实施社区发展治理“五大行动三年计划”，推动社会治理重心向基层下移，实施社区、社会组织、社工“三社联动”，深化共建共治共享，加快建设高品质和谐宜居生活社区。推进“法治大邑”“平安大邑”建设，构建与城市发展相适应的依法治理体系，完善“大联动·微治理”体系、社会稳定风险评估机制，加快实现“雪亮工程”全覆盖。健全公共安全监管体系，坚决遏制重特大安全事故发生。

凝聚各方智慧力量。支持人大、政府、政协依法依章开展工作，支持法院、检察院依法独立行权，巩固和壮大新时期爱国统一战线，深入推进军民融合发展和双拥共建，充分发挥工会、共青团、妇联等群团组织作用。坚持用中国梦和社会主义核心价值观凝聚共识、汇聚力量，大力弘扬“红船精神”，筑牢全县人民团结奋斗的思想基础。

四、坚定不移推进全面从严治党

树牢全面从严治党永远在路上的意识，毫不动摇地推进党的建设新的伟大工程，做到管党有方、治党有力、建党有效。

加强思想政治建设。深入学习党的十九大精神，切实做到学懂弄通做实。坚持不懈用习近平新时代中国特色社会主义思想武装头脑、指导工作、推动实践，坚决维护以习近平同志为核心的党中央权威和集中统一领导。尊崇和维护党章，严肃党内政治生活。持续推进“两学一做”学习教育常态化制度化，扎实开展“不忘初心、牢记使命”主题教育，增强“四个意识”、筑牢“四个自信”。

锻造高素质干部队伍。实施干部能力素养提升、领导班子结构优化和年轻干部战略储备工程，完善干部大规模集中培训制度，引导党员干部增强担当意识和创新意识，进一步转变发展理念、转变工作方法、转变思想作风、提高抓落实能力，推动新思想新理念新战略落地见效。鲜明正确选人用人导向，注重在一线考察干部，在急难险重任务中检验干部，落实容错纠错免责澄清机制，积极推行优秀年轻干部多岗位锻炼，增强干部复命意识，提升“画句号”能力。

筑牢坚强有力战斗堡垒。实施基层党建质量提升行动，完善党支部规范化运行和党员分类量化考评机制，加强村（社区）带头人队伍建设，扩大基层党组织有形有效覆盖，积极探索在商圈楼宇、建筑工地等建立党组织，持续抓好“微党校”“产业园区党建”“流动党员管理”等党建品牌建设，扎实开展城乡党建结对共建，切实增强基层党组织的战斗力、凝聚力。

深入推进党风廉政建设。全面落实管党治党政治责任，深化县委巡察制度，建立县监察委工作体制机制。坚持不懈正风肃纪，严格落实中央八项规定实施细则和省市相关实施细则要求，积极运用监督执纪“四种形态”。纵深推进惩防体系建设，深入推进“雪亮工程+微权力治理”、大数据精准打击“微腐败”，增强全方位监督合力。保持惩治腐败定力，对腐败问题坚持无禁区、全覆盖、零容忍，巩固和发展风清气正的良好政治生态。

各位委员，同志们！新时代呼唤新作为，新使命开启新征程。让我们更加紧密团结在以习近平同志为核心的党中央周围，在省委、市委的坚强领导下，团结带领广大党员和干部群众，不忘初心、牢记使命，为加快建设“生态宜居城、创意新大邑”，谱写成都建设全面体现新发展理念的国家中心城市、全面建设现代化新天府“大邑篇章”而努力奋斗！

名词解释

1.“双城两轴、五区多点”经济地理体系：双城，即中心城区、沙渠产业新城。两轴，即青霞—王泗城镇发展轴、花水湾—沙渠城镇发展轴。五区，即自然保护区、山水度假区、综合服务区、精致农业区、智能产业区。多点，即特色镇、新型社区及林盘、聚落。

2.三治一增：指铁腕治霾、重拳治水、科学治堵和全域增绿。

3.“1+3”人才新政：指《大邑县进一步加强人才管理和服务工作的实施意见》《大邑县实施人才优先发展战略行动计划》《大邑县机关事业单位引进和培养专业人才试行办法》《大邑县教育和医疗卫生人才引进培养试行办法》。

4.两区三地：两区，即天府文创文博聚集区、国家级都市现代农业发展区。三地，即国际度假与文化旅游目的地、成都国际对外文化交往承载地、成都重要的绿色科技产业基地。

5.“一带一路”战略：指丝绸之路经济带和“21世纪海上丝绸之路”的国家战略。

6.三河七库：三河，即斜江河、邮江河、西河。七库，即金阳水库、毛家沟水库、宁江水库、七一水库、红旗水库、金洞子水库、丰收水库。

7.五项改革：指深化农业供给侧结构性改革、深化农村集体产权制度改革、深化农村金融服务综合改革、深化公共产品服务生产供给机制改革、深化农村行政管理体制改革。

8.五大行动：指老旧城区改造、背街小巷整治、特色街区创建、社区服务提升、平安社区创建行动。

9.红船精神：指开天辟地、敢为人先的首创精神，坚定理想、百折不挠的奋斗精神，立党为公、忠诚为民的奉献精神。

10.四个意识：指政治意识、大局意识、核心意识、看齐意识。

11.四个自信：指中国特色社会主义道路自信、理论自信、制度自信、文化自信。

12.四种形态：指经常开展批评和自我批评、约谈函询，让“红红脸、出出汗”成为常态；党纪轻处分、组织调整成为违纪处理的大多数；党纪重处分、重大职务调整的成为少数；严重违纪涉嫌违法立案审查的成为极少数。

大邑县人民代表大会常务委员会工作报告

——在大邑县第十八届人民代表大会第二次会议上

（2018年2月5日）

大邑县人大常委会主任　马良清

各位代表：

我受大邑县第十八届人民代表大会常务委员会委托，向大会报告工作，请予审查。

2017年主要工作

过去一年，在县委的坚强领导下，县人大常委会认真学习贯彻党的十九大精神，坚持以习近平新时代中国特色社会主义思想为指引，紧紧围绕全县工作大局，依法行使宪法和法律赋予的职权，圆满完成了县十八届人大一次会议确定的各项工作任务，为推进大邑经济社会发展和民主法治建设做出了新的贡献。

一、坚持原则，忠诚履职，全力保障县委决策贯彻落实

常委会始终坚持党的领导这一政治原则，主动跟进县委决策部署，依法行使各项法定职权，保证了党的路线方针政策、县委重大决策部署得到全面贯彻落实。

（一）坚持党的领导，切实维护县委权威

常委会始终坚持党的全面领导，自觉将人大工作融入县委工作大局，坚持重要会议、重点工作、重大事项及时向县委请示汇报，听取县委意见，服从县委决定，贯彻县委意图，自觉把县委重大决策部署作为讨论决定重大事项的政治依据、行动方向和指导原则，围绕全县改革发展稳定大局，依法适时做出相关决议、决定，及时把县委的决策部署通过法定程序转变为全县人民的共同意志和自觉行动。

（二）主动服务大局，依法履行监督职权

常委会紧贴县委重大决策部署及涉及民生的重要事项和重大项目确定年度工作要点，综合运用听取审议报告、专项工作评议、专题询问、执法检查等监督方式，督促和支持“一府两院”高效有序地开展工作。全年共召开常委会会议7次，主任会议14次，听取和审议“一府两院”专项工作报告9项，开展集中视察5次、专题调研4次、专项工作评议1次、专题询问1次、执法检查3次，跟踪督查重大项目8个，有力推动县委重大决策部署落地、落实、落细，形成了步调一致、共谋发展的强大合力。

（三）严格法定程序，依法开展人事任免

坚持党管干部与人大依法任免的有机统一，严格依法行使人事任免权，确保党组织推荐人选经过法定程序成为国家机关工作人员。坚持任前法律考试制度，提高被任命干部法治意识；坚持任职陈述制度，提高被任命干部为民履职意识；坚持向宪法宣誓制度，提高被任命干部宪法意识、人民意识、公仆意识；坚持任后监督制度，提高被任命干部勤政廉政意识。一年来，常委会依法任免干部54人次，为大邑的改革发展提供了

重要组织保障；依法任命人民陪审员60人，促进了司法公开与司法民主得到有效落实。

二、围绕中心，精准发力，奋力推动经济社会全面发展

常委会紧扣改革发展主题，突出发展导向、问题导向、民生导向，切实加强对经济、文化、社会和生态文明建设的监督，促进了全县经济社会持续健康发展。

（一）加强计划财政监督，促进经济健康运行

通过听取和审议2017年上半年国民经济和社会发展计划执行情况的报告、县政府2017年上半年工作情况的报告、2016年度县级预算执行和其他财政收支的审计工作报告、2017年上半年财政预算执行情况的报告，审查批准2016年财政决算报告，对2018年预算草案初步方案进行审查，督查大邑至天府新区快速通道等重大基础设施项目建设，督促县政府深入贯彻落实“五大发展理念”，加大改革创新力度，不断夯实经济发展基础，促进经济持续健康发展；狠抓项目促建，强化要素保障，扎实打好项目建设攻坚战；切实增强预算编制的科学性和可行性，不断完善预算绩效管理体系和基本支出标准体系，加大重点工程、民生资金审计力度，健全完善审计查出问题整改机制，促进公共资金更好地服务于经济发展和民生改善。

（二）助推三次产业发展，促进经济发展提质增效

紧紧围绕县委贯彻落实市委“西控”战略部署，以构建产业生态圈和创新生态链为抓手，不断强化对三次产业发展的监督。组织集中视察全县工业经济发展情况，专题调研招商引资等工作，督查东部工业新区基础设施项目推进情况，督促县政府坚持绿色发展理念，围绕文创文博、智能制造、电子信息产业生态圈建设，进一步创新招商引资方式，加大项目促建力度，优化调整产业结构，推进产业转型升级，加快形成产业生态圈，不断提升经济发展能级和水平。听取和审议国家农业综合标准化示范县创建情况的报告，开展乡村旅游发展情况视察和农业产业发展专题调研，督查2016—2018年菜粮基地高标准农田建设项目推进情况，督促县政府坚持农业农村优先发展，大力实施乡村振兴发展战略，不断拓展现代农业产业链条，促进一三产业融合互动发展。

（三）聚力群众关注焦点，促进民生持续改善

坚持把人民对美好生活的向往作为奋斗目标，持续聚焦教育、卫生等群众最关心最直接最现实的利益问题，进一步加强监督，使人民的获得感、幸福感更加充实、更有保障、更可持续。听取和审议我县医联体建设工作情况、安置房建设情况的报告，专题询问全民健身事业发展情况，视察防汛工作、农村土地综合整治情况，对全县幼儿教师队伍建设进行专题调研，对全县城乡居民饮水提升保障项目、潘家街小学建设项目、晋原消防站建设项目等民生工程进行督查，督促县政府进一步完善社会公共服务体系建设，深入推进城乡社区发展治理各项工作，不断满足人民群众日益增长的美好生活需要，促进改革发展成果更多更公平地惠及广大人民群众。

（四）强化生态文明建设，夯实绿色生态发展本底

始终把生态文明建设作为监督工作重点，不断强化绿色发展理念，推动城乡人居环境持续改善、生态文明与经济社会协调发展，为打造美丽大邑做出积极贡献。大力推进我县国家生态文明建设示范区创建，常委会组成专项工作评议调查组，对国家生态文明建设示范区创建情况进行了专项工作评议，在肯定成绩的同时，指出创建工作中存在的薄弱环节，督促县政府进一步完善创建工作机制，持续加大生态文明建设投入力度，扎实推进“三治一增”行动，充分营造良好社会氛围，确保早日创建成功。强力推进环保督查问题整改落实，深入晋原街道“砖瓦窑一条街”整

治现场进行调研和督查，督促县政府切实加大整治力度，彻底消除该区域大气污染问题，有效改善了环境空气质量。

（五）加大法律监督力度，促进政府依法行政

为保证法律法规在我县得到全面贯彻实施，常委会先后组织开展了《中华人民共和国食品安全法》《四川省人大常务委员会关于制止和查处违法建设的决定》《中华人民共和国劳动合同法》等法律法规实施情况执法检查，通过检查发现问题、提出意见建议、督促整改落实，有力推动了政府依法行政。大力配合全国人大常委会做好《中华人民共和国产品质量法》执法检查前期调研，为深入推进产品质量法的实施做出积极贡献。坚持有件必备、有备必审、有错必纠的原则，对县政府报备的8件规范性文件进行审查，有力维护了国家法制统一。

（六）深化司法工作监督，维护社会公平正义

大力推进法治社会建设，依法做出《关于开展第七个五年法治宣传教育的决议》，充分发挥了人大在深化全面依法治县、加快法治大邑建设中的重要作用。对县法院2017年上半年工作情况进行监督检查，视察基层无讼社区建设，调研人民陪审员履职情况，深入安仁法庭了解案件受理、审判、调解、执行等具体工作，督促县法院深入推进司法责任制改革工作落实，不断加强干警队伍专业化建设，切实维护社会公平正义。调研县检察院职务犯罪查处、司法救助、未成年人刑事检察等工作，督促县检察院紧紧围绕人民群众普遍关心关注的权益保障、诉讼监督等问题，充分发挥法律监督职能，依法服务和保障民生。专题调研全县公安工作开展情况，督促县公安局紧盯治安突出问题，严厉打击违法犯罪行为，切实增强群众安全感和幸福感。全力维护群众合法权益，妥善化解信访疑难事项，促进社会和谐稳定发展。县人大全年共受理群众来信来访49件，办结率100%。

三、优化服务，强化保障，充分发挥代表主体作用

常委会坚持把充分发挥代表作用作为做好代表工作的重要抓手，不断完善服务保障机制，创新搭建代表履职平台，努力提高代表履职行权的积极性和主动性。

（一）夯实履职基础

为加强代表履职能力建设，适应人大工作与时俱进的要求，常委会研究制定了代表履职能力提升培训计划，采取代表培训与常委会组成人员培训相结合的方式，组织到全国人大、省人大培训基地和市委党校进行集中、针对性强的专题培训143人次，深入系统地学习政治理论、法律法规、代表履职业务知识等，有效提升了代表的履职能力。积极开展县人大代表述职评议活动，组织44名代表进行了现场述职，评议满意率均在80%以上，切实增强了代表的主体意识、责任意识，促进代表依法勤勉履职。

（二）拓宽履职渠道

坚持常委会组成人员联系代表、代表联系选民工作机制，扩大代表对常委会工作的参与面，全年邀请代表列席常委会会议和参加执法检查、视察、调研、专项工作评议、专题询问等监督活动82人次。精心组织开展代表小组活动，引导代表围绕全县重点工作深入调研、建言献策，促进代表在助推大邑经济社会发展中积极作为、发挥作用。深入开展“脱贫攻坚——人大代表再行动”活动，全面落实代表联系贫困户制度，大力支持代表为打赢脱贫攻坚硬仗献计出力。

（三）强化建议督办

坚持以提高办理质量为重点，以代表满意为标准，进一步健全完善建议办理工作机制。加强建议办理过程监督，听取县政府《关于大邑县第十八届人大一次会议代表建议办理情况的报告》，督促县政府严格落实建议办理“三见面”制度，健全完善多部门统筹协调办理机制，强化

建议落实跟踪问效，确保建议真正落实、代表真正满意。加大重点建议督办力度，由常委会领导亲自带队，深入乡镇、部门现场跟踪督办重点建议12件，促进建议办理质量持续得到提升。县十八届人大一次会议期间代表提出的158件建议，已在法定时限内全部办理完毕并答复代表，办理结果满意率为96.2%、基本满意率为3.8%。加快推进议案建议办理规范化、便捷化，全面完成人大代表议案建议网上办理系统建设。积极开展县人大代表“我为大邑发展献一策”活动，县政府采纳代表建议26条。

四、强化措施，提升效能，不断加强自身建设

常委会坚持把加强自身建设摆在重要位置，不断完善工作机制，改进工作作风，加强队伍建设，保证地方国家权力机关职能得到有效发挥。

（一）抓制度，提升机关效能

换届以来，常委会始终把制度建设作为推进人大工作规范高效运转的有效手段，主动适应新形势、新变化、新要求，结合人大工作实际，修订完善了常委会议事规则、专项工作评议办法、人事任免办法等10项常委会工作制度和26项机关管理制度，形成了一套程序严密、科学规范、制约有效的制度体系，保证了常委会各项工作的顺利开展。严格实行目标责任管理，根据岗位职责和工作需要，将任务层层分解，责任落实到人到岗，确保人人肩上有担子、个个心中有责任，工作效率明显提升。

（二）抓作风，提升队伍形象

大力倡导严谨笃学之风，坚持每周工作例会学习、常委会法律学习、党组中心组理论学习等制度，扎实开展党的十九大精神学习、宣讲、研讨活动，深入推进“两学一做”学习教育常态化制度化。认真落实全面从严治党各项要求，深入推进党风廉政建设，扎实开展专项治理“微腐败”，努力营造风清气正的干事创业氛围。积极开展“提升精神区位、争创一流业绩”大讨论活动，对标学习、查找差距，扎实推进作风建设，有效激发干部队伍主动作为、担当干事的工作激情。不断拓展宣传阵地和渠道，在充分利用县内外各种媒体的同时，创办《大邑人大》刊物，启动续编《大邑县人民代表大会志》，切实加强对人大制度、人大工作的宣传。

（三）抓指导，加强乡镇人大工作和建设

进一步强化与乡镇人大主席团、街道人大工委的工作联系，建立健全了常委会领导、各专委会和常委会办事工作机构联系乡镇、街道人大工作制度，指导乡镇人大主席团、街道人大工委依法开展工作，进一步提升乡镇、街道人大工作规范化、制度化水平。全面贯彻落实中央、省市县委关于进一步加强人大工作和建设的实施意见对乡镇人大“每年召开两次人代会”的工作要求，督促指导乡镇人大全年规范召开两次人代会，“一年两会”成为乡镇人大工作新常态。

各位代表，过去一年常委会取得的各项工作成绩，是县委正确领导和市人大常委会精心指导的结果，是县人大代表、常委会组成人员、各专委会和常委会办事工作机构全体同志辛勤努力的结果，是县人民政府、县人民法院、县人民检察院协同配合的结果，也是各乡镇人大主席团、街道人大工委和全县人民大力支持的结果。在此，我谨代表县十八届人大常委会向大家表示衷心的感谢！

在看到成绩的同时，我们也清醒地认识到，常委会工作与县委的要求和全县人民的期望还存在一些差距和不足，主要表现在：监督工作的针对性和实效性有待进一步加强，代表履职服务保障工作还需进一步完善，人大干部队伍的履职能力尚需进一步提升等。对此，我们将坚持问题导向，自觉接受监督，采取有力措施，切实加以改进。

2018年工作安排

2018年，县人大常委会工作的总体要求是：高举习近平新时代中国特色社会主义思想伟大旗帜，深入学习贯彻党的十九大精神，坚持党的领导、人民当家做主、依法治国有机统一，按照高质量发展的要求，全面落实省委、市委、县委决策部署，以新发展理念为引领，在新的时代方位下，不忘初心、牢记使命，围绕“两区三地”功能定位，依法行使宪法法律赋予的职权，奋力建设“生态宜居城、创意新大邑”，在成都建设全面体现新发展理念的国家中心城市、全面建设现代化新天府实践中做出新贡献。

一、坚持党的领导，在贯彻县委决策部署上有新作为

始终坚持党对人大工作的领导，牢固树立政治意识、大局意识、核心意识、看齐意识，自觉把党的领导贯穿于人大依法履职的全过程，用实际行动维护党中央权威和集中统一领导。立足全局、把握方向、找准位置，主动围绕县委中心开展工作，依法有效地行使好事关大邑改革、发展、稳定等重大事项的决定权，确保县委的主张通过法定程序转化为全县人民的共同意志和行动，推动县委决策部署得到全面贯彻落实。正确处理好党管干部和人大依法任免的关系，规范人事任免程序，依法正确履行职责。

二、不断深化监督工作，在增强监督实效上有新提升

紧扣县委十四届四次全会确定的目标任务和人民群众普遍关心、关注的热点难点问题，综合运用听取审议专项工作报告、执法检查、代表视察、专题询问等多种形式，依法加强对“一府两院”的监督，全力推动经济社会实现高质量、均衡性、可持续发展。听取和审议国民经济和社会发展计划执行情况、财政预算执行情况、预算执行和其他财政收支的审计工作情况等报告，严格依法审查批准财政决算，切实加强对宪法和有关法律法规在我县实施情况的监督检查。坚持以加快建设“生态宜居城、创意新大邑”为总体目标，围绕构建产业生态圈，着力加强对建设天府文创文博聚集区、国家级都市现代农业发展区、国际度假与文化旅游目的地、成都国际对外文化交往承载地、成都重要的绿色科技产业基地和发展新经济等工作的监督，督促县政府大力发展绿色经济，加快产业转型升级，不断提升产业发展能级；围绕生态文明建设，持续推进国家生态文明示范区建设，着力加强对绿满大邑行动、环境污染整治等工作的监督，积极推进“蓝天、碧水、净土”工程和“水润天府·大邑行动”的实施，大力倡导绿色生活方式，助力绘就美丽大邑新画卷；围绕统筹推进城乡融合发展，着力加强对三级城乡体系建设、县城功能品质提升、乡村振兴发展、城乡交通网络建设等工作的监督，积极推进乡村振兴发展“十大重点工程”“五项重点改革”，加快构建城乡融合发展新格局，打造生态宜居现代田园城市典范；围绕深化改革创新，着力加强对重点领域改革、创新能力建设等工作的监督，促进经济发展动能持续增强；坚持以人民为中心，围绕保障和改善民生，着力加强对社会保障、公共服务、城市治理等工作的监督，积极推进城乡社区发展治理“五大行动”，不断提升群众的获得感和满意度。

三、着力加强代表工作，在激发代表活力上有新成效

坚持和尊重代表主体地位，进一步深化拓展代表工作的方式方法，积极为代表依法履职提

供优质高效的服务保障，有效激发代表依法履职的积极性和主动性。继续加强常委会组成人员联系代表、代表联系选民工作，进一步畅通社情民意反映和表达渠道。有效实施代表履职能力提升培训计划，多层次、全方位开展学习培训，提高代表依法履职能力。不断充实闭会期间的代表活动，通过走访联系代表、邀请代表列席常委会会议和组织代表视察调研、参与执法检查等形式，努力为代表发挥作用创造条件。强化议案建议办理和督办工作，全面启用人大代表议案建议网上办理系统，严格议案建议办理过程监督，努力推动议案建议办理工作落到实处、见到实效。健全完善代表考评激励机制，扎实推进代表述职评议活动，促进代表作用得到充分发挥。

四、持续加强自身建设，在提升工作水平上有新举措

围绕建设“全面担负起宪法法律赋予的各项职责的工作机关、同人民群众保持密切联系的代表机关”的目标，不断加强自身建设，努力打造一支政治可靠、纪律严明、作风优良、业务精湛的人大干部队伍。坚持把思想政治建设摆在首位，持续推进“两学一做”学习教育常态化制度化，深入开展“不忘初心、牢记使命”主题教育，全面学习贯彻落实党的十九大精神，自觉用习近平新时代中国特色社会主义思想武装头脑、指导实践、推动工作。全面落实党风廉政建设各项要求，持之以恒正风肃纪，巩固拓展落实中央八项规定精神成果，促进干部队伍作风进一步改进。加强人大宣传工作，提高《大邑人大》办刊质量和网站建设水平，全面完成人大志的续编工作。加强对乡镇街道人大工作的联系和指导，不断提升全县人大工作整体水平。

各位代表，站在新时代的新起点上，历史赋予我们重任，人民寄予我们厚望。让我们更加紧密团结在以习近平同志为核心的党中央周围，在县委的坚强领导下，不忘初心、牢记使命，推动人民代表大会制度与时俱进，为加快建设“生态宜居城、创意新大邑”，谱写成都建设全面体现新发展理念的国家中心城市、全面建设现代化新天府“大邑篇章”而努力奋斗！

政府工作报告

——在大邑县第十八届人民代表大会第二次会议上

（2018年2月5日）

大邑县人民政府县长　廖　瞰

各位代表：

我代表县人民政府，向大会报告工作，请予审议，并请县政协委员和其他列席人员提出意见。

2017年工作回顾

过去的一年，在市委、市政府和县委的坚强领导下，在县人大、县政协的监督支持下，县政府认真贯彻落实党的十九大精神，坚持以习近平新时代中国特色社会主义思想为指引，围绕省委建设美丽繁荣和谐四川、市委建设全面体现新发展理念的国家中心城市总体目标，按照县委落实"四控"战略、产业发展、乡村振兴、城乡社区发展治理等重大部署，凝心聚力、加压奋进，推动全县经济社会实现平稳健康发展。全年实现地区生产总值230.67亿元、增长8.4%；固定资产投资257.59亿元、增长11.3%；一般公共预算收入12.36亿元、同口径增长14.47%；社会消费品零售总额60.13亿元、增长9.9%；城镇居民人均可支配收入31552元、农村居民人均可支配收入19743元，同比均增长9.1%。

过去的一年，是我们强支撑、促转型，产业经济不断壮大的一年。一是工业经济转型步伐加快。推动建设智能制造、电子信息产业生态圈，设立6000万元邑新先进制造业发展基金。加快重点项目建设，新开工弘林数控等23个项目，加快建设中宝科技等22个项目，望锦汽车部件等18个项目竣工投产。完成工业投资144.34亿元，增长21%，新增规上企业13家，规上工业增加值增长11.3%。二是文化旅游融合发展提速。启动文创文博产业生态圈建设，安仁古镇创建国家5A级景区、西岭雪山—花水湾创建国家级旅游度假区有序推进，天府花溪谷国家4A级景区创建通过省级检查验收。华侨城、合景云上等项目加快建设，"1458"文创中心等4个文创文博孵化器、今时今日是安仁等4个文博旅游体验项目启动建设，深圳文交所"艺术公馆"落户安仁，新改建5个公馆、活化10个博物馆。成功举办"2017安仁论坛""安仁双年展"、全球慢食大会暨全国农民合作论坛等活动，安仁成为全球首个"慢村共建计划"试点。全年接待国内游客1900万人次，实现旅游综合收入49.5亿元，服务业增加值增长8.3%。三是都市现代农业推动高效。拓展现代农业产业链条，10万亩标准化果蔬产业基地、10万亩中药材种植基地、10万亩高标准粮油基地建设加快。完成农业固定资产投资15.04亿元，农业增加值增长4.4%。成功申报国家农业高产高效示范县，国家地理标志保护产品总数达10个、位列全国县级第一，获评国家农业综合标准化示范县。

过去的一年，是我们提品质、优生态，城乡建设不断加快的一年。一是城建攻坚加快推进。

开展城乡规划大会战，投入4200万元，完成《大邑县城市总体规划》等14个规划编制，建立“区域中心城—特色镇—新型社区及林盘聚落”三级城乡体系。实施城建攻坚项目49个，完成投资40.3亿元，建成大小北街安置房，县城南北历史轴线全面呈现。扎实推进东部新区建设，实施基础设施及配套产业项目23个，完成投资15.6亿元，东岳小区安置房建成投用。加快建设安仁、新场等7个特色镇，实施基础设施及配套产业项目52个，完成投资15.7亿元。启动实施1.6万亩农村土地综合整治，投资30亿元、布点43处，逐步改善2.2万户6.6万人居住环境。启动建设祥和等4个田园综合体示范项目，建成幸福美丽新村31个，成功创建省、市“四好村”79个。二是交通体系不断完善。启动建设大邑至天府新区快速通道、大邑至安仁空铁试验线，有序推进成蒲铁路大邑段、成都经济区环线高速等重大交通项目建设，加快建设成蒲铁路大邑站交通枢纽。新（改）建村组道路181公里，成功创建全省首批“四好农村路”示范县。三是城乡环境持续改善。扎实推进城乡环境综合治理，完成五斗街、罗湾巷等20条背街小巷整治提升，通过中央、省、市环保专项督察，关闭取缔“砖瓦窑一条街”，关停“散乱污”企业777家。实施“三治一增”行动，全面落实“河长制”，扎实推进18条黑臭水体整治，强化大气雾霾等专项治理，空气优良天数252天，全面完成市上下达任务。积极创建国家生态文明建设示范区，实现国家级生态乡镇全覆盖，全县森林覆盖率56.02%、县城建成区绿化覆盖率40.88%。

过去的一年，是我们增活力、添后劲，改革创新不断深化的一年。一是重点改革全面深化。深化行政审批制度改革，设立行政审批局，取消、调整县级行政审批项目前置条件305项，精简率达27%。公务用车制度改革顺利推进。深入推进商事制度改革，新发展市场主体5127户，增长58%，新发出“五证合一、一照一码”营业执照1956户。深化农村产权制度改革，扎实推进12个村（社区）集体资产股份合作制改革试点。斜源、邮江和花水湾统筹城乡综合改革示范片，董场统筹城乡综合改革示范镇建设加快推进。二是创新驱动加快发展。深入推进创新创业载体建设，新建创新创业孵化载体4个，大邑现代农业青年（大学生）创新创业孵化中心获评国家“星创天地”，“创业天府菁蓉汇·大邑县绿色智造专场”活动成功举办。实施“1+3”人才新政，设立5000万元人才发展专项资金，落实“人才公寓”100套，建成运营“青年人才驿站”，引进人才346名。国家知识产权强县工程示范县改革试点成效明显，新增大宏立等4家国家知识产权优势企业，建成市级以上研发机构42个，市级以上科技企业60家，全年专利申请2000件，专利产品实现产值81.5亿元。全社会研发投入增长10%、万人发明专利拥有量达4件。三是开放合作成效明显。坚持“一把手”招商，组建6个驻外招商工作组，4支专业招商小分队，成功签约引进维腾大数据、赢信汇通等9个重大项目。实际到位内资112.23亿元、利用外资实际到位4631万美元。深化校企合作，与电子科大共建四川邑电通信产业技术研究院、首席信息官培训中心。强化区域合作，与米易县签订友好合作框架协议。扩大对外交流，成功举办尼泊尔国家博物馆馆藏珍品中国首展、中美乡村音乐节、“安仁国际艺术音乐节”等活动。

过去的一年，是我们惠民生、办实事，人民福祉不断增强的一年。全年财政用于民生支出23.74亿元，新增财力全部用于民生支出。一是公共服务不断提升。推进教育优先发展，投入2.7亿元，建成19所幼儿园和潘家街小学，“全国中小学责任督学挂牌督导创新县”通过国家级实地检查。新建公共文化服务标准化示范点10个、基层综合性文化服务中心10个，建成公益性足球场地6片。投入4320万元，完成基层医疗卫生机构硬件提升第一批工程，有序推进县人民医院“三级乙等”创建，省级卫生县城顺利通过复审，国家卫生县城创建全面启动。二是社保体系更加健全。开展就业促进，城镇新增就业4952人，城镇登记失业率3.6%，被市政府评为“就业创业工作先进集体”“就业扶贫工作先进集体”。社会保障覆盖面进一步增大，投入7.93亿元，用于解决被征地农民社会保险，城乡居民养老保险覆盖率、城乡基本医疗保险参保率分别达97.2%、98%。完善社会救助体系，建成城乡社区日间照料中心50个。扎实做好防汛减灾和地质灾害工作，实施避险搬迁466户。城乡住房保障切实加强，建成安置房21.22万平方米，安置群众5200人。推进精准扶贫，17个市级贫困村农村居民全面脱贫，扎实做好对口帮扶松潘县工作。三是社会管理切实增强。深入推进“平安大邑”建设，开展打击“盗抢骗”等专项行动，治安形势保持平稳。实施食品药品专项整治，全年无重特大食品药品安全事故发生。强化安全生产责任，突出危化品、道路交通等重点领域安全监管，安全生产形势总体平稳。加强社会稳定风险防控，强化矛盾纠纷应急处置，健全排查调处机制，探索“诉非对接”模式，全面推进“雪亮工程+”建设，获评“省级平安县”。

过去的一年，是我们提效能、强服务，发展环境不断优化的一年。一是依法行政成效显著。严格执行县人大及其常委会的各项决议决定，自觉接受县人大及其常委会的法律监督、工作监督和县政协的民主监督，主动接受人民群众、新闻媒体等社会各界监督，累计办理人大代表建议158件，政协提案意见202件，办复率均为100%。深入推进“法治大邑”建设，建立健全覆盖全域的三级便民法律服务网络，大力实施“七五”普法，在全市率先打造智慧司法平台，为群众提供“点单式”法律服务。二是政务服务有效提升。建立招商引资项目落地保障联席会议制度，实行错时延时服务工作制，实施容缺行政审批，再造并联审批流程，压缩办理时限18个工作日。开发“大邑服务APP”，6部门85个审批事项实现在线预约服务，县卫计局等3部门21项服务事项实现网上在线申报。深入推进政务信息公开，大邑县公众信息网获评2017年政府网站信息公开类精品栏目，《电子政务大厅》系统荣获2017年政府网站新技术应用优秀案例奖。积极推进网络理政，及时回应公众诉求，全年办理网络理政11839件，办复率100%。三是勤政廉政持续加强。认真落实政府领导班子党风廉政建设主体责任，扎实开展政府系统“微腐败”专项治理。强化行政权力依法规范公开运行平台、基层公开综合服务平台监管，健全公共资源交易监督体系，完成交易565宗，节约资金5589万元，节资率8.8%。加强行政监察和领导干部经济责任审计，开展政府重大投资跟踪审计，完成政府投资工程结算审计项目93个，审减6014万元。

同时，民族宗教、统计、粮食、老龄、气象、人防、国防、档案等各项工作也取得新成绩。

各位代表、同志们，2017年取得的成绩，是市委、市政府和县委坚强领导的结果，是县人大、县政协和社会各界监督支持的结果，是全县人民共同奋斗的结果。在此，我代表县人民政府，向在各条战线上辛勤劳动、无私奉献的全县人民，向给予我们支持与监督的人大代表、政协委员、各民主党派、工商联和无党派人士、各人民团体、社会各界人士，向关心支持大邑建设发展的驻军部队、武警官兵，表示衷心感谢并致以崇高敬意！

在肯定成绩的同时，我们也要清醒地认识到工作中存在的困难和问题：一是区域经济发展能级不够，支撑性、引领性重大项目不多，产业聚集度不高，产业生态圈尚未形成，新经济发展尚在起步阶段，经济发展后劲不足。二是城乡公共服务配套不平衡，山丘区乡镇基础设施和公共服务配套设施较为滞后，特别是在教育、医疗、文体等方面欠账多，不能完全满足人民的美好生活需要。三是城乡形态还需进一步提升，城市整体布局、风貌外观、天际线、城市色彩等城市规划设计还需优化完善，城市建设品质不够高，基础设施有待进一步完善。四是政府行政能力和水平还需进一步提升，部分干部眼界和能力还不够高，工作作风还需进一步改进，目标意识、项目意识还需进一步增强。对上述问题和不足，我们将在今后工作中加倍努力，积极应对，认真解决。

2018年工作安排

各位代表、同志们，县委十四届四次全体会议为我们描绘了大邑未来发展的美好蓝图，科学确立了新时代大邑“三步走”的战略目标。第一步，到2020年，高标准全面建成小康社会，基本建成国家中心城市的郊区新城。“两区三地”功能显著增强；现代化产业体系基本形成；公共服务供给能力、生态环境质量显著提升。第二步，从2020年到2035年，加快建设高品质和谐宜居生活城市，基本建成国际枢纽门户城市的文化交往中心。天府文创文博集聚区、国际度假和文化旅游目的地的国际影响力显著提升，成为世界旅游目的地的核心区、成都重要的国际文化交往承载地；绿色发展机制更加健全，绿色生态本底进一步厚植，城乡融合发展，公共服务优质均衡，人民生活幸福安康，建成山景秀丽、水润绿染、人居舒适的幸福宜居城市。第三步，从2035年到21世纪中叶，全面建设现代化美好家园，基本建成世界城市的魅力城区。全面建成“两区三地”，充分展现以西岭雪山为代表的中国山水气质、以庄园林盘为代表的川西田园风韵、以文创科创为代表的天府人文魅力，成为世界现代田园城市典范区，为成都全面建设现代化新天府、可持续发展的世界城市贡献大邑力量。

2018年是贯彻落实党的十九大精神的开局之年，是改革开放40周年，做好2018年改革发展工作意义重大。为加快实现战略目标，按照县委的安排部署，2018年政府工作的总体要求是：高举习近平新时代中国特色社会主义思想伟大旗帜，深入学习贯彻党的十九大精神，按照高质量发展的要求，全面落实省委、市委和县委的决策部署，以新发展理念为引领，在新的时代方位下，不忘初心、牢记使命，围绕“两区三地”功能定位，奋力建设“生态宜居城、创意新大邑”，在成都建设全面体现新发展理念的国家中心城市、全面建设现代化新天府实践中贡献更多大邑力量。

2018年全县经济社会发展主要目标是：地区生产总值增长8%左右，固定资产投资增长8%以上，一般公共预算收入增长8.5%以上，社会消费品零售总额增长10%以上，城镇居民人均可支配收入增长9%左右，农村居民人均可支配收入增长9.5%左右，万元地区生产总值能耗进一步降低，主要污染物排放量进一步减少。重点抓好以下五个方面工作。

一、着力推进产业功能区建设，增强经济发展新动能

全力建设成都重要的绿色科技产业基地。全年完成工业投资80亿元，规上工业增加值增长9%以上。加快构建产业生态圈，积极推动智能制造产业园、电子信息产业园建设，编制产业园规划，优化园区城市功能、产业空间结构和资源配置模式。完善基础设施和公共服务配套，开工建设13条园区道路，推进建设沙渠220千伏、晋原110千伏变电站，加快完善商业、文化、体育等生活服务配套。设立5亿元产业发展基金，启动建设干溪河电子信息一体化应用场景，建成电子信息中小企业孵化园、电子信息产业园展示区，完成20万平方米的智能产业双创园标准化厂房建设，培育会计、审计、知识产权等功能性

中介服务机构6个。积极发展智能经济和数字经济，开工建设维腾大数据科技园等22个项目，加快建设天邑电子信息产业园等16个项目，建成投产赢信汇通等19个项目。实施企业培育工程，支持天邑康和、大宏立等企业上市，鼓励园区鑫路通、凯迪钢构等企业兼并重组，清理低效用地571亩。

全力建设国家级都市现代农业发展区。全年完成农业投资12亿元，农业增加值增长4%。加快建设安仁都市现代农业产业园、现代粮经产业园、天府道源中药材产业园等3个10万亩产业园，持续优化农业产业、生产、经营三大体系。推进产业跨界融合发展，抓好苏家智慧田园、韩场葡萄文化创意公园、青霞幸福公社创客村等农业新经济项目建设，建成锦绣安仁花卉博览园等5个农商文旅创融合发展示范项目。积极创建国家有机认证示范县、国家地理标志产品保护示范区、国家出口食品农产品质量安全示范区，推进农产品品牌孵化，提升“西岭绿源”公共品牌知名度，新增“三品”认证5个以上。

全力建设国际度假与文化旅游目的地。全年完成文旅重大项目投资25亿元，服务业增加值增长8.5%以上。加快建设安仁文创文博集聚区，积极发展创意经济，高标准建设文创产业园，培育安仁文化创客小镇，有序推进华侨城国家文化交流中心、西部文化产权交易中心、大匠之门文化中心等3个项目建设，加快建设观坊文旅小镇、四川影视学院文化创新创意园项目，活化公馆4个，新建博物馆5个，策划举办“大邑文化创意设计周”和“今时今日是安仁”实景演出，力争安仁古镇国家5A级景区创建成功。加快建设新场文创旅游特色镇。加快建设西岭雪山—花水湾旅游集聚区，抓好西花国家级旅游度假区创建，投入4亿元完善度假区基础设施，推动建设斜源幸福森谷，与陕西旅游集团合作打造花水湾千佛山，创建天府花溪谷国家4A级景区。加快建设县城服务业集聚区，建成中广传媒影视大数据展示区，推进合景云上度假区建设，积极发展生活性服务业，主动承接成都市会议展览、文化艺术、体育赛事等功能，打造川西旅游集散与组织中心。大力发展乡村旅游，抓好安出路等百里花廊示范点、向阳花农场等乡村特色示范农庄、锦府驿等精品主题民宿示范建设。强化品牌营销，办好南国冰雪节、天府古镇国际艺术节等节会，全年旅游接待1970万人次以上，旅游综合收入60亿元以上。

二、着力推动乡村振兴，加快城乡融合新发展

加快实施乡村振兴。依托特色农业本底，突出以川西林盘为特征的新型社区和美丽乡村建设，打造以特色产业为支撑的特色镇，构建农商文旅融合发展、各种要素聚集的城乡融合发展体系。实施乡村规划提升，编制全域乡村振兴发展战略规划，统筹乡村空间形态、产业布局、公共服务。实施川西林盘保护修复，积极推进董场巫林盘示范庄园等项目建设，打造王泗且埂、晋原马王等14个林盘聚落，启动“百村景区化”建设，建成A级标准以上景区村庄5个。实施大地景观再造和人居环境整治，以交通沿线、旅游景区为重点，开展1.6万亩农村土地综合整治、7.9万亩高标准农田建设，打造董场祥和、王泗庙湾等田园综合体5个。实施特色镇建设，重点打造安仁、沙渠、花水湾、韩场、新场、王泗特色镇。实施农村文化现代化建设，启动创建省级文明城市，积极推进文明村镇、文明社区、文明家庭创建，创建省级“四好村”20个。实施城乡社区发展治理，优化文化、教育等基本公共服务设施配置，积极培育社区社会组织、社工机构和村（居）民自治组织，加快形成15分钟社区生活服务圈。

加快打造生态宜居城。以斜江河沿线及静惠山以北为载体，依托生态环境优势拓展城市空间，加快构建“山在城中，城在山中，依山傍

水”的城市生态新格局。坚持复兴老城、繁荣新城并举，加快建设晋北特色小镇，打造北街等8个特色商业街区。开工建设北二环、滨阳路，提升改造鹤翔大道和老体育场，加快改造氮肥厂、温泉路建华片等6个棚户区，分类分层整治全县老旧院落，实施总投资18.37亿元、1045户的3个城中村改造。强化城市管理，优化完善建筑布局、风貌外观等城市规划设计，实施红光统建房片区、雪山大道等城市修补工程，完成通达东路五段、仁和街等18条背街小巷治理。实施绿满大邑行动计划，加快创建国家生态文明建设示范区，协调推进大熊猫国家公园建设，扎实抓好安仁、沙渠、王滩等3大湿地建设，建成小游园微绿地15个4.23万平方米、区域级绿道8.3公里、社区级绿道95公里，推动大双路、二环路彩色景观带建设，新增城市绿化面积10万平方米，让“雪山下的森林城市”成为大邑城市名片。

加快构建互联交通路网。开展综合交通三年攻坚大会战，加快建设大邑至天府新区快速通道、大邑至安仁空铁试验线和成蒲铁路大邑站综合交通枢纽，协同推进成蒲铁路大邑段、成都经济区环线高速大邑段、王泗火车站等重大交通项目建设，完成重大交通项目投资12亿元。完善县域交通网络，启动建设天新邛快速路大邑连接线、成温邛快速路沙渠连接线，积极改造内蒙古大道延伸线，实施建设特色镇和林盘主干道15公里，建成扶贫村主通道61公里、农村公路护栏100公里。加快构建现代立体综合交通运输网络体系，全力建设智能交通智慧监管平台，建成投运高铁公交站，有序推进全域公交系统建设。

三、着力深化改革创新，释放城市发展新活力

强化重点领域改革。深化供给侧结构性改革，健全落实供给侧结构性改革长效机制。深化机构和行政管理体制改革，深入推进“放管服”改革，重点抓好政务服务“仅跑一次”改革、综合行政执法智慧服务平台建设、基层政务公开标准化规范化建设。稳妥分类推进事业单位改革。深化财政管理和国资国企改革，稳妥推进PPP，积极引入社会资本参与产业发展、基础设施和公共领域建设。全面推动商事制度改革，推进全程电子化网上登记和电子营业执照工作。深化农业农村改革，完善农村土地“三权”分置办法，系统推进集体经营性建设用地入市、农村产权抵押融资、农村普惠金融等改革。创新产业园区管理运营体制，探索建立“园区管委会+院校企创新共同体+产业投资基金”的工作机制，实施企业分类综合评价机制，分级优先保障资源要素供给，支持投资主体、研发机构建立市场化激励机制。

增强创新创业动能。完善创新创业孵化体系，建成运营西岭创星工场，新建各类创新创业载体2家。健全创新创业服务平台，加快建设四川邑电通信产业技术研究院，打造从青霞到安仁的新经济发展带，提升创新创业载体服务效能，构建全要素、全链条、全网络的创新创业生态。优化人才“引育留用”体系，探索设立大邑人才发展专项基金，积极推进人才公寓建设，全年引进高层次人才100名以上，深化与中科院重庆绿色智能技术研究院、省机械研究设计院、电子科大等科研院校合作，促进科技知识、现代技术等资源汇聚大邑。巩固国家知识产权强县工程示范县创建成果，全社会研发投入增长10%以上、万人发明专利拥有量5件以上。

扩大对外开放合作。全力建设成都国际对外文化交往承载地，加大与美国纳什维尔市音乐合作交流，加快建设意大利都灵艺术学院、阿尔贝吉纳艺术学院，办好“安仁国际艺术音乐节”等活动，启动安仁“慢村共建”试点建设，加快建设安仁音乐厅，办好“2018安仁论坛”“2018年成都国际友城青年音乐周分会场”活动，打造国

际风情音乐小镇和成都对外交往“会客厅”。完善项目招引促建机制，实施“一企一策”招商、对接、服务专班，围绕产业生态圈，瞄准6类500强，大力开展补链、强链、扩链招商，全年新签约引进市级重大项目8个以上，落地6个以上，利用外资实际到位4800万美元以上，实际到位内资113亿元以上。挖掘出口潜力，实施定向孵化，实现外贸进出口1.53亿美元。

四、着力增进民生福祉，回应人民群众新期盼

打好污染防治三大战役。继续抓好中央、省、市环保专项督察问题整改，持续改善生态环境。实施蓝天工程，落实“治霾十条”，扎实开展大气环境综合整治，推进压减燃煤、控车减油、治污减排、清洁降尘、综合执法“五大行动”，抓好秸秆综合利用和禁烧，全年空气质量优良255天以上。实施碧水工程，落实“治水十条”，加强河长制管理。积极推进垃圾和城镇污水处理设施建设三年行动计划，加快推动全域供排水及生态治理PPP项目，改造升级大邑县污水处理厂，启动建设大邑县工业污水及再生水处理厂、王泗食品产业园污水处理厂。开展农村面源污染治理，实施县域骨干渠系水环境综合治理、岷江支流江河堤防治理和水库生态治理，全面完成18段黑臭水体整治，协调推进成都第三水源三坝水库建设。实施净土工程，开展土壤环境质量状况调查，推进土壤污染防治，逐步改善土壤环境质量。

强化公共服务供给。大力实施公共服务设施三年攻坚行动。以“五好”目标引领教育综合改革，推动城乡教育优质均衡发展，投入1.8亿元，升级改造大邑中学、北街小学等20所学校，完成韩场学校扩建，加快沙渠中学建设，高起点创建10所质量一流、特色鲜明的美丽乡村学校，高标准锻造100名善于管理、勇于创新的优秀校（园）长，高质量培养1000名专业性强、有示范带动作用的骨干教师，不断提升教育办学品质。实施全面健康行动，着力建设健康大邑，通过全国农村中医药先进县复审，成功创建国家卫生县城，县人民医院建成“三级乙等”医院，妇幼保健院保健楼完成建设。投入4300万元提升基层医疗卫生机构硬件设施，升级改造乡镇卫生院6个，新改（联）建公有化、标准化村卫生站57个。深化医药卫生体制改革，探索家庭医生有偿签约服务试点，构建县域医共体，推进县乡村医疗机构一体化管理。实施文化惠民行动，优化公共文化服务体系，建成乡镇（街道）公共文化服务标准化、基层综合性文化服务中心10个示范点，提升“歌舞大邑·运动大邑”等文体活动品牌。实施就业行动，城镇登记失业率控制在4%以内。实施社保提质行动，加大社会保险扩面征收和清欠工作力度，推行以病种付费为主的多元复合式医保支付方式，确保城乡居民养老保险覆盖率、城乡居民基本医疗保险参保率分别达97.2%、98%。进一步完善社会救助体系，统筹推进乡镇（街道）社会关爱援助中心建设，推进养老院服务质量建设专项行动和社区养老院三年达标计划。实施住房安居行动，完善公共租赁住房和廉租住房并轨运行机制，建成大树等安置房30.33万平方米，安置群众6915人。实施脱贫攻坚三年巩固提升行动，开展扶贫成效“回头看”，做好对口帮扶松潘县工作。

增强社会治理能力。深入推进“大联动·微治理”，推广“雪亮工程+”“无讼社区”建设，开展网格综合化、智慧化建设，打造县级智慧中心，推动建设沙渠镇综合性服务管理大平台试点。健全矛盾纠纷多元化解机制，优化诉非衔接工作模式，落实信访维稳逐级负责制，切实解决群众合理诉求。狠抓重大行政决策事项风险评估，强化突发事件预警和应急处置，依法打击涉恐涉暴、涉黑涉恶等各类违法犯罪，加快构建信息化、立体化社会治安防控体系。认真落实安全

生产责任，加强重点行业领域执法检查，强化消防安全和职业安全监管，坚决遏制重特大安全生产事故发生。切实做好地质灾害防治和防汛工作，启动创建国家防震减灾示范城市。提升市场监管水平，加强食品药品安全监管，积极创建国家食品安全示范城市、食用农产品安全城市，省食品安全示范县。

五、着力提升行政效能，开创政府建设新局面

全力建设法治政府。严格执行县人大及其常委会决议决定，主动接受法律监督和工作监督，自觉接受县政协民主监督，切实做好人大代表建议和政协委员提案办理工作，广泛听取各人民团体意见，高度重视社会和舆论监督。严格依法行政，全面落实政府法律顾问制度，落实重大行政决策制度，推行行政执法“三项制度”，切实做到规范公正文明执法。着力构建城乡法律服务普惠体系，深入实施“七五”普法，扎实开展“法律七进”“法治大讲堂”，建成县级公共法律服务中心。

全力建设效能政府。深入推进政府职能转变，扎实抓好行政审批制度改革，持续推进相对集中行政许可权改革试点。深入推进“互联网+政务服务”，积极推动全程网上审批，认真落实错时延时服务工作制和预约服务，为群众提供更加便捷的政务服务。切实加强政府系统干部培训，深入学习新理念、新知识，不断提升干部队伍专业化水平。持续优化目标考评体系，强化项目推动督促检查，加快推进项目落地。深入推进网络理政，加强县长信箱和市、县长公开电话办理，及时回应公众关切。

全力建设廉洁政府。扎实开展政府系统“不忘初心、牢记使命”主题教育，认真落实党风廉政建设主体责任，加强重点领域行政执法监督和审计监督，积极支持纪检监察机关对政府实施全覆盖监督。强化公共资源交易监管，确保公共资源交易公开透明。大力推进财政预决算、公共资源配置、重大建设项目审批实施、社会公益事业建设等重点领域信息公开，提高政府工作的透明度和公信力。持续推进正风肃纪，严肃查办各类违纪案件，全力营造风清气正的政务环境。

各位代表，新时代呼唤新作为，新使命开启新征程。让我们紧密团结在以习近平同志为核心的党中央周围，在省委、市委和县委的坚强领导下，团结带领广大干部群众，不忘初心、牢记使命，为加快建设“生态宜居城、创意新大邑”，谱写成都建设全面体现新发展理念的国家中心城市“大邑篇章”而努力奋斗！

名词解释

1. 四好村：即开展以“住上好房子、过上好日子、养成好习惯、形成好风气”为主要内容的“四好村”创建活动。

2. 四好农村路：指建好、管好、护好、运营好农村公路。

3. 三治一增：指铁腕治霾、重拳治水、科学治堵、全域增绿。

4. 五证合一、一照一码：即营业执照的注册号、组织机构代码证号、税务登记证号、统计证号及社保登记证号统一为一个登记码，标注在营业执照上。

5. “1+3”人才新政：指《大邑县进一步加强人才管理和服务工作的实施意见》《大邑县实施人才优先发展战略行动计划》《大邑县机关事业单位引进和培养专业人才试行办法》《大邑县教育和医疗卫生人才引进培养试行办法》。

6. 两区三地：两区，即天府文创文博聚集区、国家级都市现代农业发展区。三地，即国际度假与文化旅游目的地、成都国际对外文化交往承载地、成都重要的绿色科技产业基地。

7. “三品”认证：指无公害农产品认证、绿色食品认证、有机产品认证。

8. 放管服：简政放权、放管结合、优化服务。

9. 农村土地“三权”：指农村土地集体所有权，稳定农户承包权，放活土地经营权。

10. 以“五好”目标引领教育综合改革：指以“好学校、好校长、好教师、好学生、好的教育生态”目标引领教育综合改革发展。

11. 无讼社区：以社会治理的基本单元—社区为载体，融合传统无讼理念，引导社区主体运用法治思维与法治方式，依托法院“和合智解”e调解、人民调解、律师调解、公正调解、劳动仲裁调解，强化司法确认，逐步形成司法引导与社区自治相结合、司法职能与基层善治相结合的社会管理创新机制，促进基层矛盾纠纷向少讼无讼转变。

政协工作报告

——在政协第十三届大邑县委员会第二次会议上

（2018年2月5日）

大邑县政协主席　张昌勇

各位委员、同志们：

我受政协第十三届大邑县委员会常务委员会的委托，向大会报告工作，请予审议，并请列席会议的同志提出意见和建议。

2017年工作回顾

2017年是全面贯彻落实县第十四次党代会精神、推动新一届县政协扬帆起航的开局之年。一年来，县委切实加强领导，把政协工作放在全县大局中来谋划、部署和推进，县委常委会及时研究县政协有关重大事项。李燎书记给政协出题目交任务，不定期听取政协工作汇报，亲自参加联组讨论并作重要讲话，及时阅批县政协的请示、报告。县政府大力支持政协履行职能，廖瞰县长深入小组与委员协商交流，认真研究委员们提出的意见和建议。党委重视、政府支持、政协主动、各方参与的良好格局进一步形成，全县政协事业实现新发展。

在县委的坚强领导和上级政协的有力指导下，县政协及其常委会高举习近平新时代中国特色社会主义思想伟大旗帜，深入贯彻落实中央、省委、市委和县委的各项决策部署，团结带领全县政协参加单位和政协委员，牢牢把握团结、民主两大主题，主动聚焦中心工作，认真履行政协职能，充分发挥政协作用，为我县经济社会和谐稳定发展做出了不懈努力。

一、坚持党的领导，思想政治共识有新提升

一年来，我们深化思想共识，认真落实中央、省委、市委和县委的各项决策部署，切实在坚定方向、增进共识上努力。

一是坚定政治方向。通过学习贯彻中共十九大以及十八届三中、四中、五中、六中全会精神和习近平总书记治国理政新理念新思想新战略，组织和动员全县政协委员紧密团结在以习近平同志为核心的中共中央周围，牢固树立政治意识、大局意识、核心意识、看齐意识。通过认真贯彻省十一次党代会、市十三次党代会、县十四次党代会精神和上级政协重要会议文件精神，进一步加深了对全省、全市、全县经济社会发展形势的科学认识，增强了与县委在思想上同心同德、目标上同心同向、行动上同心同行、工作上同心同力的责任感和使命感，切实做到县委中心工作推进到哪里，县政协履职重点就跟进到哪里。

二是深化工作研究。紧紧围绕县第十四次党代会部署，聚焦中心，把握重点，扎实开展政协工作研究，力求政协工作契合中心大局、符合发展实际。常委会议、主席会议始终坚持问题导向，紧扣县委县政府中心工作，牢牢把握政治协商、民主监督、参政议政职能，深入推进双月协商、民主监督、重点调研、专项视察、重点提案

督办、社情民意信息等6大领域的工作研究，确定年度政协重点工作30多项。扎实开展政协理论研讨，积极参与上级政协举办的理论研讨会和工作座谈会，充分学习相关理论研究成果和其他地区政协的好经验好做法，为县政协健全工作机制、推进工作实践，提供了有益借鉴。

三是团结汇聚合力。通过举办新一届政协委员培训班，围绕如何当好政协委员、人民政协理论知识、县域经济发展等内容，进行集中学习研讨，进一步提升了政协委员围绕中心服务大局的思想共识。通过完善工作机制、搭建建言平台、拓宽监督渠道，使政协委员特别是党外人士和无党派人士，充分参与到县政协的协商议政、民主监督活动中来，使他们能够充分发表意见，履行自身职责。通过开展学习活动、界别活动，积极宣传政协委员的履职风采，增进与社会各界的联系交流、团结共进。通过充分运用政协的协商平台、监督平台、调研平台，大力宣传我县改革发展新成就新面貌新气象，增进发展共识，增添发展动力。

二、围绕中心工作，助推科学发展有新成效

一年来，我们紧紧围绕县委决策部署，认真谋划、扎实推进政协工作，确保政协履职与中心工作同向、与阶段重点同步。

一是紧扣中心协商议政。深入践行人民政协协商民主，注重协商于决策前和实施中，通过广泛协商，凝聚共识。精心组织全会协商，县政协十三届一次会议期间，就全县经济社会发展，组织政协委员联组讨论，县委县政府领导到会听取意见，政协委员现场提出建议意见83条，县委县政府主要领导要求分解落实到相关县级单位，促进了相关工作落实。精心组织专题协商，围绕市委、县委重大决策部署，把加快我县交通路网建设、斜源镇推进新型城镇化建设、打造干溪河苏家生态田园走廊、加快智能制造产业园建设、晋原街道清江片区城乡环境综合治理、精准扶贫等作为双月协商课题，组织政协委员深入调研、广泛协商，所提建议得到县委县政府主要领导的高度重视和充分肯定。如：关于加快我县交通路网建设的双月协商专报，县委主要领导批示：“建议很有价值，请相关领导同志牵头研究提出工作方案”；关于促进大邑智能制造产业园“产城融合”发展的双月协商专报，县政府主要领导批示：“请县政府分管同志牵头，涉及相关部门配合，抓好委员建言落实”。全年组织开展协商活动18次，参加政协委员220人次，提出协商建议108条。

二是抓住关键民主监督。积极探索民主监督的新途径新方法，深入实施专项民主监督，促进县委县政府决策部署得到更好贯彻落实。认真落实市政协关于市区政协联动助推黑臭水体治理民主监督的工作要求以及县委县政府关于环保督查的有关部署，认真开展黑臭水体治理专项民主监督。把贯彻落实全市产业发展大会精神以及县委有关部署作为民主监督的重点，积极建言献策我县产业发展。聚焦我县公共卫生服务事业，组织政协委员调研、座谈、评议等。其中，关于我县产业发展情况的视察监督报告，县委主要领导批示：“视察报告掌握全县产业发展基层和企业情况。请分管县领导对有关问题逐一研究，制定工作方案，推进我县产业发展在‘西控’战略中再创新突破”。关于黑臭水体治理的专项民主监督报告，县政府主要领导批示：“委员们的建言系统、实在，请县政府分管同志牵头，切实落实建言”。加大重点提案督办力度，推动《加快推进西岭雪山前山提档升级》等18件重点提案圆满办结。全年收集提案202件，立案199件，办复率100%。县委县政府领导同志分别在县政协常委会议、主席会议上通报全县经济运行情况、党风廉政建设和反腐败工作情况等有关工作情况。全年政协委员担任特邀监督员、调解员和行风监督员63人次。

三是突出重点参政建言。坚持紧扣中心大局，深入开展调研，努力为县委县政府科学决策献计献策。紧扣大众创业万众创新、东部新区建设、一二三产业发展、中药材产业发展、乡村旅游发展、新场古镇景区精细化管理、PPP模式在项目建设中的应用等课题深入调查研究，积极提出建议。重点对优化斜江河渡槽片区道路、安置房建设与管理、师资队伍建设、食品产业发展、三轮四轮电动车管理等群众关心关注的热点难点问题，深入基层了解情况、听取民意，及时反映人民群众的愿望和诉求，所提建议得到县委县政府的充分肯定，相关单位在工作中认真采纳落实，有力助推了我县重点领域改革、民生事业发展、新农村建设、特色产业发展等方面的工作。全年组织专题调研46次、重点调研13项，参加政协委员297人次。

三、发挥政协优势，促进社会发展有新作为

一年来，我们充分发挥桥梁纽带作用，积极做好协调关系、化解矛盾、凝聚力量的工作，努力维护社会和谐稳定。

一是畅通渠道反映民情。进一步丰富完善县政协社情民意信息工作办法，全面提升反映社情民意信息工作的制度化水平。充分发挥政协联系广泛、渠道畅通的优势，广泛收集包括就业社保、教育医疗、社区治理、缓堵保畅、公共交通等方面的社情民意信息，及时报送县委县政府主要领导，充分发挥社情民意信息“直通车”作用。县级有关单位重视政协委员反映的问题，积极采纳相关意见建议，推动了相关问题得到有效解决。全年收集社情民意信息312条，向县委县政府报送108条。

二是协力促进民生改善。坚持把“走基层、解难题、办实事、惠民生”融入政协履职全过程，深入开展“我为扶贫攻坚做件事”活动。县政协深入我县对口支援县松潘县开展扶贫工作。县政协主席会议成员主动到对口帮扶村调研督导扶贫工作，推动帮扶村经济可持续发展。全县政协参加单位、政协委员和政协机关干部积极进村入户开展帮扶，努力为群众办实事好事。全年政协委员、政协干部帮助贫困村发展产业项目13个，基础设施项目11个，开展爱心助困、捐资助学等各类公益活动26次，捐款捐物300多万元。

三是助力社会和谐稳定。组织相关界别政协委员视察公安、法院工作，积极建言献策。加强与民族宗教界别政协委员的联系，发挥他们在民族宗教界人士中的影响，共同维护大邑改革发展稳定大局。充分发挥政协宣传工作在凝聚力量、促进和谐、维护稳定中的作用，大力宣传大邑改革发展生动实践和政协委员履职风采，不断扩大社会各界对政协工作的了解和认识。

四是积极助推经济发展。坚持以县政协“五个一”活动为载体，鼓励和引导政协委员在各自岗位上施展才华、建功立业，积极为大邑经济发展做贡献。充分发挥经济界、工商联界政协委员在人脉资源、信息渠道、产业发展等方面的独特优势，切实在调结构转方式、扩大对外交往、助力招商引资等方面努力，共促我县经济转型发展。全年经济界、工商联界政协委员提供招商引资信息50多条，招商引资10多亿元。

四、坚持强基固本，政协自身建设有新进展

一年来，我们着力推进工作创新，切实改进履职方式，持续强化服务保障，进一步提升政协工作实效。

一是不断加强自身建设。深入贯彻落实县委关于新形势下切实加强和改进人民政协工作的实施意见，切实抓好政协自身建设。坚持把政协界别和政协委员履职作为政协自身建设的重点来抓，通过完善履职制度、开展专题学习，不断提升政协界别和政协委员的能力素质。坚持把政协专委会和政协机关建设作为政协自身建设的基础

来抓，通过持续推进“学习型、服务型、效能型、创新型”机关建设，不断提高政协专委会的组织协调能力和政协机关的服务保障水平。全年举办全县政协委员培训班1期，开展常委会议学习4次、主席会议学习9次、界别学习18次、专委会学习28次、机关干部集中学习45次。

二是深入推动合作共事。充分发挥县级民主党派、工商联和无党派人士在政协工作中的重要作用。坚持县政协主席会议成员、县政协机关定期走访县级民主党派、工商联，加强县政协机关与县级民主党派、工商联机关的工作联系，密切沟通交流。坚持在县政协全会期间安排县级民主党派、工商联负责人和无党派人士代表与县委县政府领导协商交流，充分发表意见。坚持邀请县级民主党派、工商联参与县政协调研、视察、协商活动，加强工作合作。全年县级民主党派、工商联作大会发言和专题发言55次，参与县政协重点调研工作21项。

三是协同推进政协工作。积极争取上级政协的工作指导，协助上级政协完成精准扶贫、对口帮扶、促进经济结构调整、深化政协理论研究等课题的调研。认真参与全县“提升精神区位、争创一流业绩”活动，坚持对标先进，加强与先进城市政协的交流联系，学习借鉴先进城市政协工作的好经验好做法。进一步加强与上级政协和各（区）市县政协的协同互动，认真参加上级政协重要会议活动，与区（市）县政协联合开展调研视察，共同推动政协事业发展。

一年来，县政协及其常委会深入落实中央、省委、市委、县委对政协工作的新部署新要求，坚持把推动大邑发展作为履职的第一要务，始终坚持围绕中心、服务大局，积极参与助推县上中心工作，在产业发展、社会治理、环境保护、公共服务等方面做了许多工作，较好发挥参政议政、建言献策作用。履职形成重点调研报告、协商工作报告、民主监督报告、社情民意信息专报30多份，提出富有前瞻性、针对性和实效性的建议意见400多条，为县委县政府科学决策提供了有力参考。履职工作成果得到县委县政府主要领导肯定性批示20多件次。

各位委员、同志们，过去一年我们工作取得的成绩，是县委正确领导、高度重视的结果，是县人大、县政府以及各乡镇、各部门、社会各界积极帮助、大力支持的结果，也是全县政协参加单位、广大政协委员团结协作、共同奋斗的结果。这里，我代表县政协常委会，向大家表示崇高的敬意和衷心的感谢！

一年来，我们深切体会到：只有坚持中国共产党的领导，认真贯彻落实中国共产党的路线方针政策，深入学习贯彻习近平新时代中国特色社会主义思想，才能确保人民政协事业发展的正确方向；只有坚持围绕中心履职尽责，紧扣全县经济社会发展大局协商议政、监督建言，才能有所作为、体现价值；只有坚持发扬社会主义民主，最大限度调动一切积极因素，团结一切可以团结的力量，才能汇聚起助推改革发展的强大合力；只有坚持贯彻落实中国共产党的群众路线，积极反映群众的所思所盼所想，才能更好发挥桥梁纽带作用，才能赢得人民群众的信任与支持。

回顾一年的工作，我们还存在一些问题和不足，主要是：政协工作的计划性、针对性、实效性、前瞻性有待进一步增强；政协委员履职的覆盖率有待进一步提高；提案撰写质量和提案办理实效有待进一步提升；政协理论研究与实践总结有待进一步加强等。对此，我们将高度重视、认真研究，切实加以解决。

2018年工作思路

2018年是贯彻落实中共十九大精神的开局之年，是改革开放40周年。县政协及其常委会要高举习近平新时代中国特色社会主义思想伟大旗帜，深入学习贯彻中共十九大精神，按照高质量发展的要求，全面贯彻落实省委、市委、县委决策部署，以新发展理念为引领，在新的时代方位下，不忘初心、牢记使命，围绕“两区三地”功能定位，把握团结、民主两大主题，扎实履行政治协商、民主监督、参政议政职能，积极助推建设“生态宜居城、创意新大邑”，为成都建设全面体现新发展理念的国家中心城市、全面建设现代化新天府的大邑实践贡献更多政协力量。

一、加强理论学习，巩固思想政治基础

我们要坚定方向，深化认知认同，以广泛的共识凝聚力量，不断巩固团结奋斗的共同思想政治基础。

一要进一步坚定正确政治方向。深入学习贯彻中共十九大精神，是当前和今后一段时期县政协的头等政治任务。全县政协参加单位、政协委员和政协机关干部，要深入学习中共十九大精神，特别要深刻领会习近平新时代中国特色社会主义思想，切实把思想和行动统一到十九大的各项重大决策部署上来，把智慧和力量凝聚到中央、省委、市委、县委的各项重大要求上来，强化核心意识，提升政治站位，更加坚定自觉地在思想上、政治上、行动上与中央、省委、市委、县委保持高度一致。

二要进一步凝聚助推发展合力。深入学习贯彻习近平总书记新发展理念的内在要求，更加坚定地把成都建设全面体现新发展理念的国家中心城市、全面建设现代化新天府的大邑实践，贯穿政协履职全过程。通过多种途径、多种方式，广泛宣传县委建设“两区三地”、建设“生态宜居城、创意新大邑”等重大决策部署，切实把县委的决策部署转化为社会各界的广泛认同和自觉行动，进一步凝聚助推发展的共识合力。

三要进一步提升干事创业能力。深入学习领会习近平总书记关于人民政协工作的新思想、新观点、新论点，积极贯彻落实中央、省委、市委、县委关于进一步加强和改进人民政协工作的新战略、新部署、新要求，不断推动政协工作新发展。组织开展多层次、有针对性的政协工作培训，促使政协委员、政协干部增强“想干事”的思想自觉、提升“能干事”的能力水平、掌握“会干事”的科学方法，不断开创政协事业新局面。

二、坚持主动作为，助推大邑改革发展

我们要全面贯彻县委十四届四次全会确定的各项工作任务，突出重点，履职尽责，为助推经济社会建设献智献力。

一要进一步增强科学协商实效。着力完善协商制度机制，不断提高协商的计划性、针对性和实效性。充分发挥“双月协商”作为县政协协商民主建设的重要渠道作用，重点围绕实现乡村振兴，组织开展协商，切实助推城乡融合发展；重点围绕加强城乡社区治理，积极资政建言，切实助推高品质和谐宜居生活社区建设；重点围绕夯实绿色本底，深入调研协商，切实助推生态文明建设等。着力推进“双月协商”与专题协商、界别协商、对口协商、提案办理协商相互融合，推进协商民主广泛多层制度化发展。

二要进一步强化民主监督作用。精心制定民主监督计划，创新丰富民主监督形式，全方位多角度实现政协民主监督职能。重点围绕加快产业发展、加强环境污染整治、倡导绿色生活方式、完善城乡交通网络等课题，综合运用提案、视察、社情民意等形式开展民主监督。紧扣县委县政府工作重点、群众关心关注热点，深入实施专项民主监督，助力中心工作落实、民生福祉改善，为改革发展营造心齐劲足、和谐稳定的良好环境。

三要进一步提高议政建言质量。坚持“调查研究有广度、出谋划策有深度”的工作要求，积

极精准建言。紧扣建设“生态宜居城、创意新大邑”奋斗目标，重点围绕加快建设天府文创文博聚集区、国家级都市现代农业发展区、国际度假与文化旅游目的地、成都国际对外文化交往承载地、成都重要的绿色科技产业基地等重点工作，深入一线调研，努力提出好意见好建议，进一步发挥政协智力密集、参谋助手作用。

三、强化统筹推进，提升政协工作水平

我们要夯实基础，强化保障，更加注重改进履职方式，不断提升政协工作科学化水平。

一要进一步提高履职质量实效。持续深入落实县政协双月协商工作办法，丰富完善协商工作的内容、形式和程序，精准协商建言，形成最大共识。持续深入落实县政协民主监督工作办法，深入开展专项民主监督，不断提升民主监督的质量和效果。持续深入落实县政协提案办理实施细则，严格提案审查，严把提案质量，加强协同配合，不断提高提案质量和提案办理质量。

二要进一步强化委员服务管理。认真落实政协委员履职相关制度，加强政协委员履职考核，增强政协委员的责任感和荣誉感，激励政协委员更好履职尽责。组织开展政协委员专题辅导讲座，不断增强政协委员的能力素质。加强政协专委会与政协界别、政协委员的联系，为界别政协委员搭建知情明政、沟通交流的平台。充分发挥政协专委会的桥梁纽带作用，为政协委员更好履职提供服务、创造条件。

三要进一步加强机关队伍建设。把新形势下加强和改进政协工作的部署和要求，作为提升政协机关干部能力素质的重要内容，在协商民主建设、创新民主监督、强化界别建设等方面多思考、多研究、多总结，不断增强科学履职的能力水平。持续巩固和深化“两学一做”学习教育成果，认真践行正风肃纪各项要求，大力提倡爱岗敬业、认真负责、精益求精的工作作风，进一步增强做好政协人、干好政协事的责任感和使命感。

各位委员、同志们，新时代呼唤新使命，新征程要有新作为。我们要紧密团结在以习近平同志为核心的中共中央周围，始终坚持以习近平新时代中国特色社会主义思想为指引，在中共大邑县委的坚强领导下，不忘初心、牢记使命，为加快建设“生态宜居城、创意新大邑”，谱写成都建设全面体现新发展理念的国家中心城市、全面建设现代化新天府“大邑篇章”而努力奋斗！

践行绿色发展理念 推进生态文明建设

中共大邑县委书记 李 燎

党中央提出创新、协调、绿色、开放、共享“五大发展理念”，将绿色发展作为“十三五”乃至更长时期经济社会发展的重要内容，描绘出建设美丽中国的美好愿景。四川省第十一次党代会明确牢固树立低碳、绿色、可持续发展理念，促进经济与环境、人与自然的协调发展，加快构建适应绿色发展的空间体系、产业体系、城乡体系和制度体系，建设美丽繁荣和谐四川。成都市第十三次党代会围绕建设全面体现新发展理念的国家中心城市总体目标，作出了贯彻绿色发展理念、建设美丽中国典范城市和实施“西控”战略、保持生态宜居的现代化田园城市形态的部署要求。大邑县作为成都的西部生态屏障和“西控”战略核心区，正处于工业化、城镇化初期向中期过渡的关键阶段，贯彻落实新发展理念，必须正确处理经济社会发展与生态环境保护的关系，坚定不移走生态优先、绿色发展之路，培育转型升级新动力，打造绿色经济新引擎，全力推动经济社会健康协调可持续发展。

一、深化思想认识，把握绿色发展方向

绿色发展理念作为我们党科学把握发展规律的创新理念，明确了新形势下完成第一要务的重点领域和有力抓手，为大邑推动科学发展指明了方向和路径。

1. 生态优先发展是提升区域核心竞争力的根本途径。绿水青山就是金山银山，良好的生态环境既是发展的重要资源，也是一个地区最重要的竞争力。300多平方公里的原始森林和靓丽的川西田园风光，是大邑最大的比较优势，唯有牢牢守住生态和发展两条底线，坚持生态优先，深入实施“生态立县”首位战略，大邑才能在新一轮区域竞争中抢占先机、赢得主动。

2. 绿色发展方式是推动协调可持续发展的永续动力。保护生态环境就是保护生产力，改善生态环境就是发展生产力。高投入、高消耗、高污染的传统发展方式不可持续，唯有牢固树立绿色发展理念，打通绿水青山向金山银山转化的思想通道和制度通道，把大邑得天独厚的生态优势转化为转型升级的发展优势，才能在新常态下为经

济社会协调可持续发展注入持久动力。

3. 改善生态环境是提供最普惠民生福祉的基本要求。良好的生态环境是最公平的公共产品，是最普惠的民生福祉。随着经济社会发展，群众由过去“盼温饱”“求生存”转变为“盼环保”“求健康”，唯有更加注重生态文明建设和环境保护，大力建设资源节约型、环境友好型社会，才能让大邑这座“雪山下的森林城市”成为子孙后代的永久福祉。

二、突出工作重点，增强绿色发展质效

深入贯彻习近平总书记“两山”重要思想，以国家生态文明建设示范区创建为抓手，坚持生态做“加法”、污染做“减法”，狠抓关键环节和工作重点，全力推动生态文明建设和经济发展相融互促。

1. 构建绿色生态空间格局。坚持人口资源环境相均衡、经济社会生态效益相统一，充分发挥规划引领作用，构建人与自然和谐发展绿色生态空间格局。实施主体功能区战略，统筹推进土地利用总体规划、国民经济与社会发展规划、生态文明建设规划等多规合一、深度融合，切实把握好开发与保护的平衡点，以资源承载力和环境容量为约束，明确城镇开发边界和工业集中发展区范围，科学划定生产空间、生活空间、生态空间，严守生态红线、耕地保护红线，严格控制开发强度。

2. 优化绿色生态产业体系。坚持把绿色高端科技产业作为发展方向，以绿色倒逼产业转型升级，建立与生态环境相协调的绿色生态产业体系。围绕建设绿色科技现代工业园目标，实行负面清单“限进”、行政许可“限排”，积极推进清洁生产，坚决淘汰低端落后产能，加快智能制造、电子信息等主导产业聚合发展。围绕建设都市现代农业发展先行区目标，以国家农业综合标准化示范县和有机产品认证示范县建设为抓手，促进农业规模化、精细化、品牌化、标准化发展。围绕建设国家级全域旅游度假示范区目标，依托花水湾—西岭雪山国家级旅游度假区和周末特色小镇群，发展全域旅游，打造文博文创、运动健康生态旅游品牌。

3. 实施生态环境综合治理。坚持保护、治理、监管“三位一体”整体推进，统筹实施生态环境综合治理，使绿色发展与绿色民生紧密结合、相得益彰。开展保护“攻坚战”，实施天然林保护、退耕还林和湿地生态系统修复工程，推进“百里画廊”、绿廊绿道、“四旁”绿化，构建全域山水林田湖安全格局。打好治理“组合拳”，集中开展大气污染、农村面源污染、黑臭水体等专项整治，实现环境质量整体改善。用好执法“撒手锏”，坚持源头严防、过程严管，加大乡镇环保机构建设力度，建立环保行政执法与刑事司法衔接机制，切实强化环保执法的震慑作用。

4. 倡导绿色低碳生活方式。坚持共建共享共治，构建全民参与的绿色行动体系，充分凝聚加快生态文明建设的强大合力。强化宣传教育，引导全社会树立尊重自然、顺应自然、保护自然的生态文明理念。深化绿色创建，深入开展绿色机关、绿色企业、绿色校园、绿色社区、绿色庭院等“五绿”争创，形成人人关心、支持和参与生态文明建设的良好氛围。倡导绿色生活，建立通过提高车辆使用成本和发展公共交通等措施，引导机动车合理使用及广大市民绿色出行体制机制，大力弘扬勤俭节约、绿色低碳、文明健康的生活方式和消费模式。

三、强化制度保障，压实绿色发展责任

坚持把加强生态文明建设、推动绿色发展放在突出位置，从体制机制入手，推动各项工作落到实处、见到实效。

1.强化责任约束机制。认真落实“党政同

责、一岗双责”，实行“一把手”负总责，把生态文明建设工作实绩作为各级各部门和领导干部绩效考核的重要内容，层层签订责任书、军令状，严格实行领导干部自然资源资产离任审计，对重大生态环境事故实行终身追责。

2.完善工作运行机制。建立跨区域、跨领域污染防治和环境保护协作制度，完善突发环境事件应急预案体系和应急监测预警机制，全方位提高环境质量监测、污染物监控和应急处置能力，构建上下成线、左右成网的工作体系，形成齐抓共管、整体推进的工作格局。

3.健全多元化投入机制。围绕功能区规划和资源保护，探索建立生态保护财力转移支付等制度；围绕环境保护存在的突出问题，探索建立生态保护补偿机制；围绕发挥生态建设市场作用，探索建立生态资金筹措机制，有效调动全社会参与生态环境保护的积极性，不断提升生态文明建设水平。

关于加快推进 大邑电子信息产业园建设的思考

大邑县人民政府县长　廖　暾

电子信息产业是成都市第一大支柱产业，是增强西部经济中心和科技中心功能的重要支撑，市委、市政府正通过融入全球电子信息产业链高端和价值链核心，垂直整合产业链，在全市规划形成“1+N”电子信息产业总体布局，加快构建电子信息产业功能区。大邑电子信息产业园作为成都市66个产业功能区及园区之一，是我县落实“西控”部署的重要着力点，根据《成都市城市总体规划（2016—2035年）》《全市产业功能区及园区建设实施方案》《成都市产业功能区规划编制大纲—以电子信息产业为例》等要求，我县正全力建设电子信息产业园，努力把大邑建设成为成都重要的绿色科技产业基地。

大邑电子信息产业园依托四川大邑经济开发区，位于大邑县城东南，距离成都市区41公里，2013年6月被批准为“省级经济开发区”，规划面积11.3平方公里，已开发面积6.93平方公里。园区基础配套较为完善，有110千伏变电站1座、35千伏变电站3座、2万吨污水处理厂1座、日供气能力15万方配气站1座，通讯、光纤实现全覆盖。周边有本科院校1所、高职院校1所、中职学校4所、产业技术研究院2个，每年培养电子信息等方面专业技术人才550余人。园区重点聚焦通信传输设备、通信终端设备等领域，目前，电子信息企业已达10家，骨干企业为四川天邑康和通信股份有限公司，于2018年3月在深圳证券交易所创业板成功上市，园区电子信息产业企业主营业务收入从 2012年的4.93亿元发展到2017年的25.26亿元，年均增长高达58.91%。

通过近年来的发展，大邑电子信息产业园建设取得了显著成效，发展潜力正加快显现，但是由于起点低、起步晚，依然存在产业发展规模不大、产业结构不优，产业关联度不高、创新能力不强，体制机制活力不够、内生动力不足，资源要素保障不充分、竞争优势不明显等问题。针对发展中存在的困难和问题，我县正按照“以城促产、以产兴城、产城融合”的创新发展理念，坚持“核心在产业、关键在功能、支撑在园区、机制是保障”，着力将大邑电子信息产业园打造成为新旧动能转换示范园区。力争到2020年，电子信息产业园产值达200亿元，初步建成全国重要的通信设备产业基地。

一、加强规划引导，优化园区功能布局

1.以宜业宜居为目标塑造园区形态。高标准编制《大邑电子信息产业园总体规划》，遵循“一个产业类别就是一个主题城市社区”原则，注重人文设计，优化园区生态。结合王泗湿地公园建设、高铁站点周边商业配套设施布局和县城有机更新，盘活园区滨水区域，嵌入绿道交通体系，完善园区居住、消费、教育、医疗等公共服务功能，构筑更多开敞空间，形成更多生活场景和消费场景，实现城市与产业时序上同步规划、

空间上融合布局、功能上产城一体。

2.以比较优势为原则选择产业主导方向。大邑电子信息产业目前主要以天邑康和为核心，其产品及服务主要包括宽带网络终端设备、通信网络物理连接与保护设备、移动通信网络优化系统设备及系统集成服务、热缩制品等，广泛运用于通信网络中的接入网系统。大邑发展电子信息产业，要发挥比较优势，突出发展通信设备制造产业，以5G通信、电子元器件、消费电子等细分领域为发展方向，推动“研发设计—关键零部件—整机设备”产业链垂直整合，加快产业集群集聚发展。

3.以发展周期为导向服务产业需求。针对电子信息产业特点，以产业发展和人力资源全生命周期需求为逻辑起点，持续改善生产和生活功能。按照“先公建后产业”原则，围绕主导产业发展需求，加快建设园区内联外接道路，不断完善电力、通信等供给保障体系，引进一批与电子信息产业联系紧密的物流、信息、金融、专业市场等生产性服务体系，加快推进园区产业综合体、标准化厂房、仓库等生产性基础设施建设，竭力为项目提供即签即入条件。

二、坚持引育并重，促进产业互动合作

1.突出精准招引。针对大邑电子信息产业主要以通信设备制造为核心的特点，依托通信设备产业发展基础，与成都高新区、郫都区等周边区（市）县错位竞争，重点面向通信设备产业链上下游企业，以5G通信、物联网智能终端和电子元器件、“电子信息+”等为重点开展差异化招商。进一步提高专业招商能力，对内强化招商团队建设，加强重大项目研判，完善招商引资项目引进综合评审机制，精准识别项目质量；对外依托第三方专业机构，建立紧密合作机制，有效拓宽项目选择面，制定更加有针对性的招商措施，着力补链强链扩链招商。

2.培育本土企业。根据不同企业、不同阶段对要素的依存度和敏感度，引导各类要素向重点企业集聚，培育壮大一批本土电子信息企业。鼓励有发展潜力的本土企业向集团化方向发展，让招商引资的优惠政策和服务惠及本土企业，支持有条件的企业到省外、市外建立分公司、子公司，形成规模优势和牵动效应。鼓励企业与国内外通信设备制造行业领域大企业、大集团合资合作，通过内联外引，提升产业发展能级。

3.强化产业协同。围绕加快园区建设和产业发展，成立大邑电子信息产业发展联盟，依据企业的核心战略和市场定位，有针对性地选择技术研发单位、具有互补资源的企业以及产业链关键环节的企业，组建联盟核心团队，搭建合作平台，构筑利益共同体，以产业协同创新的方式打造电子信息产业的“大邑品牌”。同时，基于园区目前机械制造等传统制造业占比较大的实际情况，通过实施“电子信息+”战略，助推产业横向嫁接、融合发展，推动大宏立机器、西菱动力、乘风阀门等传统制造业企业转型升级，促进新旧动能转换。

三、注重以点带面，加快形成示范带动

1.强化龙头带动。根据专业机构预测，5G技术将推动全球移动业务从2016年的3.3万亿美元增加至2020年4.2万亿美元，届时全球5G人口覆盖率将超过三分之一，设备连接率超过12%。结合大邑现有电子信息产业基础和发展趋势，充分发挥天邑康和在移动通信和光纤配线系列设备生产方面的示范引领作用，带动聚集上下游企业，突出以通信设备制造特别是5G为核心，在无线主设备、无线配套、网络覆盖与优化环节、光纤通信电缆等领域，加大研发投入力度，提前做好技术转型升级相关工作，为后期实现跨越发展找准着力点。

2.打造应用场景。依托青霞—安仁新经济发

展带，将绿道、河道、智慧城市、湿地公园建设融为一体，着力推进干溪河电子信息应用场景建设。加快促进天邑康和电子通信产业园、蛮蛮云大数据产业园等项目开工建设，加快推进中广影视工业大数据展示中心建设，加快促成西菱动力扩建、弘林数控等“电子信息+”传统制造业改造提升项目竣工投产，积极营造园区发展电子信息产业良好氛围。

3.发挥聚合效应。充分利用靠近天府新区、高新区、郫都区等大型电子信息企业集聚区的地理优势，深入调研周边企业的产品链和供应链，有针对性地引进相关配套服务项目，建设检验检测公共服务平台，配套技术服务公司，为周边企业提供电子信息产品的检验检测、技术咨询、集中售后等配套服务，着力将周边区县的外部产业链转移至大邑，发挥产业聚合效应，打造区域生态链。

四、深化改革创新，优化产业发展环境

1.创新园区管理体制。构建专业化园区管理机制，加强园区城市总体规划、产业招商指导目录、园区设计规划导则、产业引导政务政策和公共服务设施建设规划“五位一体”管理。健全协同化工作推进机制，按照“指挥部+投资运营公司”模式，充分发挥大邑电子信息产业园建设指挥部主导作用，定期召开指挥部联席会议，及时研究解决园区建设过程中的问题。优化园区服务机制，构建政务服务一体化平台，重点抓好政务服务“仅跑一次”改革、综合行政执法智慧服务平台建设、基层政务公开标准化规范化建设，营造良好的政务服务环境。建立市场化运营机制，引进培育社会化专业运营机构，加强政企合作，提升园区管理运营水平。

2.健全考核评价机制。坚持以差异化为导向，构建符合电子信息产业园发展定位和产业特点的指标评价体系。按照“工作项目化、项目清单化、领导责任制”工作方法，对园区建设重点工作实行清单化管理，逐项建立台账，强化督促检查，推动工作落实到位。常态化开展“比学赶超”竞赛，鼓励创新创造，营造争先创优的良好氛围。强化考核结果运用，将园区建设工作考核评价结果与单位和个人考核评价挂钩，建立以实绩为导向的选人用人制度。

3.搭建对外开放平台。积极举办影视大数据、通信设备制造、5G技术研发等展会和论坛，聚焦行业领域新技术、新产品和未来发展趋势，邀请行业协会、龙头企业、科研机构和行业领域知名人士广泛开展沟通交流，让电子信息产业新技术走进大邑，促进科技成果在大邑转化，提升大邑电子信息产业发展技术水平。积极支持园区企业参加国际、国内有影响力的综合性和专业性电子信息展会，对符合条件的企业，给予展位费补助。积极利用成都机场航线、蓉欧快铁资源优势，不断开拓海内外市场，鼓励园区企业和产品走出国门，加快大邑电子信息“走出去”步伐，提升大邑电子信息产业显示度。

五、强化要素供给，培育产业发展动能

1.强化人才培养引进。促进企业核心技术团队本地化建设，做好电子信息产业发展人才储备。积极培育电子信息企业核心技术团队，用好人才发展专项资金，加快人才公寓建设，对落户本地的核心技术团队在启动资金、创业扶持、住房落户、子女入学等方面给予政策扶持。加强电子信息产业技术人才培养，利用现有的四川文轩职业技术学院、大邑职业高级中学等科教资源，定向培养产业技术工人，精准匹配电子信息产业发展需求。

2.强化创新载体建设。按照“政府引导、企业主体、学校参与、社会资本投入和市场运作”模式，加快推进园区创新平台及载体建设，通过引进、合作、培育等多种方式，快速集聚一批国

家、省、市电子信息领域高层次科研力量和研发机构。与高校和科研院所合作共建电子信息产业科技研发平台、大邑电子信息检验检测中心、电子信息公共服务平台、孵化育成中心，构建“基金投资+孵化场地+托管服务”综合服务体系。推进与工信部电子五所共建四川通讯中央研究院，开展先进电子信息产业及5G通信研究及成果转化。强化中介服务体系建设，培育引进会计、审计、法律、知识产权、咨询服务等功能性中介服务机构，着力构建完善的科技创新配套服务体系。

3.强化产业金融服务。深入推进园区投融资体制改革，多渠道、多方式扩大融资规模，运用PPP等模式推进园区基础配套设施建设。设立电子信息产业发展基金，广泛吸纳社会资本参与，重点支持产业项目、园区基础设施、科技创新平台、科技成果转化和公共技术服务平台等建设。扶持企业通过资本市场做大做强，在天邑康和、西菱动力创业板成功上市的基础上，继续大力支持大宏立机器、圣诺科技、交大普尔等企业加快上市步伐，着力解决企业上市前期存在的突出问题，加快企业上市进程。继续深化与地方金融机构合作，创新金融产品，扩大信贷总量，强化对园区企业发展支持，有效缓解企业融资难问题。

4.强化政策集成推动。建立健全集群化企业扶持机制，充分发挥产业政策在项目集聚、企业培育等方面的引导作用，重点支持带动能力强、产出效益高的优质项目，形成鲜明政策导向。创新企业分类综合评价机制，分级优先保障资源要素供给，建立以产出为导向的土地资源配置制度，引导土地资源向重点领域、重点行业和重点企业倾斜。完善工业用地退出制度，盘活空闲低效工业用地，推进工业园区存量资源“二次开发”。建立以市场为导向的政策效益评估和动态完善机制，推进政策的系统集成和实质创新，出台产业发展政策实施细则，制定5G技术、大数据、“电子信息+”等特色产业个性化支持政策，增强政策服务的精准性。

关于强化人大监督　助推大邑高质量发展的调研报告

大邑县人大常委会主任　马良清

按照县委开展“大学习、大讨论、大调研”活动的统一安排部署，县人大常委会主任马良清同志牵头，召集县人大常委会领导班子、各专门委员会和办事工作机构成立调研组，围绕如何强化人大监督、助推大邑高质量发展扎实开展调查研究。在深入部门、乡镇、项目一线进行实地调研、走访代表、座谈交流的基础上，调研组全面梳理分析了近年来人大监督工作的基本情况、薄弱环节，并围绕深入贯彻落实党的十九大精神、习近平总书记来川视察重要讲话精神及省委、市委、县委重大决策部署安排，认真研讨提出了强化人大监督、助推大邑高质量发展的具体工作思路和措施。现将有关情况报告如下：

一、监督工作基本情况

监督权是宪法和法律赋予人大及其常委会的一项重要职权。换届一年多以来，县人大常委会坚持围绕中心、服务大局，紧贴县委重大决策部署及涉及民生的重要事项和重大项目确定监督工作计划，严格落实“工作项目化、项目清单化、领导责任制”工作机制，实行项目管理、清单管理，确保工作目标具体细化、进度要求到周到月、责任落实到岗到人，有力发挥了人大监督在推动县委重大决策部署落实、助推大邑经济社会发展中的积极作用。

（一）突出抓好经济工作监督，促进经济发展提质增效

一是加强计划财政监督。对国民经济和社会发展计划执行情况、财政预算执行情况的监督是人大监督工作中的一项重点内容。常委会围绕这一重点，组织调研8次，听取、审议或审查全县国民经济和社会发展计划执行情况、财政预算执行情况、县政府半年工作情况、预算草案等工作报告8项，在督促政府强化税收征管、科学编制预算、推进经济健康运行等方面积极努力。二是强化产业发展监督。紧紧围绕县委决策部署，以加快构建产业生态圈和创新生态链为抓手，不断强化对产业发展的监督。换届以来，重点突出了对工业经济发展、产业结构调整、招商引资、乡村旅游发展、农业产业发展等工作的监督，组织视察、调研21次，听取、审议工作报告4项，积极为县政府加快推进产业生态圈建设、促进产业转型升级、提升产业发展能级建良言、献良策。三是重视项目建设监督。坚持深入项目现场、建设一线，对大邑至天府新区快速通道建设项目、成蒲铁路大邑站点、成都经济区环线高速公路大邑段建设项目、东部工业新区基础设施（一期）建设项目、电子信息产业园、智能制造产业园等10余个重大项目、民生项目建设进行每月督查推进，促进了重大项目建设的顺利实施。

（二）聚焦群众关心关注问题，促进民生持续得到改善

一是推进公共服务和保障水平提升。持续聚焦教育、卫生、食品安全、安置房建设、农村饮水保障等群众最关心最直接最现实的利益问题，进一步加强监督，不断提升群众的幸福指数。开展了食品安全法等执法检查2项，组织医联体建设、农村土地综合整治、防汛工作等视察、调研16次，听取审议全县幼儿教师队伍建设等工作报告7项。二是推进生态文明建设。始终把生态文明建设作为监督工作的重点，听取了县政府关于我县创建国家生态文明示范区建设工作情况等报告2项，对我县国家生态文明建设示范区创建专项工作进行评议，审查批准《大邑县生态文明建设示范区规划》，组织“砖瓦窑一条街”整治等调研、督查9次，积极为打造美丽大邑做贡献。

（三）深化法治大邑建设，促进依法行政、公正司法

坚持把推进政府依法行政、促进司法公正作为加强监督、加快法治大邑建设的有力抓手，努力为大邑经济社会发展创造良好法制环境、提供坚实法治支撑。听取审议了法治大邑建设等工作报告2项，依法做出《关于开展第七个五年法治宣传教育的决议》，对《四川省人大常委会关于制止和查处违法建设的决定》贯彻落实情况进行了执法检查，组织开展无讼社区建设、人民陪审员工作等视察、调研11次，依法对县政府报备的8件规范性文件进行审查，积极发挥了人大在深化全面依法治县、加快法治大邑建设中的作用。

二、监督工作中存在的薄弱环节

在梳理、回顾换届以来的监督实践中，我们深刻地认识到，与成都建设全面体现新发展理念的城市、大邑加快建设“生态宜居城、创意新大邑”的目标、要求相比，人大监督工作仍有较大提升空间，需要我们不断加强和改进。

（一）监督深度还不够，实效性有待进一步提高

换届以来，尽管县人大常委会在监督内容的选择上坚持围绕中心、服务大局，把县委的决策部署、政府的重点工作、群众关注的热点难点问题作为监督工作的主要内容，力求在监督的重点上与经济社会发展的脉搏同步共振。但由于“一府一委两院”工作点多面广，在监督的过程中不可避免地出现了程序化监督的问题，导致监督的深度不够、实效性不高。如财政预算审查监督方面，仍然还侧重于对预算编制科学性的监督，而没有深入到对支出预算等方面的监督；在国民经济和社会发展计划等监督工作中，对各种指标是否科学合理，缺乏深入的审查，只是当作一道法定审议程序，这也导致了审议水平不高、监督实效性不强的问题。

（二）监督刚性不足，监督方式方法有待进一步改进

在具体的监督实践中，我们遵循了上级人大的一般性做法：广泛采用听取审议专项工作报告、视察、调研等较为柔性的监督手段，通过指出问题、提出建议、督促整改的方式来监督。对专题询问、专项工作评议、质询、特定问题调查等较为刚性的监督手段运用较少，一般每年只选1项工作开展专题询问、1项工作开展专项工作评议。因为对一些事关全局的重大问题、矛盾问题、焦点问题，往往受政策、资金等多方面因素影响，政府及相关部门有时也面临诸多困难，难以顺利解决。因此，基于理解政府及相关部门难处的考虑，在刚性监督方式的运用上相对较少，这就导致人大监督在促进政府及相关部门攻坚克难、创新解决问题上的力度还不够大。

（三）监督力量薄弱，专业化水平有待进一步提升

当前，县委、县政府中心工作涉及经济、政治、文化、社会和生态等各个方面，必须具备经济、金融、法律等相关领域的专业知识，人大的

监督才能真正取得实效，这对常委会组成人员、各专委会委员和代表的专业能力提出了较高的要求。但目前，县人大法制、财政经济、社会事务、城乡建设与环境保护、农业五个专委会的人员中，其学历、工作经历与所从事监督工作对口的很少。如果对相关工作的基本情况不熟悉、有关政策法规把握不准，监督工作就难以达到预期效果。以法制委员会为例，对司法机关进行法律监督和工作监督的专业性非常强，但法制委委员及工作人员中，具备法律专业知识的只有1人，人大代表中除开法、检两院的代表，就基本没有法律专业人员，这就必然导致对法律的监督、司法工作的监督缺乏权威性和科学性。

三、下一步监督工作的思考

充分发挥人大职能，不断强化监督实效，全力助推大邑经济社会高质量发展，是新时代赋予大邑人大的新使命。在下一步工作中，县人大常委会将按照县委"大学习、大讨论、大调研"活动的统一安排部署，深入贯彻党的十九大精神、习近平总书记来川视察重要讲话精神，按照高质量发展的要求，自觉围绕县委中心工作，主动服务大邑改革发展大局，依法履行监督职权，积极探索监督方式，创新开展监督工作，不断加大监督力度，切实增强监督实效，为加快建设"生态宜居城·创意新大邑"、书写新时代新天府"大邑实践"的高质量答卷做出积极贡献。

（一）坚持原则、把准方向

坚持原则、把准方向是强化人大监督工作、助推大邑高质量发展的重要遵循和行动指南。

一是坚持党的领导。坚持党的领导是人大开展一切工作最根本的原则。在履行监督职责中，县人大常委会将始终把坚持党的领导放在第一位，紧紧依靠党的领导推进人大工作，坚决贯彻中央、省市县委的决策部署，严格实行重大监督事项、重点监督活动、重要监督意见向县委请示报告制度，认真落实县委指示要求，保证人大监督始终在县委的领导下开展，始终与县委决策同向而行。

二是坚持依法履职。人大作为国家权力机关，其权力由宪法赋予，这就决定了人大及其常委会必须严格按照宪法、法律的规定来行使职权、开展工作。因此，在具体的监督工作中，县人大常委会将坚持依法履职，切实加强对"一府一委两院"的法律监督和工作监督，保障宪法、法律在我县全面贯彻实施，促进"一府一委两院"依法行政、公正司法。

三是坚持贯彻新发展理念。高质量发展全面体现了新发展理念的要求，是以创新作为第一动力、协调作为内生特点、绿色作为普遍形态、开放作为必由之路、共享作为根本目的的发展。县人大常委会将以助推大邑高质量发展为第一要务，始终坚持把创新、协调、绿色、开放、共享的新发展理念深深植根于监督工作中，以促进新发展理念的全面贯彻落实来助推大邑高质量发展。

四是坚持监督与支持相统一。人大对"一府一委两院"的监督，是同一方向上、同一目标下的监督。因此，县人大常委会将始终立足于帮、着眼于促，正确处理监督与支持的关系，寓支持于监督之中，与"一府一委两院"形成合力，共同致力于推动大邑高质量发展。

（二）围绕中心、精准发力

围绕中心、精准发力是强化人大监督、助推大邑高质量发展的核心要求。县人大常委会将始终按照县委的决策部署，坚持高质量发展的要求，把县委政府推动工作的着力点、群众期待美好生活的关注点作为人大监督的发力点，不断强化监督的针对性和实效性，全力助推大邑经济社会创新、协调、绿色、开放、共享发展。

一是聚焦产业功能区建设抓监督。产业功能区建设是我县组织经济工作和构建现代经济体系的重要抓手，是推进大邑高质量发展的重要载体。县人大常委会将围绕我县9大产业功能区建设，认真梳理产业生态圈构建、生态链创新、新经济发展、规划编制、招大引强、项目建设等功能区建设的重点工作、关键环节，深入研究、仔细分析，根据工作内容、特点、进度等实际情况，科学确定监督方式、统筹安排监督计划，力争取得以监督推动工作、以监督促进发展的良好成效。

二是聚焦实施乡村振兴战略抓监督。实施乡村振兴战略是中央着眼"两个一百年"奋斗目标导向和推进城乡协调发展作出的战略安排，是推动高质量发展的内在要求。县人大常委会将围绕乡村振兴"十大重点工作""五项重点改革"，以乡村绿道、川西林盘建设等具体工作为抓手，有计划、有重点地加强对特色产业发展、特色镇建设、新型社区和美丽乡村建设等工作的监督，以监督的实效来推动"产业兴旺、生态宜居、乡风文明、治理有效、生活富裕"目标的实现。

三是聚焦生态文明建设抓监督。生态文明建设与高质量发展是相辅相成的关系，地处成都"西控"战略腹地的大邑，生态优势是我们的核心竞争力。县人大常委会将认真践行"青山绿水就是金山银山"的理念，将监督工作瞄准创建国家生态文明示范区、创建国家卫生县城工作，持续采取有效监督措施，强力推进绿色生态产业体系建设，督促政府及相关部门切实抓好"蓝天、碧水、净土"工程的实施，坚决打赢大气、水、土壤污染防治三大战役，以生态文明建设和国家卫生县城的成果来助推美丽宜居公园城市建设。

四是聚焦保障和改善民生抓监督。保障和改善民生是党和政府工作的永恒主题，也是人大监督的永恒主题。县人大常委会将坚持以人民为中心的发展思路，从推进城乡社区发展治理、提升公共服务保障水平、加快法治大邑建设等方面入手，围绕城乡社区发展治理"五大行动三年计划"和公共服务设施三年攻坚行动、全民健康行动、脱贫攻坚三年巩固提升行动、依法治县等重点工作深入开展监督，定计划、分步骤，逐年实施、持续推进，使人民的获得感、幸福感更加充实、更有保障、更可持续。

五是聚焦全面深化改革抓监督。改革是实现高质量发展的助推器。县人大常委会将围绕五项经济制度改革，重点抓好对财政预算制度改革等方面的监督，以探索预算审查监督向支出预算和政策拓展为方向，强化财政资金使用绩效和政策实施效果评价督查，在推进预算制度改革的同时，提高人大预算审查监督的针对性和实效性。同时，进一步强化人大对国有资产管理的监督，积极探索建立国有资产监督管理制度。

（三）较真逗硬、真监实督

较真逗硬、真监实督是强化人大监督、助推大邑高质量发展的重要途径。在坚持监督与支持统一的原则下，县人大常委会将抓住监督关键环节，强化措施、较真逗硬，做到敢于监督、善于监督，确保监督工作取得实效。

一是监督方式要"刚"。在监督形式上，将适当增加对专项工作评议、专题询问等较为刚性监督方式的运用，通过评议、询问来有效增强政府及相关部门的履职尽责意识。在监督方法上，要创新开展事前、事中、事后全过程跟踪监督，对一些事关经济社会全局的大事，要按照县委的决策部署要求，综合运用有效的监督方式，做到提前介入、集思广益，过程监督、强力推进，事后督查、确保实效。如对"十三五"规划实施的监督，在规划编制时人大监督已经介入，并经县人代会审议批准实施，在今年我们将对其中期实施情况进行过程跟踪监督，在"十三五"最后一年还将对整体实施情况进行全面监督，以全过程的跟踪监督来确保"十三五"规划的全面实施。

二是调查研究要"深"。坚持把调查研究作为做好人大监督工作的基本方法，作为提升监督水平、增强监督实效的基础工作来抓。要结合监督内容，精心选择具有代表性的点位，深入部门、镇村、企业、项目调研，通过实地察看、座谈交流，收集民意、汇集民智，详细掌握第一手材料，准确把握工作中的矛盾和问题，加强对问题的分析研判，找准监督的重点和关键，提出有价值的意见建议，为监督审议提供科学参考。

三是会议审议要“透”。会议审议是人大监督不可缺少的程序和环节，审议质量的高低一定程度上决定着监督水平的高低。县人大常委会将以解决问题推进工作为目的，着力在提高会议审议质量和效率上下功夫，做到每项审议必须以调研或督查检查所掌握的实际情况为基本依据，对政府及部门的工作报告必须进行深入探讨分析，谈成绩实事求是，说问题不遮不掩，提建议切实可行，确保审议有质量、监督见成效。

四是跟踪督办要“实”。人大监督作出审议意见后，如果后续督办不到位，监督效果必然大打折扣。因此，县人大常委会将进一步强化对审议意见研究处理情况的跟踪督办，健全完善前期跟踪督办、中期检查督办、后期满意度测评制度，形成常态化的跟踪问效机制，做到问题不解决不放手、群众不满意不放手，确保监督到位、监督到底、督出实效。

（四）建强队伍、夯实基础

建强队伍、夯实基础是强化人大监督、助推大邑高质量发展的重要保障。

一是强化作风建设。始终把加强作风建设、崇严尚实工作作为干部队伍建设的有力抓手，切实强化思想政治建设，持续推进“两学一做”学习教育常态化制度化，结合开展“大学习、大讨论、大调研”活动，全面落实党风廉政建设各项要求，努力建设一支政治坚定、作风优良、敢于担当的人大队伍。

二是提升业务能力。大力倡导严谨笃学之风，切实加强常委会组成人员、人大机关干部、人大代表对法律法规、经济发展、社会治理等业务知识的学习培训，不断提高分析、解决问题的能力和依法监督的能力，努力建设一支熟悉法律、业务精湛、善于担当的人大队伍。

三是探索人大监督“专家智囊团”建设。针对预算审查、司法监督等专业人员力量薄弱、专业化水平不高的实际，县人大常委会将逐步探索建立人大监督“专家智囊团”，在大专院校、社会专业中介机构聘请相关专家、教授或具备资质的专业人员，参与专业性较强的监督工作，有效提升人大监督的权威性和科学性。

加强交通治理　净化交通环境
促进我县城市形象品质明显提升

——关于我县三轮、四轮电动车管理的调查与建议

大邑县政协主席　张昌勇

为进一步促进我县三轮、四轮电动车管理，近期，我与县政协分管副主席、县政协提案委员会同志，组织部分政协委员，会同县公安局、城管局、市管局、交通局等单位，通过实地走访、召开座谈会等形式，对我县三轮、四轮电动车管理情况进行了调研，提出了一些对策和建议，供县委、县政府领导决策参考。

一、三轮、四轮电动车基本情况

（一）非标准化车辆，不能注册登记

根据成都市政府常务会议文件（142次7号）《成都市机动三轮车综合治理工作方案》总体要求，机动三轮车主要包括以电动、燃油等动力装置驱动的三轮车以及不符合国家标准、行业标准的电动四轮车。目前我县纳入机动车管理的三轮、四轮电动车因属国家非标准化车辆，不能注册登记，因此上路行驶的电动三轮、四轮车均属无牌违法上路行驶，尤其是以电动三轮车为主。据统计，全县约有3000余辆，仅晋原城区就有上千辆。

（二）驾驶人群年龄偏大，安全隐患较大

目前，在三轮、四轮电动车使用人群中，中老年人占90%以上。由于驾驶者年龄偏大，缺乏基本交通常识，电动车车速较快，不容易控制等情况，导致存在较大的安全隐患。据统计，2016年全县发生三轮、四轮电动车交通事故176起，死亡17人。

（三）交通违法严重，非法营运成本低

三轮、四轮电动车无牌无证违法上路行驶，且违反道路交通信号通行、侵占机动车道、违反规定载人、非法揽客、随意停放等交通违法突出。电动三轮、四轮车每辆售价在2000元左右，大部分车主将三轮、四轮用于非法营运，一名违法人员只要每天非法营运6至8小时，每月的非法收入便在2000元至3000元左右，回报较为丰厚，导致三轮、四轮电动车非法拉货、载客行为屡禁不止。

二、存在的主要问题

（一）执法管理难度大

电动三轮、四轮车作为一种新型的交通工具，国家、省市交通和运输管理的现行有关法律法规中没有明确对其管理的执法主体，没有明确的处罚依据，从而对三轮、四轮电动车在执法管理上无法可依，在进行执法管理时难度较大。

（二）安全隐患明显

驾驶三轮、四轮电动车人群年龄偏大，交通安全意识普遍淡薄。驾驶人不遵守交通法规，擅自安装车棚、改装车型等，导致一些交通事故频发。加之目前国家没有对电动三轮、

四轮车实行强制保险制度，发生事故后赔偿能力不足，会诱使部分驾驶人事故后逃逸，因其无牌无证，侦破难度大，执法成本高。且电动三轮、四轮车没有上缴各类费税，营运和车辆保养成本低，非法营运较为普遍，严重影响了我县客运市场的有序发展。

（三）源头监管力度不够

一是造成消费误区。一些商家在生产和销售中欺骗消费者说这类车无须上牌办证，给消费者造成误区，从而导致此类车辆大肆流通。二是私自改造。电动车生产企业和经销商从经济利益出发，私自改变规定参数制造并低价销售超标产品，成了低消费群体的购买首选。

（四）公共交通营运能力不足

近年来，城市公共交通事业发展迅速，但随着城区面积的不断扩大，营运能力不足、发班频率低、候车时间长、线路固定等缺点仍然存在，远远没有达到群众出行迅速、便利、随意、实惠的要求，辖区内还存在很多小区公交出行线路不成熟。

（五）影响城市形象

电动三轮、四轮车随意停放，影响交通顺畅，特别是从事非法营运的电动三轮、四轮车，大多聚集在客运站、医院、商业广场、学校等人流密集的地方，且部分电动车还私自改装、自喷五花八门的广告，严重影响城市形象。

三、建议意见

（一）制定相关管理措施

一是摸底调查。建议由公安局牵头，市管局、各乡镇（街道）配合，对三轮、四轮电动车生产、销售、维修商家和驾驶人群开展深入摸底调查，查实相关数据，并建立台账。二是制定相关治理制度。建议由公安局牵头，市管局、交通局、城管局等相关部门配合，以近期市上即将出台的《成都市机动三轮车综合治理方案》为契机，尽快制定我县三轮、四轮电动车治理办法，进一步加强道路交通安全治理力度，严查严管电动三轮、四轮车，确保道路交通安全、有序、畅通，有效预防重特大交通事故的发生。

（二）整合资源加大宣传

一是开展常态宣传。建议由宣传部牵头，教育局、广电局、今日大邑等相关职能部门配合，充分利用教育、报刊、电视、网络、展板等资源以及传统媒体和新媒体平台，通过驾乘电动三轮、四轮车的危害、典型案例及相关法律法规宣传，切实增强群众交通安全意识。二是组织群团倡议活动。建议由宣传部牵头，工会、团委、妇联、残联、老体协等群团组织配合，对工人、学生、青年、老年、残疾人等群体开展针对性宣传，开展倡议活动，积极引导企业和群众“不卖、不买、不开、不坐”电动三轮、四轮车，营造社会各界广泛支持的社会氛围。

（三）加大源头治理力度

一是严格生产销售监管。建议由市管局牵头，经信局配合，对非法生产、销售电动三轮、四轮车的企业、商家坚决进行查处。加强源头管理，遵循“堵住增量、消除存量”思路，让其“不能为”。二是加强查处力度。建议由公安局负责，加强对重点时段、地段、线路无牌无证电动三轮、四轮车上路行驶的查处，并严格按规定处罚，让其“不敢为”。三是增加其违法成本。建议由公安局牵头，市管局配合，对查处的无牌无证电动三轮、四轮车一律顶格处罚，同时按规定拆除非法改装、加装的装置，压缩其生存空间，让其“不愿为”。

（四）加快推进公交发展

一是加密公交覆盖。建议由交通局负责，对公交路线进行调整加密，特别是增开红光社区、芙蓉社区、南苑社区等群众集中居住区公交线路，方便群众出行，为群众提供便利。二是改善慢行环境。建议由城管局牵头，规划局、建设局、交通局、公安局配合，鼓励发展“公共自行车”，打造更宜人的“最后一公里”出行空间，通过“人+绿道+自行车”慢行交通系统，有效代替电动三轮、四轮车。

（五）打造有序交通环境

一是设置禁行限行区域。建议由公安局负责，根据城市道路交通实际情况，在重要地段设置电动三轮、四轮车禁行和限行区域。二是严厉打击各类乱象。建议由公安局牵头，整合城管、交通等执法力量，建立健全常态化联动执法机制，通过联合执法，叠加处罚，严厉打击非法上路、非法占道、非法营运、违规行驶等突出乱象。通过综合治理，形成全过程、全要素、全区域的常态长效治理机制，全力打造整洁优美的市容市貌环境，促进我县城市形象品质明显提升。

“提升精神区位，争创一流业绩”大讨论

中共大邑县委宣传部

为贯彻落实市委决策部署，加快推进大邑经济社会发展，激发党员干部干事创业激情，县委决定在全县开展“提升精神区位、争创一流业绩”大讨论系列活动。县委成立活动领导小组，制定活动实施方案，召开动员大会，对活动开展进行安排部署。活动坚持开阔眼界、对标学习，摸清县情、找准差距，广集群智、凝聚群力，以上率下、层层发动的基本原则，明确了切实解决“8+N”问题的目标任务，分宣传发动、全面实施和总结深化三个步骤开展。3月，启动“我爱成都·我爱大邑——提升精神区位、争创一流业绩”主题演说活动。通过报名、初选、复选、决赛等程序，5月11日，“我爱成都·我爱大邑——提升精神区位、争创一流业绩”主题演说展演活动隆重举行，县委、县人大、县政府、县政协领导，县级各部门、各乡镇（街道）主要负责同志出席展演活动。8月，启动“身边榜样·大邑力量”典型选树主题活动，经过投票、初评、候选等程序，12月14日，“身边榜样·大邑力量”典型选树主题活动颁奖典礼隆重举行，县委、县人大、县政府、县政协领导，县级各部门、各乡镇（街道）主要负责同志，驻邑部队官兵、公安干警、医护人员、环卫工人等来自各条战线的观众团队和来自基层、社区的群众代表出席颁奖典礼。

专项治理“微腐败”

中共大邑县纪委

2017年，全县以中央、中央纪委，省委、省纪委，市委、市纪委和县委有关部署要求为指引，以实现标本兼治为根本目标，按照注重惩防衔接，健全制度机制，弘扬新风正气，筑牢拒腐防变、治腐预腐思想和制度防线的总体思路，坚持多元化组合式治理方式，充分发挥基层党组织主体作用，建立健全治理“微腐败”长效机制，推动管党治党责任落地落实落细，以党风廉政建设和反腐败工作的新成效，努力和持续增强人民群众获得感和满意度。

严厉查处“微腐败”问题。坚决查处扶贫、教育、就业、医疗卫生、社会保障、“三资”管理、征地拆迁等民生领域及执法、公共服务、办事窗口等行业发生的贪污侵占、以权谋私、虚报冒领、优亲厚友等问题，坚决查处主动服务意

识不强、推诿争执、工作不实等问题。持续深化“3+X”突出问题专项整治，严肃查处扶贫领域腐败和作风问题。紧盯巡视巡察、信访举报、媒体曝光等渠道反映的突出问题，对民怨集中、性质恶劣的重点督办、限时办结。对查处“微腐败”问题失职失责的党委和纪委“双问责”。2017年，共自查整改问题579个，收集处置民生诉求意见建议915条，发现处置“微腐败”问题线索75条，立案查处“微腐败”案件60件61人，通报曝光“微腐败”案例60个，推动修订完善制度机制377个。群众反映强烈的突出问题得到有效整治，满意度获得感不断提高。

推进治理常态化。认真落实《成都市治理“微腐败”工作办法（试行）》，纳入“两个责任”考核。坚持“两个责任”联动，围绕“五个环节”，推动对所属区域内“微腐败”现状开展定期分析研判，采取有效的工作措施开展治理。

安仁双年展

大邑县文体广新局

为了进一步践行成都市委市政府“西控”战略，整合安仁古镇现有的文化资源与文化场馆，提升安仁古镇在国内外的文化识别度，为安仁古镇后续发展注入重要的文化艺术资源，2017年10月28日—2018年2月28日，以“今日之往昔”为主题的首届安仁双年展，在成都市大邑县安仁镇举行，展出20多个国家百余位艺术家的作品。

“安仁双年展”拟每两年举办一届，搭建起一个国内外不同代际艺术家展示与交流的双年展学术平台，持续地通过“安仁双年展”及相关活动增强安仁乃至成都的人文内容和当代影响力。当天的双年展，180余位国内外参展艺术家齐聚安仁，其中的产品有50%以上为专项创作、首次展览，国际艺术家有不乏威尼斯双年展、卡塞尔文献展中的常客，如朱安·朱纳斯、威廉·肯特里奇等世界著名艺术家；国内艺术家包含陈丹青、张晓刚、王广义、周春芽、张立军、徐冰等顶尖艺术家，而且绝大多数的参展艺术家为本届展览专门创作作品，在安仁双年展艺术盛会上演绎他们眼中的安仁。“安仁双年展”采取国际惯常的双年展总策展人负责的策展人小组机制，由艺术史学家吕澎担任总策展人，分设“谱系修辞”“十字街头”“回不去的未来”和“四川故事——戏剧与历史”四大板块。遵照专业、学术、国际等原则搭建展览结构，制定展览的主题和架构选择参展的艺术作品、拟定参展的艺术家名单，保证展览的学术性效果及影响。

安仁镇地处成都平原西部，距成都市区41公里、双流国际机场38公里、大邑县城8公里，具有丰富的历史文化底蕴，先后被建设部、国家文物局授予“中国历史文化名镇”，被中国博物馆协会冠名为“中国博物馆小镇”，被中国文物协会授予“中国文物保护示范小镇”，被国家住房和城乡建设部授予“国家园林城镇”。安仁镇现有三大核心旅游资源：安仁老街及公馆、刘氏庄园、建川博物馆聚落。核心资源相对分散，各景区之间互动较弱，导致游客游览目的地性强、逗留时间短，对当地的经济及旅游发展有一定的阻碍。解决这类问题的常规做法是通过“物理”手段改变现状，如加强路网建设、通勤交通设施等方式疏通游客通道，增加各景区之间的连贯性，增加游客的旅游体验与连贯感，从而解决目前的问题。

“安仁双年展”正是基于安仁镇的特殊风貌及现实状况，安仁华侨城在实施常规“物理”手段的基础上，利用企业自身在文化产业深耕多年的经验，邀请国内顶尖的学者、策展人组成的专业团队策划大型文化活动“安仁双年展”品牌文化活动。通过在原镇上一处宁良老厂房设置“安仁双年展”主展场，在安仁老街、刘文辉公馆、建川博物馆聚落设置分展场，分布在不同的空间和场馆，让其成为主展的有机补充，并通过灵活多样的艺术手段和艺术形式与安仁产生互动。将“安仁双年展”期间的安仁变为使游客感受沉浸式体验的整体艺术空间，借由此种方式促使游客“寻宝式”的探寻展览，从而带动游客在各景区之间的互动与串联，以“化学”手段解决问题。

“安仁双年展”将被打造成为常态性的高品质国际艺术展览，安仁双年展的举办极大提升整个安仁的知名度、美誉度、文化的识别度，为安仁的文博、文创、文旅注入了重要的文化因素，在为人们融合高品位艺术美学、良好艺术氛围与惬意休闲娱乐方式、营造安仁别具一格艺术空间的同时，形成以安仁为空间载体，双年展为项目载体，配套机构为产业载体所构成的生态链，吸引国内外高知阶层对安仁古镇的关注度，推动安仁文博文创产业大发展，树立起西控文创文博产业聚集区的标杆指导意义。

“诗意山水　创新大邑”2017大邑半程马拉松赛

大邑县文体广新局

“诗意山水 创新大邑”2017大邑半程马拉松赛（21.0975公里），于2017年12月23日在新场古镇圆满完赛，来自全国各地跑团及我县跑步爱好者两千余人参赛，国内50余家媒体跟踪报道。赛事突出“绿色、创新、健康、拼搏”四大主题，充分展示大邑自然与人文资源，是大邑首届规模最大的一次群众性赛事。

赛事由县政府主办、县相关部门共同承办，采用“政府主导、企业参与、市场运作”模式，引进专业机构负责赛事的组织实施。县政府牵头成立了赛事组委会，下设11个后勤保障工作组。制定了赛事宣传片，召开了新闻发布会，邀请国内多家媒体进行全方位采访报道；通过微信平台发布竞赛规程及赛事指南，在最短的时间内将赛事信息覆盖了整个成都及全国的跑友圈。比赛前后参与报道的新闻媒体达50余家，赛事宣传电视媒体60多条，报媒20多条，网媒推送70条，新媒体推送50多条。国家体育总局网、中国体育报、搜狐网、四川在线、新浪微博、四川发布等新媒体累计阅读量达32000余次。

本届赛事分为男、女半程马拉松（全程21.0975公里）和迷你跑（全程5公里），约2000名运动员，最小年龄3岁，最大65岁，运动员比例为：省外4.9%、省内38%、大邑57.1%。运动员们在赛道上用奔跑表达着激情、活力与欢乐，享受马拉松运动带来的肆意和快感。从新场镇到大邑新城，一路上仿佛穿梭时空、跨越古今、跑过老街古镇、绿道新城、雪山脚下、碧水河畔，于速度和激情中尽享沿途的古镇人文、山水诗情、田园风光。近万余名群众在赛道沿线观看比赛。最终，来自四川乐山的碾者阿提以1小时10分58秒、陕西西安的蹇穆华以1小时23分05秒的成绩分别获得了男女半程马拉松冠军。

此次赛事的举办有机地将我县休闲产业、旅游资源与体育赛事相结合，将马拉松赛事之美与大邑的生态美景、文化底蕴充分展示，对扩大大邑城市影响、提升大邑旅游产业的发展起到了积极的推动作用。

大事记

1月

5日 召开中共大邑县第十四届委员会第二次全体会议，审议通过大邑县推荐提名四川省出席党的十九大代表、省第十一次党代会代表候选人名单。

同日 副市长刘宏葆到大邑县调研小城镇建设工作，实地察看安仁镇建川博物馆聚落。

13日 县经开区成功创建“国家石油机械配套知名品牌创建示范区”，为全省第6个国家级品牌创建示范区。

15日 2017“腾龙杯”全国少儿足球精英赛在县体育中心拉开战幕。来自山东、广东、贵州、重庆、成都等省、市、自治区、直辖市的55支足球代表队、600多名运动员参赛。

16日 市委常委、成都警备区政委罗相水到扶贫联系村邮江镇雷山村看望慰问困难群众。

13—16日 总投资2亿元两个项目分别签约落户大邑县。一是成都锋克硬质合金科技有限公司年产50万片(件)木工刀片生产线项目；二是成都壹佰刀具有限公司年产60万片(件)木工刀具项目。

19日 “法治大邑”微博微信被评为“四川司法系统政务新媒体影响力十佳”。

20日 刘氏庄园博物馆与入驻艺术家签约暨相关艺术院校写生创作基地揭牌仪式在刘氏庄园博物馆举行。

同日 成都西岭水务投资公司与鄂州火炬科技孵化器公司签订运营合作协议，利用原四川新源监狱火电厂改建成都大邑火炬孵化园。

同日 大邑县地震监测台网加密和升级改造工程完工。

22日 大邑县与中国铸造协会《关于共同打造西南区域中心公共服务平台战略合作框架协议》举行签约仪式。

同日 全国政协常委、提案委副主任、九三学社中央副主委赖明到大邑县调研四川客车制造有限责任公司。

2月

6日 市委宣传部副部长母涛率队到大邑县调研，实地察看赵子龙祠墓保护开发工作情况。

14日 市委组织部副部长薛敏率队到大邑县调研基层党建工作。

16日 陕西省西安市蓝田县委书记王浩率队到大邑县考察。

17日 山东省东营市委政法委副书记张俊臣率该市考察团来到大邑考察“雪亮工程”试点建设情况。

21日 日本JPS制药株式会社到大邑县考察

投资环境情况。

同日　全国人大常委会委员、财经委员会副主任委员乌日图率队来到大邑县，开展《产品质量法》执法检查前期调研。

22日　市委常委、市人大常委会副主任、市委政法委书记王忠林，市人大常委会副主任赵小维率队到大邑县开展2017年第一季度“开门红”工作专项督导。

23日　国家开发银行营运管理局局长徐雨云率队到大邑县调研棚户区改造工作。

24日　大邑县召开“提升精神区位、争创一流业绩”大讨论系列活动动员大会。

3月

1日　中央纪委驻公安部纪检组组长、公安部党委委员、督察长邓卫平率队到大邑县调研。

同日　县人社局组织33家企业和社会组织到安仁镇开展春季巡回招聘会暨就业创业服务活动。

2日　大邑县举行2016年度“最美家庭”颁奖仪式，15户家庭受到表彰。

3日　大邑县与海南绿翠生态环境股份有限公司《上菩国际·养生源（成都基地）项目》投资签约仪式举行。

7日　市委常委谢瑞武率市级有关单位负责人到大邑县调研农业农村工作。

10日　中国意象油画踏青川西大型写生创作活动在花水湾镇正式启幕。本次写生创作活动以“花水意象”为主题，由中国意象油画研究会和成都红光艺术公社的艺术家组成的写生团队，在花水湾温泉度假小镇开展为期7天的写生创作。

11日　大邑县村（社区）自治组织换届选举日，全县40余万名选民投下自己神圣而庄严的一票，选举产生218个村（社区）新一届村（居）委会成员。

15日　中国科学院国科控股有限公司董事、总经理索继栓率队到大邑县考察，实地察看县经开区东部工业新区。

同日　安仁古镇民国风情街、安仁古镇刘氏庄园博物馆、新场古镇二堰河街区获评市级“放心舒心消费城市”创建示范单位。

16日　农商行大邑支行首家惠农“微银行”在青霞镇洞口社区正式开业。

21日　全国知名品牌创建示范区品牌价值评价工作会议在北京召开。大邑县经开区“大邑石油机械”区域品牌价值经国家质量认证中心评估价值为13.25亿元，品牌潜在价值估价49.94亿元。

22日　召开全县食品安全暨创建国家食品安全示范城市工作推进会。

23日　省委常委、宣传部长甘霖率队到大邑县调研安仁博物馆小镇。

同日　县委副书记、县长廖瞰会见金杯集团董事局主席金杯一行，双方就康养旅游度假区项目投资合作相关事宜进行洽谈。

28日　中组部党员教育和干部测评中心副巡视员张克率调研组来到大邑县，就“党建大课堂”+“微党校”党员教育培训工作进行调研。

同日　四川省首届“天府好家规”评选结果出炉并进行公示，大邑县车耀先家庭家规入选。

4月

1日起，大邑县到雅安、乐山、绵阳、南充、什邡等5条跨市客运班线全面实行实名检票。

6日　大邑县电商孵化园科学技术协会成立。

7日　召开民进成都市大邑支部成立大会。

8日　中国青少年足球成长公益基金（简称

成基金）向大邑县中小学捐赠足球训练设备暨支持大邑县校园足球专业化建设启动仪式在韩场镇学校举行。

同日 以“雾山河畔·浪漫花季”为主题的1/4山地马拉松比赛在雾山乡举办，近千名来自国内外的马拉松爱好者在这里展开对决。

同日 300余名红色收藏爱好者，带着各自的红色藏品，参加建川博物馆聚落第七届红色收藏交流会。

12—14日 国家卫计委评估工作组到大邑县开展血吸虫病传播风险评估，实地对三岔镇七一村和董场镇兴隆村进行评估，对大邑县相关工作给予肯定。

16日 2017“成都造·中国行”北京站活动在北京市朝阳区举行，大邑县蜀之源白酒获评“北京市民最喜欢的十大‘成都味’”之一。

18日 禾中集团到斜源镇考察投资环境情况，详细了解六坪村产业发展、四川正立农业中药材种植基地和场镇建设等情况。

23日 2017年“百姓大舞台·唱响大邑·音你而来”“成都文化四季风·音乐消夏”暨“成都市首届青年流行歌手大赛”大邑县集中示范活动地区海选赛在县城桃源法治文化广场举行，大邑县37名参赛选手在这里展开对决。

27日 国际慢食协会到大邑县考察特色农产品及文旅产业发展情况。

5月

2日 全县各级各部门迅速行动，掀起学习贯彻市第十三次党代会精神热潮。

3日 团县委举行“青春喜迎十九大 不忘初心跟党走”大邑县“五四”表彰大会暨专题讲座。

10日 2017成都全球创新创业交易会在成都世纪城国际会展中心启幕，来自全球600家创新创业知名企业携上千款代表全球领先水平的技术、产品参展。四川天邑康和通讯股份有限公司代表大邑县科技创新企业参展。

11日 召开中共大邑县十四届县委第一轮巡察工作动员部署会，安排部署十四届县委第一轮巡察工作。

同日 “我爱成都，我爱大邑——提升精神区位，争创一流业绩”主题演说活动颁奖典礼暨获奖节目展演活动举行。

12日 瑞士蒙泰市市政议员科特德、瑞士尚佩里旅游业主席波格得等一行到大邑县访问旅游产业发展。

13日 美国田纳西州富兰克林市副市长、友城协会主席珀尔·布兰斯福德一行到安仁古镇考察，就共同打造音乐小镇相关合作事宜进行洽谈。

16日 国土资源部咨询研究中心主任王世元率调研组来大邑调研。

18日 市委副书记、市长罗强到大邑县调研安仁音乐小镇建设工作。

同日 庆祝中国人民解放军建军90周年暨“5·18”国际博物馆日活动启动仪式在安仁镇建川博物馆聚落举行。

同日 大邑县召开县人才发展促进会第一次会员大会暨成立大会，表决通过《大邑县人才发展促进会章程》，选举产生第一届理事会和监事会。

同日 大邑县“阳光小豆苗计划”启动暨未成年人心理成长拓展基地授牌仪式在苏家镇格林庄园举行。

23日 西安市市委组织部副部长、市非公党建工委书记田周民率调研组来大邑调研非公企业党建和社会组织党建工作。

24日 花水湾镇成功入选成都市2017年重点支持特色小城镇。

25日 市交委主任刘兵到大邑县调研成都经济区环线高速（三绕）蒲江至都江堰段大邑段

建设情况。

26日　大邑县召开安仁古镇创建国家5A级旅游景区工作动员会。

6月

1日　县委副书记、县长廖暾会见远洋国际建设有限公司四川区域副总经理高科一行，双方就特色小镇项目投资合作事宜进行洽谈。

8日　市人大常委会副主任赵小维率队来到大邑县，监督检查环境保护工作。

11日　成都市区（市）县对标管理工作推进情况汇报会召开。县委书记李燎在成都主会场参加会议，并就大邑县对标管理工作推进情况作汇报。

14日　国家农业部动物疫病防控工作检查组到大邑县检查春防工作，实地查看上安镇动物防疫疫苗使用登记、动物防疫工作制度落实等工作情况。

17日　中科院专家组助理研究员王世宽一行到大邑县开展“十二五”期间农业综合开发高标准农田建设第三方评估工作。

20日　第四届成都市道德模范授奖仪式在成都市广播电视台演播厅举行。大邑县万良菌业公司董事长张万良荣获诚实守信类道德模范称号。

22日　县政府决定对腾德平同志见义勇为行为进行表彰。

同日　由县文明办、县卫计局举办的首届“大邑名医”“大邑名中医”“最美护士”“最美乡村医生”评选活动结束，共评选出35名最美医护工作者。

23日　总投资5000万元的成都映丹云枫园林景观工程公司美国红枫观赏植物专类园项目签约落户青霞镇。

24日　省环保专项督导组成员、省环境监察执法总队队长雷毅一行到大邑县进行环保专项督查。

28日　四川电影电视学院文化创新创业园奠基仪式在安仁镇举行。

29日　龙门山旅游公路大邑至蒲江连接线大邑段（兴业路至安郡路段）完成交工验收。

30日　“聚力新发展 成都新跨越”全国副省级城市党报新媒体关注成都产业发展大型采访活动走进大邑县安仁镇。

7月

4日　大邑县召开会议，传达贯彻成都国家中心城市产业发展大会精神 。

7日　全市首例林地经营权流转拍卖在大邑县成功举行，鹤鸣乡牟家营村1社两百亩31年租赁流转林权成功拍卖。

7—8日　县委副书记、县长廖暾率队赴江苏开展投资促进活动。

13日　在大邑县举行的险资直投支农惠农融资签约仪式上，中国人保财险大邑支公司向大邑县林业生产种植大户郭洪荣发放20万元融资款，这是全省险资直投涉林融资发放的首笔资金。

17日　市委副书记朱志宏到大邑县督导地质灾害和防汛安全隐患排查防治工作。

19—20日　市人大常委会副主任王忠林率市委第十五督导组来到大邑县，就大邑县贯彻落实省市党代会精神、抓好重大部署重点项目落地落实工作进行全面督导。

20日　成都市产业园区党建工作推进会召开，大邑县在会上做经验交流发言。

21日　中央党校副校长黄浩涛一行到大邑县调研现场教学基地建设。

26日　大邑县与北大资源集团签署产城融合战略合作协议，双方将结合县域特色文化产业资源、自然景观资源，打造滨河文化智慧小镇等项目。

同日 中国安仁国际音乐节——中美乡村音乐交流会在刘氏庄园博物馆广场举行，来自美国、中国台湾及大邑本地的音乐团队同台演出，为中外游客和当地群众展示了中美音乐文化的魅力，助力安仁打造音乐特色小镇。

8月

1日 县委副书记、县长廖瞰会见中化现代农业有限公司总经理程永一行，双方就现代农业“MAP模式”项目投资合作相关事宜进行洽谈。

同日 大邑县2016年度天保工程通过国家级核查。

5日 副县长李建康会见中广国际传媒（北京）有限公司董事长王斌、国开四川投资有限公司副总经理张宇、四川省商业投资集团副总经理罗远航、四川富航资本投资公司执行董事钟伟及大邑县市民农庄开发有限公司董事长兰学军等一行，就影视城项目落地等事宜进行深入探讨。

16日 大邑县召开创建国家、省有机产品认证示范县动员大会暨有机事业发展培训会。

17日 大邑县与幸福时代生态旅游有限公司正式签订中药材小镇暨幸福森谷国际度假区项目投资协议。

22日 省中医药管理局局长田兴军率队到大邑县调研中药材产业发展工作情况。

同日 四川省“两新”党组织书记及党务工作者示范培训班在大邑县开班。全省21个市（州）及省级部门共605名党组织书记及党务工作者参加培训。

25日 市政协副主席杨小英率队到大邑县调研安仁文创文博集聚区建设工作情况。

26日 “创业天府·菁蓉汇·大邑县”绿色智造专场活动在大邑县四川电影电视学院安仁校区举行。活动现场签约23个高端绿色科技产业项目、总投资126亿元，发布“大邑产业政策六十四条”和“大邑人才新政十五条”，举行四川邑电通信产业技术研究院、互联网教育系统技术及应用国家工程实验室大邑分室、大邑高校（学生）创新创业基地揭牌仪式。

31日 市人大常委会常务副主任王忠林率市委第十五督导组到大邑县开展第二阶段督导工作。

9月

1日 召开省第一督导组督导大邑县防汛减灾和地质灾害防治工作情况反馈会。

6日 大邑县“共筑中国梦·喜迎十九大”首届城乡社区文化活动月在县桃源法治文化广场启动。

12日 大邑县作为富有独特生态环境和田园风貌的川西林盘聚集地，与“慢村共建”的主题天然契合，被国际慢食协会选为首个“慢村共建计划”试点及示范。

13日 2017年“三美”市级示范村创建工作现场推进会在鹤鸣乡新民村召开。县委常委、宣传部部长邓蔚，县级相关部门及董场、西岭、鹤鸣三个乡镇主要负责人参加会议。

15日 以“关爱灾区 促进就业 助力扶贫”为主题的2017年大邑县赴松潘地震灾区专场招聘暨2017年对口援助就业扶贫现场招聘会，在松潘县城北新区政府广场举行。

同日 歌手、音乐制作人李泉受聘为安仁音乐小镇顾问。

17日 全国政协委员、全国总工会副主席崔郁率队到大邑县，调研女性创新创业及居家灵活就业工作开展情况。

20日 由市妇联和县政府共同主办的巾帼云创·茶文化产业发展大会暨大邑县首届茶席设

计大赛在青霞镇幸福公社举行。

同日　由花水湾镇主办的2017“花水湾杯”中日围棋城市友好女子对抗赛拍钟开枰，对抗赛以日本大阪队胜出圆满收官。

同日　县人民检察院与县农林局在大邑县国有林场联合挂出“大邑县生态修复示范基地”牌子，这一联合机构将专门负责林业生态修复与保护工作，让生态修复、补偿措施及时得到落实。

22日　在成都市“寻找最美蓉城金秋志愿者”活动颁奖仪式上，大邑县退休老同志蔡星明、郑显芳分别荣获成都市2017年度“十佳最美蓉城金秋志愿者”称号和“寻美”活动“网络人气奖”称号。

27日　参加全国副省级城市质检工作现场会的与会人员到韩场镇，考察大邑县农业标准化建设工作。

同日　大邑县“共筑中国梦·喜迎十九大”首届城乡社区文化活动月系列活动之“大邑之声”全民歌咏汇暨成都“文化四季风·欢歌庆秋”合唱比赛在县桃源法治文化广场举行。

同日　大邑县召开“百博·大邑博士专家服务站”成立大会。

29日　国家文物局副局长关强参加建川博物馆聚落“抗战文物陈列·中流砥柱”开展仪式并宣布展览开展。

10月

9月30日—10月8日　第十四届成都美食旅游节暨第七届国际慢食全球大会安仁主会场活动在大邑县举行，活动中大邑县被确定为“慢村共建计划”全球首个试点区域。国际慢食协会主席卡洛·佩特里尼，县委副书记、县长廖暾及50位国内外慢食伙伴出席活动。

11日　大邑县文学艺术界联合会第一次代表大会召开。

14日　大邑县举行智能机器人项目——大邑中世机器人产业园项目签约仪式。

18日　李燎、廖暾、马良清、张昌勇、王琰、罗四清、陈一军、周敏等县委、县人大、县政府、县政协领导及县行政中心入驻单位干部职工代表共240余人集中收听收看党的十九大开幕会盛况。

26日　经成都市粮食安全省长责任制考核工作组考核考评，大邑县人民政府荣获2016年度粮食安全省长责任制考核优秀单位。

27日　大邑县招商项目（南京）推介会在南京市召开，推介大邑县三次产业投资载体环境和12个重大招商项目。

同日　县妇联邀请国家级非物质文化遗产蜀绣代表性传承人陈德兵在刘氏庄园博物馆开展蜀绣免费提升培训活动。

28日　由华侨城西部投资有限公司主办的一场国际化、多元化的艺术盛宴——安仁双年展国际艺术展览在安仁古镇盛大开幕。

11月

1日　大邑县召开领导干部大会，传达学习省委常委、市委书记范锐平到大邑县调研督导学习宣传党的十九大精神和乡村振兴战略实施情况的指示精神，研究大邑县贯彻落实意见。

2日　县房管局组织县内27家房地产企业召开商品房销售行为规范工作座谈会，传达国家发改委、住建部《关于开展商品房销售价格行为联合检查的通知》相关文件精神，安排推进落实商品房预售款专款专用等工作。

同日　大邑县创建“四川省有机产品认证示范创建区”正式通过省级复评。

同日　县社会工作者协会成立大会召开，标志着遍布于全县的社会工作者有自己的“娘家”。

3日 大邑县与四川电影电视学院在安仁古镇举行战略合作协议签订仪式，国家新闻出版广电总局版权司司长于慈珂出席。

1—5日 “蓉城之秋·安仁国际艺术音乐节”在安仁古镇举行。来自15个国家的近50只乐队、200多名音乐艺术家齐聚安仁古镇，共同带来一场“国际范儿”原创艺术音乐盛宴。

7日 县委副书记、县长廖瞰会见法国FISE体育（中国区）总经理Thibaut Girardot一行，在实地察看西岭雪山和安仁古镇旅游资源开发、景区运营等情况后，双方就深化旅游产品开发等合作事宜进行洽谈。

同日 大邑县首个社会关爱援助中心暨慈善会黑籽儿公益援助专项基金正式成立，标志着大邑县政府救助公共服务与专业化、社会化关爱援助服务相结合的新型社会救助援助服务模式正式建立。

同日 美国校长访华代表团一行到大邑县交流访问教育工作，双方签署相关友好学校备忘录。

8日 大邑县颁发首例食用菌《农作物种子生产经营许可证》。

14—15日 县委书记李燎会见长安动漫产业集团董事长李杨一行，双方就动漫游戏城项目投资合作相关事宜进行洽谈。

16日 全省农业职业经理人培育现场会在大邑县举行。省政府副秘书长严卫东，省农业厅厅长祝春秀，市政府副秘书长覃文林，县委常委、统战部部长王谚，副县长李建康及全省各地市州政府分管领导、各区（市）县分管负责同志和省内部分农业经理人代表参加会议。

同日 2017年全省交通运输行业筑养路机械操作工职业技能竞赛开幕式在大邑县举行。

同日 “成都未来教育家基地园”揭牌仪式在大邑县建华幼儿园举行。

21日 大邑县人民政府、米易县人民政府友好合作签约仪式在县行政服务中心举行。

24日 省委宣讲团到大邑县举行党的十九大精神宣讲报告会。

28日 大邑县创建“全国中小学责任督学挂牌督导创新县”国家级评估（实地核查）县级汇报会召开，国家教育督导检查组对大邑县相关工作进行实地核查评估。

29日 民政部救灾司副司长、国家减灾中心党委书记殷本杰率国家减灾办调研组到大邑调研抗震救灾宣传教育工作。

同日 市委常委、市纪委书记王川红一行到大邑县调研督导纪检监察工作，并召开基层党风廉政建设座谈会。

10月26日—11月29日 党的十九大代表占地斯门深入乡镇、机关、企业、社会组织，开展20场宣讲，推动党的十九大精神在基层落地生根。

12月

1日 县委书记李燎率队到北京，召开大邑县招商项目（北京）推介会。

7日 县房管局和县民政局联合下发《关于调整〈大邑县公共租赁住房和廉租住房并轨运行管理实施细则〉年收入线标准的通知》，就大邑县申请住房保障家庭年收入准入线标准进行调整，调整后的标准均比2012年有所提高，拥有价值3万元以下机动车辆的低收入家庭也可享受廉租租金标准。

12日 县委副书记、县长廖瞰会见成都建工集团党委书记、董事长、总经理李善继和中车集团四方股份有限公司国内市场经理吴红浪一行，三方共同就投资合作相关事宜进行洽谈。

14日 国家住建部村镇司副巡视员白正盛到大邑调研特色小镇建设工作。

15日 四川首场大型公馆沉浸式体验剧《今时今夜是安仁》在安仁公馆首秀。

同日　为期两天的第二届安仁论坛在安仁古镇举行开幕仪式。期间，举行《尼泊尔国家博物馆馆藏珍品》中国首展开幕式、启迪华侨城西部股权投资基金联合沃天基金投资安仁文创产业签约仪式、深圳文化产权交易所联合华侨城集团签约成立“艺术公馆”艺术品交易平台和上海数字化城市与交通研究所联合华侨城集团签约成立“安仁智库”等活动。

20日　陕西旅游集团与大邑县千佛山投资开发建设战略合作签约仪式举行。

23日　“诗意山水创新大邑”2017大邑半程马拉松比赛在大邑县新场镇举行。

26日　中国共产党大邑县第十四届委员会第四次全体会议召开。审议通过《中共大邑县委关于贯彻落实市委十三届二次全会精神奋力建设“生态宜居城、创意新大邑”的实施意见（讨论稿）》《大邑县城市总体规划（2016—2035年）（送审稿）》，深入分析大邑在新时代面临的形势任务，围绕“生态宜居、创意新大邑”目标定位，对大邑未来发展做出全面部署。

28日　大邑申报的“大邑黄连”“大邑麻羊”“西岭佛手瓜”3个地理标志产品正式获批，全县地理标志产品数量已达10个，其中国家地理标志保护产品9个，农产品地理标志产品1个，位居全国县级第一。

同日　大邑县首批人才公寓项目正式拉开建设序幕。

综 述

县情简介

【地理位置】 大邑县位于成都平原西部，介于东经102° 59′ 至103° 45′ ，北纬30° 25′ 至30° 49′ 之间。东北与崇州市交界，东南与新津县毗邻，西南同芦山县、邛崃市相连，西北和汶川县接壤。2017年，全县土地面积1284平方公里，其中建成区面积24.27平方公里。县城晋原街道办事处距成都37公里。

【建置沿革】 早在新石器时代，境内已有人类活动。夏、周时为古蜀国地。公元前316年，秦灭古蜀国，今大邑县区域当时为临邛县地。后几经变迁，直至唐高宗咸亨二年（671），置大邑县，属邛州，县治在今晋原街道。《太平寰宇记》记载："县在鹤鸣山东，其邑广大，遂以为名。"大邑建县后，唐、宋两代建置无变化。元至元二十一年（1284），撤销安仁县和火井县，其行政区域划归大邑县管辖。明洪武十年（1377）五月，大邑县撤销，境域并入邛县，属嘉定州，明洪武十三年（1380）十一月，大邑县建制恢复，仍属嘉定州。明成化十九年（1483），邛县复升为邛州，大邑又还隶属邛州，直至民国元年（1912）。民国二年（1913），邛州改为邛崃县，大邑隶上川南道。民国三年（1914）5月，上川南道改为建昌道。民国十七年（1928），道制撤销，适值四川军阀混战，延至次年才正式撤销，大邑直隶四川省。民国二十四年（1935）6月，大邑隶四川省第四行政督察区。1949年10月1日，中华人民共和国成立，12月20日，大邑县解放。1950年1月1日，中国共产党大邑县委员会在成都组成，隶属中共眉山地委领导；1950年1月8日，大邑县人民政府成立，隶属眉山专署领导。1950年3月起改属中共温江地委、专署领导。1960年7月1日，经国务院批准，新津县并入大邑县；1962年3月25日，新津县建制恢复。1983年5月，温江地区建制撤销，大邑县划归成都市管辖。

【面积与人口】 大邑县辖区面积1284平方公里，其中建成区面积24.27平方公里。年末，有常住人口51.11万人，户籍户数18.19万户、户籍人口51.15 万人（其中农业人口30.02万人，占58.69%；非农业人口19.64万人，占41.31%）。男性25.77万人，占50.38%；女性25.38万人，占49.62%。全县出生 5309人，出生率9.92‰，死亡4181人，死亡率7.82‰，自然增长1128人，自然增长率2.11‰。

【行政区划】 2017年，全县政区设置青霞、悦来、邮江、西岭、斜源、三岔、新场、上安、苏

表1 2017年大邑县乡镇（街道）、村（社区）基本情况一览表

乡镇	村名（社区名）	村数	组数	户数	农村人数	社区数	居民组数	社区户数	居民人数	幅员面积
晋原街道	镇东村 坪域村 七里村 青屏村 华三村 马王村 龙华村 金龙村 晋义村 友谊村 凤凰村 新乐村 清江村 梁坪村 五童村 伯乐村 邑溪村 干溪村 社区：元通社区 芙蓉社区 东街社区 南街社区 西街社区 北街社区 子龙街社区 长春路社区 红光社区 南苑社区 兴隆社区 潘家坝社区 建华社区 桃源社区 玉龙社区 官渡社区 岳江社区 邑新社区 驷马社区 鸳鸯社区 大树社区 晋王社区 锦屏社区 莲兴社区 斜江社区	18	224	7806	23256	25	312	18716	104782	91.02
董场镇	祥和村 双河村 白马村 兴隆村 社区：龙华社区 龙兴社区 铁溪社区 凤冠社区 正雄社区 昌明社区	4	73	3230	11172	6	101	4102	13928	31.13
上安镇	昌盛村 蒲墩村 成功村 乐善村 汪安村 金鸡村 社区：新安社区	6	90	4280	14881	1	5	405	1339	19.76
韩场镇	铁溪村 柏家村 韩延村 五合村 社区：正福社区 兰田社区	4	57	3140	10230	2	30	2170	8006	20.76
王泗镇	且埂村 飞羊村 孟姜村 庙湾村 尚河村 静林村 黎庵村 伍家村 西安村 龙桥村 李安村 杨店村 丰都村 文笔村 黄土村 义兴村 社区：新庆社区 灯笼社区 福田社区	16	247	13289	46316	3	61	1532	5760	64.74
蔡场镇	云南村 树德村 万延村 新福村 社区：蔡场社区 万石社区	4	59	2971	11168	2	44	2390	8960	21.6
沙渠镇	柳坪村 顺河村 双碾村 龙湾村 石泉村 社区：鄞江社区	5	70	3506	10772	1	20	889	3082	18.79
苏家镇	香林村 梓檀村 安合村 永兴村 社区：虹桥社区 复兴社区	4	88	3740	13789	2	38	1843	6422	20.45
安仁镇	清源村 石瓦村 陈河村 青杠村 广贤村 五星村 新团村 金光村 新和村 新石村 白鹤村 齐埝村 社区：金塘社区 新华社区 三河社区 双合社区 合江社区 金井社区 民安社区 长福社区 泉水社区 蔡山社区 和众社区 瓦窑社区 天福街社区 红星街社区 千禧街社区 仁和街社区	12	116	8387	29186	16	167	7887	37598	57.22
悦来镇	龙泉村 丹凤村 朝阳村 夬石村 双廊村 宁江村 鹤庆村 民集村 义和村 王岗村 盐井村 社区：胜利社区 三仪社区 前进社区 观口社区	11	174	5399	24012	4	38	1700	5818	57.49
鹤鸣乡	新民村 青龙村 忠孝村 永和村 联和村 牟家营村 社区：仙鹤社区	6	95	3000	9994	1	11	550	1800	48.82
金星乡	红岩村 黄泥村 和平村 白岩村 星火村 雁鹅村 社区：玉金社区	6	79	2190	7752	1	16	570	1879	49.52
新场镇	揭家村 头堰村 石虎村 桐林村 同心村 双井村 川王村 社区：文昌社区	7	120	5685	20743	1	27	1817	6019	36.43
青霞镇	仙合村 社区：龙凤社区 分水社区 洞口社区	1	18	619	1944	3	44	1837	6097	28.14
花水湾	黎沟村 阳沟村 伍田村 千佛村 社区：天宫社区 温泉社区	4	55	1302	4880	2	32	986	3394	86.97
雾山乡	大坪村 大烛村 虾口村 雾山村 社区：两河口社区	4	40	829	2855	1	13	300	1073	51.62
西岭镇	沙坪村 花石村 大龙村 云华村 高店村 飞水村	6	70	1621	6140					412.51
邮江镇	鱼泉村 虎岗村 香桂村 上坝村 马桥村 田园村 华山村 高坝村 宝珠村 雷山村 社区：下坝社区 邮源社区	10	132	3359	12188	2	29	926	3412	62.95
斜源镇	六坪村 江源村 盘石村 大鹏村 三元场村 社区：太平社区	5	66	1510	5481	1	19	501	1781	62.87
三岔镇	三柏村 七一村 东升村 白衣村 山墩村 赵庵村 庆余村 涌泉村 永乐村 社区：梅花社区 高山社区	9	164	7388	27420	2	35	1671	6115	40.83
合计		142	2037	93251	294179	76	1042	50792	227265	1283.62

家、沙渠、安仁、王泗、韩场、董场、蔡场、花水湾16个镇和鹤鸣、金星、雾山3个乡以及晋原街道办事处，辖142个村、76个社区、2037个村民小组、1042个居民小组。

【地形地貌】 大邑地处成都平原向川西北高原的过渡地带。地势西北高，东南低，呈阶梯状渐次降低，依次出现山区、丘陵和平原三大地形区，具有“七山一水二分田”的地貌结构，山区、丘陵和平原分别占全县总面积的60.5%、16.7%、22.8%。邛崃山脉由西北向东南延伸入境，贯穿县西、北山丘地区。西北最高处为西岭镇境内的苗基岭，海拔5364米，为成都市第一峰；东南最低处为韩场镇境内的杨祠堂，海拔475米。县境内地层除缺失下古生界和石炭系外，从元古界到新生界，均有出露。县境内的地质构造，是龙门山大地构造的一部分，前人称的彭灌大断裂在县境内则沿天车坡至西岭至唐王坝西一线通过。以此线为界，西侧山区是前龙门山推覆体前缘部分，东侧则是上扬子地台西缘，沿彭灌大断裂向西俯冲，并有白垩系及其以上地层沉积的前陆盆地。

【气候】 2017年，大邑县年平均气温为16.7℃，比历史平均偏高0.5℃，出现暖冬。年总日照数1044小时，较常年偏多84.1小时。年总降水量1064.3毫米，较常年偏多3%，8月降水较多，较历史多63%。年内出现一般性夏旱，暴雨、高温等天气较为严重，强降温、连阴雨天气带来的影响较小。入春时间较历史同期晚11天，为3月17日；入冬时间较历史同期早4天，为11月21日。年内，极端最高气温36.4℃，出现在7月12日；极端最低气温-1.6℃，出现在12月19日。冬季（2016年12月—2017年2月）平均气温为8.5℃，较常年同期高1.6℃，属于暖冬。春季（3—5月）平均气温为16.6℃，较常年同期高0.3℃。夏季（6—8月）平均气温为20.5℃，较常年同期高0.7℃。秋季（9—11月）平均气温为17.2℃，较常年同期高0.1℃。2017年12月平均气温为7.3℃，较历史同期平均值高0.1℃。

全年总降雨量为1064.3毫米，比常年多约3%。冬季降雨量43毫米，较常年同期多15%。春季降雨量171.8毫米，较常年同期多1%。夏季降雨量681.6毫米，较常年同期多12%左右。秋季降雨量161.8毫米，较历史同期少33%。2017年12月降雨量为7.4毫米，较历史同期值少1.7毫米。

全年出现两段一般性夏旱，分别为5月12日—6月3日、6月16日—7月13日，配合7月出现的高温天气时间段，导致部分水稻等农作物倒伏、枯死，造成一定程度上收成的损失。年内，强降温天气较少，2月20—23日出现一次强降温天气过程，整个过程降温7.3℃。共发生8次区域暴雨天气过程，暴雨主要集中在7—8月。7月15—16日，县内中东部出现暴雨天气，其中上安、董场、新场、安仁达到暴雨量级，最大降雨量出现在上安，为62毫米。同时安仁、韩场、三岔出现6级阵性大风。7月17—18日，县内平坝出现暴雨天气，其中董场、悦来、安仁达到暴雨量级，最大降雨量出现在董场，为75.6毫米。同时三岔、沙渠、韩场出现6级以上阵性大风。7月23—24日，县内出现强对流天气过程。降雨落区主要集中在大邑东部和中部的乡镇。此次对流天气发生在夜间，且对流过程发展迅速，小时雨强大。3个乡镇达到暴雨，7个乡镇大雨。三岔出现9级阵性大风，王泗、新场、安仁出现8级阵性大风，西岭、沙渠、上安、韩场、斜源、董场出现7级阵性大风。造成晋原街道、安仁镇、王泗镇、三岔镇、雾山乡、鹤鸣乡、新场镇、苏家镇、上安镇等9个乡镇（街道）受灾。8月1—2日，县内中东部出现暴雨天气，其中安仁、韩场、三岔、蔡场、苏家达到暴雨量级，最大降雨量出现在安仁，为77.4毫米。8月17—18日，县内出现一次区域性暴雨天气过程，为入汛以后持续时间最久、降雨强度最强的区域性暴雨天气过程，全县3个乡镇过程累积降雨超过达到大暴雨，8个乡镇降雨达到暴雨，最大降雨出现在新场镇，达到145毫米。新场、王泗出现6级大风，西岭出现8级大风。8月24—26日，县内出现一次区域性暴雨天气过程，暴雨降雨时间长，累计雨量大，除两个乡镇为大雨，其余乡镇均达到暴雨，两个乡镇雨量超过100毫米。最大降雨出现在金星，达到114毫米。8月27—28日，出现一次区域暴雨天气过程，全县3个乡镇过程累积降雨量达到大暴雨，5个乡镇降雨达到暴雨，小时雨强达到65.4毫米，最大降雨出现在西岭镇花石村，达到126.9毫米，此次暴雨天气过程导致西岭、花水湾、金星、悦来等乡镇村道塌方、沟渠、便桥、房屋受损，共造成全县直接经济损失653万元。8月28—29日，出现一次区域性暴雨天气过程，全县共有14个站点达到暴雨量级，最大雨量出现在悦来，达到91.6毫米。

全年高温天气主要集中在7月，达到高温橙色预警信号标准的天数有7天，其中10—12日、25—29日为持续性35℃以上高温时段，最高气温为36.4℃，较大邑国家气象站历史最高气温偏低。结合区域自动气象监测站资料显示，县内东部平坝地区的高温干旱天气更为严重，安仁最高气温达到39.8℃。9月雨日数达17天，10月雨日数达18天，9月14—19日、10月10—15日、10月20—25日分别出现明显的阴雨天气过程，大邑地区达到秋绵雨标准，连阴雨持续天数均为6天。

【自然资源】

土地资源 全县面积1284平方公里，耕地面积360060亩。总面积中平原区占22.43%，丘陵区占14.00%，低山区占27.61%，中高山区占35.96%。土壤有11个土类、15个亚类、23个土属、36个土种，分布相对集中，其土类主要有水稻土、紫色土、黄壤、潮土、新积土、石灰（岩）土、黄棕壤、暗棕壤、棕色棕叶林土、亚高山草甸土、高山寒漠土等。土壤养分较好，土层深厚，质地偏黏，以微酸性、中性土为主，宜农、林、牧业。

动物资源 县境内脊椎动物有5纲、36科。家禽家畜主要有鸡、鸭、鹅和猪、牛、羊、兔。珍稀野生动物较多，属国家级保护的有56种，其中一级保护的有大熊猫、羚牛（扭角羚）、四川金丝猴、林麝（獐子）、雪豹等10种；二级保护的有小熊猫、小灵猫、猕猴、豺、黑熊、大鲵、鸳鸯、红腹锦鸡、水鹿、岩羊、猫头鹰、苍鹰等46种。

植物资源 县境内植物有226科、8600多种。树木有41科、102种，主要有云杉、冷杉、银杏、珙桐、桦木、红豆杉、桤木等树种。中药材以黄柏、杜仲、厚朴、黄连、红梅、天麻、贝母等为主。珍稀野生植物有12种，其中属国家一级保护的有珙桐、水杉、银杏、红豆杉；二级保护的有杜仲、楠木、红豆树、香果树、樟树、黄金夜合、红椿、喜树；三级保护的有天麻、黄连、厚朴。栽培植物主要有：水稻、小麦、玉米、黄豆、胡豆等粮食作物；油菜等油料作物；白菜、青菜、紫菜等蔬菜作物；紫云英等饲料作物；桃、李、梨、梅、柚、柑橘、茶叶等果茶类作物。

经济和社会发展

【发展思路】 2017年，大邑县委、县政府认真贯彻落实党的十九大精神，坚持以习近平新时代中国特色社会主义思想为指引，围绕省委建设美丽繁荣和谐四川、市委建设全面体现新发展理念的国家中心城市总体目标，按照县委落实“西控”战略、产业发展、乡村振兴、城乡社区发展治理等重大部署，凝心聚力、加压奋进，推动全县经济社会实现平稳健康发展。

【经济总量】 全县实现地区生产总值（GDP）230.67亿元，按可比价计算，比上年增长8.4%。其中，第一产业实现增加值35.29亿元，增长4.4%；第二产业实现增加值100.97亿元，增长9.9%；第三产业实现增加值94.41亿元，增长8.3%。一、二、三产业比例关系为15.3：43.8：40.9，三次产业对经济增长的贡献率分别为8.5%、51.1%、40.4%。按常住人口计算，人均地区生产总值45212元。全县非公有制经济实现增加值150.98亿元，按可比价计算，增长8.6%，占地区生产总值的比重达65.5%，比上年提高0.5%。其中，第一产业增加值15.81亿元，增长0.7%；第二产业增加值86.58亿元，增长11.5%；第三产业增加值48.59亿元，增长6.9%。

【产业发展】

工业 工业经济转型步伐加快。推动建设智能制造、电子信息产业生态圈，设立6000万元邑新先进制造业发展基金。加快重点项目建设，新开工弘林数控等23个项目，加快建设中宝科技等22个项目，望锦汽车部件等18个项目竣工投产。完成工业投资144.34亿元，增长21%，新增规上企业13家，规上工业增加值增长11.3%。

文化旅游业 启动文创文博产业生态圈建设，安仁古镇创建国家5A级景区、西岭雪山—花水湾创建国家级旅游度假区有序推进，天府花溪谷国家4A级景区创建通过省级检查验收。华侨城、合景云上等项目加快建设，“1458”文创中心等4个文创文博孵化器、今时今日是安仁等4个文博旅游体验项目启动建设，深圳文交所“艺术公馆”落户安仁，新改建5个公馆、活化10个博物馆。成功举办“2017安仁论坛”“安仁双年展”、全球慢食大会暨全国农民合作论坛等活动，安仁成为全球首个“慢村共建计划”试点。全年接待国内游客1900万人次，实现旅游综合收入49.5亿元，服务业增加值增长8.3%。

都市现代农业 拓展现代农业产业链条，10万亩标准化果蔬产业基地、10万亩中药材种植基地、10万亩高标准粮油基地建设加快。完成农业固定资产投资15.04亿元，农业增加值增长4.4%。成功申报国家农业高产高效示范县，国家地理标志保护产品总数达10个、位列全国县级第一，获评国家农业综合标准化示范县。

【招商引资】 全县招商引资工作突出招大引强，强化专业队伍建设，选派13名优秀干部，组建6个驻外招商工作组，组织参加2017中外知名企业四川行、2017中国·成都全球创新创业交易会、2017中国西部（四川）国际投资大会、2017厦门国际投资贸易洽谈会、2017腾讯全球合作伙伴大会等省市重大活动，强化对外宣传。县领导带队招商引资46次，其中党委主要领导18次，政府主要领导17次。全年新签约引进重大项目9个，引进重大项目落地7个，利用外资实际到位完成0.4631亿美元，实际到位内资完成112.23亿元。获市投促委表扬的“2017年全市重大投资活动组织工作先进单位”和“2017年投资营销工作先进单位”荣誉称号，获评市政府办公厅表扬的“在投资促进工作突出贡献单位”。

【新型城乡形态构建】 加快推进城乡建设，开展城乡规划大会战，投入4200万元，完成《大邑县城市总体规划》等14个规划编制，建立“区域中心城—特色镇—新型社区及林盘聚落”三级城乡体系。实施城建攻坚项目49个，完成投资40.3亿元，建成大小北街安置房，县城南北历史轴线全面呈现。扎实推进东部新区建设，实施基础设施及配套产业项目23个，完成投资15.6亿元，东岳小区安置房建成投用。加快建设安仁、新场等7个特色镇，实施基础设施及配套产业项目52个，完成投资15.7亿元。启动实施1.6万亩农村土地综合整治，投资30亿元、布点43处，逐步改善2.2万户6.6万人居住环境。启动建设祥和等4个田园综合体示范项目，建成幸福美丽新村31个，成功创建省、市“四好村”79个。

【社会保障与人民生活水平】 2017年，大邑县城镇新增就业4866人，失业人员再就业1322人，就业困难人员再就业164人，农村富余劳动力新增转移就业5931人，对创业的在校大学生和毕业5年内的高校毕业生给予67万元创业补贴，新增吸纳大学生就业创业1012人，劳务品牌培训161人，青年劳动者技能培训580人，城镇登记失业率控制在3.6%，民族地区“9+3”毕业生初次就业率达100%。城镇职工基本养老保险参保人数131058人，企业职工基本养老保险基金征收53537万元（其中清理欠费979万元），机关事业单位养老保险基金征缴16884万元；城乡居民养老保险参保人数207093人，参保覆盖率达97.20%，缴费人数88150人，征缴收入31190万元；城镇职工基本医疗保险参保人数140796人，征缴收入30800万元；失业保险参保人数50047人，征缴收入2012万元；工伤保险参保人数50304人，征缴收入863万元；生育保险参保人数57247人，征缴收入1225万元。

【社会事业】 公共服务不断提升。推进教育优先发展，投入2.7亿元，建成19所幼儿园和潘家街小学，“全国中小学责任督学挂牌督导创新县”通过国家级实地检查。新建公共文化服务标准化示范点10个、基层综合性文化服务中心10个，建成公益性足球场地6片。投入4320万元，完成基层医疗卫生机构硬件提升第一批工程，有序推进县人民医院“二级乙等”创建，省级卫生县城顺利通过复审，国家卫生县城创建全面启动。

政治文明建设

【思想政治建设】 全县各级各部门党委（党组）中心组组织开展党的十九大精神和省第十一次党代会、市第十三次党代会精神专题学习。县委组建宣讲团赴全县各乡镇（街道）、县级各部门通过宣讲报告会和微宣讲形式开展宣讲，各乡镇（街道）组建基层宣讲小分队积极开展宣讲。全县各级各部门组织开展宣讲1200余场次，覆盖党员群众10万余人次。其中，党的十九大精神县委宣讲团赴各乡镇（街道）、县级各部门开展宣讲25场、微宣讲25场，覆盖党员群众2500余人次；各乡镇（街道）、县级各部门开展党的十九大精神宣讲200余场次，覆盖党员群众6000余人次；基层宣讲小分队开展宣讲100余场次，覆盖党员群众5000余人次。省第十一次党代会精神县委宣讲团赴乡镇（街道）、县级各部门开展宣讲110余场次、微宣讲190余场次，覆盖党员群众13000余人次；基层宣讲小分队开展宣讲300余场次，覆盖党员群众16000余人次。市第十三次党代会精神县委宣讲团赴乡镇（街道）开展宣讲34场，覆盖党员群众2000余人次；各乡镇（街道）、县级各部门开展宣讲210余场次，覆盖党员群众10000余人次；基层宣讲小分队开展宣讲100余场次，覆盖党员群众8000余人次。

【基层民主政治建设】 推进党务公开，基层党组织普遍设置党务公开栏，结合新媒体，强化党务公开的规范性。大力推行乡镇党代会年会制，激发基层党代表参政议政热情。认真做好党代表提案办理工作，收集办理县党代表提案207件，办结率100%，党代表满意率100%。做好党代表推选工作，全县选出市党代表15名，省党代表3名，基层党员占地斯门同志光荣当选为党的十九大代表。

【“两学一做”学习教育】 6月27日，召开全县推进“两学一做”学习教育常态化制度化工作部署会。7月4日，县委印发《关于推进“两学一做“学习教育常态化制度化的实施方案》，对全县“两学一做”学习教育常态化制度化工作进行总体安排。11月14日，县委组织部印发《学习贯彻党的十九大精神深入推进“两学一做”学习教育常态化制度化的工作方案》，就学习贯彻党的十九大精神、深入推进“两学一做”学习教育常态化制度化进行安排。全年，县委主要负责同志带头，各级党代表示范、党员干部参与，广泛开展大会宣讲、基层宣讲950余场次，覆盖党员群众6万余人。利用“三会一课”“固定党日”等契机，在全县889个党支部广泛开展“新时代新使命新思想新征程”主题学习讨论，组织全县广大党员深入学习领会十九大和省、市党代会精神，并结合各自工作生活实际讲述身边变化、分享学习感悟、提出意见建议、定立承诺计划。开展“走基层”活动，以“走”促学、以“走”促做，全县党员干部1422人次深入基层联系服务群众，帮助解决生产生活问题876个。以县级部门、乡镇（街道）、村（社区）、“两新”组织为重点，依托党委（党组）中心组学习“党建大课堂”等多种方式，开展专题学习、辅导讲座、网络教学，全覆盖培训全县700余名县管干部、两万余名基层党员。依托县委党校和基层党员干部现代远程教育站点，全域探索建成276个“微党校”，并依托“微党校”规范建设142个“农民夜校”，多形式开展“线上线下”“室内室外”等党员培训，让普通党员“常进党校、常听党课、上台讲课”，先后开展实体培训590场次，培训党员和群众8万余人次，受到中组部调研肯定。

【“微腐败”专项治理】 全县动员，围绕“五个环节”，扎实开展专项治理“微腐败”，群众反映强烈的突出问题得到有效整治，满意度获得感不断提高。共自查整改问题579个，收集处置民生诉求意见建议915条，发现处置“微腐败”问题线索75条，立案查处“微腐败”案件60件61人，通报曝光“微腐败”案例60个，推动修订完善制度机制377个。做法成效被《成都日报》《四川日报》等报道。

精神文明建设

【“提升精神区位、争创一流业绩”大讨论】 为贯彻落实市委决策部署，加快推进大邑经济社会发展，激发党员干部干事创业激情，县委决定在全县开展“提升精神区位、争创一流业绩”大讨论系列活动。县委成立活动领导小组，实施方案，召开动员大会，对活动开展进行安排部署。活动坚持开阔眼界、对标学习，摸清县情、找准差距，广集群智、凝聚群力，以上率下、层层发动的基本原则，明确切实解决“8+N”问题的目标任务，分宣传发动、全面实施和总结深化三个步骤开展。3月启动“我爱成都·我爱大邑——提升精神区位、争创一流业绩”主题演说活动。通过报名、初选、复选、决赛等程序，5月11日“我爱成都·我爱大邑——提升精神区位、争创一流业绩”主题演说展演活动举行。8月启动“身边榜样·大邑力量”典型选树主题活动，12月14日“身边榜样·大邑力量”典型选树主题活动颁奖典礼隆重举行。

【文明创建活动】 制定2017年综合文明指数暨城乡环境治理测评操作手册及专项督查方案。牵头组织开展综合文明指数常态化督查33次，编发督查通报33期。接受成都市民督查员督查19次。新创建3个“三美”示范村、3个县级文明单位、87个县级文明村镇、24个县级文明社区。向市文明办推荐4户家庭参与第一届成都市文明家庭创评，其中李正华家庭、杨雪莲家庭被评为第一届成都市文明家庭。积极配合成都市文明办做好全国文明城市复查迎检工作，上报档案资料的44条指标，通过率100%，是全市第三个通过率为100%的区县。

【道德模范和好人榜评选】 2017年，文明办以“身边榜样·大邑力量”典型选树主题活动为抓手，开展“身边好人”系列推荐学习活动。通过个人自荐、组织推荐等形式发掘、推荐身边好人227人，先后涌现出杨高鉴、李琼英、张李、刘孝文、李航星等5人入选2017年月度“成都榜样”，其中杨高鉴、刘孝文被评为2017年四川好人；何楷、杨俊燕等10名为“身边榜样·大邑力量”荣誉称号获得者，冯水仙、陈素琼等10名为“身边榜样·大邑力量”提名奖获得者。同时，刊播身边好人、善行义举榜等道德模范事迹展览、公益广告2400余幅；利用《今日大邑》报道模范事迹20余期，“美丽大邑”微信公众号宣传身边榜样事迹10余条，大邑公众信息网专题宣传5次；开展身边榜样主题“道德讲堂”29场，“道德模范巡讲巡演”5场。《央广网》《中国青年网》《中国日报网》《国际在线》《人民网》《封面新闻》《锦观新闻》《CDTV-1》等10余家主流媒体对“身边榜样·大邑力量”进行宣传报道，有效将学习宣传贯彻至典型选树主题活动始终，并且充分运用基层巡讲、情景报告会、“百姓故事会暨歌舞大邑·运动大邑”“情景剧”等方式广泛宣传道德模范先进事迹和崇高精神，传播正能量，在全县形成“弘扬先进、学习先进、对标先进、争当先进”的社会新风尚。

【志愿服务活动】 制定关于进一步推进社区志愿服务制度化的通知，全县1个街道办事处、26个城市社区按每月不低于两次活动的要求开展各类志愿服务活动。县文明办组织召开社区志愿服务工作培训会4次。在三个市级三美示范村新建志愿者服务站。制定2017年大邑县推进志愿服务制度化工作安排，全县831支队伍、67549人在成都志愿者网注册，实现注册志愿者人数占常住人口比例大于13%。全年在成都志愿者网发布志愿服务项目799个。积极参加省文明办组织的“四川志愿·携手圆梦”新书节&“互联网+圆梦村小”主题志愿服务活动，动员和组织全县向贫困地区累计捐款约两万元。参与成都市2017年“四个十佳”志愿服务先进典型评选活动，大邑县黑籽儿社会服务中心被评为“成都市十佳志愿服务组织”。

【未成年人思想道德建设】 加强未成年人思想道德建设，开展“我的中国梦”“我们的节日”等系列主题教育实践活动。组织发动未成年人参加清明祭英烈、六一“学习和争做美德少年”、七一“童心向党”、十一“向国旗敬礼”“时刻听党话、永远跟党走”等线上线下主题教育活动，并承办“我给祖国过生日 喜迎十九大”缤纷嘉年华、2017年成都市青少年武术套路冠军赛。全县未成年人参与率达100%。推动文明校园创建，其中有5所学校成功创建省级文明校

12月14日，“身边榜样·大邑力量”典型选树主题活动颁奖典礼现场

园，5所学校成功创建市级文明校园。规范乡村学校少年宫运行，充分发挥县未成年人心理成长中心指导作用，建立“1+31+N”（1个县中心+31所中小学少年宫+ N个教育实践基地）模式，打造未成年人心理成长教育特色品牌项目。

生态文明建设

【背街小巷专项治理】 为深化城市治理，改变背街小巷市容环境“脏乱差”现象，确保城市管理无盲区、无死角，县城管局于4月牵头开展县城区38条背街小巷环境综合整治攻坚行动，重点整治道路破损、墙面破旧、占道经营、乱停乱放、乱涂乱画等问题。通过前期摸排共归纳背街小巷各类问题420余条并建立工作台账，各单位按职责划分有计划地进行整改，年底完成20条背街小巷环境治理工作和五斗街等3条特色街区打造。

【城乡环境综合治理】 以示范创建工作为契机以点带面促进全域城乡环境面貌改善，重点指导8个村开展市级“百村容貌”示范创建、10个村（社区）开展全县农村环境治理全域推进示范村等工作，通过完善基础设施、加强宣传和督促建立村民自治机制等，推进农村环境“脏、乱、差”整治；配合相关单位加强指导斜源镇、花水湾镇、邮江镇深入开展农村环境治理和集镇秩序管理工作，全力建设统筹城乡综合配套改革试验区；指导各乡镇（街办）和部门开展“全方位、无死角”的非正规垃圾堆放点排查整改工作，以排查为手段再次全面梳理城郊结合部、环境敏感区、交通干线、河道沿线以及农垃圾收运体系等具体环节，排查情况逐一巡查并回头督查。

【“四改六治理”和城郊结合部环境治理】 坚持每月收集各成员单位工作情况，积极组织督查工作小组开展定期、不定期督导检查工作，发现问题严格按“督办—催办—通报—追责”的工作制度责令责任部门限期整改，并抓好跟踪回访确保问题不反弹；重点督促责任部门全力推进市级目标任务大小北街片区项目建设和内蒙古大道延伸线改造工程；聘请第三方测评机构每季度开展各乡镇（街办）城郊结合部环境治理测评工作，督查和测评情况在全县城乡环境综合治理工作推进会上通报。

【井盖病害治理】 完成全县城市道路检查井盖病害治理719座（其中含加设防坠网194座）。会同各井盖治理权属单位召开“通信管线设施管理工作协调会”和“市政基础设施建管移交历史遗留问题协调会”，解决通信部门病害治理标准不统一和大邑大道雨污井盖管理权属不清等问题。

【扬尘治理】 持续加强源头治理，采取日常巡查和专项检查相结合的方式强化“四大工地”监管，每天对所有在建工地进行不少于两次巡查；坚持严惩违规运输，汇同县公安、交通等部门开展联合执法，对建筑垃圾运输采取“进企业”和“设卡点”监管，定期检查建筑垃圾运输企业，分时段对运渣车上路情况设点检查，严处证件不齐、车身不洁及“三超一闯一乱”等违法违规现象。

【机动车清洗站管理】 联合县公安、环保、水务、交通、市管等部门和各乡镇（街办）强化全县机动车清洗站管理，形成联席会议制度和联合执法制度，重点整治占道作业、污水乱排、污泥乱处置等问题，并督促各机动车清洗站办理完善相关证照。

【餐饮业治理】 县城管局牵头开展全县燃煤餐饮企业“煤改气”“煤改电”工作，全县375户燃煤餐饮企业除关闭51户外全部整改完毕，共发放以奖代补资金32.4万元。督促县城区64家用碳烧烤摊点完成炉具改良，使用花箱等设施，完成金融中心、圣桦城周边两处烧烤店面物理隔离试点打造。

DAYI YEARBOOK

中共大邑县委

主要会议

【县十四届二次全体会议】 1月5日，中共大邑县委十四届二次全体会议召开，县委书记李燎主持会议。会议审议通过大邑县推荐提名四川省出席党的十九大代表、省第十一次党代会代表候选人名单。王琰、邓蔚、邱伟、李伦、罗四清、陈一军、韦亮、晏渃海、巫文化、杨波等县领导出席会议。

【县十四届三次全体会议】 3月17日，中共大邑县委十四届三次全体会议召开，县委书记李燎主持会议。会议票决确定了大邑县出席成都市第十三次党代会代表候选人预备人选，做出了召开中国共产党大邑县代表会议的决定。大会应到县委委员40人，实到县委委员37人，符合规定人数。廖暾、马良清、张昌勇、王琰、邓蔚、邱伟、李伦、王谚、罗四清、陈一军、韦亮等县领导出席会议。

【县十四届四次全体会议】 12月26日，中共大邑县委十四届四次全会召开。会议深入学习贯彻党的十九大精神和省委十一届二次全会、市委十三届二次全会精神，总结报告县第十四次党代会以来县委常委会工作，审议通过《中共大邑县委关于贯彻落实市委十三届二次全会精神奋力建设“生态宜居城、创意新大邑”的实施意见（讨论稿）》《大邑县城市总体规划（2016—2035年）（送审稿）》和县委委员辞职、递补事项，站在新的历史方位高起点谋划大邑未来发展。会议应到县委委员40人，实到34人；应到候补委员8人，实到7人。县委书记李燎向全会报告工作，县委副书记、县长廖暾，县委副书记王琰，县委常委李伦、王谚、罗四清、周敏、韦亮出席会议。

【县委常委会议】 大邑县全年召开县委常委会议37次。（详见表3）

县委办公室工作

【概况】 2017年，县委办公室加强统筹协调，当好参谋助手。深入践行“五个坚持”重要要求，充分发挥“坚强前哨”和“巩固后院”作用，“三服务”工作科学化、规范化水平不断提升，复命意识和画句号能力不断增强。

【围绕中心服务发展】 推动各级决策部署落地落实，迅速开展传达学习，积极制定落实方案，围绕各级决策部署，制定贯彻落实的方案，细化任务，明确牵头单位、责任单位，建立各级各部

12月26日，中共大邑县委十四届四次全会举行

表2　2017年中共大邑县委书记、副书记、常委名录

职务	姓名	性别	出生年月	民族	籍贯	文化程度	参加工作时间	任职时间
县委书记	李　燎	男	1966年4月	汉族	四川成都	大学	1989年8月	2016年8月—2017年12月
县委副书记、县长	廖　暾	男	1970年1月	汉族	四川都江堰	研究生	1987年10月	2015年12月—2017年12月
县委副书记	王　琰	女	1971年2月	汉族	四川新津	研究生	1990年8月	2016年8月—2017年12月
县委常委、宣传部部长	邓　蔚	男	1970年3月	汉族	重庆	大学	1987年11月	2016年8月—2017年12月
县委常委、政法委书记	李　伦	男	1968年8月	汉族	四川大邑	研究生	1991年7月	2016年10月—2017年12月
县委常委、统战部部长	王　谚	男	1974年6月	汉族	四川邛崃	大学	1994年7月	2016年10月—2017年12月
县委常委、常务副县长	罗四清	男	1966年5月	汉族	四川宜宾	研究生	1992年7月	2016年3月—2017年12月
县委常委、组织部部长、社治委主任	陈一军	男	1973年7月	汉族	四川巴中	研究生	1992年7月	2017年9月—2017年12月
县委常委、组织部部长	陈一军	男	1973年7月	汉族	四川巴中	研究生	1992年7月	2016年2月—2017年9月
县委常委、县纪委书记	周　敏	女	1976年8月	汉族	四川新津	大学	1996年8月	2017年9月—2017年12月
	邱　伟	男	1973年1月	汉族	四川广汉	研究生	1993年7月	2016年2月—2017年5月
县委常委、县总工会主席	韦　亮	男	1973年5月	汉族	四川自贡	大学	1992年2月	2016年11月—2017年12月

表3　2017年中共大邑县委常委会议择次一览表（择次记述）

时间	届次	主持人	会议主要内容
1月5日	十四届县委常委会第7次会议	李燎	听取县委办《关于全市党委办公室主任会议精神及我县贯彻措施的报告》和讨论县政府党组《关于审定〈大邑县合同管理办法（修订版）〉的请示》等
1月11日	十四届县委常委会第8次会议	李燎	传达成都市第十六届人民代表大会第五次会议和政协第十四届成都市委员会第五次会议精神和讨论县经信局党组《关于审定〈县领导分类联系重点企业实施方案〉的请示》
1月24日	十四届县委常委会第10次会议	李燎	传达学习王东明同志在省十二届人大五次会议参加成都代表团审议和大会闭幕时重要讲话精神、王东明同志在省政协十一届五次会议闭幕大会上重要讲话精神，传达学习十八届中央纪委七次全会和省纪委十届六次全会主要精神，学习《中国共产党党内监督条例》等
2月1日	十四届县委常委会第11次会议	李燎	传达学习栗战书同志在中央保密委员会全体会议上讲话精神和全国保密工作会议精神、传达全市“三网融合”工作现场会会议精神、讨论县委宣传部《关于审定〈“提升精神区位、争创一流业绩”学习讨论活动方案〉的请示》和传达学习省委《关于印发〈四川省贯彻中国共产党问责条例〉实施办法的通知》文件精神
2月15日	十四届县委常委会第12次会议	李燎	讨论县委宣传部《关于审定〈关于在全县开展“提升精神区位、争创一流业绩”大讨论系列活动的意见（代拟稿）〉的请示》，传达学习全国、全省和全市宣传部长会议精神等
2月24日	十四届县委常委会第13次会议	李燎	传达学习全市依法治市暨法治示范园区建设工作会议精神，传达学习中央、省委、市委政法工作会议精神和、传达学习省、市村（社区）“两委”换届选举工作推进会会议精神等
3月9日	十四届县委常委会第14次会议	李燎	贯彻落实全市对标工作会会议精神，听取全县开展“提升精神区位、争创一流业绩”大讨论系列活动的情况汇报，讨论县纪委《关于审定〈关于在县一级开展谈话提醒工作的实施方案（送审稿）〉的请示》和讨论县政府党组《关于审定〈关于全面实行“河长制”管理工作的实施意见（送审稿）〉的请示》等
3月17日	十四届县委常委会第16次会议	李燎	传达学习习近平总书记在参加十二届全国人大五次会议四川代表团审议时的重要讲话精神、传达学习中共成都市委《关于深入学习贯彻省委书记王东明同志近期对成都工作重大要求的通知》精神、听取县级部门和乡镇（街道）开展对标学习先进的汇报等
3月24日	十四届县委常委会第18次会议	李燎	听取县级部门和乡镇（街道）开展对标学习先进的汇报、解读中共中央办公厅《领导干部报告个人有关事项规定》和《领导干部个人有关事项报告查核结果处理办法》两项法规等
3月29日	十四届县委常委会第19次会议	李燎	听取县领导外出学习考察的报告、听取县级部门开展对标学习先进的汇报、讨论县纪委《关于审定〈关于在全县开展不作为慢作为不善为问题专项整治的实施方案（代拟稿）〉的请示》和讨论县发改局党组《关于审定〈大邑县关于对标赶超3年总体方案（送审稿）〉的请示》等
4月1日	十四届县委常委会第20次会议	李燎	讨论县政府党组《关于审定〈关于全面开展对标管理的实施意见（送审稿）〉的请示》、听取县级部门和乡镇（街道）开展对标学习先进的汇报、讨论县政府党组《关于审定〈2017年大邑县贯彻落实省市“项目年”工作方案（代拟稿）〉的请示》等
4月3日	十四届县委常委会第21次会议	李燎	传达成都市领导干部大会和成都市委常委（扩大）会议精神并研究我县贯彻落实措施
4月1日	十四届县委常委会第22次会议	李燎	传达省委常委、市委书记范锐平调研成都市部分区（市）县经济社会发展情况的指示精神并研究我县贯彻落实意见、讨论《市第十三次党代会报告（征求意见稿）》

续表

时间	届次	主持人	会议主要内容
4月21日	十四届县委常委会第23次会议	李燎	讨论《关于开展大邑重点企业调研的工作方案（送审稿）》、讨论县委组织部《关于审定〈大邑县党员领导干部联系优秀专家人才实施办法（试行）〉的请示》、讨论县委组织部《关于审定〈关于加强党建工作为脱贫攻坚提供组织保证的七条措施〉的请示》等
4月30日	十四届县委常委会第24次会议	李燎	传达中共成都市第十三次代表大会暨市委十三届一次全会会议精神并研究我县贯彻落实措施
5月12日	十四届县委常委会第25次会议	李燎	听取县发改局党组《关于贯彻落实市第十三次党代会精神加快高端绿色科技产业发展的报告》、传达成都市专项治理“微腐败”工作动员部署视频会会议精神等
6月26日	十四届县委常委会第26次会议	廖暾	传达学习全省整治群众身边的不正之风和腐败问题现场推进会会议精神、讨论县委组织部《关于审定〈关于推进“两学一做”学习教育常态化制度化的实施方案〉的请示》等
7月20日	十四届县委常委会第27次会议	李燎	贯彻落实全市“北改”和“西控”战略工作、传达全市全面体现新发展理念的城市设计编制专题会议精神并讨论县规划局党组《关于大邑县规划大会战工作方案的请示》等
8月3日	十四届县委常委会第29次会议	李燎	传达学习省部级主要领导干部“学习习近平总书记重要讲话精神，迎接党的十九大”专题研讨班、省委常委会（扩大）会议和市委常委会会议精神并研究我县贯彻落实工作，听取县政府党组《关于大邑县2017年上半年经济运行情况的报告》等
8月11日	十四届县委常委会第30次会议	李燎	学习《中国共产党巡视工作条例》和《关于市县党委建立巡察制度的意见》、讨论县委办《关于审定〈大邑县贯彻落实市委“西控”战略行动计划（送审稿）〉的请示》、讨论县发改局党组《关于审定〈大邑县贯彻落实全市产业发展大会重大部署行动计划（送审稿）〉的请示》等
8月24日	十四届县委常委会第31次会议	李燎	学习市委办公厅《研究产业生态圈建设专题会议纪要》、传达学习市领导带队集中督导第一阶段工作汇报会会议精神并讨论县委县政府目督办《关于审定〈深入贯彻落实省第十一次党代会市第十三次党代会县第十四次党代会精神抓好重大部署重点项目落地落实专项督导方案（送审稿）〉的请示》等
9月1日	十四届县委常委会第32次会议	李燎	听取县委县政府目督办《关于2017年1—7月市级目标完成情况的报告》、传达省第一督导组督导我县防汛减灾和地质灾害防治工作情况反馈会会议精神并研究我县贯彻落实意见等
9月5日	十四届县委常委会第33次会议	李燎	传达十三届市委常委会第15次会议精神并研究我县贯彻落实意见、讨论县委组织部《关于落实成都市城乡社区发展治理大会任务近期有关事项的请示》等
9月25日	十四届县委常委会第34次会议	李燎	传达学习市委办公厅《关于进一步加强领导班子和干部队伍建设为建设全面体现新发展理念的国家中心城市提供坚强组织保证的实施意见》文件精神、讨论县委组织部《关于审定〈关于深入推进城乡社区发展治理建设高品质和谐宜居生活社区的实施意见（审议稿）〉的请示》等
10月11日	十四届县委常委会第35次会议	李燎	传达十三届市委常委会第19次会议精神并安排部署我县10月份重点工作、传达成都市投资促进工作会会议精神并研究我县贯彻落实意见、讨论县委组织部《关于审定〈关于落实“西控”战略加强领导班子和干部队伍建设的实施意见（审议稿）〉的请示》、讨论县委组织部《关于审定〈集中开展新一轮“走基层、解难题、办实事、惠民生”活动实施方案（送审稿）〉的请示》等

续表

时间	届次	主持人	会议主要内容
11月6日	十四届县委常委会第36次会议	李燎	传达十三届市委常委会第21次会议精神并安排部署我县11月份重点工作，传达学习市委办公厅、市政府办公厅《关于印发〈成都市党政同责工作目标绩效管理办法（试行）〉的通知》和《关于印发〈成都市环境保护党政同责工作目标绩效管理实施细则（试行）〉和〈成都市安全生产党政同责工作目标绩效管理实施细则（试行）〉的通知》文件精神，讨论县政府党组《关于审定拟申报2018年省市重点项目的请示》等
11月17日	十四届县委常委会第37次会议	李燎	传达成都市实施乡村振兴战略推进城乡融合发展大会会议精神并研究我县贯彻落实意见、讨论市委办公厅《关于学习新思想贯彻新理念实施主体功能区战略全面提升国家中心城市功能品质的决定（征求意见稿）》等
11月23日	十四届县委常委会第38次会议	李燎	讨论县纪委《关于审议〈大邑县深化国家监察体制改革试点工作实施方案〉的请示》，传达近期中央、省、市领导关于群团改革工作重要指示及座谈会议精神，听取县总工会党组《大邑县群团部门2017年工作汇报》等
12月4日	十四届县委常委会第39次会议	李燎	传达十三届市委常委会第27次会议精神并安排部署我县12月份重点工作、传达学习市委办公厅《关于全面贯彻习近平总书记改革认识论方法论进一步完善改革推进机制的实施意见》文件精神、讨论县委组织部《关于审定〈关于进一步加强干部日常管理监督的暂行办法（审议稿）〉的请示》等
12月8日	十四届县委常委会第40次会议	李燎	讨论县委办公室《关于审定〈中共大邑县委工作规则（送审稿）〉的请示》、讨论县委办公室《关于审定〈中共大邑县委常委会议事决策规则（送审稿）〉的请示》、讨论县委办公室《审定〈关于健全“三重一大”事项决策机制的意见（送审稿）〉的请示》、讨论县政府党组《关于审定大邑县2018年拟实施政府投资项目（第一批）的请示》等
12月12日	十四届县委常委会第41次会议	李燎	传达省委十一届二次全会和市委十三届二次全会精神、传达《中共中央办公厅印发习近平总书记关于进一步纠正“四风”、加强作风建设重要批示的通知》文件精神、传达学习全省整治群众身边不正之风和反腐败问题工作座谈会会议精神
12月24日	十四届县委常委会第42次会议	李燎	学习省委、市委《关于坚决维护党中央集中统一领导的规定》，学习省委办公厅、省政府办公厅《贯彻落实中央八项规定精神和省委、省政府十项规定实施细则》和市委、市政府《深入贯彻落实中央八项规定精神进一步改进工作作风密切联系群众的实施细则》，讨论县委办公室《关于召开中共大邑县委十四届四次全体会议的请示》，讨论《在县委十四届四次全会第一次全体会议上的讲话（送审稿）》和《关于贯彻落实市委十三届二次全会精神加快建设“生态宜居城创意新大邑”的实施意见（送审稿）》，听取县规划局党组《关于〈大邑县城市总体规划（2016—2035）〉编制情况的报告》，听取县委组织部《关于全省学习贯彻党的十九大精神深入推进“两学一做”学习教育常态化制度化工作推进视频会精神和我县下一步工作打算的报告》，讨论县政府党组《关于审定〈关于实施健康大邑战略开展健康城市建设的意见〉的请示》等
12月26日	十四届县委常委会第43次会议	李燎	听取县委十四届四次全会各组讨论情况汇报，讨论县委办公室、县政府办公室《关于审定〈深入贯彻落实中央八项规定精神进一步改进工作作风密切联系群众的实施细则（送审稿）〉的请示》等

门协作机制，共同推动工作落实。扎实开展专题调研，围绕新经济发展、提高产业能级、产业生态圈建设、推进民生改善、实施乡村振兴战略、城乡社区发展治理、绿道建设、加强党的建设等内容，筹划25个调研课题，深入挖掘基层鲜活的实践经验，使调研成果转化为推动落实的依据。

【全面深化改革】 牵头制定2017年全面深化改革工作要点和责任分解表，逐一分解压实改革工作任务。认真筹办深化改革领导小组会议，为县委主要领导统筹安排全面深化改革工作提供有益参考。实施完成国家知识产权强县工程示范县建设、全省学校体育区域整体推进改革、全市“百村容貌”整治等3项改革试点。完成深化农业综合标准化建设、全市农村集体资产股份化改革试点、“雪亮工程+微权力治理”基层防腐治腐机制创新等重点专项改革任务年度计划。

【依法治县】 制定年度依法治县工作要点和目标任务考核分解表，推动依法执政、依法行政、公正司法、社会依法治理、全民学法用法和监督问责等工作有序开展。牵头搭建智慧司法平台，为群众提供智能化“点单式”法律服务，将法治宣传教育和法律服务工作延伸到最基层。助推基层善治，深入推进“无讼社区”建设，积极构建“一核多元”组织模式。创新“雪亮工程”升级版，提升基层社会治理能力和水平。开展议事会结构制改革试点，健全议事会成员长效管理机制，全面提升村级自治能力和水平。

【协调服务】 县委办不断提升参谋服务能力。向县委建议在县委十四届四次全会上提出建设“生态宜居城、创意新大邑”工作目标，建设性地提出明年大邑县发展的总体目标、工作重点和具体举措。撰写大邑县对标管理工作推进情况、大邑县学习讨论以城市空间布局背后的经济规律助力“十字方针”在大邑落实的相关情况报告等，完成县委主要领导在学习贯彻省市党代会精神大会、提升精神区位大讨论系列活动、落实“西控”战略工作汇报会等各种重要会议讲话材料共计500余篇。编发《信息汇报》49期，挖掘全县特色亮点工作向省委和市委报送各类信息，共有5篇信息被省委办公厅采用，25篇信息被市委办公厅采用。

【督促检查】 提升督促检查质量，对党的十九大和省、市、县党代会精神及产业发展大会、城乡社区发展治理大会、乡村振兴大会、新经济发展大会安排部署工作的落实情况，县委县政府主要领导和分管领导直接批示、现场调研等交办工作进展情况进行持续跟踪督办，全年共办理领导批交办件100余件。围绕全县“一季度抓开门红、二季度抓双过半、三季度抓上台阶、四季度抓全面完成”目标要求，围绕重点项目推进情况及环保督查等重点领域抓好督查，全年共办理省市督办件50余件。完善考评体系，构建县委办公室统筹协调、县委县政府目督办牵头组织、县级部门和乡镇（街道）协同联动的督查工作机制，完善年度目标管理责任书和考核综合评价办法，增强考核工作的科学性和可操作性，保障全县各项工作任务圆满完成。

【后勤保障】 强化政务接待、密码通信、保密管理、后勤工作等保障。坚持“规范、优质、高效”要求，高标准高质量完成接待任务60余次，完成级别任务1次，并指导承办全国副省级城市质检工作会、第十四届成都美食节暨第七次国际慢食全球大会等全国大型会务接待工作。推进密码和密码设备以及密码电报安全保密管理，提高电报办理效率；对电子政务内网门户网站加强信息维护，全面提升内网稳定性、安全性和可拓展性。制发《中共大邑县委关于加强和改进保密工作的实施意见》《大邑县“十三五”时期保密事业发展规划》，对全县保密工作进行安排部署；组织开展对电子政务内网、外网和互联网的保密专项检查，推进保密工作向规范化、制度化方向发展。

纪检监察

【概况】 2017年，全县纪检监察机构全面落实中央、省、市纪委和县委部署要求，聚焦主责主业，严明政治纪律和政治规矩，持之以恒正风肃纪，持续高压惩贪治腐，着力标本兼治，深入推进源头治腐，坚持惩防并举、深入创新，纵深推进全面从严治党，有力推动全县党风廉政建设和反腐败斗争深入开展。落实党风廉政建设主体责任名列全市第2名，党风廉政建设社会评价工作排名靠前受省委省政府表彰；党风廉政建设社会评价名列全省第15名全市第2名。

【纪检监察体制改革和队伍建设】 按中央和省市委总体部署，有序实施国家监察体制改革试点，完成大邑县监察委员会组建工作。探索6项工作创新，完成县委深改组部署的6项纪检体制改革探索创新项目。其中，出台《大邑县廉情政务双向通报工作办法（试行）》，在乡镇、县级部门探索建立同级监督有效载体，进一步压实责任、推动履职。开展“提升精神区位、争创一流业绩，做‘五讲’‘四专’纪检监察干部”主题活动，举办9期“纪检监察干部大课堂”，大力提升思想素养和专业本领，做法获得市纪委王川红书记肯定性批示。制定下发《促进乡镇（街道）纪（工）委履责十条办法》，督促乡镇纪委聚焦主业主责，履职尽责。坚持“刀刃向内”，严防“灯下黑”，进一步健全内部风险防控，集中开展纪检监察干部问题线索大排查，共处置反映纪检干部问题线索11件、党内警告处分1人、诫勉谈话2人。

3月1日，召开县第十四届纪律检查委员会第三次全会

11月30日，市委常委、市纪委书记王川红到大邑调研

【党风廉政建设】 推动责任落实。深化清单管理、签字背书、责任公示、述责述廉、约谈提醒、廉情专报等制度，健全县、镇（县级部门）、村（社区及基层站所、学校、医院、县属国有公司）三级责任落实体系，压实压紧各级责任，共制定责任清单10610条，县纪委组织开展责任落实专项督查两次，发出整改提示两期，督促整改问题10个，推动党风廉政建设向基层延伸。认真组织党风廉政建设“两个责任”检查考核，专题召开县纪委第十四届四次全会，18名乡镇（街道）和县级部门党政主要负责人向全会述责述廉，并接受质询评议。强化责任追究。对2016年主体责任和监督责任考核排名靠后的13个部门党组、纪检组和6个乡镇党委、纪委的主要领导进行专题约谈。对党风廉政建设责任不力的3名县管干部、5名中层干部、1名村（社区）干部进行追责问责。

【“微腐败”专项治理】 全县动员，围绕“五个环节”，扎实开展专项治理“微腐败”，群众反映强烈的突出问题得到有效整治，满意度获得感不断提高。共自查整改问题579个，收集处置民生诉求意见建议915条，发现处置“微腐败”问题线索75条，立案查处“微腐败”案件60件61人，通报曝光“微腐败”案例60个，推动修订完善制度机制377个。做法成效被《成都日报》《四川日报》等报道。

【惩防体系建设】 强化制度防腐，结合“制度执行年”，组织开展制度执行“回头看”，进一步健全制度机制，压紧压实制度执行责任，关权入笼。全县各单位共废止74个、修订227个、新建247个，制度不落实、不落地、不严密等问题得到有效解决。强化源头管控，深化廉政风险防控，梳理一级廉政风险岗位261个、风险点953个，制定防控措施1067条。“农机购置补贴廉政风险专项防控”“工业扶持资金兑现工作廉政风险专项防控”等1个市级和3个县级重点项目顺利完成。实施一级廉政风险岗位抽查审计，发现整改问题30个。强化机制创新，深化“大数据”防腐治腐机制，积极探索“雪亮工程+微权力治理”新模式，推动基层“微权力”在“群众雪亮的眼睛”下运行；制发《关于在县一级开展提醒谈话工作的实施方案》，开展各类谈话147人次。落实预防腐败建议书制度，针对系统性、普遍性腐败风险，制发《预防腐败建议书》《廉情专报》《廉情建议书》等80余份。

【信访举报与违法违纪案件查处】 抓好信访线索管理，全年收到信访举报729件，其中业务范围内初信初访138件，办结116件，实名举报回复率100%。严格实施执纪审查，共立案审查144件145人，纪律处分129人，一把手处置率达53.3%，保持惩治腐败高压态势。其中，查处31名乡镇卫生院人员违纪违规问题，其中4人受到司法机关处理，对系统性违规违纪现象形成强烈震慑。全面践行“四种形态”，出台《问题线索谈话函询抽查核实工作暂行办法》，强化第一种形态作用。全年“四种形态”分别处置134人、107人、9人、13人，抓早抓小、动辄则咎效果明显。

【软环境建设】 县纪委加大对中央、省委、市委、县委重大决策部署落实情况的专项监督检查力度，开展不作为、慢作为、不善为问题专项整治，对落实“西控”战略、重大项目促建、生态环境建设、扶贫攻坚等重点工作落实情况开展监督检查39次，发现并整改问题6个，对发生在生态环境保护领域的不作为慢作为乱作为问责5件11人，进一步优化软环境。

【廉洁文化建设】 强化思想防腐，积极构建“大宣教”格局。会前学纪讲法和主要领导讲廉政党课成为常态，党风廉政报刊台网全媒体舆论氛围浓郁，县乡村多级多点廉洁文化地标和“我爱大邑·天府好家规”等系列活动引领社会正能量，“五位一体”警示教育系统化、经常化。全年共开展以案说纪800余场、现场警示教育9批700余人，公开通报曝光本地典型案件43件，建川博物馆聚落、邑州监狱入选市级党性党纪教育基地。车耀先烈士家规家训获天府好家规提名，电视专题片《廉情观察——红岩烈士车耀先》被市纪委重点宣传，在成都电视台播放。完成车耀先家风纪录片《传家》摄制。

组织建设

【概况】 2017年，全县组织工作以落实从严治党为主线，继续开展“两学一做”学习教育。规范全县基层党组织设置，推进党务公开。加强领

5月18日，县委常委组织部长陈一军同志为大邑人才发展促进会授牌

导班子和人才队伍建设，出台人才新政，新成立县人才发展中心和县人才发展促进会，健全人才工作机制。全县党的建设和组织工作健康发展。

【党员发展和教育管理】 2017年，全县共有党员24462名，其中女党员6561名，少数民族党员95名，35岁及以下党员5466名，大专及以上学历党员9355名。全年新发展党员300名。优化党员组织关系转接工作程序。完成全县党员信息采集工作，启动应用全国党员管理信息系统试行党员组织关系网上转接工作，在全省范围内办理党员组织关系转接不再开具纸质介绍信。依托县委党校和基层党员干部现代远程教育站点，全域探索建成276个“微党校”，并依托“微党校”规范建设142个“农民夜校”，多形式开展“线上线下”“室内室外”等党员培训，让普通党员“常进党校、常听党课、上台讲课”，先后开展实体培训590场次，培训党员和群众8万余人次。

【基层组织建设】 2017年末，全县共有党的基层组织1004个。其中党委59个、党总支部56个、党支部889个。进一步规范全县基层党组织设置，对党员人数不足3人的党支部进行梳理，对限期整改后人数仍然不足3人的11个党支部按照《党章》规定予以撤销。理顺机关党组织设置，

撤销中国共产党大邑县统筹城乡发展委员会办公室支部，成立中国共产党大邑县委员会城乡社区发展治理委员会机关支部。将中国共产党大邑县机关事务中心支部整建制划归中国共产党大邑县人民政府办公室机关委员会管理。督促各村（社区）严格落实《村党组织工作运行规则》，圆满完成村（社区）党组织、自治组织换届，完成7个软弱涣散村（社区）党组织转化提升，经排查全县无“村霸”问题。在21个符合条件的城市社区建立区域化综合党委，制定落实区域化党建联席会议等制度。加强村级组织活动阵地建设，制发《关于进一步规范党群服务中心建设的通知》，划拨50万元党费补助村（社区）用于党群服务中心规范化建设。

【基层民主政治建设】 推进党务公开，基层党组织普遍设置党务公开栏，结合新媒体，强化党务公开的规范性。大力推行乡镇党代会年会制，激发基层党代表参政议政热情。认真做好党代表提案办理工作，收集办理县党代表提案207件，办结率100%，党代表满意率100%。做好党代表推选工作，全县选出市党代表15名，省党代表3名，基层党员占地斯门同志光荣当选为党的十九大代表。

【“两学一做”学习教育】 6月27日，召开全县推进“两学一做”学习教育常态化制度化工作部署会。7月4日，县委印发《关于推进“两学一做”学习教育常态化制度化的实施方案》，对全县“两学一做”学习教育常态化制度化工作进行总体安排。11月14日，县委组织部印发《学习贯彻党的十九大精神深入推进“两学一做”学习教育常态化制度化的工作方案》，就学习贯彻党的十九大精神、深入推进“两学一做”学习教育常态化制度化常态化进行安排。全年，县委主要负责同志带头，各级党代表示范、党员干部参与，广泛开展大会宣讲、基层宣讲950余场次，覆盖党员群众6万余人。利用“三会一课”“固定党日”等契机，在全县889个党支部广泛开展“新时代新使命新思想新征程”主题学习讨论，组织全县广大党员深入学习领会十九大和省、市党代会精神，并结合各自工作生活实际讲述身边变化、分享学习感悟、提出意见建议、定立承诺计划。开展“走基层”活动，以“走”促学、以“走”促做，全县党员干部1422人次深入基层联系服务群众，帮助解决生产生活问题876个。以县级部门、乡镇（街道）、村（社区）、“两新”组织为重点，依托党委（党组）中心组学习“党建大课堂”等多种方式，开展专题学习、辅导讲座、网络教学，全覆盖培训全县700余名县管干部、2万余名基层党员。依托县委党校和基层党员干部现代远程教育站点，全域探索建成276个“微党校”，并依托“微党校”规范建设142个“农民夜校”，多形式开展“线上线下”“室内室外”等党员培训，让普通党员“常进党校、常听党课、上台讲课”，先后开展实体培训590场次，培训党员和群众8万余人次，受到中组部调研肯定。

【“两新”组织建设】 打造“两新”组织党群活动室5个，建成成都西菱动力部件有限公司党群活动室、耘丰葡萄公司党群活动室、“3+2”读书荟党群活动室等5个活动室。集中推进非公企业和社会组织“两个覆盖”，更新全县“两新”组织“五个清”信息台账，指导成都大宏立机器股份有限公司党总支等党组织顺利换届。全县非公企业党组织覆盖率100%，单建率49%；社会组织党组织覆盖率81%，单建率35%。成都非公企业学院注册成立，并承接“四川省非公企业出资人和社会组织负责人培训班”等专题培训。大邑县承接成都市产业园区党建工作现场推进会等大型会议，县“两新”点位全年接待上百次万余人的参观学习。年内，1名社会组织负责人被选为十九大党代表。

机械沙龙活动现场

【干部监督】 加强干部日常管理监督，研究出台《关于进一步加强干部日常管理监督的暂行办法》《大邑县干部谈心谈话工作制度》《大邑县干部管理监督工作联席会议制度》《大邑县干部日常管理监督“三书一库”制度》等配套制度办法，构建具有大邑特色的干部管理监督制度体系。严格执行个人事项报告制度，全县因选拔任用、巡察等工作需要重点查核98人次，按照10%的比例要求开展随机抽查78人次。为加强查核结果运用，实行“三级通报”和“三个挂钩”。

【人才引进和培养】 打造升级版人才政策体系，出台《大邑县进一步加强人才管理和服务工作的实施意见》《大邑县实施人才优先发展战略行动计划》等人才新政，为人才专项补贴、创新创业扶持、人才计划申报、产业技能培训、引才伯乐奖提供政策支持和保障。新成立副局级事业单位大邑县人才发展中心和新型社会组织大邑人才发展促进会，健全人才工作机制。将人才发展专项资金从500 万元提升到5000万元，加强人才资金保障。创新人才引育留用体系，全面参与“蓉漂”人才荟招才引智活动，新引进各类高层次人才346人。借助国内外知名高校、院所才智资源，新签校地、院地合作协议3个。实施“优秀人才培育行动”，引导和帮助7名高层次人才申报国家“千人计划”、四川省“千人计划”。健全创新创业体系，人才效应全面发挥。帮助企业申报国家、省、市各类研发平台，全县新增省级企业技术中心1个、市级工程技术研发中心1个、企业技术中心1个。大力推动双创服务载体建设，新成立成都乡村文化创新产业中心、现代农业园区职工创客空间、川影大学生创业园、大邑圣桦城文创中心等县级众创空间。完善人才服务保障体系，出台人才安居实施方案和配套细则，首批88套人才公寓房源按照“拎包入住”标准进行装修。落实青年人才驿站，可提供床位24个，累计入住95人次。积极开展人才推介行动，举办大邑人才政策发布会，正式对外发布“大邑人才新政十五条”。开通“大邑人才Dayi Talent”微信公众号，实时发布省、市、县人才政策和工作最新动态。

宣传工作

【概况】 2017年，县委宣传部以学习贯彻党的十九大精神和省市党代会精神为主线，围绕县委、县政府中心工作，推进宣传思想文化工作。做好对外宣传、网络管理工作，基层宣传和文化建设有声有色。开展“身边榜样·大邑力量”、文明家庭推荐评选活动，宣传社会主义核心价值观。被成都市委表彰为全市法治宣传教育先进集体；被成都市人民政府表彰为成都市2014—2016年度爱国卫生工作先进集体。选送的《车耀先家庭家规》评选为“我爱成都·天府好家规”提名奖。荣获成都市“走基层”文化惠民活动先进单位、全市法治宣传教育先进集体、成都市百姓故事会精品节目PK赛一等奖和三等奖等。

【县委中心组学习】 制定并下发《县委宣传部关于全县党委（党组）中心组2017年度理论学习安排意见》，全年组织开展县委中心组学习25

大邑文艺小分队宣传十九大精神

次，编印发放学习资料800余册。县、乡镇党委（党组）中心组成员撰写调研报告120余篇，其中被四川省党委（党组）中心组网络平台采用12篇，被市级媒体采用2篇。组织开展党的十九大精神和省市党代会精神宣讲310余场次，覆盖干部群众13000余人次，组建基层宣讲小分队深入群众开展微宣讲600余场次，覆盖群众40000余人次，组建学习宣传"十九大"精神"乡村行"文艺志愿小分队，深入全县各乡镇、村社区开展文艺宣传120余场次，覆盖群众达80000余人次。荣获2016年度区（市）县党委中心组学习单项工作先进单位（创新学习方式先进单位）。

【对内宣传】　举办大邑县首届城乡社区文化活动月活动，将构建和谐社区、弘扬传统文化等内容融入社区文化活动中。围绕"天府文化""创新创业""迎接党的十九大"等6大主题，组织村（社区）开展每月基层现场故事会共1000余场，乡镇（街道）季度巡讲活动80余场，并积极组织参加成都市PK赛，6个参赛节目5个进前10名，3个进决赛。以"共庆十九大·迈上新征程"为主线，紧扣"依法治县""廉洁大邑"等主题，完成40场文化惠民演出。完成2017年度文化创意产业统计年报工作，标准以上文化创意产业单位年报有效报送率全市第二名，获得市级通报表扬。依托省内外专家力量，收集整理赵子龙相关资料，完成四川历史名人申报工作；启动三国子龙文化保护利用项目，基本完成子龙文化旅游区策划规划方案。召开大邑县文联第一次代表大会，以文代会为纽带，广泛系联文艺工作者，提升文联工作凝聚力。主动对接省市知名艺术家，开展各种文学、文艺培训10余次。荣获市委宣传部"学党章党规、学系列讲话，做合格党员"学习教育主题征文活动组织奖。

【对外宣传】　成立大邑新闻策划中心，进一步健全主题策划前置机制，坚持每半月召开一次主题策划会，对宣传主题、宣传内容、宣传形式进行提前部署。创新新闻阅评方式，将县级媒体优秀新闻报道纳入阅评范围，提升媒体从业人员采写深度报道积极性。年内，聚焦党建、交通、农业、环保等主题，在中央省市主流媒体推出深度报道200余篇，新闻报道800余条次，同比上升10%。

【网络宣传与监管】 完善网络舆情监测、研判、报送、处置工作机制。严格实行“7×24”小时网络值班制度，做好元旦、春节、全国“两会”、环保督查、党的十九大、省、市党代会等重要节庆节点期间舆情值班和处置工作，及时编印《大邑舆情专报》45期。妥善处置20余起重要网络舆情。“美丽大邑”累计发布微信文章400余篇，累计阅读240余万人次，在全省政务系统的新媒体影响力排名稳步上升，两次入围微政四川政务新媒体影响力单篇排名前二，5次入围微政四川政务新媒体影响力排名前十。

【县文联第一次代表大会召开】 10月11日，大邑县文联第一次代表大会召开，市文联党组书记宋凯出席会议并致词。县委、人大、政府、政协重要负责人、县委常委、四大家分管文化工作的负责人及全县乡镇、部门主要负责人和大会代表、特邀代表，共150余人参加大会开幕式。宋凯书记代表市文联党组及主席团，向大会致贺词。县委书记李燎代表县委、人大、政府、政协向大会表示祝贺，向长期关心支持大邑文艺工作的市文联表示感谢，向全县文艺工作者致以问候，并对全县文艺界提出希望和要求。大会审议县文联工作报告，通过县文联章程，选举产生县文联第一届委员会及领导机构。荣获成都市文联系统2016年先进工作单位。

统一战线

【概况】 2017年，县委统战部牢牢把握大团结大联合主题，坚持正确的政治方向，深化坚持和发展中国特色社会主义学习实践活动。组织统一战线认真学习贯彻中央、省、市统战工作会议和省委、市委、县委党代会精神。持续推进政党协商，发挥多党合作功能；加快推进党外知识分子统战工作。实施精准扶贫，全力做好对口援助松潘县工作。深化“工作走进中心、影响走出系统”工作定位，积极发挥统一战线凝心聚力作用。

【民主党派统战】 持续开展民主党派“不忘合作初心，继续携手前进”专题教育和以“守法诚信、坚定信心”为重点的非公有制经济人士理想信念教育实践活动。提高党派和相关团体工作经费。支持民主党派抓好自身建设，指导完成民进大邑支部组建和民革大邑支部换届工作。发挥统

10月11日，大邑县文学艺术界联合会第一次代表大会召开

县委统战部召开党外人士情况通报暨学习十九大精神专题会

战自身优势，引导民主党派、侨联、台联等开展义诊、关爱老人儿童、精准扶贫等活动服务回馈社会。九三学社大邑支社与九三学社上海市经济委员会签署《合作与交流框架协议》，积极为大邑对外交流牵线搭桥。民革大邑支部与大邑县蔬菜协会合作举办第五届大邑有机蔬菜节。

【党外知识分子工作】 关注党外知识分子统战工作，党外知识分子统战工作成为统战工作新的主力点。与县委组织部、党校联合开展党外代表人士专题培训。开展新的社会阶层、党外知识分子摸底工作，建立动态人才数据库，协调相关部门努力形成推动党外知识分子统战工作的大统战格局。向市“欧美同学·归国留学人员联谊会”推荐会员3名。启动大邑县新的社会阶层联谊会筹建工作。选择大邑电商孵化园、安仁孔裔国际公学、青霞幸福公社、沙渠经济开发东区、建川博物馆作为统战工作示范点，带动党外知识分子，特别是新的社会阶层，留学归国人员爱国、诚信、创新创业。建川博物馆被四川省委统战部列为中国特色社会主义统战教育基地，并通过2017年考评工作。

【党外干部工作】 加强党外代表人士队伍建设，组织1名党外干部参加全市“菁英培养工程”，有2名党外干部在成都市挂职锻炼，做好省市党外干部各类调训工作。县内遴选优秀年轻干部和挂职锻炼比例达到要求，人大、政协中党外干部和党外代表人士的安排达到要求。政府部门中有5个部门的领导班子配备党外干部。法院有1名党外干部担任专职审判员。乡镇中有6名党外干部担任领导职务。

【非公有制经济代表人士统战】 深入开展非公有制经济人士理想信念主题教育。发挥工商联（总商会）纽带和桥梁作用，建好“民营企业之家”，为企业做好服务。组织召开企业家座谈会、食品产业发展座谈会、季度主席会长扩大会以及各类联谊交流会等，收集整理各会员企业意见40余条，提交县委督办。开展全县134家规模以上工业企业大调研活动，形成《全县规模以上工业企业调研情况汇报》。组织会员企业参加各类培训、参观、考察、展销等活动30多场次。完成全县5亿元以上企业综合评价工作。重点以成都鑫泽机械有限公司为创建示范点，构建“三位一体”企业廉洁从业新机制。在沙渠经济开区东区，启动非公有制经济统战示范创建工作。商会有4家被评为成都市廉洁守法诚信非公有制企业。以“致富思源，富而思进”活动为载体，深入开展“万企帮万村”行动，引导非公有制经济人士投身光彩事业，实施精准扶贫。19家企业和19 个村（社区）结对帮扶，投入资金近100万元，帮助解决务工和贫困学生读书。大宏立机器等11家会员企业共出资49万元结对帮扶松潘县11个贫困村。蜀之源酒业、金龙酒厂向九寨沟、新疆精河县地震灾区组织50名员工义务献血并捐款16万元。

【协商议政】 制定《2017年政党协商计划》，建立民主党派、工商联、侨联、台联与乡镇和政府部门对口联系制度，加快推进政党协商制度化。组织党外代表人士情况通报会、座谈会等4次，积极搭建协商平台。党外代表人士提出人大议案、政协提案等建议意见90余条，受邀参与各类座谈会、听证会，积极履行参政议政职责。党风廉政建设、行风评议、公共资源交易等特约监督员持续发挥民主监督作用。

【民族宗教】 坚持宗教场所负责人季度学习会制度，开展“法律进宗教场所”活动，学习贯彻全国宗教工作会议和党的十九大精神以及新修订《宗教事务条例》。依法管理宗教场所，完成统一社会信用代码工作，教职人员颁证和16个宗教场所基础信息收集，34项权责清单编制及云平台录入和全省行政权力一体化平台数据录入等工作。批准成立两处佛教临时活动点。成立大邑县宗教反邪教联盟，在县天主教堂建立宗教反邪教警示教育点。开展佛道教“两乱”治理，加大依法治理基督教私设聚会点力度，取缔或制止多起非法宗教活动。启动高堂寺及鹤鸣山道观山门综合整治工作，开展“文明敬香、环境整治、形象维护”三大行动及“美丽寺观”建设，佛道教场所实施文明敬香达到100%，1个场所实施免费赠香。引导宗教场所完善公共设施建设，推进寺观教堂维修改造、厨房卫生间提档升级。积极推进千圆道观等寺庙恢复重建工作。

【援藏工作】 建立大邑、松潘对接机制，协调双方主要负责同志对接4次并召开专班对接会两次，双边机关单位对接40余次，推动对口帮扶工作落地见效。2017年按地方公共财政预算收入的0.5%拨付援藏资金1782.7万元，24个援藏项目顺利完工。其中实施产业项目8个、教育保障1个、干部人才培训3个、基础设施项目10个、其他项目2个。大邑以产业帮扶、智力帮扶、就业帮扶为突破口，开展旅游、农业产业发展，就业培训，就业扶持，医疗卫生教育人才支持，结对帮扶等。动员11家企业、单位部门参与援助，投入各类资金70余万元，帮扶松潘取得成效。

大邑县召开对口支援藏区工作座谈会

编制管理

【概况】 县委编办围绕全面深化改革总体布局，以政府职能转变为核心，深入推进“放管服”改革、相对集中行政许可权改革、经济发达镇行政管理体制改革等体制机制改革，创新机构编制管理，为加快大邑“两地一区”建设提供强有力的体制机制保障。

【“放管服”改革】 坚持统筹协调，深化“放管服”改革。明确工作任务，对18个牵头部门、37个责任单位下达48项具体改革任务。开展自查整改，梳理各部门2017年“放管服”工作任务落实情况。严格目标管理，制定考评细则，督促各部门积极推进“放管服”改革。全面做好责任清单动态调整工作，坚持以部门行政权力清单为基础，按照“全面、准确、规范”要求，对于权力事项有新增、修订、取消的，一一对应调整责任清单。

【行政审批制度改革】 印发《关于进一步深化行政审批制度改革的通知》，明确2017年审改工作主要任务及责任分工。推进相对集中行政许可权改革试点工作，启动县行政审批局组建工作，明确主要职责、人员编制和领导职数，保障改革工作顺利推进。稳步推进行政许可标准化工作，制发推进行政许可标准化工作方案，对规范行政许可事项、流程、服务标准、监督评价、受理场所建设与管理等工作任务进行细化分工。

【重点领域体制机制改革】 深化街道综合管理体制改革。围绕加快晋原街道职能转变，以优化政务服务环境、增强便民利民功能、提升基层治理能力为重点，重新制定晋原街道“三定规定”，向晋原街道及其社区（村）分别下放公共服务事项70项、86项，督促县级相关部门制定下放事项的配套政策措施，提高城市精细化服务质量。深化经济发达镇行政管理体制改革，结合沙渠、韩场镇改革发展和职能调整，重新制发沙渠、韩场镇“三定规定”，优化组织结构，加强编制资源配置。稳步推进事业单位分类改革，完成公益类事业单位类别批复，进一步强化事业单位公益属性。完成120余个公益类事业单位机构编制要素规范工作。配合卫计局积极推进事业单位法人治理结构建设。实施乡村振兴战略，牵头草拟深化农村行政管理体制改革的方案。配合相关部门做好城市管理执法体制改革、监察体制改革、群团改革、司法体制改革等工作。

【机构编制保障】 围绕中心大局，合理高效配置机构编制资源。结合事业单位分类改革，收回部分职能弱化、长期空编单位的编制，用于保障重点领域需要。以“西控”战略为指引，按照“总量控制，撤一建一”原则，调整优化县经开区、县发改局和县经信局等经济部门机构设置，更好适应主导产业定位和项目建设等职能需要。大力实施人才优先发展战略，设立县人才发展中心，调配90余名事业编制用于党政人才引进，提升全县人才服务水平。突出系统治理和社会治理方向，助力提升基层治理能力，设立县社治委，调整优化民族宗教管理、户政管理、网络安全保卫等机构设置。

【机构编制管理】 坚持夯实基础，推进机构编制管理科学化规范化法制化。启动云平台建设试点工作，按照“互联网+大数据+机构编制”要求，制定工作方案，完成单位三定信息和权责清单的审核工作。加强监督检查，会同组织、人社、财政、审计等部门组成4个联合核查小组对卫计局等单位机构编制管理工作进行实地检查核实。加强调研，按照“总量控制，动态调整”原则，调研形成《大邑县机构编制动态调整报告》。深入县农林局、县城管局、县交通局3个重点部门开展职能运行评估，作为加强和提升机构编制管理的重要手段。年内，审定并办结机构编制事项50余项，审核上报公务员招录（遴选）和事业人员招聘（人才引进）用编265名，累计上下编600余人。完成事业单位法人年度报告公示、公示信息抽查工作；办理机关、群团统一社会信用代码赋码颁证和事业单位法人设立、变更、注销等登记管理99起，机关、群团统一社会信用代码的赋码颁证率100%。

目标管理督查

【概况】 县目督办围绕县委、县政府重大决策和重要工作部署，坚持目标绩效管理与督查督办相结合，突出市级目标、推动重大决策、重大项目和重要工作部署在大邑落地、落实上下工夫，改进考评体系，创新督察督办方式，圆满完成各项工作。

【目标运行管理】 始终把重大决策、重大项目和重要工作的贯彻落实作为工作的重中之重，按照“跟踪过程、确保结果”的原则，对市委、市政府，县委、县政府中心工作、重点工作和热点、难点工作，盯交办、明任务；盯过程、保进度；盯验收、看结果；盯成效、快反馈，深入开展督查活动，有力地推进工作落实。全年办理省市督办件50余件、下发督办事项通知170余期、印发督查专报50余期、联合分解专项目标80余项、办理领导批交办件（事项）100余件，形成督办专题汇报80余件，促进全县各项工作任务有序推进。

【重大决策和重点领域督查】 抓好重大决策落实效能督查。对“西控”战略部署、产业发展大会、乡村振兴、新经济发展以及贯彻落实十九大精神等重大决策部署、重要会议精神落实情况开展督查，对县委县政府主要领导和分管领导直接批示工作、现场调研中指示交办工作进行持续跟踪督办，并形成专项督查报告。及时向县委、县政府提供督查实情，确保工作贯彻实效，做到“件件有落实、事事有回音”。抓好重点领域工作督查，突出抓好项目建设和环保督查工作，特别是对省市重点项目推进情况，工业西区、东部新区项目用地保障，项目建设情况、环保督查工作、安全维稳等建立专项督查机制，按照“五定”原则，梳理出工作任务、责任单位、完成期限等，分阶段定期进行专项督查。强化督查工作反馈，及时编印《督查专题报告》《督查专报》，客观地反映督查情况。

【目标考评】 完善考评体系，增强目标考核工作科学性。对2017年度县委、县政府目标管理责任书设置和考核综合评价办法进行重新修订，重点从重点工作、个性指标、共性指标、绩效评价（领导评价和社会公众评价）、专项工作目标五个方面，进一步充实完善考核内容，明确考核方法和责任，增强考核工作的科学性和可操作性。强化日常监控，实现督查考核动态运行。坚持每月汇总分析、坚持定期会商诊断，及时与县级主要经济牵头部门召开碰头会，加强对主要经济目标运行情况的监控。强化问题提示督查，及时梳理出进度滞后的目标项目，向牵头单位下发《督办提示通知》，列入重点进行督查，找准问题和差距，确定有效的措施，促进各项目标有序推进。

统筹城乡综合配套改革

【“8+1+N”改革】 年内，统筹城乡示范建设“8+1+N”改革任务全面完成。综合运用、集成推广统筹城乡已有的改革成果和改革经验，积极构建新型城镇化和新农村建设“双轮驱动”模式，制定《大邑县2017年统筹城乡综合改革示范镇（片）工作实施方案》，实施改革任务清单、重点点位清单、考核验收清单“三个清单”管理办法，以镇为单位全面落实“8+1+N”改革任务，在狠抓30项重难点工作基础上，全面完成2016年27个重点点位深化完善和2017年38个新增重点点位规范打造。斜源—花水湾—邮江示范片实现山区乡镇创新发展、优质发展、高效发展；董场镇全面推进各项改革，8月11日《四川农村日报》以《大邑县董场镇全力建设统筹城乡综合改革示范镇群众获得感不断提升》为题关注董场镇统筹城乡示范建设。

【11项重点改革】 统筹城乡专项小组确定的深化村级公共服务和社会管理改革、深化农村产权制度改革、深化完善“小组微生”新农村综合体建设体制机制、深入推进统筹城乡综合改革示范片（镇）建设、改进财政支农专项资金分配和项目管理、深化专家组服务乡村规划制度、深化户籍制度改革、深化集体资产股份化改革、深化集体建设用地开发利用、深化农村金融改革、深化沙渠镇行政体制改革等11项重点改革内容，并印发《关于印发〈大邑县2017年度统筹城乡综合配套改革专项小组目标考核细则〉的通知》，并形成统筹城乡综合配套改革专项小组《2017年工作计划表》，全面完成各项改革任务。

【农村改革】 进一步落实农村土地“三权”分置办法，全面推开“新四权”颁证工作，不断深化集体林权制度改革、农村集体资产股份化改革，推进农村产权抵押担保，盘活农村资源，促进生产要素自由流动。在全县12个村开展农村集体产权制度改革试点，已完成清产核资和股份量化回头看，组建股份经济合作社工作，将集体产权制度改革试点村同时作为财政扶持发展村级集体经济试点村，每个村落实扶持100万—130万元，发展集体经济项目。加快“农贷通”平台建设，建设村级服务站192个，乡镇服务中心20个，金融机构已办理新型经营主体贷款金额3150万元。推进农村产各类农村所有权证权抵押担保贷款工作，2017年底各类农村所有权证权抵押担保融资余额1.88亿元。

【农村扶贫工作】 把整村推进同扶贫工程相结合，按照19个贫困村脱贫发展规划，通过扶贫项目，加强贫困村基础设施建设，新扩建水泥道路40.5公里，修建蓄水池38个，整治沟渠10.56公里。按照“一村一品”思路，加快特色产业发展，种植雷竹200亩、水果900亩、红梅1500亩、经济林木900亩，“造血”功能不断增强，实现持续稳定增收。两年内19个贫困村、366户相对贫困户全部实现脱贫目标。

【移民工作】 2016年，编制完成《大邑县大中型水库移民后期扶持“十三五”规划（2017—2020年）》，并经过省市相关部门评审，根据2017年大邑县大中型水库移民后期扶持资金项目的实施方案，实施社会事业类项目1个，投入移民后期扶持项目资金7万元；实施基础设施类项目5个，投入移民后期扶持项目资金158万元。做好移民生产扶持工作，引导移民组成或参与农村专业合作组织，推进移民土地流转，流转率达64%。完善大中型水库移民后期扶持管理信息系统。做好移民信访维稳工作，接待4批10人次移民来访和3次移民信访，办结率100%。

城乡社区发展治理

【概况】 为贯彻落实中共中央国务院《关于加强和完善城乡社区治理的意见》，加强县委对城乡社区发展治理的领导，2017年9月22日，县编委按照《关于同意大邑县设立县委城乡社区发展治理委员会的通知》（成机编办〔2017〕163号文件）精神，下发《关于中共大邑县委城乡社区发展治理委员会机构编制事项的通知》（大编发〔2017〕21号），成立中共大邑县委城乡社区发展治理委员会（简称“县委社治委”），为县委负责统筹推进城乡社区发展治理改革工作的职能部门。核定行政编制10名（其中主任1名，由县委常委兼任；常务副主任1名，按县级部门正职配备；副主任2名，按县级部门副职配备），设内设机构4个。下属县城乡社区发展治理服务中心，核定事业编制13名，负责全县城乡社区发展自理的服务保障工作。同时，将设在县综治办的县社会建设工作领导小组办公室职责划转县委社治委，不再保留县社建办。

【社区发展治理“五大行动”】

老旧城区改造 实施大北街、小北街、氮肥厂、鹤翔大道等棚户区改造项目6个，涉及改造户数2453户，改造面积15.74万平方米。实施富民路、长春路、子龙街等老旧院落改造14个。在沙渠、安仁、上安、悦来等镇实施城中村改造540户。

背街小巷整治 实施“五整治、五提升”行动，对晋原街道五斗街、百花巷、箭北巷等20条背街小巷的环境卫生、市容秩序、“病态”市政设施、户外广告等进行整治，并形成常态化管理机制。新增通达东路、芙蓉片区、晋原背街等9公里市政街巷通道建设。完成安仁迎宾路、沙渠镇东岳花园等5个示范点，共计1.84万平方米的“小游园、微绿地”建设。对全县“两拆两增”基本情况进行摸底调查，建立台账。

特色街区创建 对晋原蜀望路、花水湾温泉正街、安仁树人街等5条特色精品街区进行打造。投资约10亿元，对安仁、花水湾、斜源镇3个特色镇所涉及的30个项目实施打造提升。争取林盘保护资金350万元，对具有川西特色的王泗镇赵大院子、庹家大院、鹤鸣乡鹤兴林盘聚落进行重点打造。

社区服务提升　制定《大邑县改革社会组织管理制度促进社会组织健康有序发展的实施意见》《实施社会组织扶持计划》。实施社会组织扶持发展“社会关爱援助”“公益阅读推广”等项目4个。争取财政资金25万元，实施青霞分水、苏家香林社区总体营造项目两个。成立大邑县社会工作者协会，培育社会服务工作机构6家，引进专业社工人才6名。引进成都犀星微宝科技公司入住，推动“智慧社区”建设。完成晋原长春路、安仁仁里、花水湾温泉社区等8个社区综合体建设。

平安社区创建　完善县、乡、村三级“大联动、微治理”体系建设，实现66个县级部门、20个乡镇（街道）、218个村（社区）平台应用全覆盖。规范建成20个乡镇（街道）综治中心、62个村（社区）综治中心，并实现实体化运行。深化“雪亮工程”升级版建设，重点完成118个村（社区）、1129个高清探头建设任务。统筹整合社区范围内企事业单位、机关、“两新”党组织，建立21个社区“区域化党外”，选配97名兼职委员，党的工作覆盖率100%。

【坚持“以点示范”打造特色亮点】　坚持主动谋划，集成力量打造一批示范亮点。大小北街棚户区项目实现城市形象的提升。探索推进“雪亮工程+”治安防控、产品溯源、“微权力”治理等。“无讼社区”建设实现调解率、调解成功率、群众满意率“三升”和民转刑案件、越级上访、群体性事件“三无”良好态势。以“幸福社区”为示范，打造一批具有大邑特色的文创社区。构建以“四组织一平台”“五账群众工作法”为载体的“一核多元、共建共享共治”模式。

【社区专项资金管理使用】　2017年，全县村公资金总预算12192.27万元，议决项目2248个，完工项目1722个，共使用资金4547.27万元。社区公共服务可支配资金总额511万元，议决项目332个，完工项目75个，共使用资金89.68万元。

党校教育

【概况】　2017年，县委党校以全面落实《大邑县2017年党员干部人才教育培训实施意见》为主线，突出党员干部教育培训主业主课地位，以调研课题带动科研咨政，不断提升服务县委中心工作的能力和水平。

【党校干部教育培训】　创新培训方式，丰富培训内容，按照县委组织部《大邑县2017年党员干部人才教育培训工作实施意见》总体安排，对承办的主体班、专题班均制定详细培训方案和课程设计。在培训中，运用研讨式、案例式和现场教学等多种方式，务求培训取得实效。全年完成“第三期优秀年轻干部人才递进培养培训班”“新进机关事业单位工作人员培训班”等主体培训4期，培训党员干部700余人；“环保培训班”“党外人士培训班”等专题培训10期，培训党员干部800余人；“党建大课堂”培训15期，培训党员干部6.6万人次。同时承接省委党校墨西哥国家公共管理高等学院师资研修班、越南党政领导干部培训班等3期培训班赴大邑现场教学。

【“微党校”平台建设】　以基层党支部为单位，建设标准化培训室，整合“党建大课堂”、党群服务中心等资源，建设“微党校”共276个。建立县、乡、村三级党课师资队伍500余人、党员教育培训现场教学基地29个。完成中组部党员教育和干部测评中心副主任、巡视员雷光华和副巡视员张克同志调研大邑、全市“微党校”现场推进会、全省农民夜校现场会、党务干部、基层师资微党课系列比赛相关工作，县级层面举办微党课比赛6场，乡镇举办微党课比赛20余场，得到各级领导、基层党员同志普遍好评，打造基层党员教育培训大邑品牌。

【科研资政】 县委党校实施课题带动，强化调查研究，科研咨政工作基础进一步夯实。成立5个科研小组，每个科研小组由1名资深教师和1名青年教师组成，并邀请1名省、市党校专家教授担任顾问，每个科研小组做到年初有调研课题、有计划，年底有成果。建立健全科研小组常态化调研、定期课题进展汇报等制度。年内完成成都市党校系统调研课题4个，其中2个课题评为优秀。围绕全县产业生态圈开展集中调研，工业产业生态圈调研报告已形成，正着力调研文创文博产业、社区治理等方面工作。

【党校教学教研】 开展教学研讨，引进专业人才，师资队伍建设进一步加强。全年开展教学研讨30余次，邀请专家教授到校交流研讨10余次，组织教师外出交流学习5次。加强人才引进和培养，引进1名硕士研究生已到岗。4名中青年教师获得讲师任职资格。承办成都市党校系统第二片区会议，来自成都市区（市）县党校30余名领导和同仁围绕现场教学课程设计做交流研讨，听取县委党校青年教师"雪亮工程"应用课程讲解，并实地考察王泗镇尚河村庹家大院等。加强思想引领，提高宣讲质量，全年完成市第十三次党代会精神宣讲23场，累计宣讲2500余人次。

机关党建

【概况】 2017年，县直机关党建工作围绕"服务中心、建设队伍"两大核心任务、"思想建党和制度建党"两个关键，通过"抓责任、抓阵地、抓基础、抓载体、抓融合"，建立县直机关党建"两单三述一研究"工作机制，启动"一机关一品牌"示范点建设，机关党建工作水平全面提升。

【机关党建责任体系建设】 县直机关通过重落实、建体系、制清单、严考评等压实机关党建管党治党责任，确保机关党建各项工作任务落地生效。以县委的名义下发《关于进一步加强和改进机关党的建设的意见》，通过明确党建责任体系、完善党建运行机制、严格党建责任考核、严肃党内政治生活等，层层压实管党治党责任。在县级部门成立以党组（党委）书记为组长的机关党建工作领导小组。落实县级部门党组（党委）书记第一责任人、县直机关党组织书记为直接责任人、其他班子成员承担"一岗双责"的党建责任体系。制定县级部门党组（党委）书记、县直机关党委、总支、支部书记抓党建工作责任清单；梳理年度重点任务，制定机关党建2017年工作任务清单。会同县委县政府目督办制定《大邑县直机关党建工作目标考核细则》，严格执行县直机关工委、县直机关党委（总支、支部）、党委（总支）下属各支部的机关党建工作"三级联述联评联考"机制。

【"两学一做"常态化】 制发《县机关党组织推进"两学一做"学习教育常态化制度化重点工作任务及2017年上半年督导工作要点》，把"两学一做"学习教育各项任务落实到位。在县级部门启动"微党校"建设，开展"干部大讲堂"活动。2017年，县直机关各单位党组织共开展"干部大讲堂"339期，300余名党员领导干部带头在"干部大讲堂"讲党课，434名一般党员走上讲堂讲授"微党课"，40余个党组织组织1000余名党员到西岭横山岗、建川博物馆聚落等教育基地，开展体验式党课；40余个党组织还开展48次"微党课"竞赛，1000余名机关党员参加竞赛。开展示范党组织示范党员行动，在窗口单位和行业系统，开展机关党员"亮身份、亮承诺、亮实效，比学习、比干劲、比创新、比业绩""三亮四比"当干事先锋活动，广泛开展争创党员示范标兵（党员先锋岗）、党员示范单位（党员示范窗口）等活动，引领机关党员当标杆、作示范、树形象。县直机关争创"蓉城先锋”党员示范团队2个、党员示范单位3个、党员示范行业1个。启动示范点机关党建品牌建设，县国税局“邑税先锋”、县公安局“铸警魂保平安”和县检察院“雪山暖阳”机关党建品牌已初见成效。

【机关组织建设】 以“走基层”为载体，结合精准扶贫，组织机关党员干部深入村（社区）、企业，常态化开展“走基层”活动。以“党员志愿服务”为载体，将党员参加志愿服务情况纳入党员年度民主测评内容，发动机关党员深入农村、景区、企业等广泛开展志愿服务活动。以“群建促党建”为载体，深入开展“提升精神区位、争创一流业绩”知识竞赛、践行新发展理念建设国家中心城市群众知识竞赛和职工运动会等活动，促进党建带群建。按照“以城带乡、以强带弱、按需对接、自愿共赢”要求，21个县直机关党组织与16个村（社区）、5个非公企业党组织和“三大”园区，深入开展“班子联建，共同提高党组织战斗力；党员联管，共同激发党员活力；实事联办，共同增强服务功能；发展联促，共同提升工作业绩；阵地联享，共同强化活动保障”等“五联五同”城乡基层党组织结对共建活动。2017年，21个县直机关党组织单位负责人到村（社区）和非公企业讲党课40余次，参加党员组织生活会30次；开展志愿服务活动750余人次；走访慰问困难户316户，送去慰问资金 41.4万元；投入 40万元，对共建村（社区）基础设施道路等进行升级改造。

信访和群众工作

【概况】 全县信访和群众工作深入推进阳光信访、责任信访、法治信访，全力解决群众合理诉求。充分运用信访工作联席会议会商机制，提前谋划，妥善协调处理涉及近千人人力客运三轮车、风云琥珀名城、斜源镇扶贫开发安居工程等历史遗留问题，切实维护群众合法权益，全县信访态势总体可控。

【来信来访和网访处理】 1—12月，县市民意见受理中心共接待群众来访1231批2685人次，同比下降15.7%。办理群众来信和网络投诉494件，同比上升23.8%，其中国家、省市信访局转（交）444件；大邑县收转50件。“962567大邑一号通”受理4327件，同比下降1.7%。共有县领导110人次在周三及敏感时段接待来访群众544批1118人次，通过信访信息系统转办初访件357件，转交到省市上访109件，初访到期办结率100%，化解率达到84.5%。县领导包案案件77件，其中包化解案件53件已化解34件，化解率65.4%。包稳控案件24件未出现大规模群体性上访及个人极端上访事件。

【信访突出问题】 年内，不断加强对涉军群体、征地拆迁、房产领域、环境整治、瀑电移民、民工工资、劳动社保等涉及人员多、影响面广的信访问题的梳理排查。锦绣一方、城市绿洲等小区住户多次通过走访、网络、电话投诉天然气不能正常供应，相关部门处理后投诉量下降明显。鹤鸣乡原三丰村周琼芳等反映道源圣城项目土地遗留问题，县委已成立专门工作组全力化解。原东风煤矿等国有企业原招收的亦工亦农轮换工群体300余人要求解决在厂期间社保问题、涉军群体要求解决“国家干部”身份问题，房地产领域，包括润洲华府、滨河景秀、鑫河国际等商品房涉及物业纠纷、逾期未交房、权属证明办理等问题成为信访突出问题。

DAYI YEARBOOK

大邑县人大常委会

主要会议

【县十八届人大二次会议】 2018年2月5—7日，县十八届人大二次会议在县会务中心召开，出席代表197人。会议听取并审议县人大常委会、县政府、县法院、县检察院工作报告，作出批准上述报告的决议；审查并批准《大邑县2017年国民经济和社会发展计划执行情况及2018年国民经济和社会发展计划的决议》和《大邑县2017年总预算执行情况和2018年总预算的决议》；听取议案审查和处理意见的报告、《大邑县城市总体规划（2016—2035）（送审稿）》审议情况的通报。选举周敏为大邑县监察委员会主任；选举24名同志为大邑县出席成都市第十七届人民代表大会代表。

【县十八届人大常委会会议】 县人大常委会全年召开常委会会议7次。

1月20日，召开县第十八届人大常委会第2次会议。听取和审议县人民政府关于提请审议将大邑县年度城市基础设施项目（第六批）租用计划项目租金纳入中期财政规划和年度预算的议案、关于提请审议将成都农商银行蓉栊大邑1号基金纳入中期财政规划和年度预算的议案。

2月16日，召开县第十八届人大常委会第3次会议。听取和审议县人民政府关于《县人大常委会关于〈我县职业教育发展情况的报告〉的审议意见》研究处理情况的报告。通过人事任免事项。

4月26日，召开县第十八届人大常委会第4次会议。会议进行法律学习；听取和审议县人民政府关于国家农业综合标准化示范县创建情况的报告；听取和审议县人大常委会执法检查组关于检

表4　2017年大邑县人大常委会主任、副主任名录

职务	姓名	性别	出生年月	民族	籍贯	文化程度	党派	参加工作时间	任职时间
主　任	马良清	男	1966年5月	汉族	四川崇州	大　学	中共党员	1984年7月	2015年12月—2017年12月
副主任	高　平	男	1961年5月	汉族	四川大邑	研究生	中共党员	1979年11月	2003年1月—2017年12月
	庄碧燕	女	1962年12月	汉族	山西孝义	大　学	中共党员	1981年12月	2003年1月—2017年12月
	严学茹	女	1963年8月	汉族	四川大邑	大　学	无党派民主人士	1981年9月	2016年12月—2017年12月
	何　晓	男	1965年9月	汉族	四川广汉	研究生	中共党员	1989年2月	2016年12月—2017年12月
	廖建云	男	1964年8月	汉族	四川彭州	大　学	中共党员	1984年8月	2016年12月—2017年12月

查《四川省人大常委会关于制止和查处违法建设的决定》实施情况的报告；取和审议县人大常委会主任会议关于提请审议《大邑县人民代表大会常务委员会议事规则（草案）》等工作制度的议案。通过人事任免事项。

6月21日，召开县第十八届人大常委会第5次会议。会议进行法律学习；听取和审议县人民政府关于《县人大常委会关于〈国家农业综合标准化示范县创建情况的报告〉的审议意见》研究处理情况的报告、关于安置房建设情况的报告；对我县全民健身事业发展情况进行专题询问。

8月25日，召开县第十八届人大常委会第6次会议。会议进行法律学习；听取县人民政府关于2017年上半年工作情况的报告、关于大邑县2017年上半年国民经济和社会发展计划执行情况的报告；听取和审议县人民政府关于大邑县2017年上半年财政预算执行情况的报告、关于大邑县第十八届人大一次会议以来代表建议办理情况的报告、关于《县人大常委会关于检查〈四川省人民代表大会常务委员会关于制止和查处违法建设的决定〉实施情况的报告的审议意见》研究处理情况的报告。通过人事任免事项。

10月26日，召开县第十八届人大常委会第7次会议。听取和审议县人民政府关于大邑县2016年财政决算的报告和关于大邑县2016年度县级预算执行及其他财政收支的审计工作报告；对县人民政府创建国家生态文明建设示范区专项工作进行评议；听取和审议县人民政府关于我县医联体建设工作情况的报告、关于《大邑县人大常委会关于〈大邑县人民政府关于我县安置房建设情况的报告〉的审议意见》研究处理情况的报告、关于提请审议《关于开展第七个五年法治宣传教育的决议（草案）》的议案；听取和审议县人大常委会执法检查组关于检查《中华人民共和国劳动合同法》实施情况的报告；听取和审议县第十八届人民代表大会常务委员会代表资格审查委员会关于邱伟代表资格终止的报告；听取和审议县人大常委会主任会议关于提请审议补选县第十八届人民代表大会代表有关事项的议案；听取和审议县人大常委会主任会议关于提请审议接受马青松辞去大邑县第十八届人民代表大会代表职务的议案。通过人事任免事项。

12月27日，召开县第十八届人大常委会第8次会议。听取和审议县人民政府关于大邑县2017年国民经济和社会发展计划部分指标调整方案的报告；通过人事任免事项；听取和审议县人民政

12月27日，召开县十八届人大常委会第八次会议

府关于提请审议批准大邑县2017年地方政府债务限额的议案、关于《大邑县人大常委会关于大邑县2017年上半年国民经济和社会发展计划执行情况的报告的审议意见》研究处理情况的报告、关于大邑县2017年财政预算调整方案的报告、关于大邑县2017年财政预算执行情况及2018年财政预算草案初步方案的报告、关于《大邑县人大常委会关于大邑县2017年上半年财政预算执行情况的报告的审议意见》研究处理情况的报告、关于《大邑县人大常委会关于大邑县2016年度县级预算执行和其他财政收支的审计工作报告的审议意见》研究处理情况的报告、关于《大邑县人大常委会关于我县创建国家生态文明建设示范区专项工作的评议意见》整改情况的报告、关于《大邑县人大常委会关于检查〈中华人民共和国劳动合同法〉实施情况的报告的审议意见》研究处理情况的报告；听取和审议县第十八届人民代表大会常务委员会代表资格审查委员会关于马青松县第十八届人民代表大会代表资格终止的报告、关于补选县第十八届人民代表大会代表的代表资格的审查报告。

3月7日，县人大主任马良清在县中医医院调研

人大工作

【人大工作概况】 2017年，县人大常委会围绕全县工作大局，依法行使宪法和法律赋予的职权，完成县十八届人大一次会议确定的各项工作任务。全年共召开常委会会议7次，主任会议14次，听取和审议“一府两院”专项工作报告9项，开展集中视察5次、专题调研4次、专项工作评议1次、专题询问1次、执法检查3次，跟踪督查重大项目8个，有力推动县委重大决策部署落地、落实、落细，形成步调一致、共谋发展的强大合力。

【县人大工作机构】 县人大内设法制委员会、财政经济委员会、社会事业委员会、城乡建设与环境保护委员会、农业委员会5个专门委员会。常委会内设办公室、人事代表工作委员会、预算工作委员会。

【人大监督】 听取和审议县人民政府关于国家农业综合标准化示范县创建情况、安置房建设情况、全民健身事业发展情况、医联体建设工作情况、2017年上半年国民经济和社会发展计划执行情况、2017年上半年财政预算执行情况、大邑县第十八届人大一次会议代表建议办理情况、2016年财政决算、2016年度县级预算执行和其他财政收支的审计工作等9项专项工作报告；开展人民陪审员履职、招商引资工作、幼儿教师队伍建设、农业产业发展情况等4项调研；对无讼社区建设、工业经济发展、乡村旅游发展、防汛、农村土地综合整治等5项工作进行视察；开展《食品安全法》《劳动合同法》《四川省人大常委会关于制止和查处违法建设的决定》等3项执法检查；对全民健身事业发展情况进行专题询问；对国家生态文明建设示范区创建工作进行专项工作评议；重点督查东部工业新区基础设施（一期）

项目、大邑至天府新区成都直管区快速通道建设项目、2016—2018年菜粮基地高标准农田建设项目、晋原消防站建设项目、潘家街小学建设项目等8项政府重大投资建设项目。

【人事任免】 县人大常委会坚持党管干部与人大依法任免有机统一，严格依法行使人事任免权，确保党组织推荐人选经过法定程序成为国家机关工作人员。坚持任前法律考试制度、任职陈述制度、向宪法宣誓制度，提高任命干部宪法意识、人民意识、公仆意识；坚持任后监督制度，提高任命干部勤政廉政意识。全年依法任免干部54人次，依法任命人民陪审员60人。

【代表工作】 常委会坚持把充分发挥代表作用作为做好代表工作的重要抓手，不断完善服务保障机制，创新搭建代表履职平台，提高代表履职行权的积极性和主动性。组织代表到全国人大、省人大培训基地和市委党校进行集中、针对性强的专题培训143人次，深入系统地学习政治理论、法律法规、代表履职业务知识等，提升代表履职能力。积极开展县人大代表述职评议活动，组织44名代表进行现场述职，评议满意率均在85%以上。坚持常委会组成人员联系代表、代表联系选民工作机制，扩大代表对常委会工作的参与面，全年邀请代表列席常委会会议和参加执法检查、视察、调研、专项工作评议、专题询问等监督活动82人次。组织开展代表小组活动，引导代表围绕全县重点工作深入调研、建言献策，促进代表在助推大邑经济社会发展中积极作为、发挥作用。开展“脱贫攻坚——人大代表再行动”活动，落实代表联系贫困户制度，支持代表为打赢脱贫攻坚献计出力。

3月1日，县人大调研赵子龙祠墓及静惠山公园

【人大代表意见办理】 县人大常委会以提高办理质量为重点，以代表满意为标准，健全完善建议办理工作机制。加快推进议案建议科学化、规范化管理工作，完成人大代表议案建议网上办理系统建设。加强建议办理过程监督，听取县政府《关于大邑县第十八届人大一次会议代表建议办理情况的报告》，督促县政府严格落实建议办理“三见面”制度，健全完善多部门统筹协调办理机制，强化建议落实跟踪问效，确保建议真正落实、代表真正满意。加大重点建议督办力度，常委会领导亲自带队，深入乡镇、部门现场跟踪督办重点建议12件，促进建议办理质量持续得到提升。县十八届人大一次会议期间代表提出建议158件，全部在法定时限内办理完毕并答复代表，办理结果满意率为96.2%、基本满意率为3.8%。开展县人大代表“我为大邑发展献一策”活动，县政府采纳代表建议26条。

【乡镇人大工作】 强化与乡镇人大主席团、街道人大工委工作联系，建立健全常委会领导、各专委会和常委会办事工作机构联系乡镇、街道人大工作制度，指导乡镇人大主席团、街道人大工委依法开展工作，进一步提升乡镇、街道人大工作规范化、制度化水平。全面贯彻落实中央、省市县委关于进一步加强人大工作和建设的实施意见对乡镇人大“每年召开两次人代会”的工作要求，督促指导乡镇人大全年规范召开两次人代会，“一年两会”成为乡镇人大工作新常态。

表5　2017年大邑县参加成都市第十六届人大会第四次会议代表名录

序号	姓名	工作单位及职务	性别	出生年月	民族	党派
1	马良清	大邑县人大常委会党组书记、主任	男	1966年5月	汉族	中共党员
2	马恩洪	大邑县斜源镇大鹏村党支部书记	男	1977年6月	汉族	中共党员
3	王学军	大邑县人大常委会办公室正局级干部	男	1965年11月	汉族	中共党员
4	王　琼	大邑县韩场镇韩延村主任	女	1972年11月	汉族	中共党员
5	包　蕾	大邑县教育局副局长	女	1969年9月	汉族	九三学社
6	李云高	成都蓉新投资公司董事长兼总经理	男	1941年9月	汉族	无党派人士
7	李　凤	大邑县科协副主席	女	1974年5月	汉族	中共党员
8	李学林	大邑县人民医院主任医师	男	1961年10月	汉族	中共党员
9	杨延斌	圣康物业有限公司总经理	男	1978年2月	汉族	中共党员
10	杨高鉴	大邑县城市管理局环卫工人	男	1969年3月	汉族	中共党员
11	肖映雪	大邑县文化体育广电新闻出版局党组成员、大邑广播电视台副台长	男	1970年1月	汉族	中共党员
12	张泽培	成都鑫泽机械有限公司董事长兼总经理	男	1964年12月	汉族	无党派人士
13	陈扬杰	成都文旅集团党委书记、董事长	男	1972年2月	汉族	中共党员
14	陈学明	成都大宏立机器股份有限公司党总支副书记、工会主席	男	1955年8月	汉族	中共党员
15	余　涛	大邑县人民法院院长	女	1968年4月	汉族	中共党员
16	郑　军	成都环宇热缩材料有限公司总经理	男	1972年2月	汉族	中共党员
17	赵洪全	四川天邑康和通信股份有限公司副总经理	男	1971年9月	汉族	无党派人士
18	胥家勇	大邑县青霞镇龙凤社区党支部书记	男	1966年8月	汉族	中共党员
19	凌俊英	大邑县农村发展和林业园林局高级农艺师、农推科副科长	女	1970年6月	汉族	中共党员
20	黄渭蓉	大邑县职业高级中学副校长（高级教师）	女	1972年6月	汉族	中共党员
21	廖　瞰	大邑县委副书记、县长	男	1970年1月	汉族	中共党员
21	鲜建红	大邑县金星乡玉金社区党支部书记	男	1974年3月	汉族	中共党员
22	薛　燕	民革成都市委大邑支部副主委、大邑县人民政府副县长	女	1975年4月	汉族	民革党员

DAYI YEARBOOK

大邑县人民政府

主要会议

【县政府常务会议】 2017年，县人民政府共组织召开政府常务会议31次。

12月28日，召开县政府第33次常务会

表6　2017年大邑县人民政府常委会议一览表（择次）

次别	时间	主要议题
第3次	1月12日	传达学习全国、省、市安全生产电视电话会议精神，听取审议县环保局《关于全县污染防治“三大战役”等环境保护重点工作情况报告》，县农林局《关于审定〈大邑县国有林场改革实施方案〉的请示》，县旅商局《关于启动〈大邑县全域旅游总体规划〉编制工作的请示》等议题。
第4次	1月23日	审议县农林局《关于审定印发〈大邑县“十三五”农业和农村经济发展规划〉的请示》，县发改局《关于审定〈大邑县污水处理收费标准调整方案〉（送审稿）的请示》，县粮食局《关于审定〈大邑县县级储备粮油管理办法〉的请示》等议题。
第5次	2月15日	听取《关于四川省环境保护督察“下沉”大邑县的情况通报》，审议县教育局《关于审定〈大邑县教育事业发展第十三个五年规划（送审稿）〉的请示》，县规划局《关于启动大邑县东部新区规划编制的请示》等议题。
第6次	2月27日	听取和审议县科技局《关于审定2014—2015奖励年度大邑县科技进步奖、专利奖拟授奖项目的请示》、申请解决经费等议题。
第7次	3月6日	审议县水务局《关于审定〈关于全面实行“河长制”管理工作的实施意见（送审稿）〉的请示》，县农投公司《关于大邑县晋原产村融合生态农业观光体验园建设项目相关事项的请示》等议题。
第8次	3月13日	审议县民政局《关于进一步加强城乡特困人员救助供养工作有关事项的请示》，县教育局《关于解决新开办公办幼儿园经费的请示》等议题。
第9次	3月21日	传达习近平总书记在参加十二届全国人大五次会议四川代表团审议时的重要讲话精神，学习《关于深入学习贯彻省委书记王东明同志近期对成都工作重大要求的通知》，审议县卫计局《关于审定〈大邑县深化医疗卫生体制综合改革试点方案（代拟稿）〉的请示》等议题。
第10次	3月29日	审定《大邑县人民政府领导班子及班子成员2017　年度党风廉政建设主体责任清单》。
第11次	3月31日	县发改局《关于审议〈2017　年大邑县贯彻落实省市“项目年”工作方案（代拟稿）〉的请示》，县卫计局《关于实施县人民医院创三级乙等综合医院基础设施改造项目的请示》，县政府办《关于审定〈关于全面开展对标管理的实施意见〉的请示》等议题。
第12次	4月12日	审议县创建有机产品办公室《关于报请审定〈大邑县有机农业产业发展扶持办法〉（代拟稿）的请示》等议题。
第13次	5月2日	听取和审议县国土局《关于审定〈大邑县2017年地质灾害防治方案〉的请示》和《关于审定〈大邑县2017年地质灾害避险搬迁工作实施方案〉的请示》；县农林局《关于审定〈大邑县全域幸福美丽新村建设推进方案〉的请示》等议题。
第14次	5月16日	听取和审议县公管办《关于审定〈大邑县公共资源交易监督办法（代拟稿）的请示〉》和县综治办《关于对腾德平同志见义勇为行为进行确认等相关事项的请示》等议题。
第15次	5月24日	听取和审议县旅商局《关于审定〈安仁古镇创建国家5A级旅游景区工作实施方案〉的请示》，县发改局《关于审定大邑县2017年拟实施总投资50万元以上政府投资项目（第二批）的请示》，讨论人事任免等议题。
第16次	6月5日	听取和审议县发改局《关于审定〈大邑县社会救助和保障标准与物价上涨挂钩联动机制实施方案〉（送审稿）的请示》，县投促局《关于审定〈大邑县招商引资奖励办法〉的请示》等议题。
第17次	6月12日	审议县科技局《关于审定大邑县——电子科技大学2017年度县校合作重点项目的请示》，县财政局《关于报请审定〈大邑县政府性债务管理办法（送审稿）〉的请示》和县交通运输局《关于新建成都至蒲江铁路王泗镇站有关建设事宜的请示》等议题。
第18次	6月16日	审议县旅商局《关于审定大邑县服务业集聚区扶持政策及产业园区推进方案的请示》，县经信局《关于审定大邑县高端绿色科技工业发展扶持政策及推进方案的请示》等议题。
第19次	6月30日	审议县科技局《关于审定大邑县——电子科技大学县校合作重点项目的请示》，县建设局《关于鸳鸯街及富民路人行道改造工程相关事宜的请示》等议题。

续表

次别	时间	主要议题
第20次	7月12日	审议县建设局《关于租用大邑县南互通立交保通道路工程、大树一期、建华三期及建华市政道路工程有关事宜的请示》县规划局《关于启动大邑县发展战略规划等三项规划编制项目的请示》以及申请解决经费等议题。
第21次	7月28日	审议县食安办《关于报请审定〈大邑县创建国家食品安全示范城市工作方案（2017版）（送审稿）〉的请示》，县科技局、县经信局、经开区管委会《关于审定〈2016年度大邑县企业创新能力建设资助项目〉的请示》等议题。
第22次	8月4日	审议县建设局《关于审议〈关于进一步加强全县征地拆迁安置小区管理工作的实施意见〉的请示》，县房管局《关于审定〈大邑县国有土地上房屋征收与补偿实施细则〉的请示》等议题。
第23次	8月11日	会议听取和审议《关于报请审议〈大邑县法治宣传教育第七个五年规划（2016—2020）（送审稿）〉的请示》、县农林局《关于审定〈大邑县支持都市现代农业发展政策实施细则〉的请示》、县旅商局《关于审定〈大邑县现代服务业扶持政策实施细则〉的请示》及县环保局《关于审定〈大邑县环境污染防治“三大战役”实施方案〉的请示》等议题。
第24次	8月21日	学习范锐平同志在调研“中优”工作专题会议上的讲话以及范锐平同志在市委常委（扩大）会议学习贯彻习近平总书记在省部级主要领导干部专题研讨班上重要讲话精神的讲话。听取和审议县综治办《关于对马晓敏同志见义勇为行为进行确认等相关事项的请示》等议题。
第25次	9月6日	听取和审议县房管局《关于审议〈大邑县关于建设各类人才公寓和产业园区配套住房的实施方案（送审稿）〉的请示》，县市场和质量监管局《关于进一步加强大邑县农业标准化建设（2017—2019年）的请示》等议题。
第26次	9月22日	听取和审议县市场和质量监管局《关于进一步加强大邑县农业标准化建设工作（2017—2020年）的请示》，县建设局《关于审定〈大邑县新型城镇化发展“十三五”规划〉的请示》，县经开区管委会《关于审定〈关于进一步加快四川大邑经济开发区体制机制改革创新的意见（试行）〉的请示》等议题。
第27次	10月20日	听取和审议县政府办《关于审定县政府和县政府办公室政策性和规范性文件清理结果的请示》，县旅商局《关于西门农副产品批发市场提升改造有关事宜的请示》，县房管局《关于审定〈建华苑人才公寓装修方案〉的请示》等议题。
第28次	10月25日	听取和审议县发改局《关于审定拟申报2018年省市重点项目的请示》，县农林局《关于大邑县建立粮食生产功能区和重要农产品保护区工作有关事宜的请示》，县水务局《关于大邑县城镇污水处理厂污泥处置相关事宜的请示》等议题。
第29次	11月8日	审议县发改局《关于审定大邑县2018年拟实施政府投资项目（第一批）的请示》，县环保局《关于报请审定大邑县重污染天气应急预案（2017年修订）的请示》等议题。
第30次	11月23日	审议县机关事务中心《关于审定〈大邑县公共机构节约能源资源“十三五”规划〉（代拟稿）的请示》，县国土局《关于进一步规范我县划拨土地办理协议出让和出让土地使用权续期有关事项的请示》，县卫计局《关于审定〈实施全面两孩政策改革完善计划生育服务管理的实施意见（代拟稿）〉的请示》等议题。
第31次	12月7日	审议县环保局《关于审定〈大邑县优化生态功能布局促进生态文明建设工作方案〉的请示》，县建设局《关于实施大邑县晋原至安仁旅游基础设施——空铁试验线项目的请示》等议题。
第32次	12月19日	审议县环保局《关于审定印发大邑县土壤污染防治工作实施方案的请示》，县卫计局《关于审定〈关于实施健康大邑战略开展健康城市建设的意见〉（代拟稿）的请示》，县城管局《关于深入推进城市执法体制改革改进城市管理工作相关事宜的请示》等议题。
第33次	12月28日	审议县城管局《关于在县城区划定禁止露天烧烤区域的请示》，国土局《关于政府购买土地储备服务有关事宜的请示》，县人社局《关于大邑县公务员职务与职级并行制度实施情况的请示》和县民政局《关于新建道路命名的请示》等议题。

表7　2017年大邑县人民政府县长、副县长名录

职务	姓名	性别	民族	籍贯	出生年月	文化程度	党派	任职时间
县　长	廖　暾	男	汉	四川都江堰	1970年1月	研究生	中共党员	2015年12月—2017年12月
副县长	罗四清	男	汉	四川宜宾	1966年5月	研究生	中共党员	2016年2月—2017年12月
副县长	晏渃海	男	汉	四川双流	1981年2月	研究生	中共党员	2016年12月—2017年12月
副县长	巫文化	男	汉	四川成都	1967年4月	大学	中共党员	2015年4月—2017年12月
副县长	杨　波	男	汉	重庆开县	1971年1月	研究生	中共党员	2016年5月—2017年12月
副县长	李建康	男	汉	四川大邑	1970年6月	研究生	中共党员	2016年12月—2017年12月
副县长	薛　燕	女	汉	四川成都	1975年4月	研究生	民革党员	2016年12月—2017年12月

政府办工作

【概况】　县政府办围绕县委、县政府工作部署，认真贯彻党的十八届六中、七中全会精神和党的十九大精神，深入学习贯彻习近平新时代中国特色社会主义思想和省、市、县党代会精神，着眼全局，结合“两学一做”专题教育，履行参谋助手职能、政务服务职能、督办督查职能，推动县委县政府决策部署落实，推进精细化管理，做到办会流程清晰化、办文流程制度化、办事流程规范化，确保政府各个部门、各项工作、各个环节顺畅运行。

【公文与会议办理】　严格执行会议、公文《限额管理制度》，规范会议审批、发文审核程序。2017年，以府发、府办发名义发文32件，较2016年减少11.1%；以县政府名义召开全县性会议37次，较2016年减少9.76%。规范性文件全部经县政府法制办审查通过并按要求报市政府法制办和县人大常委会备案。全年承办县政府常务会31次，撰写会议纪要31期；承办专题会议89次，撰写纪要89期；负责起草各类讲话稿、专题汇报等材料。做好公文登记、传送、归档等工作，全年收发各类文件7000余件。完成政府工作报告、县政府全体会议报告等重要文字材料及相关专题会议材料、汇报材料、形势分析材料、县政府领导讲话材料等重要文稿140余篇。

【信息与调研】　加强信息收集、编撰、调研工作，向市政府上报信息411条，被采用92条；编发《政务信息》63期。及时维护和更新《大邑县公众信息网》和《成都市信息公开系统》，全年主动公开政府信息600余条。

【应急管理】　严格落实领导带班、专人值班制度，实行政府办主任、副主任带班制，工作人员坚持24小时值班。加强突发事件信息上报工作，做到信息报送及时、准确、客观、全面，较大以上突发事件按规定时限上报率达100%。落实应急管理“一岗双责”制度，较大以上突发事件先期处置时，主要领导、分管领导和有关人员在第一时间到现场协调处置率达100%。全年未发生因处置不当而引发的群体性事件。加强应急预案编制、修订和完善工作。各部门、乡镇、街道办事处、村（社区）及规模以上企业应急预案覆盖率达100%。完成20个社区应急能力建设和两个

Ⅱ类应急避难场所建设。及时有效上报突发事件494次，牵头完成应急演练5次、应急知识宣传培训5次。

【建议与提案办理】 认真办理人大代表建议、政协委员提案。承办市人大代表建议7件，县人大代表建议158件，县政协提案、意见202件，办结率为100%、满意率为96.2%。

【县长公开电话与县长信箱意见办理】 全年共受理“市长信箱”电子信函1587件、“市长公开电话”7271件、“县长信箱”电子信函1902件、“县长公开电话”1817件、市长手机短信59件，办结率均达到100%。接访群众185批次，2252人次。编印市县长信箱简报10期，今日要情1期。

【台侨务工作】 加大台事、侨务、外事工作政策宣传，搞好对外交流推介工作。加强与美国、德国、新加坡、瑞士等相关城市交流和对接，加强互访往来。做好美国驻华大使特里·布兰斯塔德到建川博物馆参观访问、瑞士蒙泰市市政议员吉尔斯·科泰先生一行到西岭雪山景区进行考察、“汉语桥——美国中小学校长访华之旅”校长团一行到大邑县晋原初中访问交流、马来西亚国际贸易及工业部黄家泉部长一行参观考察大邑安韩现代农业园区、第十四届成都美食旅游节暨第七届国际慢食全球大会安仁主会场等21项国际交流活动。加强因公出国管理工作，严格按照中央省市因公出国（境）最新相关政策要求。共办理因公出国（境）16批次、35人次。

规范化服务型政府建设

【概况】 9月26日，经县委编委2017年第2次会议审议，依托县政务服务管理办公室（县政务服务中心）组建县行政审批局，挂县政务服务中心牌子，机构规格为正局级。县行政审批局(县政务服务中心)核定行政编制 20名，配备领导职数 3 名，设 8个内设机构。设立县行政审批服务中心，为县行政审批局所属公益一类事业单位，核定事业编制 25 名，设主任 1 名（按县级部门中层正职配备），副主任 2 名（按县级部门中层副职配备）。设立县政务服务沙渠分中心，为县行政审批局派驻沙渠镇的公益一类事业单位，核定事业编制10名。将县政管办职能划转到县行政审批局，不再保留县政管办。年内，县政管办围绕“提升精神区位、争创一流业绩”大讨论系列活动，以开展“微腐败”专项治理为契机，深化行政审批制度改革，完善政务服务标准化建设，推进行政权力依法规范运行工作，提升政务服务“软实力”，以打造一流政务服务中心为宗旨，促进政务服务工作规范、优质、高效、便民。

【行政审批和服务】 县政务中心及各分中心受理各类事项130.2296万件，其中即办件116.6419万件，承诺件13.5877万件，按时办结率达100%，月均办件量10.9万件左右，月接待群众咨询量达9.9万余人次。乡镇便民服务中心和村（社区）便民服务室共接待咨询群众23.9126万余人次，受理各类事项乡镇91430件，村（社区）139238件。县发改局窗口立项357个，同比增长320.89%。县市场监管局窗口注册企业4366户，同比增长 68.96%，注册资金 412470.66万元，同比增长 61.93%。房管局窗口商品房成交量6806套。“局长进大厅”活动共有186名领导参与，现场为企业和群众办理行政审批事项96件。有265名乡镇长参与“乡镇长进大厅”活动。县公众信息网被评为2017年政府网站信息公开类精品栏目奖；大邑县公众信息网“电子政务大厅”系统荣获2017政府网站新技术应用优秀案例奖。

【行政审批制度改革】 做好上下联动审批工作，公开保留45项联审事项，取消县级初审11

项，保留许可限额15项，取消许可限额7项，并在成都市政务审批平台中予以配置，向公众公开。精简行政许可事项，取消中央指定县级实施的行政许可事项12项，并在成都市政务审批服务平台上予以对应取消。清理前置条件，完成县内23个部门的行政审批前置条件清理核实工作，印发《取消、调整和保留的县级行政审批项目前置条件目录》，共清理出882个前置条件，34项事项由前置审批改为后置审批登记，取消县级行政审批项目前置条件234项，精简率达26.5%。由县政务中心牵头，制定《大邑县工业企业容缺行政审批指南（试行）》，允许次件可在一定时限内补齐，并由县政务中心和经开区管委会各确定专人代为办理（引导办理），使得办理时限由原来承诺的54个工作日压缩到32个工作日，比法定时限106个工作日节约74个工作日。

【政务服务体系标准化建设】 按照《成都市人民政府办公厅关于印发成都市村（社区）证明事项保留清单的通知》要求，以办事指南的形式，规范证明文本样式，主动在门户网站等新媒体平台同步公布，及时到村（社区）指导、督查，规范15项村（社区）证明事项。8月1日起，开展延时服务活动，政务中心大厅12:00—13：00延时服务办理9495件，中心和各分中心周六延时服务办件5940、乡镇（街道）便民服务中心周六延时服务办件量246件。推进R2G（新型政民关系）平台建设，建成R2G综合服务平台。通过开发“大邑服务”APP、微信等，完善网上查询、受理、反馈、公示、投诉等功能，实现公安局、交通局，农林局，房管局，卫计局，市场监督管理局6个部门85项服务事项在线预约服务，实现县卫计局、县市场监督管理局、县交通局3个部门21项服务事项网上在线申报。2017年“@大邑服务” 在新浪平台上微博信息发布条数共7669条，其中主动发布信息条数为7601条 ，转发微博信息68条。建成政务服务会办中心（政务服务呼叫中心），组建服务团队，利用“大邑服务”综合服务平台、政务服务热线电话平台、政务服务大厅代办服务窗口，推进线上线下一体化受理模式，实现政务服务事项“一窗口受理、一平台共享、一站式服务”。通过线上线下方式为群众办理各类事项7867件（其中通过网络平台和政务热线线上办理咨询、预约116件，线下办理各类咨询6146件，现场代办1605件）。加强便民服务体系标准化建设，全县设立20个乡镇（街道）便民服务中心，218个村（社区）便民服务室。

【政府信息公开】 做好主动公开工作，通过中国・成都公开政府信息14051条，通过基层公开综合服务监管平台公开信息161800条，通过公共企事业单位办事公开信息2615条，通过大邑县公众信息网公开信息24361条，通过行权平台系统规范办理各类行政权力事项1.4余万件。印发政府信息公开通报9期、基层公开通报9期、大邑县公众信息网通报9期。规范政府信息公开申请制度，做好网上、信函、现场多渠道受理工作。收到政府信息依申请公开34件，按时办结率100%。

【政府网站建设】 将大邑县公众信息网迁移至成都市政府网站统一技术平台，原大邑旅游网整体迁移至大邑县公众信息网二级栏目《大邑旅游》，原大邑教育网优化栏目之后迁移至大邑县公众信息网二级网站《大邑县教育局》，原大邑投资网优化栏目之后迁移至大邑县公众信息网二级网站《大邑县投促局》。向市大数据办提交网站建设申请表及网站试运行申请表，网站于11月18日正式在成都市新平台上线。

【行政效能建设】 认真处理好市政务服务办投诉中心转办件和行政效能投诉电话接到的对机关效能问题的投诉件，及时纠正行政不作为、慢作为和乱作为现象。全年收到行政效能投诉27件

（其中市大数据和电子政务管理办公室转办件10件），按时办结率100%。对4个行政权力运行录入较慢的单位进行效能督查通报。

【行政权力运行】 完善《大邑县行政权力依法规范公开运行电子监督办法》，以制度明确部门职责。派专人负责平台日常监管，指导、检查部门事项和案件运行，每月对比分析数据变化情况，发现问题及时整改。各部门通过行权平台规范办理各类行政权力事项30135件。召开4次工作推进会，并会同监察局、县政府法制办深入各行权部门现场督查工作落实情况，对3个部门发出书面督办函，积极推进行政权力依法规范运行。强化对包括行政审批在内的行政职权事项运行情况实时监督、预警纠错、统计分析和考核评估等工作，加强对行政权力的监督和制约。

【公共资源交易管理和服务】大邑县公共资源交易服务中心于2011年4月成立，主要履行全县各类工程建设项目招投标、土地使用权出让、产权交易和政府采购等公共资源交易活动的组织和服务工作，并对交易过程进行见证。2014年9月，全面整合县公共资源交易中心、政府采购中心和土地矿产交易中心机构职能，实现机构、职能、人员的全面融合。2016年7月，按照中共成都市委机构编制委员会办公室《关于整合市县两级公共资源交易平台的通知》，大邑县公共资源交易服务中心挂“成都市公共资源交易服务中心大邑县分中心”牌子。

2017年，县公共资源交易服务中心完成公共资源项目交易565宗，交易总金额72975.87万元，建设工程及政府采购项目节约资金5588.79万元，节约率8.79%；综合资源实现溢价3594.88万元，溢价率31.62%。其中建设工程项目156宗，预算金额35690.17万元，中标金额31952.93万元，节约资金3737.24万元，节约率10.47%；政府采购项目394宗，预算金额27911.30万元，采购金额26059.75万元，节约资金1851.55万元，节约率6.63%，综合资源项目15宗，交易金额14963.18万元，溢价金额3594.88万元，溢价率31.62%。

【阳光政务服务热线】 大邑县“阳光政务热线”办公室针对群众反映的热点、难点问题，切实与各相关部门加强沟通协调，促进“阳光政务热线”工作深入开展。2017年《阳光政务热线》在原有“阳光政务”板块外，增加“阳光问

县政府采购电子商城于10月16日正式上线运行

廉”板块内容。栏目采取每周定期邀请县级部门和乡镇（街道）主要负责同志介绍部门职能、宣传办事程序、接受群众热线投诉等方式进行节目录播，播出方式以当周定期播出方式进行。全年围绕县委县政府中心工作，结合各单位工作职能职责，紧扣群众关心的热点难点问题共录制与播出《阳光政务热线》16期，涉及司法局、公安局、鹤鸣乡、蔡场镇等部门和乡镇（街道）。各责任单位主要负责人亲自带队参与节目录制，对群众反映问题亲自过问、亲自督办，让“阳光政务热线”节目覆盖全县每一个角落。

机关事务管理

【概况】 县机关事务中心内设一办六科一中心，即县机关事务中心办公室，财务科、物资管理科、工程科、采购科、后勤服务科、保卫科，县机关综合服务中心。2017年12月，县机关事务中心由县政府直属事业单位调整为县政府办所属事业单位。

【公车管理】 加强公务用车管理，对公车日常使用台账和车辆统一张贴公务用车标识等进行不定时检查，开展公务用车节假日车辆停放和公务用车使用管理检查6次。完善公车使用管理机制，开展定点加油、维修、保险公开招标。委托评估公司和拍卖公司对301辆取消车辆进行处置，其中对213辆取消车辆分三批次通过网络和现场方式进行拍卖处置，对88辆取消车辆协助有关单位进行报废处置。加强公务用车服务平台管理，制定公务用车平台管理办法和车辆管理制度，全年按要求派车4209次，保障全县重要公务活动。

【办公区维护】 加强办公用房管理，开展办公用房清理“回头看”专项检查，先后4次对全县乡镇、部门领导干部办公用房使用情况进行清理检查。组织好办公用房的日常维修和优化分隔，加强各项设施设备的日常维护保养。开展办公用房改造、电梯、空调维修等工程51项，加强对电梯、空调、机房等维护保养工作，定期检查维护，完善各类应急预案。督促银杏物业公司做好行政服务中心日常卫生，加强卫生巡查；督促银杏物业公司聘请专业人员按时对绿化进行专业的养护和管理。

【机关会议服务】 加强会务服务管理，注重对员工服务技能技巧、座牌摆放等礼仪专业培训，开展各类培训22场。优化会议系统管理，做好会议设施设备调试、增添增设、维修更换等工作，保障会议正常开展。年内完成2281场会场服务，服务80062余人次。

【机关膳食管理】 加强一、二办机关食堂的监督和管理。落实专人严把食材安全关，注重对餐厅消防安全、燃气管道等设备的日常检查。定期组织全体员工进行食品安全、礼仪礼节、消防安全等各类培训，全年开展培训共40次、应急性演练5次，接待就餐人数374510人次。

【安全保卫】 强化安全保卫、消防工作。严格常态化管理，坚持24 小时值岗巡逻制和节假日轮换值岗巡逻制。开展防汛应急等演练，开展4次节前安全检查。着力维护信访维稳秩序；定期维护消防、安全设施设备，及时更换过期老化配件。

【物资采购管理】 加强行政服务中心公共资产管理，建立完备的资产清查、出入登记和资产处置等制度，严防国有资产流失。做好行政服务中心各项物资的采买和出入库监督和管理工作，按照《公用物品采购及设施设备维修管理暂行规定》完成低值易耗品的采购，安排专人负责入库登记、出库登记，坚持每季度一次盘库，避免出现资产存量不清、账实不符的问题。按照县上批量集中采购工作有关要求，及时汇总各单位采购需求，按规定程序报县交易中心采购，全年上报批量集中采购任务67个，网上竞价项目已成交金额共计513.51万元。

【公共机构节能】 积极构建节能监管体系，要求各单位建立能源资源消耗统计台账，严格按照网络直报相关制度规定开展能耗网络直报工作。做好信息报送和公共机构节能宣传系列活动等工作，将公共机构节能工作列入全县目标绩效考核工作。

开展公共节能宣传活动

人事管理

【概况】 2017年，全县公开招聘教师41名，公开招录公务员62名，公开招聘卫生专业技术人员70名，机关事业单位人员队伍得到有效补充。积极推进“蓉漂”计划，先后赴清华大学、复旦大学、兰州大学等27所国家211、985高校引进硕士研究生及以上人才共计124 名，为助推全县产业转型升级提供坚实人才支撑。先后被成都市政府表彰为就业创业工作先进集体、就业扶贫工作先进集体；获全市人社目标管理先进单位、公务员录用考试和事业单位招聘考试先进单位、职改工作先进单位、全市12333咨询服务先进单位、大病委托经办工作门诊特殊疾病管理工作先进单位、医保基金管理先进单位、社保经办工作先进单位等荣誉。

【公务员和参公人员管理】 县人社局按照《公务员法》规范登记公务员（参公人员）106名。上报357名一般公务员（参公人员）职务职级晋升，其中科员级拟晋升副科级165人，副科级拟晋升正科级63人，正科级拟晋升副处级126人，副处级拟晋升正处级3人。按程序办理171名公务员调动手续，办理2名公务员辞职手续、20名公务员按期转正定级手续。及时报送2016年度公务员年度考核结果，全县1561名一般公务员参加考核，其中优秀295人、称职1239人、不称职1人、不确定等次26人。

【事业单位人事管理】 按程序办理78名事业人员调动、24名事业人员辞聘手续，完成3名事业人员开除备案手续、13名事业人员降低岗位等级备案手续，以及37所学校3300名教师岗位聘用手续。报送2016年度事业人员年度考核结果，全县6833名事业人员参加考核，其中优秀984人、合格5752人、基本合格1人、不合格7人、不参加考核52人、不确定等次37人。

【人才管理和服务】 借助市人才市场管委办的资源和设备，在重点企（事）业开展人事代理工作，创新工作机制，增强市场服务功能。2017年，县人才交流中心共接收高校毕业生报到申请1378人，其中在网上注册报到1286人，报到率93.32%；实际在中心现场报到717人，网上申请存档确认受理158人。接收档案2203份，其中市内区间转入1142份，市外转入 1061份。进一步完善市场功能，积极开展网上查询服务，增强人才推荐的针对性、准确性和时效性。做好142人的集体户管理，完成人才中心集体户迁移，出具

6月15—16日，县人社局到广州增城区开展对标学习活动

入户联系函30人/次，新增入户50人/次，督促不符合集体户人员迁出77人。人才新政实施以来，全日制本科及其以上青年人才入户15人/次，技能人才入户1人/次。

【干部录用与调配】 坚持公开办事制度，做到政策公开、过程公开、结果公开；建立健全监督机制，加大监督力度，公开招聘工作设立举报电话，自觉接受监督；严明工作人员纪律，招考和聘用过程中，实行公务回避制度等；严把资格审查关，采取网上学历查验、查阅学籍档案等方式核实文凭真伪，确保考生资料真实可靠；严把考试关，试题由市考试中心专业题库抽取，试卷取回后立即交保密局保管，面试均选派异地考官；严把考察录用关，着重考核参考人员的政治思想、道德品质、业务能力、工作实绩以及适应招考职位要求的情况。通过公开招聘的方式，全县公开招聘教师41名，公开招录公务员62名、公开招聘卫生专业技术人员70名。

【军转干部安置】 平稳推进军队转业士官和军队转业干部安置工作，配合民政部门顺利安置25名军队转业士官，接收安置8名军队转业干部和1名随军家属。

档案管理

【概况】 2017年，大邑县继续加强和改进新形势下的档案工作，强化档案监督指导和开发利用，提升档案安全建设，扎实推进精准扶贫和村级档案管理，认真开展地方志和党史工作。年内，获得中共成都市委党史研究室2016年党史工作考评特等奖、成都市档案局2017年全市档案先进集体、中共成都市委党史研究室2017年度党史工作考评特等奖、成都市地方志编纂委员会办公室“名镇志、成都风土人文丛书编纂先进单位”“旧志整理工作先进单位”。

【档案接收、保管、利用】 制定《文书档案移交进馆规划（2017—2021）》，指导、接收进馆19个单位29个全宗单位档案，共735卷、7118盒120347件。严格按“九防”要求管理库房及库房档案，开展库房安全检查。年内，投入200万元对档案库房及窗口设施设备进行提档升级，完成库房门禁系统、温湿度监控系统、档案查询窗口改造项目，采购和安装密集架14列、10008小节。全年接待查阅人员共计4572人次，提卷6200卷（册），开具有效证明4800条。

【档案业务指导】 指导全县一级全宗单位进行上年档案立卷归档及档案室管理工作。全年对20家单位开展档案行政执法检查。以花水湾镇伍田村、金星乡雁鹅村为试点，积极推进村（社区）档案规范化归档工作。积极指导全县19个相对贫困村和419户精准扶贫户材料收集建档工作。组织27家省、市重大项目业主单位及时进行《重点建设项目档案管理登记表》填报和“成都市投资和项目管理信息系统”网上档案登记填报。积极做好撤并和到期应进馆档案单位档案移交指导工作。加强档案人员业务培训教育，开展档案业务培训3期190余人次。开展档案法律“七进”活动，结合“6.9”国际档案日、“12.4”法治宣传日，对重点领域、重点人群发放宣传资料5000余份，张贴标语、宣传画30余条（幅）。

【信息采集和公开】 年内，共采集39次重要政务活动信息，采集资料108份，照片256张，并整理归档。主动公开政府信息58条。“大邑档案”共发布微博1232条，粉丝总量498人。参与“大邑服务”线上活动56次。编辑、整理《大邑县志简报》12期。网络文明传播发布微博360条，在新华网发表原创博文36篇。

【地方志工作】 提档升级并公开出版《大邑年鉴（2017）》。采取保障措施，加快推进《大邑县志（1993—2005）》编纂。启动并推进名镇志《安仁镇志》《新场镇志》编纂，《安仁镇志》进入二审；积极推动《尚河村志》的编纂，初稿基本完成。完成民国《大邑县志》影印和校注并公开出版、清同治《大邑县志》影印出版。完成《乡镇简志》《治川史鉴》大邑篇目撰写和上报，完成大邑重要山川河流和老街词条撰写及上报。加强地方志工作宣传，赠送志、鉴等书籍1000余册（本），向省志办提供一篇《新形势下加强地方志宣传工作的思考》的调研文章。完成2006—2016年地方志资料年报工作，约250万字。

【党史工作】 完成1979—2002年党史资料收集工作，形成汇编资料。完成《中国共产党大邑执政实录（2016）》编写工作。利用重大活动开展宣传，开展“七一”党员教育活动、革命烈士公祭活动、结对共建、讲党课等活动，多渠道积极宣传党的历史，扩大党史宣传面，发（送）党史书籍、资料两千余份。通过积极争取和协调，会同西岭镇、文体广新局，形成《关于修缮和保护横山岗红军战斗遗址的报告》送成都市委党史研究室，拟对横山岗红军战斗遗址进行修缮保护。项目获得市级领导、部门、资金支持，并于2017年10月17日召开专家论证会并通过论证。

政协大邑县委员会

重要会议

【县政协十三届二次全会】 2018年2月4—6日，县政协十三届二次会议在晋原街道桃源新城行政服务中心召开。会议听取并审议县政协常务委员会工作报告和提案工作报告；协商讨论《县政府工作报告》以及计划、财政、法院、检察院工作报告，并通过相关决议；选举县政协秘书长。

【县政协常委会会议】 2月27日，召开县政协第十三届一次常委会议。会议传达学习省、市、县有关会议精神；审议县政协2017年工作要点及相关制度；听取县政协十三届一次会议委员出席情况通报；审议有关人事事项。增补李俊画为政协第十三届大邑县委员会委员。

5月25日，召开县政协第十三届二次常委会议。会议传达学习市、县有关会议和领导讲话精神；通过有关人事事项。协商同意黄勇同志为县政协副秘书长；洪刚同志为县政协副秘书长、办公室主任；黄家祥同志为县政协委员联络工作委

政协第十三届大邑县委员会第二次会议开幕式

表8　2017年大邑县政协主席、副主席名录

姓名	职务	性别	出生年月	民族	籍贯	文化程度	党派	参加工作时间	任职时间
张昌勇	主　席	男	1966年5月	汉	重庆	研究生	中共党员	1982年12月	2015年4月—2017年12月
李大卫	副主席	男	1963年11月	汉	四川大邑	大专	中共党员	1982年8月	2012年3月—2017年12月
马泽泉	副主席	男	1962年10月	汉	四川大邑	大专	中共党员	1981年8月	2003年1月—2017年12月
彭艳华	副主席	女	1962年12月	汉	四川大邑	大专	无党派人士	1981年8月	2006年12月—2017年12月
牟乃红	副主席	女	1968年2月	汉	四川大邑	大专	无党派人士	1985年7月	2006年12月—2017年12月
张　健	副主席	男	1968年3月	汉	四川大邑	本科	民革党员	1984年12月	2006年12月—2017年12月

表9　2017年大邑县参加全国、省、市政协会议委员名录

姓名	性别	出生年月	民族	籍贯	文化程度	党派	参加工作时间	工作单位及职务	备注
张昌勇	男	1965年5月	汉	重庆	研究生	中共党员	1982年12月	大邑县政协主席	成都市政协委员
王　谚	男	1974年6月	汉	四川邛崃	大学	中共党员	1994年7月	大邑县委常委、统战部长	成都市政协委员
樊建川	男	1957年	汉	山西兴县	博士	无党派人士	1976年	建川实业集团董事长	四川省政协常委
魏晓林	男	1956年5月	汉	四川成都	中专	中共党员	1975年	成都西菱动力科技有限公司董事长	成都市政协委员
李建兵	男	1967年7月	汉	四川新都	高中	无党派人士	1987年9月	成都建丰林业股份有限公司董事长	成都市政协委员
杨明江	男	1943年5月	汉	四川盐亭	初中	无党派人士	1989年8月（入道）	道协会长、鹤鸣山道观当家	成都市政协委员

员会主任。协商免去张健同志县政协副主席职务，黄家祥同志县政协副秘书长职务。增补黄勇为政协第十三届大邑县委员会委员。

7月27日，召开县政协第十三届三次常委会议。传达学习四川省第十一次党代会精神、成都市第十三次党代会精神、成都市产业发展大会精神、县委书记李燎在县委常委会上贯彻落实全市“北改”和“西控”战略工作会议精神的讲话要求；听取县政府2017年上半年经济运行情况的情况通报；听取县纪委2017年上半年全县党风廉政建设工作情况通报；通过有关人事事项。协商免去张健同志政协第十三届大邑县委员会委员；撤销朱纯燕政协第十三届大邑县委员会委员资格。

政协工作

【概况】 政协第十三届大邑县委员会由18个界别组成，有委员213名，政协常委组成人员42名，其中政协主席1名，5名副主席中3名党外副主席。秘书长1名，副秘书长2名。政协机关内设机构为二办七委一中心，即政协办公室、政协研究室，提案委员会、经济（农业）委员会、社会法制委员会、科教文卫体委员会、民族宗教联谊委员会、文史学习委员会、委员联络工作委员会，政协机关事务管理服务中心。

【协商议政】 县政协通过县政协全委会、专题常委会、专委会活动等搭建协商平台，构筑多层次协商议政格局。县政协十三届一次会议期间，就全县经济社会发展组织政协委员联组讨论，政协委员现场提出建议意见83条，多数得到县委县政府采纳。组织专题协商，把加快大邑交通路网建设、斜源镇推进新型城镇化建设、打造千溪河苏家生态田园走廊、加快智能制造产业园建设、晋原街道清江片区城乡环境综合治理、精准扶贫等作为双月协商课题，组织政协委员深入调研、广泛协商，所提建议得到县委县政府主要领导的高度重视和充分肯定。全年组织开展协商活动18次，参加政协委员220人，提出协商建议108条。

【民主监督】 县政协不断完善监督机制，畅通监督渠道，加大监督力度，切实寓监督于履职全过程。认真落实市政协关于市区政协联动助推黑臭水体治理民主监督的工作要求以及县委县政府关于环保督查的有关部署，开展黑臭水体治理专项民主监督。把贯彻落实全市产业发展大会精神以及县委有关部署作为民主监督的重点，积极建言献策全县产业发展。聚焦公共卫生服务事业，组织政协委员调研、座谈、评议等。加大重点提案督办力度，推动《加快推进西岭雪山前山提档升级》等18件重点提案圆满办结。年内收集提案202件，立案199件，办复率100%。全年政协委员担任特邀监督员、调解员和行风监督员63人。

6月15日，县政协主席张昌勇调研沙渠工业区

【参政议政】 县政协紧扣大众创业万众创新、东部新区建设、一、二、三产业发展、中药材产业发展、乡村旅游发展、新场古镇景区精细化管理、PPP模式在项目建设中的应用等课题深入调查研究，积极提出建议。重点对优化斜江河渡槽片区道路、安置房建设与管理、师资队伍建设、食品产业发展、三轮四轮电动车管理等群众关心关注的热点难点问题，深入基层了解情况、听取民意，及时反映人民群众的愿望和诉求，所提建议得到县委县政府的充分肯定，相关单位在工作中认真采纳落实，有力助推全县重点领域改革、民生事业发展、新农村建设、特色产业发展等方面的工作。

【社情民意】 县政协丰富完善社情民意信息工作办法，提升反映社情民意信息工作的制度化水平，畅通渠道反映民情。广泛收集就业社保、教育医疗、社区治理、缓堵保畅、公共交通等方面的社情民意信息，及时报送县委县政府主要领导，充分发挥社情民意信息“直通车”作用。县级有关单位重视政协委员反映的问题，积极采纳相关意见建议。全年收集社情民意信息312条，向县委县政府报送108条。

【文史工作】 文史委加强交流学习，参加在简阳召开的全市政协文化文史工作座谈会；参加民盟成都市文化工委第一次主任会，杜月尧同志被推选为文化工委副主任。加强宣传推荐，及时整理文史资料送给相关领导，供领导决策参考，并为宣传部、文体广新局等提供文史服务。与县民政局、文体广新局协力，收集整理、编辑出版19万字的《大邑地名故事》。

【政协委员提案办理】 全年共收到提案202件，其中立案199 件，立案率98.5%，作为意见处理3件。立案提案中集体提案17件，委员个人和联名提案182件。经济建设方面的提案46件，占立案总数的23.1%；政治建设方面的提案6件，占立案总数的3%；社会建设方面的提案86件，占立案总数的43.2%；文化建设方面的提案54件，占立案总数的27.1%；生态文明建设方面的提案7件，占立案总数的3.6%。经承办单位认真办理，提案办复率达100%。委员对提案办理过程和结果满意率达到95%以上。作为意见处理的3件有关部门也作书面答复。

民主党派·群众团体

民主党派

【概况】2017年，大邑县民主党派基层组织有6个，分别为民革、民盟、民建、民进、农工党、九三学社。年末，有民主党派成员184人。其中大专以上学历人数180人，占97.83%。各民主党派支部结合自身实际，围绕大邑经济社会发展参政议政，开展调查研究，为大邑经济发展贡献力量。

【民革大邑支部】 民革大邑支部现有会员30人。支部联合民革成都市委会，在安仁镇承办纪念“五一口号”发布六十九周年座谈会。先后6次组织全体党员进行集中讨论、座谈，深度学习中共十九大精神，中共省委第十一次党代会精神，中共市委第十三次党代会和中共县委第十四次党代会精神。组织党员赴重庆开展“观故居学历史，坚定信念走合作之路”活动。鼓励党员同志立足岗位干好本职工作，民革大邑支部党员且静被评选为大邑“最美护士”。积极参政议政，支部5名政协委员围绕全县重点工作建言献策，刘成刚提出《关于加强青少年农事教育的提案》，王斌提出《关于进一步促进国家级非物质文化遗产项目“西岭山歌”良性发展的建议》，苟丽梅提出《关于改建老体育场厕所的建议》，康黎提出《关于加强教育系统空气重污染应急处置的建议》，龚伟提出《关于加强全民交通安全教育进社区学校农村等的建议》。积极开展调研，民革大邑支部党员实地考察蒲江县人民医院区域化医联体建设工作，完成《关于医联体建设在基层推进情况的现状调查》调研工作并形成调研文章，受到民革市委会表扬。支部党员龚伟参加关于晋原街道清江片区城乡环境综合治理政协双月协商调研活动。“三农”是民革特色工作之一，民革大邑支部与大邑县蔬菜协会等共同承办大邑县第五届有机蔬菜节暨美食音乐会。关注民生，积极开展社会服务工作。多次组织开展义诊活动，为社区村民进行体质检查和卫生健康知识宣传，向群众发放《健康教育手册》2000余份，提供免费测血糖、量血压、外科检查、口腔检查等服务10余次。在花水湾镇开展扶贫慰问、送文化下乡活动。

【民盟大邑支部】 民盟大邑支部全年新增盟员6人，盟员总数52人。支部杜月尧被省政协办公厅授予“2017年宣传工作先进个人”，刘德被大邑县委宣传部授予“大邑榜样·身边力量”荣誉称号，衡平被评为省优秀律师，吴娜荣获成都市宣传法治先进个人，江堂被推举为成都市骨干教师，何忠革荣获“大邑县优秀教师”称号。10月11—12日，支部杜月尧、刘德、吴娜参加大邑县文学艺术界联合会第一次代表大会，杜月尧当选

民革大邑支部开展义诊活动

为县文联副主席。

民盟大邑支部抓好政治理论学习，重点围绕学习贯彻中共十九大和中共市委十三届、成都经济工作会、中共大邑县委第十四届一次会议，召开专题组织生活会学习传达重要会议精神，邀请盟内专家——县规划局高级工程师向俊秀作“大邑发展战略和城市发展总体规划（2017—2040）”情况介绍等。承接完成市政协调研课题《发挥基层政协民主监督作用，协力助推国家中心城市建设》。申报市级调研课题《充分发挥委员在政协工作中主体作用研究》。开展民盟传统教育，以盟市委组织的“新进民盟成都市委员培训班”为契机，系统学习统一战线理论，参观南充张澜故居纪念馆、革命遗址纪念场馆；组织支部盟员到重庆瞻仰中国民主党派历史陈列馆——重庆特园，开展“不忘历史话初心”盟史教育活动。清明节期间，与成都列五中学大邑分校联合开展“祭忠魂、缅英烈、爱祖国、感党恩”烈士陵园祭扫活动，老主委陈昌泰同志带领学生参观红岩英烈——车耀先纪念馆，并作辅导讲座。做好参政议政，积极推荐盟内优秀人才参加县人代会、政协会。两会期间，支部政协委员6人次参加县委政府领导听取委员代表座谈会，在县政协第十三届一次全会上提交30件提案，齐红提交的《加快推进西岭前山提档升级，着力建设世界旅游目的地的建议》、叶云提交的《关于关于建立大邑县食品药品检测中心的建议》、杜月尧提交的《关于实施“国家全域旅游示范区”创建的建议》等6份提案进入重点提案名单。突出专题加强调研，围绕乡村旅游发展，支部参加了《关于我县乡村旅游发展的几点建议》的调研活动；围绕生态建设，支部组织《关于在县城北部诸山建城市森林》的调研。加强社情民意工作管理，衡平同志《关于整顿建筑行业拖欠农民工工资问题 切实维护农民工合法权益的建议》《关于立案登记制中若干问题及对策建议》被盟市委采用。积极参加县政协组织的双月协商活动，支部就“晋原街道清江片区城乡环境综合治理”“新型城镇化建设”“干溪河生态湿地”“精准扶贫”“东部工业新区建设”“智能制造产业园区基础设施建设”等参加协商活动。

【民建大邑支部】 民建大邑支部现有会员23人，积极分子7人。其中民建省委委员1人、市委常委1人；市政协委员1人、县政协常委2人、县政协委员4人；县人大常委1人、县人大代表1人。年内增补班子成员3人，其中副主委1名，委员2名。民建大邑支部邀请主委仰协参加支部活动，仰主委对会员围绕本地区工作大局不断提高参政议政水平作专题辅导。开展“学习习近平同志系列重要讲话精神、学民建会章会纪、做合格会员”主题活动，举办“参政议政理论培训和撰写社情民意培训”“产业新政50条培训”，和温江、崇州支部一起邀请中共十九大代表占地斯门开展学习中共十九大会议专题辅导学习等专题学习。编辑《民建大邑简报》4期，向市委会报送信息11篇、调研文章2篇、理论研究文章3篇。年内组织支部活动9次，与民建经贸总支、崇州市支部、邛崃市支部开展交流学习。与民建重庆市九龙坡第五支部、宜宾市南溪区支部结对共建。加强参政议政，要求会员人大代表、政协委员在会前深入行业、深入基层，积极撰写代表建议、议案和委员提案，共报送9条，为大邑经济社会发展出谋划策。加强社会服务，与武侯区总支在大邑董场镇龙兴社区广场举行“博爱送万家”暨“送文化下乡”活动，向社区居民送出春联250多幅。支部会员企业天邑公司、万物生公司、万良菌业、昌盛鸿笙等提供慰问金3.7万元、慰问礼品100余件，慰问龙兴社区15户困难群众和10位因残致贫困难学生。会员企业万物生公司积极开展产业扶贫活动，其扶贫事迹新华社以《一个藏地小山村的脱贫经》《饮水思源，回报社会，在精准扶贫道路上体现民建会员企业的社会担当》，四川综合广播电台以《戴着眼镜的高原鸡》为题，聚焦万物生农业科技开发有限责任公司的“红标鸡”。会员企业心苑雾山农场向县红十字会捐款，用于资助困难群众和困难学生，并赞助开展李花节、雾山风景摄影赛、雾山1/4山地马拉松赛等活动。

【农工党大邑支部】 农工党大邑支部吸纳5名新党员，发展6名预备党员，现有党员27人。支部主委及副主委、委员积极参加大邑县委、县政府、政协及有关部门举行的协商会、座谈会和情况通报会等，就大邑县经济社会发展、生态环境保护、民生问题等提出意见和建议。支部有2名党员被聘为民主监督员。支部注重发挥参政议政职能作用，医务党员调研医养结合、康复的医保报销方案；陈文武、张玲、叶建如同志多次深入山区考察古茶树、野生葡萄、草莓的生长情况；张玲、辜永积极调研大邑白酒企业销售生产情况，帮助企业解决税收等实际困难。年内大邑支部向政协提交大会发言材料两篇，委员提案3件，社情民意1件，向市政协提交议案1件，均被有关部门采纳实施。农工成都市委信息3条、社情民意4条，有两条信息被农工省委网站录用，有1条信息在《成都日报》上刊发。开展“送医进社区”“送医上门”等活动，组织成都市中医药大学附属医院、华西医院、成都市第五人民医院共34名专家到大邑县董场社区、苏家大树场社区、安仁社区、天宫庙社区开展大型义诊，共服务百姓2000多人次，送药1万余元。邀请国家旅游局旅游司领导调研大邑旅游市场。

【九三学社大邑支社】 九三学社大邑支社有33名正式社员、19名入社积极分子。年内新发展正式社员5名，新进各级人大代表和政协委员7人。支社积极践行“项目推动”，由主委苞蕾率队到上海市开展深化“沪蓉合作”交流学习活动，并与上海籍九三学社社员企业进行精准对接，为大邑县在上海地区招商引资工作牵线搭桥。通过“以购代捐”模式，为金星乡玉金社区贫困户销售农产品17万元，并积极开展“一对一”结对子帮扶活动，通过每一位社员联系一户玉金社区贫困户，在子女补习、生活物资、心理咨询、法律顾问、交通出行、发展经济增加收入等方面给予帮助。社员文军，受中共成都市委组织部派驻鹤鸣乡新民村，积极争取省市县各类资金1800余万元，进行主导产业调整升级、基础设施提升完善、林盘容貌治理美化、三美示范村落建设等工作。扶贫工作被《四川农村日报》《西南商报》等省级主流媒体大篇幅报道。社员杨建参加到大邑县第四批援藏队伍中。组织医疗界社员深入董场镇，入户开展零距离义诊活动。优化参政议政，陪同全国政协常委、提案委副主任，九三学社中央副主席赖明到四川客车制造厂调研新能源汽车产业发展情况。支社7名市县级政协委员共提交提案29件、社情民意41篇，其中《关于大力发展乡村旅游，打造国家中心城市“后花园”的建议》为县政协重点提案、优秀提案。社员文军作为县纪委特邀监督员，全年撰写意见建议4篇、调研文章2篇、提供纪检监察信息1条。支社主委包蕾被九三学社中央表彰为“坚持和发展中国特色社会主义学习实践活动全国先进个人”；副主委文军被九三学社四川省委表彰为“坚持和发展中国特色社会主义学习实践活动全省先进个人”。组织委员杨海刚被九三学社成都市委表彰为全市“优秀社员”。大邑支社被社市委表彰为全市“优秀基层组织”“社会服务先进基层组织”“宣传信息先进基层组织”。

【民进大邑支部】 民进大邑小组3月改为民进大邑支部，现有会员22人，其中新发展会员5人、积极分子4人。民进大邑支部以十九大精神为指导，参政议政，建言献策，服务社会。组织开展“学习十九大专题”讨论会，提升会议提高政治素质。会员围绕大邑产业发展、城市环境整治、基础设施建设、文化教育、医疗卫生、城市交通等方面热点、难点民生问题开展讨论。开展关注社区养老工作，对社区老人的人数、居住环境、日常生活活动、兴趣爱好和需求进行走访调查，撰写调研文章提出合理化建议。针对十九大提出的“乡村振兴战略”，支部组织专题研讨会。发挥界别优势，积极服务社会。会员李菁菁开放公益课堂，吸纳100多名儿童免费参与体验绘画、舞蹈等各类学习活动。会员李英姿组建创办“零起点教师读书会”。会员杨娟积极投身学前教育工作的专业成长，本年度参与撰写专业书籍《学前儿童科学教育》。医疗卫生组织部门会员为山区留守儿童及老人提供医疗资助。关爱贫困和残疾儿童，定期对悦来镇两名贫困、残疾儿童开展“送教到家”活动。重阳节期间，在新场镇双井村举行“重阳节敬老爱老”活动。

民进大邑支部重阳节开展敬老爱老活动

县工商业联合会（总商会）

【概况】 2017年，县工商联坚持围绕中心、服务大局，努力当好党和政府联系、管理民营经济的桥梁和助手，为全县经济社会全面发展做出积极贡献。年内，签约项目两个：天垦股权投资基金管理成都有限公司与大邑县人民政府合作共建“大邑食品（农产品）企业孵化中心”项目、四川新汕科技有限公司成功并购成都恩利斯机械设备有限公司增加生产印花包装纸生产线项目；跟踪项目两个：中贵国控并购新同高公司项目、成都兴业邦达重工机械有限公司新上环保机械制造落户大邑项目。

【商会组织建设】 开展“提升精神区位，争创一流业绩”活动，推进工商联（总商会）干部教育培训和日常管理。坚持把贯彻落实党风廉政建设责任制作为重点，从组织机制上明确和落实“一岗双责”，并把考核结果作为业绩评定、奖励惩处、选拔任用的重要依据。认真贯彻落实民主集中制，建立完善领导班子集体决策“三重一大”事项的制度、党务政务公开制度、财务管理、公务接待、公车管理等党风廉政建设制度。深入开展反腐倡廉教育，不断增加廉洁自律意识。坚持会长联谊会制度，及时传达省、市、县的方针政策，促进会员与会员之间的相互交流、相互沟通、信息互通、资源共享。做好乡镇分会工作，督促和指导乡镇分会完善有关规章制度，按时开展各种活动，让基层分会真正动起来、有活力，为当地会员的经营活动、维护权益等方面发挥作用。

【非公企业发展研究】 树立“服务立会、服务兴会”宗旨，积极构建“亲”“清”政商关系，建好“民营企业之家”，创新工作举措，建立三级联系工作机制。县工商联通过组织召开年度企业家座谈会、食品产业发展座谈会、季度主席（会长）扩大会以及各类联谊交流会等，了解企业发展中遇到的困难和问题，听取企业家对大邑经济社会发展的意见和建议，搜集整理各方面问题40余条供县委、县政府参考。牵头完成对全县134家规模以上工业企业的大调研活动，形成《全县规模以上工业企业调研情况汇报》材料，提出7大问题及相应意见和建议，得到县委、县政府领导的肯定。开展针对三鑫鼎高、鑫泽机械等4家重点民营企业以及市联下达的专题调研等工作。完成全县5亿元以上企业的综合评价工作。贯彻落实成都国家中心城市产业发展大会精神和市委市政府关于创新要素供给培育产业生态提升国家中心城市产业能级若干政策措施的意见。10月，承办成都市“废气治理和当前环保政策解读经济沙龙”活动。积极开展“廉洁企业”创建，努力构建“亲”“清”政商关系。重点以成都鑫泽机械有限公司为创建示范点，以点带面在全县各企业开展廉洁企业创建工作，努力在商会构建形成企业自我监督，商会和工商联纪检组主动规范督促，社会监督并重的“三位一体”企业廉洁从业新机制。已签订“三倡三不”承诺书80余份，成都大宏立机器股份有限公司、成都鑫泽机械有限公司、成都蜀之源酒业等4家企业被评为成都市廉洁守法诚信非公有制企业。利用大邑电视台、《今日大邑》、互联网等媒体，宣传会员企业，突出做好“一企一特色”报道推广工作，全年宣传企业8家。

【对外联络和交流】 年内，组织会员企业参加各类培训、参观、考察、展销等活动30多场次。通过主动联络和交流，有都江堰商会、邛崃商会、四川省新疆商会、三台县商会、浙江宁海商会等商会组织带队到大邑县商会开展交流。积极开展名企交流。通过加强对外联络和交流，有崇州全友家私等到大邑县开展名企交流，互推制造业转型升级。

【商会活动】 重点建立基层商会和行业商会。有花水湾温泉商会、王泗白酒行业协会、青年商会、大邑县工商联拉萨流动商会等正在有条不紊筹建当中。组织沙渠企业家协会50余名会员企业代表参观学习，组织房地产协会与沙渠镇党委政府领导座谈开展大邑县涉外企业“银企座谈会”，开展建军节慰问部队官兵等活动。努力搭建川藏企业服务平台。借助“第二期成都市流动党员队伍建设示范培训班”暨大邑籍西藏流动党员座谈会之机，组织大宏立、蜀之源等10余家产业相关企业和与会人员座谈、商贸推介，为搭建川藏企业服务平台，帮助内地企业开拓西藏市场，推进两地经济发展。

【精准扶贫　服务经济】　以“万企帮万村”行动为突破口，找准致贫痛点，搭建脱贫支点，深入推进精准扶贫工作，引导非公有制经济人士积极投身光彩事业。动员19家企业和19 个村（社区）结对帮扶，帮助解决务工和贫困学生读书等，投入资金（部分物资折算）近100万元。牵头组织大宏立机器、蜀之源酒业、万良菌业等11家会员企业共出资49万元结对帮扶松潘县11个贫困村，并多次深入到贫困村现场走访、交流，有蘑菇、白酒、养殖 3 个项目初步达成合作共识。蜀之源酒业、金龙酒厂向九寨沟、新疆精河县地震灾区捐款16万元，并组织50名员工义务献血。新蜀建筑公司捐资2万元协办篮球比赛，先后多次到金星乡黄泥村开展帮贫扶困活动。送去现金5000元，价值18000元的牲畜饲料，并在节日期间为贫困户送去猪肉、电风扇等节日慰问品。

县总工会

【概况】　2017年，县总工会深入开展以组织建设为基础、以影响力提升为关键、以维权维稳为核心的各项工作，多项工作受到县委县政府和上级总工会表彰。全县基层工会组织534家，工会会员为157972人。

【工会组织建设】　完成对2016年全县非公企业工会主席考核测评工作，涉及全县重点企业26家。完成县总工会第十二次代表大会的换届选举工作，选举大邑县总工会第十二届工会委员会、经费审查委员会、女职工委员会。成功申报董场镇工会联合会为成都市二星级示范乡镇，安仁镇总工会为成都市示范乡镇，董场镇铁溪社区、安仁镇和众社区为成都市示范社区，成都海螺型材有限公司为市级职工书屋

【维护职工权益和新市民培训】　全面完成市总

工会下达的1500人次的培训目标，先后在董场镇铁溪社区、金星乡黄泥村、成都海螺型材有限公司、成都西菱动力有限公司等社区、企业进行“走近职工话发展”培训活动，共计投入培训资金两万余元。近4年来，新市民培训活动共完成培训达6000人次，投入总金额达7万余元。

【职工技能竞赛与文体活动】　完成成都市微电影大赛大邑地区组织工作。市级优秀奖有：《那一群“痴痴的女人”》——大邑县安仁镇学校；《爱的音符》——大邑县南幼集团。6—8月，完成“践行新发展理念，建设国家中心城市”群众知识竞赛活动，网络答题竞赛达 134557人次，并获得市总工会知识竞赛优秀奖。积极组织开展成都市百万职工技能大赛。组织全县17家企业102名职工参加第八届职工技能大赛，包括数控车工、焊工、钳工和汽车维修工；联合县计卫局、县教育局、县地税局和电力公司分别举办了120急救、中小学教师多媒体课件制作、地税系统岗位技能和农网配电工技能比赛，参赛人数402人，参赛单位28家。有12名选手参加市上举办的一类大赛。积极加大工会干部培训工作力度，共组织工会干部培训6期，参培人数达588人次。

【惠民帮扶】　困难职工体检人数100人，环卫工人体检人数500人。新建十五分钟之家29个，其中利民连锁门店内17个、安仁群团服务中心1

个、城管岗亭11个，建成后全县十五分钟之家达39个。为82名创业人员发放创业补助24.06万元，其中创业援助44人，贷款贴息38人。元旦、春节送温暖活动救助317人，金额19.1万元。困难职工医疗救助20人，每人2000元，金额4万元；生活救助170人，每人700元，金额11.9万元。组织劳模进行健康体检，体检人数48人，其中省劳模18人，市劳模30人。

【金秋助学工作】 全年金秋助学204人，其中省级15人，每人4000元；大学新生80人，每人2000元，在读66人，每人1000元；高中6人，每人800元；小初生37人，每人600元。共计31.3万元。

【厂务公开】 健全完善厂务公开工作联席会议制度，进一步明确成员单位工作职责，分解落实工作任务，下达工作目标，实行专项目标考核。全面推进厂务公开民主管理标准化建设，新增标准化达标单位A级5个、B级16个、C级20个。

【群团服务中心示范建设】 由县总工会牵头，打造安仁和众社区群团服务示范点建设。通过引进社会组织“3+2”读书荟，打造儿童之家，为留守儿童提供430第二课堂以及课外兴趣培训3期；利用阵地建设，为更多创业青年提供文化创意交流和分享机会；组织志愿者服务队，提供志愿服务4次；积极开展各类知识培训讲座，提升社区群众能力素质。

【打造精品职工创客空间】 按照“大群团”工作格局，借势借力县委组织部非公党建联盟建设，由工会牵头，联合团县委等部门，在现代农业示范园区建成成都首家产业链上职工创客空间，构建“党建引领、园区搭台、工会牵头、团委协同、高校助力、企业参与、机构运作”空间建设模式。在创新创建中，县总工会主动作为，积极探索“1+3+4+N”的双创模式，建立“332”工作机制，有力地助推现代农业发展、农业增效、农民增收。创建以来，大邑县职工创客空间先后接待陕西、青海、内蒙古、哈尔滨等省市、友好区市县参观学习36批次1600余人次，其中作为四川省农民夜校培训班示范点位和成都市园区党建工作现场会参观点位，受到各级领导充分肯定。《四川日报》《四川工人日报》《四川在线》《四川三农网》《美丽大邑》等媒体对职工创客空间先后进行采访报道。

共青团大邑县委

【概况】 共青团大邑县委行政编制7个，下属事业单位两个（青少年宫，事业编制4个；青少年事业发展中心，事业编制4个）。2017年实有在编行政人员5人，在编事业人员9人。共青团大邑县委深入贯彻落实共青团改革重大举措，立足青年特点和共青团工作实际，创新工作理念，以精品意识夯实团的基层基础，围绕中心、服务大局，切实打造青年想得起、找得到、靠得住的“身边共青团”。

【组织建设】 团大邑县委直属团组织59个（其中乡镇团委20个，机关直属团委1个，团总支24个，团支部14个）。学校团员7728人，建有少先大队33个，中队670个，少先队员30135人。

【党建带团建工作】 以理论教育引导青少年，深入学习宣传党的十九大精神及省第十一次、市第十三次党代会精神，扎实推进从严治团、“学习总书记讲话 做合格共青团员”教育实践活动，带领青少年投身全面体现新发展理念的国家中心城市建设。以先进典型激励青少年，召开“五四”表彰大会，表彰2017年度共青团先进集体、优秀个人，使广大青少年学有榜样、干有标杆。以“网上共青团”吸引青少年，实施“青年像素计划”，建立162个村（社区）公众号。优化“青声代”品牌，新增视频内容，先后发布13期主题内容。开展以“一场讲座、一场演说、一项系列活动”为内容“五四”主题月活动。与县提升精神区位领导小组办公室联合举办“我爱成都·我爱大邑—— 提升精神区位、争创一流业绩”主题演说活动。团县委书记带头为团员青年上“学团史、知团情 不忘初心跟党走”主题团课。

【青年创新创业工作】 积极打造孵化基地，推报现代农业青年（大学生）创新创业孵化中心为“成都市大学生创业孵化示范基地”，推荐农业创客中心入围国家级“星创天地”。搭建导师联盟，邀请本地大企业集团负责人、具有创业成功经验的人员、投融资机构的资深专家加盟，为创业者、创业团队提供全方位信息指导和智力保障。实行清单管理，建立《大邑县创业扶持政策清单》《大邑县创业基地及创业项目清单》《大邑创业人才清单》，及时优化扶持政策以匹配人才、项目、基地三方需求，促进创业项目入地生根。2017年末，全县创业基地6个，创业项目100余个，优秀创业人才119人，制定和优化创新创业扶持政策21条。探索O2O模式，通过“互联网+双创”形式，实现信息、技术、资源共创共享。线上搭建创新创业沙龙微信平台，创业者、投资人、导师和孵化基地在线讨论7次；线下组织“乡创的价值”等沙龙3次。强化技能培训，通过互联网、手机APP等载体开展“创业+职业技能”组合培训，加强返乡创业培训和职业技能培训。开展“菁蓉号”大篷车创业培训3场，实现青年创业15人。

【青年人才阵地建设】 建成青年人才驿站，配套建成青年人才之家，为入住人才驿站的大学毕业生提供常态化的就业指导、就业信息发布、城市融入、人才交流等服务。已有72位应届毕业生入住。强化“青年之家”综合服务平台建设，整合利用留守学生之家、群团服务中心等现有资

1月20日，青声代沙龙第三期分享活动

源，在11个乡镇（街道）建立共青团综合服务平台“青年之家”。建成经开区党群服务中心“青年荟”，以“青年荟”为孵化器，孵化园区自治组织12个。

【青少年教育引导】 加强法制安全知识教育，开展“青春自护 平安春节”“珍爱生命 健康成长”、国家网络安全宣传周青少年日活动等，促进广大青少年学法、懂法、守法、用法。开展“情暖童心”“安全自护”留守学生关爱教育活动20余场次，覆盖留守学生2000余人次；组织“让爸爸妈妈回家”专场招聘，帮助留守儿童父母本地就业。创建晋原街道新乐村“黑籽儿留守家园”为市级留守学生之家。面向幼儿开展“‘讲个故事吧’阅读伴成长”关爱活动。组织爱心企业帮扶2名贫困大学新生每人2000元学费；通过“国酒茅台·国之栋梁——希望工程圆梦行动大型公益助学活动”一次性资助两名困难大学生每人5000元。

【青年志愿者服务工作】 强化“一村两大”、西部计划志愿者日常教育管理。举办公务员考试公益培训，积极为志愿者创造就业条件。年内，有13名志愿者考入事业单位，5名志愿者考入公务员队伍，1人进入企业，3人担任村“两委”干部。深化“邑青春”服务品牌，组织志愿者每月为老人读书，开展留守儿童关爱、环境保护、法制宣讲、“党旗映灾区，服务在基层”——援助九寨沟灾区爱心志愿服务等活动。举办“爱心接力·情满大邑——我爱大邑·我为家乡做公益”志愿服务活动。主动服务“2017穿着旗袍去安仁”“我爱成都·我爱大邑——提升精神区位、争创一流业绩”主题演说、“创业天府 菁蓉汇·大邑县”绿色智造专场、第十四届成都美食旅游节暨第七届国际慢食全球大会等活动。加强校地合作，先后联系川北医学院、西华大学等高校学生到大邑开展为社区居民义诊、留守儿童关爱、慰问孤寡老实人等暑期“三下乡”社会实践活动。

6月1日，在安仁镇党群服务中心举行“讲个故事吧 阅读伴成长”为主题的六一儿童节关爱活动

县妇女联合会

【概况】 全县妇女工作围绕蓉城女性“三大行动”，抓好群团改革各项工作。完成全县20个乡镇（街道）妇联区域化建设改革工作，新建妇女儿童之家10个，建立“蓉城女性·蜀之望县”网站。推荐获得市级巾帼文明岗企业两个、巾帼建功标兵1个。举办就业引导性培训1期、手工编织技能培训两期、蜀绣技能培训若干期。先后被评为四川省妇联系统先进集体、2016年区（市）县目标绩效考核先进单位、创新工作先进单位、基层组织建设先进单位、妇女创新先进单位、巾帼云创交流推介活动先进单位、“指尖的爱”品牌建设工作先进单位、“蓉姐对你说”品牌建设及信访工作先进单位、家庭文化建设工作先进集体、信息调研工作先进单位。

【妇联组织建设】 加强妇联组织改革。5月，启动全县乡镇（街道）妇联区域化建设改革，解决妇联组织“倒金字塔”问题。加强阵地建设，解决妇联工作“服务型枢纽”问题。依托村（社区）党群服务中心，以“五有”为标准，建成63

个村（社区）“儿童之家”“妇女之家”示范点位。同时，依托幸福公社、格林庄园等在社会组织、各类园区、专业市场、双创基地、“指尖的爱”生活馆等领域建设“儿童之家”或“妇女之家”7家。结合“三八”“六一”“端午”“中秋”等开展贫困妇女、留守儿童关爱等活动100多场次，真正解决联系服务群众“最后一公里”的问题。

【女性创新创业】 继续做好幸福公社农业创客中心、“以手维生”民艺传习馆的基地示范带动工作，为妇女搭建创业平台，帮助有创业意愿的女性实现创业梦想，带动县内妇女同胞就近就业。8月26日，县妇联邀请刘氏庄园、民艺传习馆、格林庄园等多家文创、农创企业进行产品展销，邀请巾帼旗袍志愿服务队参与活动，助力“创业天府·菁蓉汇·大邑县”绿色智造专场活动。9月20日，在幸福公社举办茶文化产业发展大会暨茶席设计大赛，搭建茶文化行业平台，推动茶产业、文化产业、旅游产业的协同发展。9月23日，结合“大邑县第五届有机蔬菜节暨美食音乐会”开幕式，举办“从田间到餐桌——巾帼绿色产业扶贫”活动，为巾帼创业者搭建线上线下展示和交易平台，为女性创业者提供更多就业创业机会。创新发展“指尖的爱·指尖的经济”蜀绣免费培训，积极构建大邑蜀绣产业发展工作模式。充分利用现有绣娘资源开展蜀绣等手工编织技能培训，已初步培育10多名蜀绣初级人才，100余名蜀绣爱好者参与培训。10月27日，县妇联邀请国家级非物质文化遗产蜀绣代表性传承人陈德兵在刘氏庄园博物馆为10名学员开展提升培训。

【女性创美创优】 继续开展寻找“最美家庭”活动，通过动员全社会广泛参与，美丽大邑网络投票，评选出10户最美家庭，吸引22364人次参与。将“最美家庭故事”与“家风流动讲堂”融合在一起，举办“家风流动讲堂”6期。邀请国家二级心理咨询师代汤勤在工业区、安仁镇和众社区、西岭镇云华社区、晋原街道芙蓉社区等党群服务中心开展讲座，全县村（社区）妇女干部代表、工业区部分女职工、小区妇女代表等

我县举行“扬好家风好家规好家训”暨三八国际妇女节107周年活动

500多人参加聆听。建立“大邑妇联·心灵加油站”，全县乡镇（街道）、村（社区）妇联主席、部门妇委会主任全部在工作群，聘请专业心理咨询师、律师在工作群定期进行家庭教育免费指导。组织“母亲节·穿上旗袍去安仁”旗袍秀暨蜀绣现场展示活动，在“美丽大邑”推选出10名“最美旗袍妈妈”。

【女性精准扶贫】 实施精准扶贫攻坚行动，深入社区举办女性健康知识讲座12场，完成农村妇女“两癌”筛查12500人。开展女性综合安康保险工作，同期参保人数比2016年净增加2606人，总额达126万元，比2016年同期增长33%，为贫困妇女捐赠保险60份、保额360万元。举办“春风行动”2场，“送岗位”本地企业吸纳农村妇女就业达963人。帮扶贫困学生74名，帮扶物资75740元。走访慰问贫困妇女同胞约200人，慰问物资约10万元。开展“贫困母亲两癌救助”，25名贫困妇女获得救助金，共计发放25万元。建立每周二律师坐班工作制度，全年接待妇女上访80多人次。利用节庆集会活动，为群众发放婚姻法知识读本、妇女权益保护法、反家暴法、“两癌”知识、安康保险、艾滋病、禁毒等宣传资料共18000多份，现场答疑、接受群众咨询，解释和答复问题200多个。

【全国总工会副主席崔郁调研大邑】 9月17日，全国政协委员、全国总工会副主席崔郁率队来到大邑，就女性创新创业及居家灵活就业工作开展情况进行调研。在青霞镇幸福公社，崔郁听取了农业创客中心情况汇报，参观了北斗七星木勺店、再书房等地，与店主就中心服务、生产经营情况等进行交流，并对妇女之家、儿童之家等各类女性文创项目进行调研。崔郁充分肯定了大邑把“指尖的爱”生活馆、“妇女之家”“儿童之家”、巾帼创新创业示范基地整合发展的模式。

9月17日，全国政协委员、全国总工会副主席崔郁（左二）率队到大邑，就妇女儿童工作开展情况进行调研。图为崔郁一行在青霞镇幸福公社听取农业创客中心情况汇报

县残疾人联合会

【残联工作概况】 全县残疾人工作以加强残疾人“两个体系”建设为主线，以改善和保障残疾人民生为目标，以“开放量服”为抓手，创新实施助残双创、助残康复、助残圆梦“三大工程”，极大地改善残疾人生产生活状况，促进残疾人事业又好又快发展。县残疾人工作被省政府残工委、省人社厅表彰为四川省残疾人工作先进单位，县残联“量体裁衣”式残疾人服务、基层组织队伍建设、残疾人就业创业、残疾人事业统计、无障碍改造等工作获市残联表彰通报。

【残疾人状况】 2017年末，全县残疾人约3.8万人，占总人口的7.54%。已办证残疾人18767人（城镇1926人，农村16841人），占残疾人总人口的49.39%。已办证残疾人中，肢体残疾11204人、视力残疾2664人、精神残疾1646人、智力残疾1323人、听力残疾1367人、多重残疾398人、言语残疾165人。一、二级的重度残疾人有6106人，占办证残疾人总数的32.54%。

【残联组织建设】 在全县建立20个残疾人就业扶贫基地、1个残疾人康复中心、2个重度残疾人托养中心、26个残疾人社区康复站、21个“橙丝带”助残志愿服务点。与县总工会、团县委等部门共建安仁和众社区群团服务示范点，与邑馨社会工作服务中心、黑籽儿社会服务中心等社会组织联合并购买服务，配齐配强县、乡镇（街道）、村（社区）残疾人工作者500余名，残疾人社区康复协调员218名，“橙丝带”助残志愿者2000余名。

【“量体裁衣”式个性化服务】 县残联积极对标青白江区、金堂县等残联，结合大邑县残疾人工作实际，通过落实“三个强化”（即强化组织领导、强化多方协作、强化业务过关）、创新“双向检查”（即主观性逻辑检查和客观性实地检查），牢抓“四入法则”（即“入村入户”和“入脑入心”），全面做好“开放量服”的基础保障、实现“开放量服”村村通、户户明。年内，共为19153名残疾人提供“量体裁衣”式精准服务21万项，为全县15814名残疾人、512名残疾人工作者手机安装“智慧量服”，基本实现残疾人自身信息查验、自助业务办理、直接监督评价等，使“量体裁衣”式个性化服务更加精准、快捷、透明。

【残疾人康复】 实施家庭医生签约项目，实现家庭医生签约服务比例96.57%。为63名精神病患者实施阳光救助，实施白内障复明手术429例；为1000名残疾人提供康复体育服务；为27名脑瘫儿童提供康复救助；为47名残疾儿童提供康复服务；为7名听力儿童提供人工耳蜗手术、助听器验配及训练；为858名视力、精神残疾人提供医疗康复服务；为2236名残疾人适配辅助器具；为138户贫困残疾人家庭实施居家无障碍改造。

【残疾人教育与就业】 建立残疾人就业扶贫基地18个，扶持1421名残疾人转移就业和发展生产；扶持城乡残疾人居家灵活就业5916名，安残企业按比例安置残疾人239人。开展残疾人就业援助月活动，帮助220余名残疾人与企业达成就

11月17日，省残联维权处处长许万忠（右起往左第三）指导我县量服工作

业意向。县残疾儿童学前教育康复中心收训残疾儿童9名；为275名贫困残疾学生和贫困残疾家庭子女上学发放“残疾人自强助学金”，实施残疾人实用技术培训921人，支持特殊教育学校事业经费30万元。

县科学技术协会

【概况】 2017年，县科协先后到郫都区科协、南京市江宁区科协对标学习。学习郫都区园区科协积极主动服务于园区企业的先进经验，学习南京江宁区科协整合多方资源、创新科普宣传方式、加强科普队伍建设、建立健全科普相关制度等经验做法。通过对标先进，在助推企业创新发展、农村实用技术培训、科普体系建设方面有较大发展。

【服务企业工作】 年内指导培育和发展10个企业加入经开区科协，定期组织企业开展学术交流、科技信息技术推广应用、培训学习交流、企业家沙龙等活动，引导经开区科协会员企业共谋发展，新培育成立两家企业科协（金顶精密铸造有限公司、乘风阀门有限公司）。新成立电商孵化园协会，帮助企业壮大电商团队，为企业引进人才。利用平台技术信息优势，推广协会企业产品。围绕提高自主创新能力、建设创新型企业，实施人才强县战略，组织和动员广大科技工作者服务基层、服务企业。为远星橡胶有限公司争取市级资金17万元，用于院士（专家）创新工作站建设，8月成功申报市级1家（金顶精密铸造有限公司）院士（专家）创新工作站。9月，“百博·大邑博士专家服务站”在经开区党群服务中心正式挂牌成立，首批21名涉及信息技术、新能源、新材料、生物、高端装备等产业青年博士专家入驻服务站与企业对接、合作。积极组织博士、专家服务党委政府科学决策和企业创新发展。在“企业创新活跃度评价”“技术咨询服务标准”“博士专家创新活跃度评价”等方面开展工作，形成特色的技术创新、人才创业体系，推动大邑县企业开展创业创新。动员指导经开区企业注册中科协企业网站，通过网站为企业提供信息推送，技术推广，专利应用，人才引进等方面的服务助推企业创新驱动发展，有107家企业成功注册。

【农村实用技术培训】 建立完善乡土人才、土专家人员信息台账，发挥大邑县幸福公社“乡土人才创业创新基地”孵化功能，加大对农村实用技术的培训力度，与科技局、农林局在幸福公社共同举办“创业天府·菁蓉创享会——大邑县互联网+农业”培训会，80余名协会、企业负责人参加培训。

【强化科普体系建设】 县科协积极争取资金64.5万元资金，加大县域内科普示范体系建设基地打造。对万良菌博天下、佳源大繁有机农场、幸福公社、晋原官渡社区等7个点位划拨专项资金15.6万元用于科普阅览屏建设。对晋原芙蓉社区等3个点位划拨专项资金8.5万元用于科普中国e站示范点位建设。对万良菌博天下、韩场耘丰农业、兰田社区、雾山农场、邑翠轩、古茶树协会分别划拨资金，用于科普示范体系建设。在全县重点村（社区）建成和投入使用58家科普网络书屋。科协与邮储银行开展银企合作，为全县农技协的发展融资32笔380万元。

【基层科普活动】 县科协与其他群团组织在安仁镇和众社区建立群团服务中心示范点位，结合科协职能，有序推进科普工作在试点社区全面落实。在支持群团参与与社会治理上，积极开展科普项目绩效评估和督查，广泛推进各项民生科普活动开展，开展“科普月”“科普日”“科技工作者日”等活动，以活动为载体实施送科技到乡进村等基层科普活动。

县红十字会

【概况】 2017年，县红十字会对标先进，以开展救灾救助救护工作为重点，以服务大局、服务基层、服务困难群众为出发点，开展人道救助工作。组织卫生救护培训，加强志愿者队伍建设。被中国红十字会总会评为全国红十字会防灾避险知识竞赛最佳组织一等奖、中国红十字会总会报刊宣传先进集体二等奖。

【人道救助与赈灾工作】 县红十字会借力工商联、企业党建联盟、商会和各类爱心协会，与爱心人士建立良好关系，发动社会力量等方式完成筹资188.58万元，增长近80万元。动员社会资源，开展助医、助残、助困、助学和“博爱送万家”等形式多样的人道救助活动，救助困难群众1169户，近3000人，救助金额达到88.69万元。“博爱送万家”“金秋助学”活动已成为开展社会救助的重要公益品牌项目。其中“博爱送万家”活动从2016年11月开始，2017年2月结束，共发放资金及等价物资共41.26万元，救助困难群众家庭715户，近2000人。

【卫生救护培训与志愿者队伍建设】 县红十字会全面开展红十字应急救护培训进学校、进社区、进农村、进机关、进企业“五进”活动，持续打造红十字“救在身边”应急救护公益品牌。在村（社区）、学校定期开设“应急救护知识讲座”，在教育系统开展“全国红十字防灾避险知识竞赛”，在电视台通过公益广告宣传“红十字急救掌上学堂”，在全县科普电子屏滚动播放红十字应急救护公益宣传片，完成应急救护知识普及万人次。年内完成培训16期，培训人员683名。

DAYI YEARBOOK

法 制

政府法制

【深化“放管服”改革】

推进简政放权 对应清理行政许可事项，取消行政许可事项13项。严格执行《政府核准的投资项目目录》，核准企业投资项目3个，备案企业投资项目383个。开展减证便民专项行动，对157项要求相对人提供证明材料的清单、81项为相对人出具证明材料的清单分别提出建议意见。

深化清单管理 做好行政权力对应清理，保留行政处罚4746项、行政征收48项、行政强制197项、行政确认39项、行政裁决4项、行政给付10项、行政检查237项、行政奖励108项、其他行政权力156项。做好行政权力下放工作，采取委托或派驻的方式将部分行政权力下放韩场镇、沙渠镇行使。动态调整县级部门行政权力责任清单，已完成28个单位1015项责任清单调整审核。

商事制度改革 开展“五证合一、一照一码”“多证合一、一照一码”和“两证整合”登记改革。办理“五证合一、一照一码”登记2960户，“多证合一、一照一码”登记1569户，“两证整合”登记5040户。推进“互联网+工商登记”。办理企业全程电子化网上登记两户，发放电子营业执照1000户。深化企业名称登记管理改革。受理企业网上名称预先登记42户，审核通过14户。全面推进企业简易注销登记。办理企业简易注销登记31户。落实“先照后证”登记“双告知”机制。办理“先照后证”登记2568户，定期向有关部门抄告“先照后证”登记信息944条。实行“一址多照”和“一照多址”。为“大邑青年创新创业服务中心”办理“一照多址”，为“电商孵化园”办理“一址多照”登记30户。

“双随机、一公开”监管改革 全县30多家具有行政执法职能的单位均进一步完善了双随机抽查事项清单、检查对象名录库和执法人员名录库。

提升政务服务水平 配合做好全省政务平台建设，基本完成平台事项认领、信息完善、监察点和风险点配置等工作。推行工程建设领域“多评合一”和“联动验收”新模式，形成规划设计图、建设工程施工图、人防工程施工图、消防设计图、防雷装置设计图等“多图联审”，并加快推进企业投资建设项目“多评合一”。清理规范公共服务事项，逐一对896项公共服务事项提出建议意见。

推进网络理政 推进线上线下一体化受理模式。线上线下为群众办理咨询、预约、代办事项21036件。推进“三网融合”，做好完善数据交换共享平台建设、政务服务平台、城市综合治理平台、政务应用系统整合和迁移上云等有关工作。推进R2G综合服务平台工作，实现县公安局、县交通运输局、县农林局等6个部门85项服务事项在线预约服务，县卫计局、县市场和质量监管局、县交通运输局3个部门21项服务事项网上在线申报。推进网络理政工作，办理网络理政11839件。

【规范性文件管理】 加强规范性文件公众参与和合法性审查力度，审查县政府（县政府办）规范性文件8件，向市政府、县人大常委会报备规范性文件8件，审查县政府有关部门报备规范性文件6件。开展规范性文件清理，清理县政府（含县政府办）规范性文件25件。对涉及以审计结果作为政府投资建设项目竣工结算依据的规范性文件进行清理，清理县政府（含县政府办）规范性文件10件。对“放管服”改革涉及的规范性文件进行清理，县政府各部门清理规范性文件8件。

【完善依法决策】 落实重大行政决策程序。把公众参与、专家论证、风险评估、合法性审查、集体讨论决定作为重大行政决策必经程序。强化重大行政决策合法性审查。县政府法制办对116件决策事项、253件拟上会的文件进行合法性审查。加强重大行政决策档案管理，明确收集和归档范围。加强合同管理，对部门职责、合同订立、合同履行与变更、合同纠纷解决、档案管理等方面提出新要求。开展合同管理执行情况专项检查，对检查过程中发现的各类问题提出整改意见，并责令限期进行整改。

【行政执法监督】 深化行政执法体制改革，启动县行政审批局组建工作，对县行政审批局机构设置、主要职责、人员编制和领导职数等事宜进行明确。全面推行行政执法三项制度，召开行政执法三项制度工作会以及行政执法检察监督暨“两法衔接”工作会议，开展行政执法三项制度检查。加强重点领域执法，查处环境保护案件98件、食品安全案件186件、安全生产案件19件、市场监督案件183件、交通安全案件13702件。开展执法联动协作，各有关行政执法部门对重拳治水、铁腕治霾、科学治堵、全域增绿等方面开展执法联动协作。做好行政执法与刑事司法衔接，县检察院建议行政执法部门移送涉嫌犯罪案件8件。落实行政执法监督机制，做好重大行政处罚行政强制备案工作。各行政执法部门报备重大行政处罚案件54件、重大行政强制案件2件。加强行政执法证件管理，对76名申请行政执法资格认证的人员进行培训考试；对504名持有的行政执法证件（含委托执法证件）进行年审。县公安局、县交通运输局、县城管局等有关部门加强行政执法辅助人员管理。强化行政执法监督检查，办理行政执法监督案件2件；对各行政执法部门已办结的行政执法案卷进行抽查。

【政务公开】 做好主动公开，在成都市政府信息公开网上公开政府信息16486条，在大邑县公众信息网上公开信息21594条，在公共企事业单位办事公开信息3092条。及时办理政府信息公开依申请，办结政府信息依申请公开45件。强化政策解读，对外公开政策解读文本14件。创新政务公开方式。全县20个乡镇（街办）218个村（社区）实现了基层公开综合服务全覆盖。基层公开综合服务平台公开信息187998条。

【行政复议和应诉】 加强行政复议工作，受理行政复议案件6件，办结行政复议案件4件。加强行政应诉工作，县政府法制办承办县政府行政应诉案件10件。加强行政调解，各有关单位受理行政调解案件7047件，调解成功案件6640件，行政调解成功率达94%。

审 判

【概况】 2017年，县法院围绕“努力让人民群众在每一个司法案件中都感受到公平正义”的目标，狠抓司法办案，破解执行难题，提升服务实效，深化改革创新，锤炼司法作风，为全县加快建设“生态宜居城、创意新大邑”提供有力的司法保障。共获得县级以上表彰奖励53项（次）。

【审判机构与队伍建设】 县法院有在编干警99人，其中法官28人、法警11人、审判辅助人员48人、行政工作人员12人，另有聘用制干警64人。法院内设刑庭、民一庭、民二庭、民三庭、行政庭、审监庭、立案庭、执行局、法警队、审管办、研究室、政治处、监察室、办公室等14个职能部门，下设安仁、王泗、花水湾3个基层法庭。2017年，县法院扎实开展“两学一做”学习教育常态化制度化、司法软实力建设、“四对照四提升、做忠诚卫士”等专题教育活动，组织全体人员开展理论专题学习600余人次，开展先进典型宣讲报告110余人次，讲党课210余人次。

【立案信访】 县法院牵头负责“无讼社区”构建工作，深入推进城乡社区发展治理，建设高品质和谐宜居生活社区。在2016年4个试点乡镇基础上，2017年在全县各乡镇（街道）全面铺开“无讼社区”建设活动。积极搭建诉非对接平台，引入人民调解工作室、律师调解工作室、公证调解工作室与县人民法院“和合智解”e调解平台形成合力，提升化解矛盾纠纷的效果。全面升级综合性诉讼服务平台，规范诉讼服务，构建诉非衔接快速解纷工作平台。

【刑事审判】 严厉打击“两抢一盗”、故意伤害等犯罪146件223人，依法维护人民群众生命和财产安全；依法审结非法持枪、危害食品药品安全、危险驾驶等危害公共安全犯罪267件268人；依法从严从快审结毒品犯罪101件115人，遏制毒品犯罪蔓延势头；重点打击涉众型犯罪，审结非法吸收公众存款罪、电信网络诈骗、组织领导传销活动等犯罪18件23人；深入推进反腐败斗争，审结贪污受贿等职务犯罪8件12人。加强未成年人司法保护，关注青少年犯罪，强化教育、感化与挽救，依法从轻、减轻处罚未成年18人。加大对破坏生态环境资源类案件刑法处罚力度，对非法排污的甘某某、非法滥伐林木的陈某给予刑事处罚，并分别对两名被告人进行无害化处理废液、复植的悔罪表现作为从轻处罚的量刑情节，彰显宽严相济的刑事政策。全年受理刑事案件611件，审结601件，判处罪犯731人，分别上升49.39%、50.25%和41.39%。

大邑法院院长余涛率队到松潘法院开展对口援助工作

【民商事审判】 高度重视涉民生案件审理，改革家事审判方式，创新运用离婚冷静期、家事调查等制度，妥善处理婚姻家庭类纠纷案552件。审结权属争议、道路交通等案件362件，妥善处理拖欠劳动者薪酬纠纷系列案，有效保障劳动者合法权益。发挥商事审判保护、调节、引导的职能作用，服务保障供给侧结构性改革，妥善处理各类合同纠纷1573件，审结建设工程、买卖合同纠纷489件，审结金融借款、信用卡、民间借贷等纠纷358件。依法审理涉及风云置业公司、航道投资公司相关项目工程款结算纠纷。全年受理民事案件2772件，同比下降1.19%；审结2540件，结案率91.63%，结案标的额7.47亿元。民事审判工作被市中院表彰为先进单位。

【行政审判】 落实市中院行政案件异地交叉管辖要求，公正高效审理邛崃市涉土地、城建、房屋、工伤保险待遇等行政纠纷41件；审结大邑涉环保局、安监局等部门行政非诉执行审查案件7件。全年共审结各类行政案件48件，同比上升37.14%。建立府院联席会议制度，参与涉大邑行政案件联席协调会议5次，促成和解撤诉3件。新津法院共受理涉大邑行政案件22件，同比下降4.35%。强化监督，发布行政审判白皮书两期，针对房地产、环境保护等领域涉及的法律问题，提出预防和化解行政争议对策建议3条，助推依法行政。

【审判执行】 大邑法院作为成都中院确定的“一年内基本解决执行难”试点法院，积极开展“执行大会战”和“执行风暴”等专项活动，全力破解执行难。依托执行信息化，完善执行查控系统。以“1+5”建设为着力点，通过“点对点”“总对总”网络查控系统，强化对被执行人全国范围内银行存款、房屋、车辆等6大类资产有效查询，查询案件2315件，查明财产3.5亿元。加大执行信用惩戒力度，加强失信曝光和通报，纳入失信被执行人黑名单749人。对64名失信被执行人采取限制高消费、限制出境、限制贷款开办企业等联合惩戒措施。对有执行能力拒不执行、规避执行的10名“老赖”予以司法拘留。拓展拍卖渠道，入驻淘宝、京东拍卖平台，对50处房产启动评估拍卖程序，拍卖、变卖成交21件，成交价共计2446.17万元。设立案款专户，对涉案款物集中管理。全年受理执行案件2097件，执结1782件，执行标的额11.02亿元，同比分别上升110.33%、96.91%和77.46%。

大邑法院坚攻执行难，强制清场交付1800余万元标的物

【审判监督】 全年审结各类刑事案件38件（其中重大疑难复杂案件2件）、执行案件48件、执裁异议案件12件(其中向上级法院申请复议1件，中院裁定予以维持)、民事案件5件、民监字案件3件、民事再审案件1件（系重大疑难复杂案件）。共计审结109件。法定(正常)审限内结案率达100%。当庭裁判率为100%。协助上级法院联动化解再审案件，全年审结的再审案件无上诉。重点分析两年来执行异议案件的受理审查情况、申请复议后被中院撤销的原因，引发民事再审案件的原因等。

【案件联调处理】 县法院致力于构建人民调解、行政调解、司法调解、行业调解“四位一体”的联动调解机制，主要通过与相关部门联合设立道路交通事故法庭的方式开展道交联动机制。在县交警大队事故中队设立道交法庭，并于每周一下午及周四上午派专人前往法庭值守，为事故当事人提供法律咨询、立案指导、协助调解、积极引导各方当事人申请保险公司参与道路交通事故损害赔偿纠纷调解工作等，并定期开展道路交通安全法律、法规宣传教育工作，刑事审判庭和民事审判庭不定期选择典型案件到道交法庭进行巡回开庭。

检　察

【概况】 2017年，县检察院围绕大邑经济社会发展大局，忠实履行检察职能，坚持抓实办案主责，强化监督职能，深化检察改革，加强队伍建设，为建设全面体现新发展理念的国家中心城市郊区新城提供有力的司法保障。

【检察机构与队伍】 县检察院内设反贪局、侦查监督科、公诉科等15个职能部门，负责辖区内的查办职务犯罪、审查批捕、审查起诉等法律事项。全院有52人，其中政法专项编制48人，本科学历44人，研究生及以上学历8人。有员额检察官17名，司法辅助人员21名，司法行政人员6人，司法警察5人，行政工勤人员4名，聘用制书记员21人。年内，两名干警被成都市中院记“个人三等功”，1名干警获“全省公诉标兵”第一名，1名干警荣获全市检察机关侦查预防部门实战练兵业务竞赛“业务竞赛标兵”称号。

【刑事检察】 履行批捕、起诉职能，严厉打击严重刑事犯罪，维护社会稳定。从严打击暴力型、涉众型、多发型犯罪。年内共受理提请批捕案件302件400人，审查起诉案件553件659人。深化行刑衔接工作，建议行政执法机关移送涉嫌犯罪案件8件。

【自侦部门】 县检察院自侦部门在查办职务犯罪案件中，加大办案力度，本着“抓系统，系统抓”办案思路，开展查办生态环境林产业领域、城市管理项目招投标领域专项行动。其中生态环境林产业领域专项行动立案2件4人；城市管理项目招投标领域专项行动2件3人，均已侦查终结移送审查起诉。全年立案查办职务犯罪案件5件11人，其中贪污贿赂案件4件9人、渎职案件1件2人。

【预防职务犯罪】 深入机关、企事业单位开展治理“微腐败”活动，引导党员干部远离职务犯罪。搭建检企共建预防平台，与建设银行大邑支行、县供电公司等单位共建，在行风监督、预防咨询、制度建设等方面提供支持和帮助。受理行贿犯罪查询单位384个，个人1397人。宣讲团先后在县级机关、部门、企业、各乡镇政府、社区组织开展宣讲活动15场，受众两千余人。指导县卫计局预防职务犯罪工作，提出预防建议。

【未检工作】 年内受理公安提请批捕案件18件31人，受理公安机关移送起诉案20件37人。开展留守儿童生活现状调研活动，举办法制教育及留守儿童暑期法制教育班3次。建成未检办案区，引入社会公益力量采取购买服务的方式，邀请专业心理咨询师开展心理咨询及强制亲职教育工作。开展法制宣讲24场，覆盖县内各中小学。

【监所检察】 针对监管场所违法违规行为，发出纠正违法通知书17份、检察建议书1份；针对监外执行违法违规行为，发出纠正违法通知书18份；针对财产刑执行违法违规行为，发出检察建议书10份。办理羁押必要性审查案件40件，提出变更强制措施或释放建议40件，被采纳25件。开展驻监管场所检察室规范化等级评定工作，驻大邑县看守所检察室被最高人民检察院评为“全国二级规范化检察室”。

【民事与行政检察】办理民事行政再审检察建议3件、民事审判活动监督案件3件、民事行政执行活动监督案件3件、民事和解1件、行政违法行为监督案件49件，帮助弱势群体办理支持起诉案件4件，移送民事审执人员职务犯罪线索1件，接待来访或提供法律咨询300余人次。

【控告申诉检察】 接待来信来访共计92人次，其中依法导入法律程序举报类信访7件、控告类信访1件、民行监督案件7件、依法终结2件、移送终结 13件，无群体性信访事件或恶性事故发生。开展视频接访4次。律师参与化解和代理检察机关涉法涉诉信访案件6件。完成举报初核4件。不立案举报线索审查完成两件。开展司法救助7人次（3件），发放救助金49000元。

【诉讼监督】 书面纠正侦查机关侦查活动违法7件次。纠正漏捕4人、漏诉26人。办理立案监督案件15件，提起刑事抗诉6件6人。

【开展争创一流工作】 不断拓展检务公开平台，坚持检察开放日、举报宣传周、新闻发布会、新闻通气会等公开方式。探索开辟新的检务公开方式，建成一站式检察服务大厅，聚合“法律援助”“案件查询”“律师接待”“检察长接待”“网上接访”等便民服务通道，升级改版院内官方门户网站，开通一点号、封面号、网易号等新平台，全面公开检察机关职能职责、领导分工、联系方式等信息和执法办案依据的法律法规、流程等。门户网站发布检察工作信息1839条，点击率58998次，接受查（咨）询400余次。官方微博推送检察信息7421条，微信推送检察信息600余条。

公 安

【概况】 2017年，县公安局下设机构37个，其中4个综合管理机构（指挥中心、政工室、纪检监察室、警务保障室）；10个执法勤务机构（国内安全保卫大队、治安管理大队、户政管理大队、刑事侦查大队、交通管理大队、法制大队、网安大队、经侦大队、禁毒大队、出入境管理大队）；2个监管场所（拘留所、看守所）和21个派出机构（即19个乡镇派出所，晋原街道2个派出所）。

【国内安全保卫】 共收集上报维稳情报信息65条，被上级采用50余条，采用率77%。办理各类信访和投诉信件1109件，接访群众250余人次，处理群众诉求20件，排查重点信访人员8人，召开专题研讨会6次。发生涉稳事件75件次，妥处55件，及时稳控“善心汇”人员1040人，查处“法轮功”、扰乱办公秩序和违反寄递物流行政案件15件，行政拘留5人，依法取缔基督教私设会点3处。

【案件侦查】 持续保持严打高压态势，先后开展“百日安全战”“铁拳行动”、打击“盗抢骗”“黑拐枪”等专项行动。全年共破各类刑事案件724件，打击处理612人，比2016年同期分别上升16.2%、31.6%。打掉各类犯罪团伙10个，抓获团伙作案成员35人。破获系列案件5串63件；抓获网上逃犯57名。破各类经济类犯罪案件32件，打击处理30人，收缴假币15万余元。破涉毒刑事案件114件，打击处理120人，查处吸毒人员1112人次，强制隔离戒毒189人，缴获各类毒品7.7公斤，破获省级目标案件3件、市级目标案件10件、制毒案件2件、邮包贩毒案1件，涉网毒品案件20件。

【治安防控】 建立情报信息、案（事）件预警机制，实现预知预警预防。通过警力优化组合，建立快反小组和晋原城区警务区模式，开展24小时不间断网格化巡逻机制，构建“全域一体、管理精细、无缝运行”的巡逻防控新机制。年内共受理治安案件2300起、查处1311起，治安处罚1221人（其中治安拘留1131人，罚款87人，警告3人），破涉黄涉赌刑事案件24件，打击处理42人，行政拘留涉黄涉赌人员211人，破扒窃案件12件，刑事拘留12人。晋原街道箭道街市场、沙渠镇农贸市场被市公安局评为2016年度“无扒窃平安菜市”。做好枪支爆炸物品管理工作，扎实推进缉枪治爆专项行动，共收缴各类非法枪支12支、弹药753发、管制刀具64把，销毁各类烟花、鞭炮876组（饼）。强化寄递物流企业监管和安全隐患排查，限期整改8家，行政拘留4人。紧盯校园安全防范工作，配备专兼职保安278人，专业防卫器械1500余件，建校园视频监控点位4000余个，整治校园周边复杂场所230余处，整改消除隐患31处。

【户政管理】 坚持用管理促服务、以服务提升管理，做好公安行政管理工作。深入开展“一标三实”和“双清工作”，共采集录入“实有人口”“实有单位”“从业人员”“标准地址”等信息92.7万余条，“实有房屋”信息27.3万余间（套），“双清工作”完成10万余条。推进户籍“一元化”管理和“一站式”办证服务，先后在安仁、沙渠、悦来、花水湾派出所内建设“成都公安一站式服务办证点”，配齐配全窗口服务民警和设施，整合延伸办理5大类31项服务事项，落实节假日延时服务，实现群众办证“出门就近的家门口服务”和“足不出户的掌上服务”。年内，户政窗口共接待群众19余万人次，其中办理户籍事项10.9万余人次，户口簿办理9600本，身份证受理4.1万人次，签发边境通行证2.6万余张，解决无户人员304人。

【道路交通安全管理】 开展“科学治堵”“黄标车淘汰”“三超一疲劳”整治，严查严处酒驾、毒驾、涉牌涉证等突出交通违法行为，开展各项专项整治140余次，查处各类交通违法行为24.2万余件，侦破各类交通肇事逃逸、危险驾驶案件167件，刑事拘留42人，直诉6人，行政拘留119人。

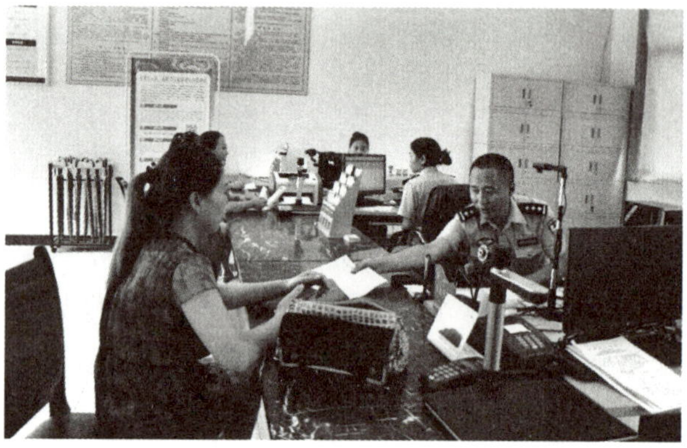

县公安局4个一站式服务办证点投入运行，工作人员为群众办理交通违章手续

【监所管理】 狠抓监所规范化管理，积极开辟第二现场，共提供有效线索22条，破案16件，确保监所的安全。

【接处警服务】 严格按照“有警必处、文明处警”的原则，及时、准确、文明接处警情，全年共接处警76764件。其中有效警情23476件，违法犯罪警情2105件，交通警情8746件，火灾警情186件，求助警情12038件，其他骚扰、误报警情等共53288件。

【消防工作】 强化日常消防安全监督，开展冬春火灾防控、夏季消防检查、高层建筑综合治理、电气火灾防范、背街小巷消防通道整治等系列消防专项整治工作，共检查单位3916家，发现火灾隐患3981处，督促整改3962处，临时查封43家单位（场所），办理行政案件121件，行政拘留12人，警告15人。全年无亡人恶性火灾发生。

司法行政

【概况】 2017年，大邑县司法行政工作有效开展。县司法局建立社区矫正县乡村三级视频监管体系被评为“2016年成都市司法行政工作优秀成果”。先后被成都市司法局表扬为“政务信息工作先进单位”“维护稳定服务民生工作先进单位”“信息化建设及应用工作先进单位”“2016年度全市司法行政系统先进集体”；被成都市委、市政府表扬为“2011—2015年全市法治宣传教育先进基层单位”。“法治大邑”微博微信被评为“四川司法系统政务新媒体影响力排行榜”前十名。县司法局参评的《被拒签的劳动合同》荣获成都市依法治市领导小组学法用法工作组“优秀广播法治节目”。

【司法队伍建设】 狠抓队伍建设，聘请社区矫正辅助人员8人大力开展“四结合四强化”，不断增强司法干部干事创业能力。强化干部教育和管理，完善党员领导干部线上线下学习培训相结合。开展党风廉政建设，提升干部队伍的政治定力、服务效能、司法公信力以及拒腐定力。

【普法宣传教育】 扎实推进制度设计、载体创新和普法活动，全县普法暨依法治县取得新成效。印发《大邑县法治宣传教育第七个五年规划（2016—2020年）的通知》、县人大常委会关于开展第七个五年法治宣传教育的决议，各单位制定落实方案；出台完善国家工作人员学法用法制度实施意见，试点开展公务员无纸化学法考法工作。全县单位制定普法任务清单指导开展法治宣传。积极参加成都市“998”法治大讲堂广播录制，利用新媒体推广宣传“998”法治节目；开设“以案说法·法治大讲堂”电视栏目，利用大邑电视台、户外LED等媒介投放普法公益广告、普法标语、视频等内容；全县建成县级广场1处，乡镇（街道）村（社区）级法治文化设施20余处，统一更换全县218个村（社区）的普法宣传栏，建成3个法律之家；创新搭建智慧司法平台，全县开通“法治大邑”微博微信，开设网站普法专栏。持续开展“1+11”法治宣传教育主题活动和围绕绿色、和谐、创业、平安、诚信开展各类主题法治宣传活动共计400余次，开展“法律七进”活动，安仁镇和众社区、董场镇白马村被命名为法律进社区、法律进乡村示范点。推进法律进园区，法律进外来务工人员集中区活动，开展创业沙龙、招聘会等活动；开展“法治护航助成长”青少年法律知识竞赛活动、法治课赛课、模拟法庭等法治实践活动。县依法治县办、政法委、宣传部、公安局、司法局、苏家镇6个部门被市委、市政府表彰为成都市法治宣传教育先进基层单位，11人被评为成都市法治宣传教育先进个人和先进工作者。《被拒签的劳动合同》《楼顶空间属于谁，能不能搭建？》被市学法用法工作组评为2017年《998法治大讲堂》优秀广播法治节目。微博微信“法治大邑”位列四川司法系统政务新媒体影响力前十。

【律师管理和服务】 新增律师事务所1家，全县律师事务所达8家。有执业律师38人，实习律师9人。基层法律服务所2家，基层法律服务工作者10人。5月，完成全县律师事务所考核，公证处、基层法律服务所检查登记和律师、公证员和基层法律服务工作者的注册登记工作。县司法局公律科与律协大邑工作站定期举行工作会议，研判法律服务行业存在的问题和不良苗头，形成解决方案并予以落实。建立律师综合管理信息系统，定期集中组织律师和法律服务者学习律师管理系统和基层法律服务管理系统。优化律师和律师事务所相关业务的办理流程和手续，开展网上

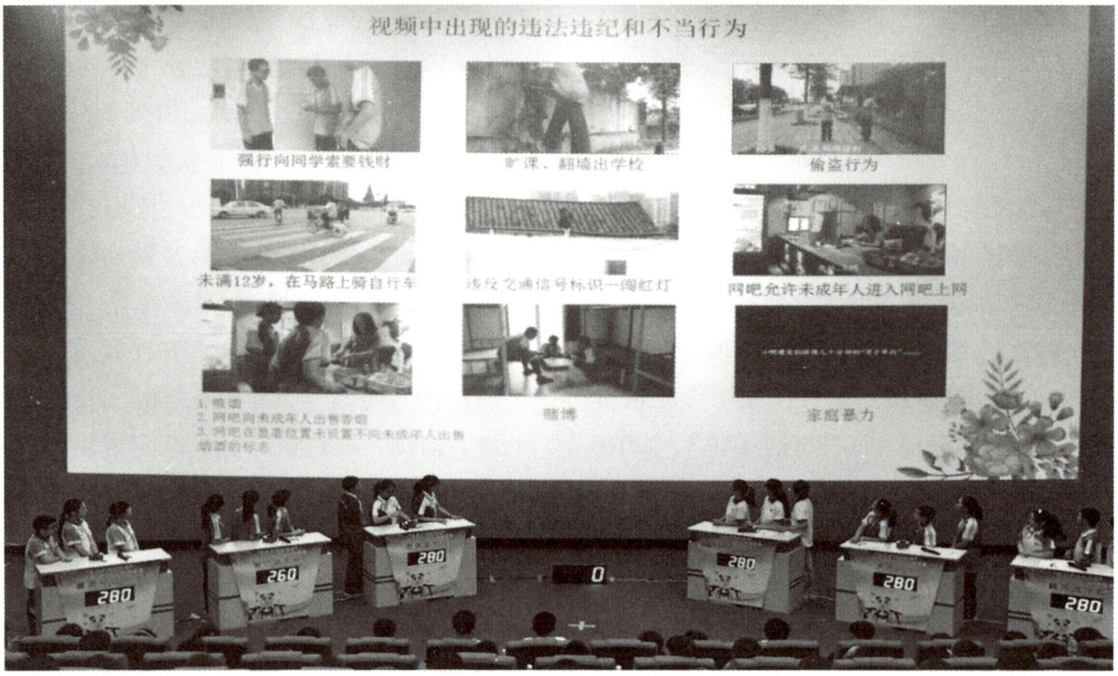

县“法治护航助成长”青少年法律知识竞赛活动

办理工作。加快建设诚信评价体系，加强对律师事务所规范化建设的督促检查，完善投诉机制。加强中青年骨干法律服务人才培养，吸纳青年律师充实到律师队伍执业，有5名备案实习律师转正，新吸收9名实习生。组织律师参与县上信访值班，参与县上重大纠纷、敏感事件的调处工作，以及“法律七进”“诉非对接”“无讼社区建设”等工作。

【法律援助服务】 着力县规范化法律援助接待受理厅及蔡场、花水湾、邮江三个规范化法律援助工作站建设。11月，法律援助中心正式搬入县规范化法律援助接待受理厅为群众提供法律援助服务。构建起“1个中心+6个规范化工作站+23个工作站”的法律援助实体平台体系，创新法律服务方式，依托“智慧司法平台”，在法律援助接待受理厅及3个工作站联通法律援助视频服务系统，使法律援助惠及更多偏远地区群众。全面应用四川省司法行政工作平台和四川省司法行政公共法律服务平台，实现咨询服务、案件办理、监督管理信息化。降低法律援助门槛，扩大法律援助范围。全年提供法律援助2177人次，同比2016年增长7.45%；受理法律援助案件344件（其中民事案件244件，刑事案件100件），同比2016年增长135.62%。受理办结杜松雅韵26名业主的房屋买卖合同纠纷和川安汽车配件有限公司120名民工追索劳动报酬纠纷两件重大群体性典型案例。办结法律援助案件139件（其中民事案件70件，刑事案件69 件）；办理其他法律援助事项1489件。

【人民调解】 发挥人民调解职能作用，多措并举筑牢社会维稳“第一道防线”。在沙渠、花水湾、王泗、安仁4个镇开展“无讼社区”试点建设工作。全年化解矛盾纠纷2201件，其中司法确认案件598件，占案件总数的27.17%。在城区派出所开展“公调对接”试点工作，完成驻晋原派出所人民调解工作室与驻桃源派出所人民调解工作室规范化建设。推动品牌化调解室建设工作。在邮江镇新建“金秋调解室”，全县共建成4所品牌化调解室（赵老师调解室、王大爷调解室、老李调解室、金秋调解室）。年内，全县各级人民调解委员会开展5次矛盾纠纷专项集中排查，共排查纠纷151次，预防纠纷107件，受理矛盾纠纷1521件，调处成功1504件，涉及人数约3816人，涉及金额约1654.96万元，司法确认18件，防止群体性上访80余起。成功化解润驰国际业主维权纠纷和沙渠镇三叶鞋厂劳资纠纷两起百人以上矛盾纠纷。

【安置帮教和社区矫正】　建立大邑县社区服刑人员监管制度。实施手机定位管理，社区服刑人员刑期在1年以下，年龄在18—55周岁的，实施手机定位管理3个月；社区服刑人员刑期在一年以上，实施手机定位管理6个月。实施视频点验管理，对刑期6个月以下，工作不稳定的社区服刑人员，实施视频点验；对刑期6个月以上，犯故意伤害罪、诈骗罪的社区服刑人员，实施视频点验。委托第三方开展“双八”活动。将社区服刑人员法治学习和公益劳动交由第三方机构组织实施，要求第三方聘请律师，法官、检察官、公安民警等法律人员对社区服刑人员开展以案说法教育活动。全年开展“以案说法”教育活动13次，开展心理辅导讲座1次，组织社区服刑人员开展公益劳动14次。加强执法检查，矫正中心警告46人次，建议撤销暂予以监外执行1人，建议撤销缓刑1人，提请公安机关给予治安处罚1人。协调乡镇政府、有关部门做好困难刑释人员的安置工作。

政法综治

【概况】　2017年，县委政法委以确保全县社会和谐稳定为工作主线，以防控风险服务发展为着眼点，以提升人民群众安全感和满意度为着力点，从严从实从细做好保安全、护稳定、促和谐各项工作。县政法各部门共获省、市、县级各类表彰78个，233人。其中综治工作被省委、省政府命名为“省级平安县”，司法体制改革、无讼社区建设等工作受到各级表彰。

【维护社会稳定】　严格落实风险评估责任。围绕重大决策、重大建设、重大活动、重大民生等工程领域以及群众关心关注的热点敏感问题，扎实开展社会稳定风险评估工作。加强情报信息收集，提升情报信息获取、研判、运用能力。坚持“县每月、部门（乡镇、街道）每半月、村（社区）每周”、敏感时段和重大活动期间“每日一研”以及重大涉稳隐患随时研判。部署开展矛盾纠纷大排查、大调解“百日攻坚”工作，进行拉网式、抄底式矛盾纠纷摸排。召开县级研判、协调会68次，开展重大决策事项风险评估35件。强化领导包案，对梳理排查及省市交办的71件突出信访问题，均落实包案县领导，已化解26件，其余均落实化解稳控措施。修订完善反恐防暴预案，组建公安专业快反队伍1支，开展处置反恐防暴以及规模聚集处置等演练4轮2000余人次。对网络社交平台和手机短信实行“7×24”全时空管控。年内全县未发生重大涉稳事件，十九大期间实现进京非访“零登记”。

【社会治安综合治理暨平安建设】　深化“雪亮工程”建设，通过探索“雪亮工程+N”工作机制，深化“雪亮工程”升级版建设，在全县20个乡镇（街道）全面推进。全县已建成监控探头1129个，入户2万余户，APP安装使用7500余人，整合社会视频资源1400余路，覆盖118个村（社区）。此项工作多次被中央和省市级媒体宣传报道，150余批次各级考察团到大邑参观学习。推进“无讼社区”建设，把“无讼社区”作为矛盾纠纷多元化解的载体和有效抓手，探索形成司法引导与社区自治相结合、司法职能与社会责任共承担的基层善治机制，全力推动平

2月17日，山东省东营市委政法委副书记、综治办主任张俊臣率考察团到大邑考察“雪亮工程”工作

安社区、法治社区建设。试点的安仁、王泗、沙渠、花水湾4个乡镇司法确认调解协议597件，均全部正常履行。提升治安防控水平，大联动·微治理”信息平台整合各类视频资源1456路，录入各类信息62.17万条；完成20个乡镇、62个村（社区）综治中心建设；建成县级诉非对接中心1个、乡镇（街道）分中心3个、品牌化调解室4个。更新完善860名人民调解、行政调解、司法调解专家库；10名网格员被评为全市“百佳网格员”；全县6754名“红袖套”力量实施实名制分类管理，启动“应急响应”5次，奖励举报线索78件118人次。对97名三级以上重症精神障碍患者落实救治救助和监护人以奖代补政策。完成1个市级、5个县级挂牌重点区域综合整治。基层“平安创建”活动开展实现全覆盖。2017年，全县万人发案率为17.54%，与同比下降3.13%。

【政法队伍建设】　以专项治理“微腐败”工作、“四对照四提升、做忠诚卫士”专题教育活动、“提升精神区位、争创一流业绩”大讨论活动为抓手扎实开展“两学一做”教育活动，开展各类业务培训1000余人次。组织督察组采取明察暗访的形式对政法机关及派出所（室、庭）的工作秩序、干警执法情况等进行5轮次巡查。落实《全县政法系统重大事项报告制度》《政法系统联席会议制度》《涉案款物管理制度》等制度。法院、检察院、公安局所有涉案款物登记均录入专用电脑，涉案款物规范存放。

军事

人民武装

【概况】 2017年，县武装部围绕党在新形势下的强军目标，学习贯彻省市县党代会精神，大力加强思想政治建设，积极开展国防动员教育，扎实搞好军事训练，深化军事斗争动员准备，做好征兵工作，武装部全面建设有了新提升。

【加强思想政治建设】 县武装部结合党委中心组理论学习、开展维护核心听从指挥主题教育活动和推进“两学一做”学习教育常态化制度化，持续掀起学习宣传贯彻党的十九大精神热潮，扎实开展经常性思想教育。开展“四个 ”活动和建军90周年宣传庆祝活动，组织干部职工学党章、学制度、读好书、观优秀电影，并开展向党旗宣誓等活动。结合年度第二期民兵骨干和专武干部集训、应急拉动演练、联系和扶贫点检查督导、党委中心组学习、干部职工大会等时机对十九大精神进行集中宣传宣讲。扶贫工作扎实推进，对上安镇金鸡村1户、邮江镇雷山村6户困难户提供帮助，使他们尽快脱贫致富。

县武装工作会议

【推进军事斗争准备】 民兵组织和队伍建设有效推进，完成2000名基干民兵的组织整顿工作。扎实开展军事训练工作，加强现役干部训练落实，组织两期民兵骨干和专武干部集训，地质灾害应急救援演练、防汛救灾演练共计2000人次，组织民兵3000余人次做好敏感时期、节假日，重点目标、重要景区巡逻、警戒、执勤工作，通过训练、演练提高专武干部和民兵骨干组织指挥以及处置各类突发情况的能力。

【国防教育】 结合民兵整组、民兵军事训练和专武干部集训，在民兵队伍、入伍新兵中展开习主席系列重要讲话、十九大精神、全军政治工作会议和警备区党委全会精神等的学习宣讲，确保民兵队伍绝对忠诚、绝对纯洁、绝对可靠。结合征兵宣传、全民

2017年，大邑县第二期民兵骨干集训

国防教育日、公祭日等活动，在学校、社区、党政机关和主要街道开展国防知识宣传。

【征兵工作】 县武装部加大高校征兵工作宣传力度，提高大学生参军入伍比例。在成都市奖励的基础上对应征入伍大学生进行奖励，并根据实际情况对基层征兵工作人员给予一定的通信和误餐补助。全年招收新兵若干，其中大学生占70.39%。

人民防空

【概况】 全县人防工作以“战时应战，平时应急”为目标，以“加快防空防灾一体转型、应急应战能力升级”为主线，着力抓好指挥体系、通信警报、人防工程和机关队伍建设，人防建设管理水平不断提升，被市人防办表彰为“人防业务目标完成先进单位”“人防综合目标完成先进单位”“人防组织指挥建设管理先进单位”。

【人防组织指挥体系建设】 县人防办组织编制《大邑县人防十三五规划》《大邑县防空袭方案》。开展疏散地域建设，完成3个接收安置乡镇全面达标工作。指导拟制辖区内电力、交通、燃气等二级重要经济目标完成防护方案，并报市办备案。完成县级指挥所信息化系统建设，新建人防013工程，完成指挥所信息化系统安装、调试工作。做好人防专业队伍整组工作，组建医疗救护、治安、运输、防化防疫、通信、消防、警报专业队和水、电、气抢险抢修等8支人防专业队伍，并对503名人防专业队员进行在职岗位培训，并参加县级地质灾害救援、高层建筑消防救援等活动。

【通信警报系统建设】 加强通信警报网络系统建设。新建防空警报6台，主要分布在龙门山地震断裂带，有效提升地质灾害预警能力。对全县54台警报组织拉网式排查两次，警报设备设施完好率、达标率、警报鸣响率100%。县武装部、城乡建设局、花水湾镇等6家单位获得市人防办“人防警报工作先进设台单位”称号。完善指挥所通信要素，对新建指挥所综合布线系统进行全面测试和调试，保证指挥所网络畅通。完成指挥所网络交换机和电话机的采购和安装，架设短波天线，实现指挥所内部短波通信。开展防空警报专业训练，举办全县防空警报试鸣演练工作会暨警报操作业务培训会，全县人防警报器设置点管理维护人员共60余人参加培训。

【人防工程建设管理】 加大人防行政审批工作力度。紧抓旧城改造和新城建设有利时机，严把工程审批关，依法开展易地建设费征收工作。全年收取人防易地建设费约4033.88万元。开工建设“城市绿洲”“圣桦城”“力扬时代”“青禾名都”等9个结建人防工程，竣工防空地下室两个，面积0.89万平方米，全县建成人防工程面积达到4.2万平方米，在建人防工程5.47万平方米。加强人防工程维护管理，安排专人管理人防工程档案和数字化信息管理系统，及时分类、分阶段归档和更新人防工程系统信息。落实人防安全工作责任制，全年组织开展安全生产大检查14次，确保无安全生产责任事故的发生。大力推进人防工程开发利用，抓好人防地下工程管理和安全运营。全县人防工程利用率达到100%。

【人防宣传教育】 结合国际民防日、防灾减灾日、警报试鸣日、《人防法》颁布日等，开展8次形式多样的防空、防灾知识宣传，印发防空防灾宣传资料两万余份。部门联动，开展人防“五进”活动。与县教育局联合，在全县初中学校开展民防知识教育活动，1100余名初中学生参加人民防空知识教育考试。与县委党校联合，结合全县公务员培训工作开展民防宣传教育培训，参训人员150人次。在晋原街办芙蓉社区、北街社区开展人防知识宣传教育，散发人防知识手册1500余份。获得市人防办“人防宣传教育先进单位”称号。

利用国际民防日进行人防工作宣传

双拥工作

【概况】 2017年，大邑县严格执行优抚安置政策，及时落实各项待遇，主动接收部队转业退伍军人，通过走访慰问部队、军政军民座谈、军民共建等活动，军政军民关系进一步密切。

【双拥共建】 利用“八一”建军节慰问200户困难优抚对象和21支部队。春节为全县10000名优抚对象送去年画并走访慰问21支部队。为驻地部队协调解决办公楼变压器曾容事宜，增设1台315kVA油浸式变压器，更换高压互感器、低压配电柜等器械，彻底解决安全隐患，为部队解决经费20余万元。协调县教育局优先接收现役军人子女入学，年内共计接收部队官兵子女入学入托31人。

【优抚安置】 全县重点优抚对象中，残疾军人376人，在乡老复员军人608人，参战参试950人，带病回乡退伍军人687人，三属（烈属、因公、病故军人遗属）99人，60岁以上烈士子女112人，60岁以上农村籍退伍义务兵1519人，共计4391人，发放优待抚恤金3269万元；为3000人次解决医疗补助189.8万元；完成3882名优抚对象数据核查。接收退役士兵201人，其中自主就业187人，解决一次性地方经济补助523.63万元；为符合安置工作条件的转业士官14人安置到事业岗位。

DAYI YEARBOOK

交通运输·邮政

交通建设和管理

【概况】 2017年，县交通运输局坚持“大交通、大发展”工作思路，抓住成都建设国家中心城市，打造“五中心一枢纽”契机，全力推进综合轨道交通、市域高快路网、重要对外通道和骨干交通路网建设，成功创建省级“四好农村路”示范县。9月26日，将大邑县公路管理所更名为大邑县公路建设服务中心，为县交通运输局所属公益二类事业单位。全年累计完成公路旅客运输2055万人次、客运周转量达到31731万人公里；完成公路货物运输355万吨、货运周转量达到31146万吨公里。年末全县公路里程达1540.6公里，其中国道17.7公里、省道16.7公里、县道220.3公里、乡道633.9公里、村道611.1公里、专用公路17.0公里。另外已建成通车，规划为国道的成温邛快速路大邑段14.1公里和已建成通车，规划为省道的龙门山旅游公路9.7公里。

【交通项目建设】

省市民生工程 至年末，丹刘路、白玉路、唐上路等19.7公里民生道路相继通车；学田路友谊桥、砚通桥、鲜家坝桥等10座民生旧危桥完工。

市域交通枢纽工程建设 成蒲铁路征地拆迁率已达100%；大邑站完成工程量的80%，正抓紧进行内装；王泗火车站已与市域铁路公司签订《新建成都至蒲江铁路王泗镇站建设出资框架协议书》，并协调银行保函相关事项。成都经济区环线高速蒲江至都江堰段大邑段完成交地约20公里、2186.736亩，占规划征地拆迁任务量的86.52%，县境内的4个标段均已开工建设。协助配合市交投完成成温邛扩容改造和花水湾支线工可、设计、水保、行洪论证、环评等前期工作。天新大快速路建设项目（即大邑县二环路北环线建设工程和大邑至新津快速通道建设工程），完成项目PPP实施方案编制、勘察设计、特许经营权获取、省PPP项目库入库等前期工作。龙门山旅游公路大邑至蒲江连接线（起于二环路，止于安出路元兴集镇），全长约11公里，双向六车道，沥青砼路面，总投资约12.7亿元，于6月完工。

县域路网道路及安保工程建设 王泗食品园区道路、悦文路、南互通立交段保通道路、丹刘路、盐化苏路等32.3公里县域道路已完成建设，本年度投资3632万元；白岩寺景区道路、安仁过境路、唐上路、双分路、松大路、大新路安仁至韩场段道路、鹤乌路、王泗镇安出路绕场镇段道路等63.8公里县域道路，农村公路生命防护工程、干线公路交安设施整治等安保工程相继完工；金星乡环湖路、扶贫村主通道、农村公路路侧护栏建设等项目加快建设。

首座全互通立交桥——安仁西立交

【交通运输管理】 强化安全生产源头管理。通过安全大检查、联合执法、每月安全例会等形式，县内9家客运企业、14家物流企业、22家寄递行业、19家在建工地及水上交通运输的安全源头管理工作有序推进。建立公共交通运输补贴机制，制定全县常规公交长效补贴机制和农村客运保险费70%补贴机制，发放保险费补贴、常规公交政策性亏损补贴365.848万元、191万余元。加强对运输市场监管力度，严厉整治打野车非法营运、超限、扬撒等违法行为。查处违规驾培校车、违章客运车辆、出租车，强化出租车稳定工作，对县内出租车运价进行调整。年内，查处客运车辆违章2台次，出租车违章150台次，教练车违章16台次，各类货运违章103台次。

【践行“绿色发展”治理理念】 县交通运输局结合工作实际，采取多项措施践行“绿色发展”治理理念。对重污染天气实施机动车动态限行管理，并督促道路施工工地严格落实“六必须，六不准”制度，推进铁腕治霾工作。对斜江河及县域湖泊水库等通航水域进行环境治理。新改建县域路网100余公里，缓解道路拥堵。加大执法力度，联合公安、扬尘办等部门，采取设点检查与路查相结合的方式，错时上下班，加强夜查力度，切实加大对货车违章行为治理。检查各类货运及客运车辆12000余辆次。查处超限车辆12台次，货运车辆扬尘污染违章115台次。严控扬尘，全年已冲洗道路50723万平方米，清理垃圾370吨，维护道路5515平方米，补植行道树471珠，新增绿地4560平方米。提高县域道路安全隐患黑点整治水平，全年共完成大双路、半雾路、西茶路等县域道路36处安全隐患黑点整治。

【“四好农村路”示范县创建】 2016年9月，大邑启动省级“四好农村路”示范县创建工作，全面推进农村公路建管养运协调发展。在创建省级“四好农村路”示范县过程中，立足全县路网结构、产业布局，以构建外联内通交通体系为基础，加大“窄路”改造力度，固化新（改）建农村公路按等级公路标准建设。全县约400公里的县、乡、村道进行提档升级，整治农村公路旧危桥86座，安装路侧护栏约400公里，实施公路安全生命防护工程35公里。建立完善农村公路养护管理机制，农村公路养护经费已纳入县财政预算。设立县域“一所一队一中心”（公路管理所、交通运输行政执法大队、公路养护和应急保通中心）、乡镇“农村公路养护管理站”，对县道和乡村道路实行各负其责、分级管养。组建专职养护员队伍，健全完善农村公路养护管理考核评价机制，实行县每季度、乡镇（街道）每月实施考核和评价。开展农村公路路政执法和“双超”治理工作，加大对县道、重要乡道、旅游公路等公路非法交通标志设置、乱挖乱占、超载超限运输等行为的查处力度，强化农村公路路政管理。健全完善农村公路客运服务网络，初步形成以县城为中心、乡镇为节点、建制村为网点，遍布农村、连接城乡、纵横交错的农村公路客运网络。全县共开行农村客运班线线路20条，客运车辆141台；开行农村公交客运线路6条，投入车辆74台，城乡公交、城区公交、县际客运班车、出租车实现无缝衔接，重点乡镇（街道）和主要村（社区）均实现公交化。2017年末，全县农村公路通车里程达到1926.587公里，其中县道221.635公里，乡道626.842公里，村、组道1052.133公里及专用道25.977公里，极大地改善农村生产生活条件，促进农村经济社会发展和农民脱贫致富，被四川省人民政府命名为第一批“四好农村路”省级示范县。

【成功举办四川技能大赛】 11月16—17日，四川技能大赛——2017年四川省交通运输行业筑养路机械操作工职业技能竞赛在大邑召开。全省各市州公路管理局19个代表队200余名选手同场竞技。大赛设置理论知识和实际操作技能竞赛两个环节，实际操作技能竞赛环节分为压路机和修补坑槽两个项目。因工作表现突出，县人民政府、县交通运输局分别被四川省交通运输行业筑养路机械操作工职业技能竞赛组委会授予 “协办单位奖”。

漂亮的村道弯曲绵延

邮 政

【概况】 中国邮政集团公司四川省大邑县分公司设综合办公室（安全保卫部）、市场营销部、金融业务部、集邮与文化传媒部、渠道平台部、包裹快递部等6个职能部室。下设晋原街道西街、富民路、甲子路等3个城市邮政支局（所），在安仁、董场、韩场、上安、王泗、悦来、邮江7个乡（镇）设邮政支局，在苏家、沙渠、蔡场、唐场、元兴、高山、三岔、敦义、青霞、金星、鹤鸣、雾山、斜源、邮江、花水湾、西岭等16个乡（镇）设邮政代办所。自办县下汽车邮路5条，邮路日行驶里程390公里；在县城晋原城区设置自办汽车投递段道4条，电瓶车投递段道12条；设置涉农投递路线39条，邮件、报刊投递日行驶里程1279公里，年投递邮件2293343件。

【邮政业务】 年内，强化“一岗双责”，深化“转型+创新”，业务发展稳中有升。全年实现邮政业务收入3760.68万元，同比增幅1.87%。三大板块中，邮务类业务实现收入1185万元，寄递类业务实现收入206.16万元，金融类业务实现收入2603万元。年末，储蓄存款余额13.9亿元，比年初增加10034万元；代理保险1.37亿元。

【邮政服务】 在晋原街道西街支局新增CRS存折存取款机1台，全县共布放金融自助设备19台。在全县城乡居民集中居住区、院校建成智能包裹柜38处，新增邮件投递格口2178个。在全县乡镇(街道)、社区建设“邮掌柜”电商平台123处。加快推进商户资金归集渠道多元化建设，开发“邮你付”商户736户，持续开展“邮爱·夕阳红”“预防邮路”“全民阅读”“精准扶贫”等主题项目活动。年内，下达用户有理由投诉限量指标，建立问题整改台账，规范整改流程，用户满意度测评得分92.18分，企业形象不断提升。

城乡建设与管理

城乡规划

【概况】 2017年，安仁、王泗、花水湾、董场规划管理所由县规划管理局派出机构调整为县规划局所属事业单位县规划事业管理服务中心派驻乡镇机构，各所配备事业人员2人，设所长1名（按县级部门中层正职配备）。全县规划工作紧扣市党代会“西控”战略部署和县委政府中心工作，按照“多规合一”理念，立足发展实际，做好规划保障工作。

【规划编制】 年内编制完成《大邑县发展战略暨城市总体规划（2017—2035）》《大邑县城市控制性详细规划》《大邑县总体城市设计、重要地区、重要地段、重要节点详细城市设计》《大邑东部新区总体规划》《大邑县蓝线规划（2017—2035）》5项规划。指导并协助完成《大邑县全域旅游总体规划》《大邑县全域村庄布点规划及传统村落规划》《大邑县城市双修（生态修复、城市修补）专项规划》《西岭雪山—花水湾旅游度假区总体规划》《安仁镇历史建筑、历史街区保护与利用规划》《大邑县高校、职业院校、中小学、幼儿园（办公）专项规

县规划大会战工作汇报会

划》《大邑县医疗卫生机构布局专项规划》《大邑天府文化保护与利用专项规划》《安仁镇控制性详细规划修编》《安仁镇总体城市设计、重要地区、重要地段、重要节点详细城市设计》专业专项规划共计14项。

【规划实施与管理】　依法严格审批管理，全年办理单位、个人“一书三证” 及图（含技术备案）163宗。其中《建设工程选址意见书》4宗、《建设用地规划许可证》27宗、《建设工程规划许可证》 52宗（个人11宗）、《建设工程验收合格证》34宗（个人11宗）、建设工程规划技术咨询备案意见39宗、建设工程规划核实技术备案意见7宗。履行规委会办公室职责，推进项目快速实施。共组织召开规委会专家委员会10次、规委会9次、审议议题47个，审议通过大邑县桃源新城西区控制性详细规划，大邑县安仁镇总体规划（2016—2030），安仁镇北部片区控制性详细规划修编，新场镇双井村、石虎村、花水湾镇伍田村扶贫村规划等24个规划方案。结合《大邑县新一轮“4.20”增减挂钩项目实施指导意见》，通过公开招标的方式选择18家具有相应资质的建筑设计机构和规划编制机构，成立建筑设计和规划编制备选名录库，参与大邑县“4.20”挂钩项目农民集中居住区建筑设计和村庄规划编制服务工作。推行专家服务制度，成立以规划类、建筑类、景观类具有实施管理控制经验的专家以及乡村规划师为成员的专家组，对规委会审查通过的项目由专家组进行现场技术指导。

【美丽新村规划建设】　结合“4.20”灾后重建增减挂钩项目建设，指导完成王泗镇且埂村、晋原街道马王村两个示范“小组微生”项目的规划设计方案。通过“多规合一”，实施全域乡村规划，施行乡村规划师管理制度，加强乡村规划管理，实现产城相融、城田相融、产村相融，推进城乡空间融合、乡村空间优化，打造幸福美丽新村升级版和特色镇建设。组织编制完成17个市级相对贫困村规划，其中斜源镇六坪村规划于1月获2016年成都市优秀扶贫村规划三等奖。

【测绘工作】　加强测绘执法，全年有49宗测绘项目进行测绘备案。对县内市政道路、基础设施、安置小区、开发小区及工业区企业放线作业70余宗；对市政、开发小区和个人业主等50宗建设项目规划竣工验收测绘。

城乡建设

【概况】　2017年，县城乡建设局围绕成都市建设全面体现新发展理念的国家中心城市和“西控”发展战略，以项目建设为重点，抓好各项工作。实施城建攻坚项目49个，完成投资40.3亿元，建成大小北街安置房，县城南北历史轴线全面呈现。推进东部新区建设，实施基础设施及配套产业项目23个，完成投资15.6亿元，东岳小区安置房建成投用。加快建设安仁、新场等7个特色镇，实施基础设施及配套产业项目52个，完成投资15.7亿元。启动实施1.6万亩农村土地综合整治，投资30亿元、布点43处，逐步改善2.2万户6.6万人居住环境。启动建设祥和等4个田园综合体示范项目，建成幸福美丽新村31个，成功创建省、市“四好村”79个。县城建城区面积24.27平方公里，建城区绿化覆盖率面积8.42平方公里，公园绿地面积1.44平方公里。年末实有城市道路面积165.38万平方米。全年注册地资质总承包和专业承包建筑企业30个，完成建筑企业总产值68.59亿元。

【城中村改造】　年内，县城建局牵头实施城中村改造任务430户，涉及沙渠镇285户、安仁镇60户、悦来镇61户、上安镇24户。8月底，提前完成改造540户。做好2018年城中村改造摸底调查

1月5日，副市长刘宏葆调研大邑小城镇建设

工作，将沙渠镇片区、王泗镇片区、安仁镇片区433户纳入2018年城中村改造目标任务，并上报市城改办。启动2018年城中村项目包装融资前期工作，已完成大邑县2018年城中村项目融资方案拟制工作，确定将沙渠镇片区、王泗镇片区、安仁镇片区433户城中村改造项目进行项目包装向农发行融资。

【小城市和特色镇建设】 按照“产城一体、四化同步”发展理念，加快以沙渠镇为核心的东部新区建设，2017年重点实施项目23个，完成投资15.66亿元，城市建成区面积达到4.7平方公里，城镇化率达85%以上。加快推进安仁、王泗、花水湾、新场、韩场、斜源、苏家7个特色镇建设，年内重点实施项目52个，共计投入15.7亿元，小城镇设施更加完善、功能更加齐全，城镇的承载能力和辐射带动能力均显著提升。“小组微生”新农村综合体建设步伐加快，启动建设24个“小组微生”项目，完成高山社区、蔡场新福村等10个新农村综合体建设。大邑特色镇建设受到肯定。新场镇在历史文化名镇建设保护做法，受到住建部城乡规划司副司长张兵肯定；安仁特色镇建设成效显著，在全省百镇建设试点工作会上做经验交流汇报；安仁镇、花水湾镇通过竞争性遴选进入2017年成都市重点支持的特色镇；安仁成功举办第七届国际慢食全球大会、“安仁国际艺术音乐节”等主题活动，人民网、新华网等主流媒体竞相报道，安仁文化品牌效应进一步放大。

【安置房建设】 为确保安置房项目建设顺利推进，年初会同县委县政府目督办联合下发《2017年安置房建设目标任务分解表》，明确建设目标任务，落实责任主体，规范项目建设进度。全年召开安置房建设工作推进会8次，对安置房建设中存在的重大问题进行研究，并及时解决，确保全县安置房建设分配有序推进。强化宣传报道，年内安置房项目建设工作被新闻媒体宣传报道5次。全年完成安置房项目3个，面积21.22万平方米，1771套，总投资5.73亿元，可安置4400余人。对桃源西区安置房、沙渠东岳小区进行安置分配，安置拆迁群众5200余人，顺利解决拆迁安置群众超期过渡问题。停工4年的锦屏佳苑安置房复工建设并顺利完工。

【城市基础设施建设】 县城建局牵头实施政府投资项目13个，总投资14.05亿元，年内完成投资6.5亿元。对孟湾东路、通达路、内蒙大道延伸段等市政道路进行改造升级，优化城市道路网络功能和级配结构，并实施道路雨污分流改造。按照县城区“一山一心，一环两带多园”的总体规划布局，对中心城区骨干通道、重要节点等绿化景观进行建设。贯彻落实海绵城市理念，建设具有自然积存、自然渗透、自然净化功能的海绵型城市，在城市道路改造时均采用透水砖铺装，增大降雨期城区下渗水量，提高对雨水的吸纳和蓄滞能力，并提升沿交通线绿化景观，完善城市生态系统。全年完成校园周边环境提升工程、孟湾东路、通达路、官渡佳苑、建华三期和旅游公厕等一批重要市政基础设施、公共服务配套设施项目建设。

县人大副主任何晓视察安置房建设情况

【林盘整治】 2017年重点实施王泗镇赵大院子、王泗镇赓家大院、鹤鸣乡新民村鹤兴林盘整治，全面完善基础设施和公共服务配套，改善整治林盘面貌，人居环境得到明显改善。林盘项目实施乡镇结合区域位置、文化底蕴、辐射带动作用和优势产业发展的需要，制定林盘整治规划，做到整治林盘特色鲜明。林盘整治工作中，在尊重群众意愿的前提下，按照村民自主的原则和民主管理的有关规定，充分发挥村民议事会、监事会等作用，积极引导，鼓励农户参与，使林盘整治项目深得民心。

改造升级后的通达路

建设管理

【建设工程招投标管理】 严格按照建设工程招标投标管理工作要求，依法履行好建设工程招投标领域的稽查、监管和服务职责。共开展现场监督94场次，完成45个政府投资项目工程招标备案，对619余个房屋建筑和市政基础设施建设项目网上公示情况进行监督检查，持续推进招投标活动规范运行。

鹤鸣乡新民村鹤兴林盘

【施工现场监管】 开展建筑工地安全文明施工监督检查，对全县50余个在建项目开展安全文明施工检查，在建项目全部达到安全文明施工技术标准要求。不断强化绿色施工，推进“禁止现场搅拌工作”，全县散装水泥使用率为78%，预拌砂浆使用量率为49%。推进建筑工地扬尘信息化全天候监控，完成32个规模以上在建项目扬尘在线视频监测设备安装，实现辖区内建设工地扬尘在线视频监测全覆盖。开展执法监督，共出动执法检查660余人次，下发整改通知书24份，暂停施工通知书两份，行政处罚28起，处罚金额共计56.39万元。

县城建局局长黄睿带队检查工地

【建筑节能减排管理】 县城建局落实绿色建筑和装配式建筑要求，全力推动全县建筑业转型升级和绿色低碳发展。在拟出让土地具体装配式建设要求中写入《（招拍挂）建设条件通知书》中予以明确，明确开发建设条件执行建筑预制装配率标准，确保每一宗土地均落实装配式建筑建设要求。单体建筑预制装配率具体要求为总建筑面积小于2万平方米的公共建筑项目和总建筑面积小于20万平方米的居住建筑项目，单体建筑预制装配率应不低于20%；政府投资项目、总建筑面积大于2万平方米（含）的公共建筑项目和总建筑面积大于20万平方米（含）的居住建筑项目单体建筑预制装配率应不低于30%。已向县国土局发出《大邑县城乡建设局（招拍挂）建设条件通知书》16份。在施工图审查阶段，对所有民用建筑和公共建筑均严格绿色建筑和装配式建筑要求，对未进行建筑节能设计、未通过建筑节能专项审查的项目一律不予办理施工图设计审查备案。已备案一星级绿色建筑项目34个，总面积约83万平方米，全部执行绿色建筑标准，备案率为100%。进行建筑节能施工现场实施情况随机抽查33余次，专项检查2次；新型墙材专项检查3次，发现问题立即整改，并对整改合格情况进行复查。

【推进清欠工作】 强化清欠工作，督促项目建设各方主体履行职责，将农民工工资日常支付行为纳入信用综合评价管理。共协调处理拖欠民工工资和工程款事件104件，涉及农民工人数1700余人，金额3400余万元。

【行政审批管理】 及时精简行政审批要件、停征相关报建规费。共办结各项行政审批服务事项472件（其中办理并发放建筑工程施工许可证82件、建筑工程竣工验收备案33件、初审上报房地产资质6件、建筑业企业资质审核36件，另有招投标监督备案、质量监督备案、安全监督备案等事项共计315件），累计征收各项行政事业性收费约1.8亿元。按市建委要求精减6项办理建筑工程施工许可证前置审批条件，并于4月1日起停征新型墙体材料专项资金和新建房屋白蚂蚁防治费。

【完善建筑市场信用监管体系】 推行建筑施工总承包企业和监理企业信用综合评价管理，进一步规范建筑市场秩序，强化建筑市场主体信用管理。完成18家企业基本信息录入，上报中标备案业绩46件、合同备案业绩37件，对37个在建项目进行工程质量管理评价打分，对34个在建项目进行工程安全管理评价打分，并在25个建设项目招标过程中运用信用评价。切实发挥部门引导作用，进一步规范建筑市场秩序、提升施工现场质量安全管理及企业内部管理水平。

城市管理

【概况】 2017年，大邑县城市管理局内设办公室（计划财务科）、政策法规科（挂行政审批科牌子）、环境卫生管理科、数字化信息管理科、市政绿化管理科、纪检监察室6个职能科室；有县城市管理综合执法大队（副科级参公管理行政执法机构）、县城市管理局安仁分局两个直属执法机构；有县市政环境卫生服务中心、县城市管理服务中心、县晋原环境卫生管理所3个直属事业机构。县城管局以不断提升人民群众对城市管理工作的满意度为出发点和立足点，深入贯彻"大城市细管理严管理"和"天天归零"理念，坚持常态、长效管理和规范、文明执法，推进城市管理精细化、智能化，促进城市环境更有序、更安全、更干净。

【城乡环境综合治理】

背街小巷专项治理 为深化城市治理，改变背街小巷市容环境"脏乱差"现象，确保城市管理无盲区、无死角，县城管局于4月牵头开展县城区38条背街小巷环境综合整治攻坚行动，重点整治道路破损、墙面破旧、占道经营、乱停乱放、乱涂乱画等问题。通过前期摸排共归纳背街小巷各类问题420余条并建立工作台账，各单位按职责划分有计划地进行整改，年底完成20条背街小巷环境治理工作和五斗街等3条特色街区打造。

城乡环境综合治理 以示范创建工作为契机以点带面促进全域城乡环境面貌改善，重点指导8个村开展市级"百村容貌"示范创建、10个村（社区）开展全县农村环境治理全域推进示范村等工作，通过完善基础设施、加强宣传和督促建立村民自治机制等，推进农村环境"脏、乱、差"整治；配合相关单位加强指导

7月12日，县委副书记、县长廖暾，县委常委、县政法委书记李伦，县政府副县长杨波等同志率队看望慰问高温下坚守一线的环卫工人

斜源镇、花水湾镇、邮江镇深入开展农村环境治理和集镇秩序管理工作，全力建设统筹城乡综合配套改革试验区；指导各乡镇（街办）和部门开展“全方位、无死角”的非正规垃圾堆放点排查整改工作，以排查为手段再次全面梳理城郊结合部、环境敏感区、交通干线、河道沿线以及农村垃圾收运体系等具体环节，排查情况逐一巡查并回头督查。

“四改六治理”和城郊结合部环境治理 坚持每月收集各成员单位工作情况，积极组织督查工作小组开展定期、不定期督导检查工作，发现问题严格按“督办—催办—通报—追责”的工作制度责令责任部门限期整改，并抓好跟踪回访确保问题不反弹；重点督促责任部门全力推进市级目标任务大小北街片区项目建设和内蒙古大道延伸线改造工程；聘请第三方测评机构每季度开展各乡镇（街办）城郊结合部环境治理测评工作，督查和测评情况在全县城乡环境综合治理工作推进会上通报。

扬尘治理 持续加强源头治理，采取日常巡查和专项检查相结合的方式强化“四大工地”监管，每天对所有在建工地进行不少于2次巡查；坚持严惩违规运输，汇同县公安、交通等部门开展联合执法，对建筑垃圾运输采取“进企业”和“设卡点”监管，定期检查建筑垃圾运输企业，分时段对运渣车上路情况设点检查，严处证件不齐、车身不洁及“三超一闯一乱”等违法违规现象。

机动车清洗站管理 联合县公安、环保、水务、交通、市管等部门和各乡镇（街办）强化全县机动车清洗站管理，形成联席会议制度和联合执法制度，重点整治占道作业、污水乱排、污泥乱处置等问题，并督促各机动车清洗站办理完善相关证照。

餐饮业治理 县城管局牵头开展全县燃煤餐饮企业“煤改气”“煤改电”工作，全县375户燃煤餐饮企业除关闭51户外全部整改完毕，共发放以奖代补资金32.4万元。督促县城区64家用碳烧烤摊点完成炉具改良，使用花箱等设施，完成金融中心、圣桦城周边2处烧烤店面物理隔离试点打造。

【城乡垃圾无害化处理】

城乡生活垃圾分类 配置1410个分类垃圾桶，1143个铁制垃圾桶，23个快速保洁车。印发2万余册《大邑县生活垃圾分类指引手册》，开展绿色低碳宣传，引导民众形成生活垃圾分类意识。开展垃圾分类进社区、进校园、进机关、进商业综合体、进家庭、进院落活动，开展分类村（社）26个、物管小区21个、学校6所、机关单位20个、商业综合体3个。农村生活垃圾分类户数达到11199户，城区生活垃圾分类户数达到10042户。强化乡镇（街道）农垃前端分类、环境卫生整治督查工作，规范农垃专项资金的管理使用，将督查结果与督查当月的农垃工作运行经费划拨直接挂钩。

生活垃圾填埋场管理与运行 县城管局按照“深化绿色发展，加强生态文明建设”工作统一部署，以迎接中央、省环境保护督查为契机，将高标准打造城市生活垃圾无害化处置工作作为建设生态宜居城市的重要举措。投入资金10万元，启动系统改造和设备升级工作，重新更换管式曝气器系统和破损设备，升级在线监测设备。投入资金127万元，实施渗滤液处理站扩容工作，新建容量为3500立方米渗滤液调节池1个，并投入使用。投入20余万元资金购买6000米覆盖膜用于垃圾覆盖，减少蚊蝇的繁衍和臭气滋生，实现雨污分流。做好生活垃圾填埋造册登记工作。全年总计填埋垃圾11.7万余吨，处理渗滤液2.7万吨，达标排放1.6万吨，确保无环境污染事故发生。治理垃圾拦渣坝隐患。垃圾填埋场已运行7年，总库容为92万吨，现入库量已达70余万吨，为切实加强安全隐患治理，聘请四川省建筑科学院对大坝进行评估鉴定，启动应急抢险程序，实施垃圾拦渣坝加固和改造。

【市政设施管理和维护】

道路桥梁维护 2017年，接收新建道路邑邛故道、仁和街两条道路，接收新建桥梁滨江大桥、滨河桥及鹤翔桥。县城管局共管护道路106条，长度68.259公里，面积1653752平方米，其中Ⅰ类道路24条、Ⅱ类道路45条、Ⅲ类道路37条。通过现状调查统计和病害梳理整合，制订道路桥梁养护计划，全年维修路面约20000平方米；开展桃源桥病害整治补强工程及西桥、斜江桥常规定期检测工作。处理违法接坡约1800米；开展城区街道及人行道拔除路钉行动，排除隐患80处。对城区约1073根非机动车停车栏进行翻新刷漆。

路灯管护 开展“有路无灯、有灯不亮”集中整治，累计修复路灯共700余处。重点对城区内居民社区、背街小巷等路段路灯线路进行检修、维护保障，替换新、旧电缆、电线8200余米。对部分区域绿化、3座桥梁进行光彩美化并强化管理维护。

井盖病害治理 完成全县城市道路检查井盖病害治理719座（其中含加设防坠网194座）。会同各井盖治理权属单位召开“通信管线设施管理工作协调会”和“市政基础设施建管移交历史遗留问题协调会”，解决通信部门病害治理标准不统一和大邑大道雨污井盖管理权属不清等问题。

【园林绿化管理和维护】 按照“增花添彩”和“见缝插绿、身边添绿、多元增绿”工作思路，提升城区绿化景观品质，新增县城区行道树约900株、灌木丛300平方米，播撒花籽10000余平方米，改造草坪约2900平方米，修剪、加固行道树1100余株等；实施县城区新一轮绿化管护市场化服务外包。

【数字化城管】 建立高位协同联席会议机制，制发《大邑县城市管理数字化管理工作考核办法》，完成19个乡镇数字城管系统接入和处置终端操作人员配置，并启动乡镇集镇数字监管工作。受理建立各类事、部件问题案卷66358件，处置结案率达到99.37%。5月和8月，县数字城管中心受山西省数字城管专委会与住建部信息中心邀请，分别在山西省省级数字城管培训班和全国数字城管技术应用培训会上就系统建设、运行和转型升级做经验交流发言。

【广告管理】 完善户外广告评审、审批机制。全县户外广告及招牌审批率达100%，办理审批案件176件。开展全县城区出入城通道违规户外广告招牌治理工作。年内整治成温邛高速沿线、城区主要出入城通道沿线户外广告招牌治理215个。开展城郊结合部简易招牌改造提升试点工作，已完成雪山大道、内蒙古大道两条街道招牌改造提升。规范提升户外广告，对高速公路东出口南出口、内蒙古大道官渡路口、梁平路口等点位的单立柱广告进行整治，拆除脏破烂损的户外广告，清理到期户外广告9处。结合背街小巷专项整治工作，完成小东街等5条街道招牌提升试点工作。开展全县重大投资项目、“创新、创业”园区周边、重大工业项目、重大工程建设项目周边户外广告、招牌清理，重点对沿线临街的楼顶招牌、伸出式招牌、占道招牌、脏烂破损招牌、缺笔少划招牌、窗式LED招牌、超大超亮招牌，违规LED显示屏广告、立柱广告、桁架广告、布幅广告、灯箱广告进行治理。全年共治理70处。开展户外广告招牌安全排查，对存在安全隐患的楼顶招牌、伸出式招牌、LED发光字招牌、占道招牌全面清理，督促商家落实安全主体责任。全年在西岭大道等路段处理安全隐患广告招牌93处。开展违规LED广告招牌及超亮照明设施的专项治理。对严重影响周边夜景环境，市民投诉反映光照过亮的LED显示屏、LED字幕、LED发光字招牌以及大功率探照灯和超亮景观照明进行专项治理，共整治36处。

【市场管理】 强化错时段管理。安排城管执法人员在正常工作时段之外，加强主城区早间市场的规范管理，重点加强对东门市场、南门市场、西桥、鸡市、公园门口、子龙街、市南巷、小广场早市的规范管理。早、中、晚对主城区重点路段区域巡查，严禁占道经营和游街叫卖，基本实现监管全方位、管理无缝隙，使城区秩序得到明显改善。

【城管行政执法】 加强市容秩序管理，通过堵疏结合、联合整治、集中取缔等方式，清理规范乱摆摊点、乱牵乱挂、乱堆乱放等40000余处；严把户外广告审批关口，提升户外广告执法精细管理水平，对既有户外广告逐一巡查梳理，拆除违规设置、破旧破损、安全隐患户外广告900余处；清理各类“牛皮癣”6000余处，创新“牛皮癣”管理模式，坚持向城区商家发放城管提示牌、安装37处便民信息栏；新增便民疏导点4处（2处临时农贸市场、2处停车场）。落实行政执法职责，加强法规业务知识培训，举办城管工作程序、工作技巧及相关法规知识培训6次，开展法制宣传25次，办理行政执法案件40件。加强城管法规宣传，通过在《今日大邑》传统媒体和县城管局官方微博、微信公众号等新媒体上进行城管法律法规的宣传，在人流集中区域发放宣传单，出动巡回宣传车等开展宣传，在执法过程中向群众进行城管法规的宣传教育。

在人民广场进行法律宣传

【城市垃圾处理费征收】 县城管局工作人员采取上门服务方式向县城区内各党政机关、企事业单位、社会团体、个体工商户及城镇居民征收生活垃圾处理费。为进一步规范企事业单位垃圾清运处理费征收，分别与6个企业签订征收协议。年内共收取生活垃圾处置费1231606元。

房地产业

综　述

【概况】　2017年，全县房地产市场运行总体平稳，商品住宅成交量价齐升，库存压力明显缓解。二手房成交同比增长。商品房供应区域主要集中在大邑大道两侧、桃源新城及东门片区。至年末，全县在建、在售商品房项目28个。房屋建筑施工面积268.35万平方米。房屋建筑竣工面积159.52万平方米，其中，住宅竣工面积77.98万平方米。

房地产开发

【蓬莱尚岛】　由成都佳利投资有限公司开发。项目位于大邑县安仁镇大安路6666号，公交11路、13路、15路可到达。占地面积486.11 亩，建筑面积145000 平方米，户型面积209—870 平方米。规划户数476户，车位数1050个，容积率56.30%，绿化率1.01。

【金融中心】　由大邑金控置业有限公司开发。项目位于大邑县潘家街四段469号。占地面积120.06 亩，楼层状况1—24层，户型面积65—114平方米，规划户数2500户，车位数2336个，容积率60%，绿化率3.98。

【保利中央峰景】　由成都市保邑房地产开发有限公司开发。项目位于雪山大道777号。占地面积248.18 亩，建筑面积500000 平方米。楼层状况为4层、6+1层、11+1层、18层、26层，户型面积77—230 平方米。规划户数1300户，车位数1335个。容积率32.91%、绿化率1.76。

房地产投资

【概况】　2017年，实现商品房促建73.07万平方米，完成固定资产投资11.93亿元。

【商品房供应和销售】　全县新批准预售40宗，建筑面积73.07万平方米，同比增长40.55%，其中住宅53.39万平方米，同比上升33.51%；商业6.64万平方米，同比上升24.34%。全县商品房成交77.42万平方米，同比上升29.01%，成交金额34.46亿元，同比上升41.06%。其中商品住房成交71.16万平方米，同比上升29.64%，成交金额31.48亿元，同比上升47.48%，成交均价4398元/平方米，同比上升13%；商业用房成交2.79万平方米，同比下降2.79%。

【二手房交易】　全年成交二手房22.97万平方米，同比增长49.93%；其中二手住房成交19.9万平方米，同比增长65.73%。

表10　2018年大邑县房地产企业和开发项目情况表

序号	企业名称	项目名称	负责人	资质级别
1	成都建宁置业有限公司	春熙江岸	樊建成	暂三
2	成都心苑林业开发有限公司	雾山河畔	周小东	暂三
3	成都恒霈房地产开发有限公司	恒宇时代天街	周喜明	暂三
4	成都天邑惠昌房地产开发有限责任公司	春江花园	李俊画	三级
5	成都市保邑房地产开发有限公司	保利中央峰景	阎石林	三级
6	四川祥荣房地产开发有限公司	城市绿洲	曾仲雄	二级
7	恒大地产集团大邑有限公司	恒大山水城	催莹莹	暂三
8	四川省鑫开源矿业有限公司	鑫河国际	何鑫	三级
9	成都中铁巴登巴登温泉开发有限公司	王山商住	刘鹏	三级
10	成都锦地房地产开发有限公司	香槟国际	刘文章	暂三
11	四川兴唐房地产开发有限公司	春天国际	严兴桃	暂三
12	四川省巴中市集洲房地产开发有限公司	润州华府	毛明勇	二级
13	四川中超房地产开发有限公司	香槟大道	张钧瑞	暂三
14	成都佳利投资有限公司	蓬莱庄园	张克春	暂三
15	成都宜家居房地产开发有限公司	卡伦德拉	孟凡军	三级
16	成都鑫隆源房地产开发有限公司	林肯郡	衡先廷	三级
17	成都市博恒房地产开发有限公司	圣菲一号	范曲明	暂三
18	大邑金控置业有限公司	大邑金融中心	杨西	暂三
19	四川省新汉实业有限公司	北欧丽景	涂智英	暂三
20	成都国大置业开发有限公司	子龙宸苑	梁茂彬	三级
21	成都宇峰置业有限公司	圣桦城	谭晓柯	三级
22	成都恩威道源圣城旅游开发有限公司	鹤鸣青云墅	王萍	暂三
23	大邑力扬房地产开发有限公司	力扬时代名苑	罗勇	二级
24	成都恒邑房地产开发有限公司	恒昌格兰郡	严科	暂三
25	广安市泰弘房地产开发有限公司	外滩	林才斌	暂三
26	成都加好投资有限公司	溪山晴翠	冉仲书	暂三
27	成都邑鑫房地产开发有限公司	欣城印象	张印权	暂三
28	四川安仁建川文化产业有限公司	安仁新公馆	石春艳	暂三

续表

序号	企业名称	项目名称	负责人	资质级别
29	四川建豪房地产开发有限公司	紫荆尚品	舒梅	三级
30	成都东方圣地房地产开发有限公司	翰城国际	洪德平	三级
31	成都俊捷科技有限责任公司	玉峰	龚榜建	暂三
32	成都银狮房地产开发有限责任公司	幸福公社二期	王长寿	暂三
33	四川西蜀盛信置业有限公司	聚龙名城	杨勇	暂三
34	四川省川源中惠房地产开发有限公司	惠山公馆	张岳山	暂三
35	大邑青禾置业有限公司	青禾名都	徐振东	暂三
36	成都邑信合创房地产开发有限公司	御金府	林彬	暂三
37	成都恒安置业有限公司	锦天新城	王晓东	暂三
38	四川龙源置业有限公司	大邑凤凰岛	孔建涛	三级
39	四川森林房地产开发有限公司	翠锦西岭	徐跃彬	三级
40	成都安舒置业有限公司	砚湖文化广场	肖文祥	暂三
41	成都源景房地产开发有限公司	子龙邑都	匡柏林	三级
42	成都三钏房地产开发有限公司	锦绣宸府	赵诉权	三级

房产管理

【概况】 充分发挥房管职能职责，承担全县住房保障、国有土地上房屋征收、棚户区改造、房屋权属登记和档案管理、物业管理、房屋安全管理等主要工作。

【房地产市场管理】 加强对房地产市场发展态势的研判。建立全县在建、在售、在交付商品房项目监管台账。加强房地产市场异动监测和异动情况核查处理，对商品房销售进行监督检查。加强同开发企业的联系，定时召开联席会。研判项目维稳风险，及时处理突发事件，做好政策解释。落实成都市房地产市场调控措施的工作要求，实行新增商品房申报价格会商制度和商品住房开盘销售公证摇号排序选房制度。

【房产交易和权属登记管理】 2017年，完成各类房屋登记2.2万件，出具各类房屋信息查询15650宗。配合各级公、检、法政法机关及各级纪检部门查询及查解封房屋215宗。

做好房屋经纪机构备案、房屋租赁备案和存量房网签管理工作，全年办理新增、续期和变更的房地产经纪备案机构共22宗，房屋租赁登记备案211件，办理申请撤除网签160宗。规范房地产经纪行为，开展房地产经纪机构日常巡查检查，牵头相关部门开展专项检查，及时查处和纠正违法违规行为。指导房地产经纪行业协会组织从业人员61人参加成都市房地产销售人员培训考试。

【廉租住房】 加大住房保障工作力度，逐步推进公租房廉租房并轨管理，统一准入、审核、退出标准。全年租赁补贴发放21户，新增4户。11月11日，举行2017年公共租赁住房分配公开抽签大会，将腾退出的50套保障性住房以公开抽签方式确定公共租赁住房住户。

【旧城改造】 2013年以来，全县相继启动实施体育场南路片、大北街片、小北街片、滨阳路五一厂片、西门氮肥厂片、鹤翔大道片、温泉路建华片和迎春道环宇厂片8个棚户区改造项目，涉及改造户数2453户，改造房屋面积约23万平方米，总投资24.1273亿元。体育场南路片、大北街片、小北街片安置房和市政配套建设工程已基本竣工即将交付使用。2017年，县房管局承担建华片棚户区改造项目和环宇片棚户区改造项目。其中建华片区改造范围3.07亩，改造户数82户，改造房屋面积约0.97万平方米，总投资约0.6239亿元；环宇片棚户区改造项目改造范围111.27亩，改造户数226户，改造房屋面积约3.9平方米，总投资约2.7658亿元，均达到签约率100%，货币化率100%。

【购房财政补贴】 累计报送政府购房补贴8批次，共计42户，发放购房补贴金额23.77万元。

【物业管理服务】 加强对物业行业管理，做好物业纠纷调处工作，指导监督全县物业协会、物业企业依法依规经营，利用市房地产行业信用记分体系，运用好信用记分平台，进一步规范行业行为，提升全县物业行业服务水平。做好文明热线、网络理政平台、群众来电来信的及时处理回复，搭建社区、物业、业主对话平台，落实日常巡查制度，调解物业服务纠纷10余起，处理和回复各类投诉300余件，上级（交、督）件按时办结率达100%。

【房屋维修资金监管】 加强住房专项维修资金监管，全年共归集专项维修资金725.78万元，辖区内维修资金归集率100%。新建商品房保修金828.15万元，审批维修资金使用4笔。加紧对尚未催缴到位的“应缴未缴”维修资金项目的催缴清欠工作，并在开发建设单位补交维修资金前，建立共用部分、共用设施设备维修保障机制，切实做好相关矛盾纠纷调处工作。严格按照老旧院落维修资金管理相关指导意见，指导辖区内老旧院落规范建立、管理、使用维修资金。做好辖区内维修资金账户信息公开“晒账”工作。做好专项维修资金使用备案及新增“未及时结算”使用项目的督促结算工作。

住房公积金管理

【概况】 成都住房公积金管理中心大邑管理部于2004年11月19日成立，是成都住房公积金管理中心派出机构，现有工作人员9人。负责大邑县住房公积金归集、提取、使用等业务的承办和管理工作。

【公积金归集和管理】 截至2017年末，大邑管理部新增归集额40817.74万元，同比增加4232.63万元，增长率为11.57%，新增人员4600人。累计归集额21.61亿元，归集余额10.79亿元。正常缴存单位380家；1—3季度逾期缴存率为0，第4季度逾期缴存率为0.27%。办理各类提取10400笔，提取额22500.76万元，提取率55.12%。累计发放贷款7984笔，16.54亿元，贷款余额11.45亿元，贷款回收率保持在99.99%，无3期以上逾期。新增合作项目11个，现有合作项目15个，辖内符合条件项目满覆盖，保障了贷款职工需求。

资源与环境保护

水资源管理

【概况】 全县水务工作坚持“绿色发展，生态治理”原则，围绕生产、生活、生态“三水共治”工作任务，强化措施，在推动水利基础设施建设、推进全域饮水工程建设、做好排水基础设施建设、开展防汛减灾防治工作、推进“重拳治水”、加强涉水行业管理等方面，实现水务工作新突破。

【水利】 全县农田水利工程管护措施到位、运行正常，整治渠系64.94公里，完成渠道掏淤1500公里，新修加固堤防工程1.43公里，建设村镇供水工程6处，敷设供水管网79.53公里。加强小型农田水利工程建设和日常管护工作，大大减少渠道损坏引起的水量损失，提高渠系水利用系数，新增节水灌溉面积0.63万亩，恢复改善灌溉面积灌面1.54万亩，解决农村1.1万人饮水安全。县水务局被四川省水保局评为2017四川省水土保持补偿费征收工作先进单位、四川省水保规划编制先进单位。

【排水】 推进排水项目建设，5月完成全县2017年18条黑臭水体治理方案编制和评审工作，推动黑臭河渠的综合治理。至12月末，完成14条涉及非工程措施的黑臭河渠治理。实施全县排水PPP项目（乡镇污水处理厂和微处提标改造、王泗王泗处理厂、农业污水处理厂）包装。完成老龙堰红光5、6社段排涝工程包装，上报县政府，待审批后实施。完成老龙堰上游片区旧城（含背街小巷）雨污分流改造项目的梳理和包装。协助和指导安仁华侨城完成核心景区地下排水管网改造项目包装。6—11月，完成城区管网病害检测34公里，利用检测成果完成老龙堰污水截流改造，完成山口堰沿渠污水收集项目的包装。迎接中央和省环保督察，完成新场污水处理厂进水浓度较低的整改、老龙堰渠水黑臭问题整改，督促县污水处理厂进行规范化整改。加强排水设施管理、管护和行业管理，做好各类井盖耗材的进出库记录，更换维护各类排水检查井、雨水篦共189套，其中办理数字化城管案件214宗。对城区排水管网进行春季清淤，共清淤约4000立方米；在汛前对排水设施和9余处易涝点进行专项排查，完成改造处排水设施堵塞点位7处（李波诊所、观音阁、老社保局、罗湾巷、天主堂街、老龙堰、菜管站），确保排水通畅和排水设施正常运行。依法办理排水许可证，规范各排水户排水行为。参与各类排水技术方案审查20件，审核排水工程竣工移交、接收两件。对违反排水设施管理行为下达整改通知共3件，处理市民投诉、县长信箱、水环境督办事项等10件。完成检查井盖病害整治50套。积极配合城管局清理整顿城区洗车场排污问题，共清理整顿125家，规范86家。县城排水管道已经累计达257.06公里。

【供水】

城乡供水基本情况　2017年末，全县有城乡集中式供水设施 164处，设计供水总规模16.5万M3/D，实际日供水规模12万M3/D，已形成平坝区由第四自来水厂供水的城市乡村供水一体化格局；山丘区形成以区域性的西岭、鹤鸣、金星等集中式供水工程为主、分散供水为辅的乡村供水格局，总体实现全县农村安全饮用水基本达标，受益人口44万人，城乡集中供水率达85%以上。2017年全县城乡供水能力16.5万吨/天，全年实际总供水3635万立方米。

城乡供水设施建设　完成大邑县沙渠精品农业园给水主管配套设施工程，对第四自来水厂进行管网延伸，新建供水管网6公里。项目总投资255万元。项目已经完工，可解决园区7个安置点约0.3万人供水问题。实施大邑县2017年农村供水管网延伸工程，对第四自来水厂及雾山水厂进行管网延伸，建设供水管网94公里，受益人口1.7万人。完成县域城乡居民饮水提升保障项目农村自来水入户安装工程建设，解决约1.2万户群众的饮水问题，项目总投资1191万元。实施沙渠工业区供水管网工程，配套工业区给水管网设施，项目已开工建设。

【防汛】　强化组织领导，压实防汛责任。及时修编完善《大邑县防汛预案》。20个乡镇（街道）均完善防汛应急预案并签订防汛抗旱工作清单责任书。强化在线监控及河道隐患整改。加强32个高清视频探头的维护管理，确保汛期全天候运行正常。对梳理出的8处堤防险工险段，及时完成隐患整改。对部分河段进行清淤疏浚，清淤量达1600余方。县内7座水库和3座电站及时完善防汛抢险应急预案、调度规程和汛期调度运用计划，汛期严格按照调度运行计划运行。强化对城区排水管道的排查，共完成管网疏掏99.7千米，修缮清掏检查井2666座。县建设、房管、交通等部门对深基坑、地下车库和在建涉河桥梁工程均实行台账管理，完成隐患排查整改638处。县防汛物资储备中心按时储备到位价值300万元的各类防汛抢险物资。县防汛办组织召开防汛减灾防治工作培训会，并开展2017年山洪灾害应急转移演练。各乡镇（街道）和县级重点部门成立防汛抢险应急队28支，参与应急

8月28日，县委书记李燎一行在西岭镇检查受灾情况

抢险人员共计4650人。严格防汛值守。汛期各乡镇（街道）和部门严格坚持领导带班制和24小时值班制度。县防汛办共发送重要天气预警信息3592条；对20个乡镇（街道）进行视频点名33次、值班抽查620人次（包括县领导现场监督抽查10次）；对水库值班抽查77人次；对山洪灾害危险区监测预警责任人值班抽查28次。加强基础设施建设，实现县气象局与县防汛办信息共享、视频互通和异地会商；建立“成都防汛——大邑”微信群，增加防汛信息发布渠道；接入“数字化城管”视频点56个，实现对城区易淹易涝重点部位的实时监控。

【推行河长制管理】 全面完成组织体系建设。全县设立县级总河长2名、县级河长5名、乡镇（街道）总河长40名、镇级河长195名、村（社区）级河长436名，构建覆盖县、乡镇、村的“两级党政领导、三级河长管理”组织体系。同时，搭建河长辅助体系，配备河道总警长、警长30名。建立健全配套运行机制，制定出台9项县级配套运行制度，确保河长制管理工作有序开展。摸清水系现状，完成全县116条斗渠及以上河渠“四川省智慧河长综合信息平台”信息填报工作，健全完善数据库。完成邮江河、斜江河、西河三大重点流域河渠的污染源排查，推进三条主要河流“一河一策”编制工作。做好宣传引导，在主要江河湖库岸边显著位置设立河长公示牌432块，标明河长职责、江河湖库概况、管护目标、管护单位、监督电话等内容，主动接受社会监督。7月中旬，西岭镇镇级河长相关巡河事迹被《成都日报》、成都电视台等两家媒体采录，并在全市报道。

【涉水行业管理】 加强涉水行业管理，组织开展河湖专项执法检查工作82次，出动车辆106辆次，出动人员500余人次。对发现安全隐患、违法苗头等移交辖区水利站和乡镇整改，并加强巡查管理15处。现场执法挡获违法采砂1起；拆除晋原镇木瓜渠上7处72间，约600平方米违法建筑。依法办理取水许可年检换证56件、排水许可107 件。对经开区200余家重点企业用水情况进行摸排调查，查出43家企业无证取水，并责令其停止违法取水行为、关闭无证取水井口56个。

国土资源管理

【概况】 2017年，县国土资源管理以“资源保护、服务发展、维护权益”为主线，落实精准服务、精细管理、敢于创新、勇于担当四大举措，不断完善工作机制，重点抓好耕地保护、规划利用、执法监察、信访维稳等工作，深入推进扶贫帮扶工作，加大遗留问题处理力度。

【土地利用】 完成土地利用总体规划中期调整。在平衡区域发展用地的基础上，突出保障经济技术开发区(东区/西区)、安仁镇等重点发展区域用地需求。在规划中期调整后，全县新增建设用地规模 1.47万亩，核减耕地保有量1.27万亩，核减基本农田保护目标4万亩。积极开展用地报征，稳步推进征后实施。争取上级支持，及时跟踪已报征批次审批情况。年内，取得批文6个，涉及面积1467.52亩。开展经济技术开发区内剩余集体土地报征工作，组织开展已取得批文项目征后实施，完善集体土地征收“两公告”法定程序，启动征后实施批文1个，涉及面积532.014亩，住房安置1584人，征地农转非458人。稳步推进往年征后实施项目的拆迁扫尾工作，按时发放各项目过渡费合计2800余万元。通过执法巡查以及与属地乡镇（街道）签订管护协议等方式，严格按照城乡环境综合治理的相关要求，切实加储备土地的管护工作。

【保障建设用地】 坚持实行差别化供地政策，突出保民生、保基础、保重点，新增建设用地优先满足民生工程、产业化项目和基础设施项目。年内，累计保障工业项目用地约1267亩；出让经营性用地237亩（3宗），土地价款收入约5.2亿元，切实保障安仁华侨城、天府花溪谷、人才公寓等一批重点项目用地需求。在永久基本农田划定成果报经国土部备案后，又多方协调，努力争取上级支持，对划定成果进行局部微调，为天新大道路、安仁空轨等一批重点交通基础设施项目提供用地支撑。

【城乡建设用地增减挂钩项目】 加大挂钩项目的推进和验收力度。完成14个“5·12”项目的验收，产生指标2895.82亩，指标收益约10亿。全力推进51个挂钩项目实施工作，完成“4·20”第一批19个项目，有8个项目通过省厅验收，验收节余指标约1200亩；启动1个年度计划项目和“4.20”第二批31个项目。

【地质灾害防治和搬迁避让】 对全县地质灾害隐患情况进行地毯式梳理排查，确定全县314处地质灾害隐患点，逐一落实监测责任人及监测人。组织开展地质灾害防治知识宣传培训4500余人次，做好突发地质灾害应急演练。做好“两卡一表”的发放工作，累计发放表、卡3200余份，确保隐患点位全覆盖，受威胁农户100%知晓。加强对74个应急避险场所的日常管理和维护，确保关键时刻群众转得进去、住得下来。主汛期，坚持主要领导三日一会商，分管领导一日一会商制度。汛期，共发布地质灾害三级气象预警15次，疏散转移受威胁群众1.5万余人次，确保平安度汛，实现零伤亡。大力实施“互联网+地质灾害综合管理系统平台”建设，投入资金790万元，建成全天候监测预警平台，完成466户搬迁。

【耕地保护】 根据耕地保有量任务，及时与各乡镇（街道）签订耕地保护责任书，采取有效措施，确保44.43万亩的耕地保有量目标以及39.54万亩的基本农田保护目标。完成2015年度耕保基金发放，涉及全县20个乡镇（街道）10万余农户，发放金额1.3亿元。

【征地和拆迁安置】 严格执行土地补偿安置补助、地上附着物、建筑物补偿等相关政策规定，确保相关资金足额支付到位，无拖欠、挪用、截

11月30日，县国土局参加成都市2017年度征地工作第二片区会

留等情况发生，坚决惩治征地拆迁中虚报冒领行为；着力解决安置问题，强化与乡镇、建设部门对接，加快安置房建设。年内，官渡佳苑、建华小区、东岳小区陆续安置入住，解决近3000名拆迁群众的过渡问题。

不动产登记

【不动产登记发证】 认真做好与房管、林业等部门的工作衔接，加快推动相关登记业务移交，实现平稳过渡。组织实施土地、城镇房屋、农村房屋登记数据清理，整合建库，共清理土地登记数据32万条，城镇房屋登记数据16万条，农村房屋登记数据12万条，完成房地数据整合入库19.8万户，房屋影像档案数据入库321.25万页（17.9万卷）。数据整合成果于12月20日通过专家组验收。严格履行不动产登记程序，依法办理各类不动产权利登记发证工作。全年，县不动产登记中心累计接受群众咨询2.88万人次，受理各类业务24857件，办结22251件，发放不动产权证书（证明）共计18558本。同时，进一步研究农民集中居住区不动产登记遗留问题，出台《大邑县农民集中居住区不动产登记工作实施方案》，切实解决群众关心的热点和难点问题。

【国土监察与法规宣教】 充分利用“4·22”地球日、“6·25”土地日等契机，积极开展国土资源政策法规宣传教育。通过现场咨询、悬挂横幅、发放国土资源报、宣传手册、地质灾害防治知识宣传册、国土资源法律法规资料等方式，深入宣传相关土地法律法规知识。全年累计印发各类宣传资料10000余份，现场接受群众法律法规咨询2000余人次。组织40余次镇（街道）、村级（社区）干部国土资源法律知识宣传教育培训活动，培训5000余人次。发挥五个片区国土所的桥头堡垒作用，全年共开展动态巡查约300余次，立案查处案件18件，查处结案18件，查处和结案率达100%，没收建构筑物27407平方米，收缴罚款91.28万元。扎实抓好卫片执法检查整改工作。国土资源部下发2016年度卫星遥感监测图斑共310个，通过现场逐一核查，确认违法用地项目18宗，面积 129.39 亩（耕地110.99亩）。对认定为违法用地项目全部进行立案查处，分类进行整改，确保顺利通过验收。配合县环保等有关部门和乡镇，积极开展“瓦窑一条街”、矿山环境整治等环保督察整改工作。完成235口土窑拆除验收，承办环保督察案件6件，协办7件。

环境保护

【概况】 2017年，全县环境保护工作坚持经济发展与环境保护并重，以“绿色低碳”为统领，以“确保环境安全，提升环境质量，腾出环境容量”为宗旨，深入实施“生态立县”战略目标，持续抓好国家生态县建设。全县环境空气质量有效监测天数365天，优良天数252天，优良率69.0%，全县集中式饮用水水源水质达标率100%。

【环境状况】

大气环境 县城环境空气有效监测天数365天，优良天数 252天，优良率 69.0%，PM10、PM2.5平均浓度较2016年同期分别下降 19.4%和18.0%，全年环境空气质量综合指数为4.73，在成都市22个区（市）县中排名第三。

良好的生态环境吸引不少白鹭在我县斜江河安家

水环境　邮江河、斜江河地表水水质《地表水环境质量标准》，达到市上考核要求。进一步加大对饮用水水源地保护区的巡查监管，全县集中式饮用水源地水质达标率100%。

声环境　县城区域环境噪声昼间均值为55.1dB（A），达到《声环境管理常规监测暂行技术规定》中的二级标准要求；交通噪声昼间值为61.0dB（A），达到《声环境质量常规监测暂行技术规定》的一级标准。

【环境监测】　按照国家监测技术规范要求，完成环境质量监测任务，按时上报各类月报、季报数据；积极开展空气自动监测子站建设工作。全年国、省、市控共监测116家次，县控共监测76家次，县域库区7家共监测36家次。

【污染治理】

大气污染防治　印发《2017年大气污染暨大气雾霾治理工作目标任务分解表及考核办法》《2017年实施“大邑治霾十条”推进铁腕治霾目标任务》等工作方案，加快淘汰落后产能，强化露天焚烧常态化管控，开展压减燃煤整治工作，开展重点企业达标排放综合整治，实施城市扬尘综合治理，强化重点工业企业燃料、原料、产品堆场扬尘控制，加强油气回收整治，开展烤摊点“碳改电”改造，修订《大邑县重污染天气应急预案》。PM2.5平均浓度为50微克/立方米，与2017年市级目标任务浓度值相比低2.0%。PM10平均浓度为73微克/立方米，与2017年市级目标任务浓度值相比低12.0%。

水污染防治　印发《关于印发2017年水污染防治工作目标任务的通知》，分解年度目标任务和考核办法，将水污染防治工作落到实处。全面强化工业企业污水处理厂和城镇污水处理厂日常监管，做好全县污水处理厂的污泥规范堆放和处置的环境监管工作；加强黑臭水体综合整治工作，完成14条黑臭水体的综合整治；开展农村面源污染整治工作，基本完成全县规模化养殖场的综合整治工作。加强对饮用水源地保护区的巡查监管，定期通报开展情况和存在的问题，推动各部门、乡镇（街道）履职尽责；定期对保护区内禁养执行情况开展巡查，做好生态补偿的调查、公示。制定专项工作方案，开展饮用水水源地规范化建设整治以及乡镇集中式饮用水水源地保护区划定工作。完成第四水厂水源保护区内非高清视频的升级换代，实现10个监控视频全高清监测。年内，邮江河铁索桥、斜江河唐场大桥断面水质均值达到《地表水环境质量标准》（GB3838—2002）Ⅲ类标准，全县集中式饮用水水源水质达标率100%。

污染源整治　关闭“散乱污”企业777家；开展“砖瓦一条街”整治，拆除窑口236张；完成182台工业燃煤锅炉、32台第三产业燃煤锅炉淘汰和清洁能源改造；高污染燃料禁燃区燃煤锅炉全部“清零”；引导23台新建燃气锅炉加装低氮燃烧装置；完成375户餐饮企业（店面）“煤改气”“煤改电”工作；完成市控以上涉气企业“一企一策”减排方案制定；督促威立雅三瓦窑热电（成都）有限公司完成燃煤发电机组超低排放改造方案；完成全县33个规模以上在建工地扬尘在线监控设备安装；威立雅三瓦窑热电（成都）有限公司已完成燃料堆场视频监控安装并投入使用；完成582辆黄标车淘汰任务；对全县22家重点涉气企业实施限产；完成64家用碳烧烤摊点“碳改电”改造；开展餐饮油烟污染专项整治，全县经营面积在150平方米以上的餐饮服务单位中已有133家完成油烟净化器安装，妥善处理油烟投诉54起；修订《大邑县重污染天气应急预案》，落实重污染天气预警响应各项工作措施，全年启动7次重污染天气预警响应。开展城区排水管网病害检测和整改工作，累计完成38公里病害管网检测、整改工作；加强市政管网建设，累计完成城乡污水网管建设20.1公里；开展河渠整治工作，解决河道堵塞、污泥堆积等问题，有效净化河道水质，共计清理河渠30余公里；开展全县养殖业面源污染治理工作，完成118家养殖场（户）的清场关闭工作；落实农药化肥零增长行动，共完成作物病虫害绿色防控21万余亩，指导完成测土配方施肥35万余亩。

【污染物减排】　及时分解2017年主要污染物减排目标及重点减排项目，会同发改、目督、经信共同印发2017年节能减排降碳目标，并制定2017年总量减排考核办法。加强项目督查，印发总量减排半年、第三季度、第四季度督查通报，全力推进减排项目的实施建设。认真收集减排材料，组织减排资料。上报大气脱硫脱硝工程3个、清洁能源改造项目7个、农业源减排项目5个、王泗镇砖瓦窑（厂）及晋原镇“砖瓦一条街”项目236张窑、“散乱污”企业97个。上报削减化学需氧量47.95吨、氨氮5.85吨、二氧化硫4785.21吨、氮氧化物997.86吨，分别完成年度减排任务的594%、370%、163%、100.7%；同时上报削减烟粉尘110.544吨、削减挥发性有机物33.59吨。

5月12日，县委书记李燎主持召开大邑县2017年度环境保护大会

【国家生态县建设】　2016年10月，国家环保部命名大邑县为“国家生态县”。2017年，大邑县继续推进和巩固国家生态县建设。制定实施《大邑县大气雾霾治理

专项工作方案》《关于加强环境监管执法工作的通知》《〈水污染防治行动计划〉大邑县实施方案》《关于进一步加强环境行政执法与刑事司法衔接建立联动执法机制的工作方案》等工作方案。

不断优化生态空间。县国土部门划定3.01万公顷的耕地红线和2.91万公顷的基本农田保护红线，禁止开发利用；县环保部门配合省环保厅，拟将268.871平方公里划定为生态保护红线范围，实施最严格保护。实施全域护绿增绿，完善西岭国家森林公园、黑水河省级自然保护区保护机制，大力实施天然林保护、退耕还林保护工程，率先在全市实行公益林生态补偿制度，积极推进拆旧增绿、拆违还绿、拆墙透绿和“一高二快三干道”沿线区域“百里花廊”景观建设。

打造生态经济。严格执行环境影响评价制度，积极推进清洁生产，指导企业开展循环经济试点，坚决淘汰低端落后产能，大力发展低要素占有、少排放、可持续的智力密集型或资本密集型产业，加快智能制造、电子信息等主导产业集聚发展。以国家农业综合标准化示范县和国家有机产品认证示范县建设为抓手，强化农产品质量安全监管和溯源体系建设，大力推广农用塑料薄膜回收、节水灌溉和秸秆综合利用“种养”“稻菌”等技术，大力发展生态观光农业。全县秸秆综合利用率达到98%、病虫害绿色防控面积达到21万亩、“三品一标”农产品达到82个，被省政府认定为第三批农产品质量安全监管示范县。

提升生态环境。坚持“铁腕治霾”“重拳治水”“科学治土”，完成市级空气质量考核目标任务，PM2.5、PM10实现“双降”，全县饮用水水源地水质达标率100%，出境河流水质达到Ⅲ类标准，对土壤污染风险源企业进行现场核查，开展土壤污染源重点企业空间位置遥感核实工作。

6月17日，县委书记李燎主持召开大邑县迎接中央环保督查工作推进会

【环保执法】 加强环境监管执法，建立起以县政府为领导主体，各职能部门环境监管行业职责和街道（乡镇）环境监管属地职责明确的网格环境监管执法体系。每个网格均实现全方位、全覆盖、无缝隙的环境监管执法网络，形成各负其责、齐抓共管的工作机制。开展双随机检查企业168家，出动人员550余人次，立案查处环境违法案件117件，处罚金额441万余元，实施按日计罚1件、查封2件、限产停产5件，移送公安机关行政拘留13件，人民法院以污染环境罪判决1件1人。

农 业

综 述

全年实现农业总产值61.31亿元，比上年增长4.7%。其中种植业21.64亿元，增长9.2%；林业1.31亿元，增长5.6%；牧业34.86亿元，增长2.3%；渔业2.29亿元，增长5.6%；农林牧渔服务业1.21亿元，增长4.0%。全年粮食播种面积46.31万亩。粮食总产量20.01 万吨，下降0.5%。其中：小麦产量2.26万吨，下降7.4%；水稻产量12.93万吨，与上年持平；全年肉类总产量6.57万吨，下降10.2%。全县市级以上农业产业化重点龙头企业33家。有机认证主体30家，认证产品63个，有机认证基地共12520亩，有机转换认证基地面积达8337亩。

农业产业化发展

【概况】 2017年，农业产业化经营带动农户9.6万余户，带动面80%。有市级以上农业产业化龙头企业34个，农业产业化经营总收入31亿元，出口额达到210万余美元，企业产品竞争力不断加强。参与基地建设农户约3万余户，基地辐射带动农户为6.4万余户。坚持以农业资源招商、企业招商思路，将招商引资工作与农业产业化工作结合，引进农业产业项目，通过一批高精尖农业产业化项目的引进，带动全县产业结构优化升级，带动农民致富，带动现代农业发展。

【农业技术服务体系建设】 年内，实施基层农技推广体系改革与建设项目，遴选科技示范户560户，辐射带动5600户。按照1：10的比例遴选农业科技指导员56名，对每个农业科技示范主体上门指导服务次数不少于5次，进行精准指导服务、组织交流观摩等。建设农业科技试验示范基地两个（大邑县酝升食用菌种植专业合作社、成都市益明家庭农场）。全年开展农技人员知识更新培训60人，其中省级调训10人、市级集训50人。进一步规范“三牌二册一网五制度”，竖立农业科技试验示范基地标牌、制作技术指导员胸牌、科技示范户门牌，使用农业部统一设计的《技术指导员手册》和《科技示范户手册》，保证乡镇推广服务网络图上墙，加强监督管理规范农技推广“五项制度”。依托移动互联农技推广云平台，为全县48名农技推广人员发放农技推广云平台“农技宝”手机，提升基层农技推广服务体系信息化水平，实现高效管理，提升“三农”服务水平。

【农业专合组织】 全年新增合作社51家，总数达到922家；新增家庭农场89家，总数达到249家。新增省级示范农场1家、市级1家。

3月20日，召开县委农村工作会

【农业重大项目建设】 年内，全县农业50万元以上重点项目32个，估算总投资28.3亿元，2017年投资12.9亿元。四川润地远大生态农业开发有限公司投资建设润地远大精品粮油产业园项目，总投资5亿元；成都市荣洋农业开发有限公司投资建设“林下中药材种植示范园”项目，总投资2000万元；成都市绿态兴豕猪业有限责任公司投资建设“2017年生猪标准化规模养殖场改扩建”项目，总投资3500万元。

【农业龙头企业培育】 按照《成都市农业委员会关于开展市级以上龙头企业监测工作的通知》要求，对辖区内42家企业（其中国家级重点龙头企业1家、省级重点龙头企业4家、市级重点龙头企业37家）进行监测，严格对照相关标准进行审核，监测合格龙头企业33家。成都蜀之源酒业有限公司成功申报成为农业产业化经营省级重点龙头企业。

【农业重大节会】 全县重大节庆活动分布广，时间跨度大，涉及所有乡镇，从春季采摘开始，到年底农产品网购结束。主要有赏花、采摘、农产品网购等活动。先后举办“2017年大邑第二届桑葚采摘节暨大邑县休闲美食节”，接待游客25万人次；“第六届大邑·安仁蓝莓采摘节”活动，接待游客10余万人；参与“第五届成都国际都市现代农业博览会”，展会期间农产品销售额30余万元，75家企业有意向与大邑参展企业进一步接洽；7月举办“大邑县第六届葡萄文化嘉年华”活动；参与“第四届成都优质特色农产品网购嘉年华暨第三届A20新农业盛典”，组织大邑6家企业百余种优质农产品参展。

【农业园区建设】 根据大邑地势和都市现代农业分布现状，将全县的现代农业区域布局划分为四大农业功能区（特色产业区、粮油产业区、生态产业区、生态保护区），重点是依托沙渠精品农业园区、安仁葡萄（蓝莓）产业园区、粮油产业园区、现代林业园区、畜牧高科技园区五大产业园区，大力发展现代农业（林业）、畜牧业、品牌农业、体验农业、休闲农业和农产品精深加工。沙渠精品农业园区，完成35公里道路建设，7个林盘“小组微生”点建设，组建成都祥都农业开发有限公司和成都祥民农业开发有限公司两家公司，预流转土地3500余亩。安仁葡萄（蓝莓）园区，强化园区配套设施建设，完成道路35.1公里，沟渠整治36公里，新建标准化基地3600亩，提升改造老园区基地2500亩。粮油产业园区新建成3.15万亩高标准农田，培育中力禾山和润地远大等新型经营主体，推进土地规模经营，园区内土地规模经营率达90%以上；粮油核心区已建成日烘干200吨以上烘干中心4个、育秧基地3个、专家大院1个。现代林业产业示范园区新发展林下中药材1800亩、山葵（魔芋）等森林蔬菜2500亩、木质原料林900亩，新改建种苗繁育基地3 个，新改建道路10公里，启动大双公路沿线彩叶林建设并实施完成2000亩。

【现代农业园区建设】 根据产业发展现状及发展战略，建设三大现代农业园区：大邑安仁都市现代农业园区、大邑县绿色高产高效粮经产业园区、天府道源中药材产业园区。大邑县安仁都市现代农业园区，面积110平方公里，其中，场镇面积19.64平方公里、集体建设用地面积29.23平方公里、农用地面积61.13平方公里，总人口10.3万人，涉及苏家、安仁、韩场、蔡场和董场5个乡镇、38个村（社区）。园区年产值24.5亿元，已入园企业（业主）232家；拥有省级畜牧高科技园区1个，市级以上农业产业化龙头企业11家，休闲体验、科普教育三产融合示范基地20余个，省级示范休闲农庄两个，国家地理标志保护产品3个，有机及有机转换农产品认证18个。大邑县绿色高产高效粮经产业园区位于大邑县国家现代农业示范区内，涉及上安、安仁、三岔、苏家、王泗5个乡镇，以绿色粮油、蔬菜为主导产业，规划面积约10万亩，核心区约5万亩园区主要发展粮油、蔬菜绿色生产、农产品精深加工、品牌创建。大邑县道源圣城中药材产业园区位于大邑县现代林业产业示范园区内，涉及西岭、花水湾、邮江、斜源、雾山、鹤鸣、悦来、金星、青霞、晋原、王泗、新场山丘区12个乡镇，以中药材种植、康养体验、药膳文化、生态休闲观光

四川桂柳家禽有限公司种鸭场（大邑县韩场镇高新畜牧园区）

旅游为主导产业，规划面积30万亩，核心区面积10万亩。园区现有杜仲、黄檗、厚朴、黄连、黄精、白芨、重楼、半枝莲、桔梗等中药材种植品种20余种，种植面积10万余亩。园区内已入驻规模化种植、加工企业40余家，其中省级龙头企业2家，市级龙头企业1家，市级示范合作社6家，中药材产品精深加工营销企业3家。园区内大邑“杜仲”被省林木种苗良种委员会评定为“林木良种”，母树林300余亩，大邑“黄檗”被国家发改委、中医药管理部门确定为全国150个道地药材品种之一。

【“国家、省有机认证示范县”创建】 2017年，启动创建“国家、省有机认证示范县”工作，发布实施《大邑县有机事业发展规划（2017—2030年）》，配套制定《大邑县有机产业发展建议表》《大邑县有机农业产业发展扶持办法》，推进规划落地实施。搭建《有机生产标准体系》，采纳国家、行业、地方标准200余项，制（修）订内控标准50余项，编制《有机水果、蔬菜生产标准手册》12套。召开大邑县创建国家、省有机产品认证示范县动员大会暨有机事业发展培训会。对全县20个乡镇（街道）土壤、灌溉用水进行抽样检测，抽取土壤样品110个、水样品56个。开展覆盖全县的有机知识宣贯培训，其中国家级专家培训1次，有机认证专家培训20余次，组织宣传活动10余次。对有机农产品基地进行80多次监督检查。年内，有机认证主体21家，认证产品51个，有机认证基地12243.78亩，其中有机认证基地4182.35亩、有机转换认证基地面积达8061.43亩。

种植业

【概况】 全年农作物总播种面积73.57万亩，其中粮食44.86万亩，经济作物28.71万亩。实现种植业总产值21.64亿元，增加值15.47亿元，分别比上年增长18.32%和18.63%，其中粮食产值4.36亿元、油菜0.64亿元、蔬菜食用菌等11.79亿元、水果坚果等4.56亿元、中药材0.28亿元。

【粮食作物】 全县粮食总面积46.31万亩，产量达20.01万吨，比上年减少0.5%。其中水稻播种面积20.90万亩，单产561公斤，总产11.72万吨；玉米播种面积6.16万亩，单产352公斤，总产2.17万吨；小麦播种面积11.76万亩，单产303公斤，总产3.57万吨；马铃薯播种面积1.65万亩，单产255公斤，总产0.42万吨；红薯播种面积1.41万亩，单产237公斤，总产0.33万吨；大豆播种面积1.98万亩，单产147公斤，总产0.29万吨；豌豆蚕豆等其他豆类播种面积0.98万亩，单产197公斤，总产0.19万吨。

【经济作物】 全县蔬菜种植面积 15.23万亩，产量27.12万吨；水果面积3.68万亩，产量4.34万吨；油菜籽种植面积7.50万亩，产量1.03万吨；食用菌产量0.86万吨；中药材面积1.60万亩，产量0.23万吨。水果产值4.51亿元。

养殖业

【概况】 2017年，实现畜牧业总产值34.86亿元，增长2.3%。主导产业生猪规模化、良种化水平分别达到75%、93%。全县有畜牧业农业产业化龙头企业12家，其中省级2家，市级10家；有畜禽标准化示范场18家，其中部级3家、省级7家、市级8家。畜禽良繁体系不断完善，建设完善原种场、扩繁场、商品场相配套的三级良繁体系，现有种畜禽场14家。全县有部省级示范合作社2个，省市级示范合作社4个，县级示范合作社22个，畜产品加工企业3家，年销售加工畜禽能力可达30万吨。

【家畜】 全县生猪出栏66.98万头，比上年下降9.8%，存栏34.9万头，比上年减少9.4万头，下降21.2%，其中能繁母猪存栏3.78万头，比上年减少0.91万头，下降19.4%；肉牛出栏7133头，比上年下降19.2%，存栏1.0万头，比上年减少0.5万头，下降33.8%；羊出栏38802只，比上年下降7%，存栏2.64万头，比上年减少0.68万头，下降20.4%。其中猪肉产量4.8万吨，比上年减少0.5万吨，下降9.8%。家畜主要品种是加系长白、大约克、美系杜洛克猪，成都麻羊，巨型齐卡兔、天府黑兔、德国花巨兔、日本大耳白、新西兰兔、加利佛尼亚兔，西门塔尔牛。

【家禽】 全县年出栏768.9万只，比上年下降10.3%，存栏194万只。其中禽蛋产量2.17万吨，比上年减少0.18万吨，下降7.7%。主要品种有罗曼粉壳蛋鸡、大恒系肉鸡、土乌骨蛋鸡、红标鸡、天府肉鸭、樱桃谷鸭和美国王鸽。

【养蜂】 全县共有5450箱。主要品种有中蜂和西蜂。

【水产养殖】 全县水产养殖面积5000余亩，其中池塘养殖面积4000余亩，全流水冷水鱼养殖面积52.5亩，主要养殖品种有虹鳟、鲟鱼、鲈鱼、鲫鱼、鲤鱼、黄颡、鲢鱼等10余个品种。新建成南美白对虾养殖基地7.8亩，新建成鲟鱼繁育车间0.9亩。全县水产品产量1.078万吨，渔业产值1.3亿元，渔业经济总产值2亿元。全年渔业产地抽样108个，其中监督抽检50个、风险检查抽检50个、无公害抽8个，合格率达100%，保障全县水产品市场的繁荣稳定和食品安全。

农业技术推广

【概况】 全县建粮油绿色高产创建生产示范片4个，安仁、上安、苏家镇建水稻全程机械化生产及机直播核心示范片各1个，安仁镇建水稻机插秧侧深施肥技术示范片和马铃薯全程机械化生产示范片各1个，上安镇建麦（油）—水稻直播生产示范片1个。开展新技术示范展示，主要实施水稻、小麦、油菜、马铃薯4类作为全程机械化生产技术展示、水稻机直播集成技术展示、水稻机插秧测深施肥技术展示，小麦、油菜秸秆粉碎还田综合利用，推广机插秧面积180000余亩。

【良种推广】 全县推广良种16个，其中水稻主要推广川优6203、F优498、宜香2115、宜香4245、川优8377等品种；小麦主要推广川麦104、川农27、川农29、川农30等品种；玉米主要推广正红311、成单30等品种；油菜主要推广蓉油18、蓉油16、油研1707等品种；马铃薯主要推广中薯2号、中薯5号、兴佳2号、费乌瑞它等品种。

【土肥技术推广】 全县推广土肥技术5项，继续推广测土配方施肥技术、水稻侧深施肥技术、耕地保护与质量提升技术、菜粮高标准农田建设项目、增施有机肥技术。

【植保技术推广】 2017年，对全县主要粮油作物的主要病虫、鼠害进行预测预报，测报准确率95%。通过《大邑植保》、农技特刊等形式印发病、虫、草、鼠害防治技术信息11期。年内全县主要农作物病虫草鼠螺害发生面积110.72万亩，指导实施防治161.96万亩次，挽回粮油及果蔬损失52372.4吨。开展稻水象甲监控，对辖区内种植的2983.35亩柑橘开展黄龙病调查，对染疫柑橘桩头进行彻底清理、挖除。在邮江镇高坝村实施成都市植物检疫站安排的水稻稻瘟病抗性鉴定试验一组，筛选稻瘟病高抗品种。

【养殖技术推广】 主要推广应用全自动清粪技术，智能化肉猪养殖技术，仔猪早期断奶、补饲技术，猪低精量人工输精技术，仔猪高床保育技术，短期育肥技术，全漏缝地板养猪技术、液态饲料养猪技术；肉兔的全价草粉颗粒饲料饲养技术，自动饮水、投料技术；高床养羊技术，羊人工授精技术，肉羊短期育肥、秸秆青储与饲喂技术；肉牛短期育肥技术；肉鸽短期育肥、自动饮水、投料技术；蛋鸡强制换羽技术，适时断喙技术，人工授精技术，自动饮水、投料技术，肉鸡生物床饲养技术。肉鸡林下养殖技术，肉鸭网上饲养技术。

【农业综合开发】 2017年，在董场镇实施农业综合开发土地治理项目，开展实用技术培训10期（次），印发技术资料5000册，改良土壤增施有机肥15000余亩，秸秆还田综合利用15000余亩。

农业机械

【概况】 2017年，全县农机化总投入4857.3万元，其中各级财政投入4269.8万元。农机装备总量稳步增加，全县农机总动力达26.301万千瓦，其中大马力、多功能、高性能及薄弱环节农业机械增长较快。农机化作业服务组织不断壮大，全县有农机化作业服务组织19个、196人，全年培训农机驾驶操作人员1000人次，服务内容由农机作业逐步拓展到农资供应、商品化育苗供苗等。提升农机化作业水平，全县农作物耕种收综合机械化水平达80.04%。整合各类涉农项目资金建设农村机耕道路76.98千米，农机作业条件进一步改善。

【农机管理与服务】 县农林局设置农业装备管理科和农村发展服务中心，负责全县农机管理和服务工作，同时在20个乡镇（街道）下设农业综合服务站，负责本辖区内的农机管理和服务。组织开展农业行业百日安全生产、安全生产月、安全生产大检查、安全隐患排查整治等。全县有农机专业服务合作社19个、农机维修网点7个。

【农业机械使用】 大力发展水稻、油菜生产全程机械化生产技术，从育种、播栽、植保、收获，均有农机全程参与。通过推广水稻机械化育秧技术、油菜机械直播、机收技术，推进水稻、油菜由原有的人工育苗移栽向生产育苗、栽插、收获全程机械化发展。

【农机购置补贴】 按照“自主购机、定额补贴、县级结算、直补到卡”的补贴方式，共接受县内直接从事农业生产的个人和农业生产经营组织《购置申请》123份，县内受益购置户68户（含农业生产经营组织），补贴各类农机具139台（套），补贴资金270.795万元，带动县内购置户投入农机具购置资金670万元。

农经管理

【农村集体经营管理】 年内，集体资产股份化改革试点重点在董场镇祥和村、斜源镇太平社区、苏家镇梓潼村、蔡场镇新福村4个村开展，组建股份经济合作社工作。运用大数据加强三资监管，全县共收集整理建设项目形成集体资产信息189条，国土房管确权数据218条。开展村干部任期经责审计， 全县共审计资金5.86亿元，发现程序不规范、手续不全、固定资产账实不符、发票不规范、记账错误等问题，对发现的问题，要求乡镇组织村（社区）整改到位。

【土地承包合同与土地流转管理】 按照《成都市集体林权流转管理办法》组织开展林地经营权流转管理工作，全县全年林地流转面积1.532万亩，流转业主20户，全县按照示范文本签订合同30亩以上规模流转面积达1.532万亩。

【粮食良种农资补贴】 完成粮食规模化种植市级补贴。规模种植50亩以上面积农户288户。小麦92465.6亩，补贴17844796元；水稻108992.3亩，补贴20990506元；玉米1846.7亩，补贴335226元。共计补贴面积223304.6亩，补贴资金40814177元。小麦“一喷三防”全县11个乡镇9703户农户申报，乡镇审核全县审核补贴面积92500.9亩，共补助资金462504.5元。

【农业保险】 承办水稻、玉米、油菜、蔬菜、猕猴桃、食用菌、水果、小家禽、森林、水产、马铃薯、育肥猪、能繁母猪、农房有机农业等16个品种的政策性农业保险，新开展特色农业保险2个（小麦、生猪价格指数）。完成政策性森林保险57716.02元，其中中央省级财政补贴17702.68元、省级财政保费补贴10966.05元、市级财政保费补贴资金9137.6元、县级财政保费补贴资金577.61元、农户自交保费14138.08元。全年森林保险赔款金额共计75067.61元，赔付面积207.1亩，涉及58户农户。

农业执法

【概况】 全县农业综合执法做好农业法制宣传、执法人员培训、农资市场监管和违法案件查处等工作，推进农业行政执法体系规范化建设，坚持以农产品质量安全监管为中心，围绕建立全国农产品质量安全县目标，全面推行阳光执法，做到执法公正、公开、公平。全年完成农药抽样140个、饲料155个、农产品173个、兽药8个、无公害认证产品24个。调解农资纠纷23件。出动执法人员4731人次，出动执法车辆1124车次，检查生产、经营企业13407家次，发放宣传资料15600份，指导培训6场次，指导培训655人次。全县立案查处案件26件，结案26件。

【渔政执法】 对全县水产养殖业开展污染调查，建立水产养殖污染基础数据库，推广生态养殖。鼓励渔业企业开展集约化养殖，配套完善水净化设施，推广人工配合饲料，逐步减少冰鲜杂鱼饲料使用。发展池塘养殖，加快老旧池塘改造，完善池塘养殖基础设施建设，改进养殖技术，提高池塘综合生产能力。加强养殖投入品管理，开展专项整治，严厉打击违法使用禁用鱼药行为，限制使用抗生素等化学药品。在6—11月份集中开展渔政专项执法行动，重点清理涉渔“三无”船舶和加大查处“电、毒、炸”鱼禁用方法和违规渔具捕捞执法打击力度。

【农资市场监管】 开展农业投入品专整治行动，加强农业投入品监管，全年检查农药经营点386个次、种子经营企业（户）396个次、肥料经营户145个次、兽药经营户54户，净化农资市场。

【生猪屠宰监管】 深入开展动物卫生监管，出动执法车辆895车/次，执法人员2742人/次，检查监测规模养殖场6100场/次，抽检“瘦肉精”共计13418个，监测均为阴性；立案查处两案，取缔私屠乱宰两家。

【林业执法】 开展“野生动物资源保护行动”“缉枪治爆”“守护绿川行动”“2017年利剑行动”等系列整治行动。办理中央督办案件2起，其中重大刑事案件1起（侦破黑水河自然保护区内督办刑事案件，省林业厅督办“芦山鼎盛矿业有限公司非法占用农用地、滥伐林木案”），已抓捕犯罪嫌疑人并移送检察机关起诉。行政案件1起（查处黑水河自然保护区内督办行政案件，省林业厅督办案件“成都西岭雪山旅游有限公司擅自改变林地用途案”），罚款137440元，责令补种740株树木。查处花水湾“凤栖林酒店”擅自改变林地用途案、成都经济区环线高速公路未经批准违法占用林地用于施工修路相关案件。办理非法采伐活立木（39厘米楠木1株）案1起，没收非法采伐楠木；查处无证运输木材3起，没收违法承运木材；侦办滥伐林木案件3起，涉案木材蓄积量97.9495立方米，均移送起诉。办理刑事、行政案件共13起。刑事案件4起，移送起诉4起；办理林业行政案件9起，处罚9人次。

【农业面源污染治理】 抓好全县农业面源污染专项治理，县政府印发《关于印发大邑县养殖业面源污染专项整治工作方案的通知》，多次召开全县养殖面源污染治理推进工作会。各相关部门和乡镇（街道）均成立专项工作领导小组，制定工作方案，指导督促养殖场（户）按照“一户一策”治理方案开展专项治理。全县共发放宣传资料1万余份，组织检查及开展回访8000余人次。清场关闭养殖场（户）107家，达标整改养殖场（户）1377家。规范整治生猪定点屠宰企业3家。

【秸秆禁烧与综合利用】 加强禁烧宣传和禁烧督查工作，全县印发禁烧宣传资料13余万份，签订到户责任书13余万份，张贴禁烧通告400余张、悬挂标语2000余幅，每天出动禁烧车辆800余辆、巡查人员1100余人次。在秸秆禁烧期间，全县未发生一起露天焚烧秸秆现象，通过秸秆还田利用、基料化、原料化、饲料化、燃料化利用，全县秸秆综合利用率达98.5%以上。

媒体采访大邑县秸秆综合利用工作

【土壤污染防治】 实施土壤环境监测预警、污染分类管理、废弃农膜回收利用、化肥农药使用量零增长行动、城乡生活垃圾分类收集和无害化处理，确保全县土壤环境质量保持稳定、土壤环境风险基本管控。在全县范围内开展耕（园）地土壤重金属污染普查，完成402个点位小春农产品和土壤样品、402个大春农产品、10个大春水果和土壤样品采集工作。

【河长制督促检查】 协助制定西河流域河长制管理“一河一策”工作方案，组织实施西河流域管理保护工作督查检查和指导调研。协调解决西河流域管理保护中的突出问题，协助西河河长对西河流域镇级河长履职情况进行督促检查。组织对西河流域开展督查和巡河9次，发现问题5次，及时通知乡镇进行整改。

农产品质量安全与认证

【概况】 积极开展农产品质量监管、蔬菜农药残留检测、农业投入品监管、畜产品监管、生猪屠宰等工作，负责“三品一标”认证组织和证后监管，开展农产品质量安全专项整治，创建国家食品安全城市，创建国家农业综合标准化示范县，创建国家、省有机产品认证示范县等工作。

【农产品质量安全监管】 完善县、镇、村三级监管网格，将农产品质量安全监管工作纳入县政府目标考核体系，县农林局与镇、镇与村签订农产品质量安全监管工作责任书，辖区内生产经营主体签订农产品质量安全承诺书。全县配备镇级农产品质量安全监管员40名、村级协管员194名，对县域内341家种植业（面积10亩以上）、693家养殖业（50头，100羽以上）、136家农资经营店实施网格化管理，确保监管落到实处，构建"横向到边、纵向到底"的网格化监管模式。

【农产品质量检测】 完善农产品质量安全检测体系，新增乡镇检测室5个，村级溯源检测点47个。将全县主要农产品和"三品一标"获证单位产品全部纳入监测范围，对县、乡（镇）农产品质量安全监测工作实行目标管理。开展蔬菜水果农药残留快速检测，检测样品24000个，合格率100%；接受省、市农产品质量安全监督抽检，抽检样品350余个，合格率98%。对全县规模化畜、禽、渔养殖场进行全覆盖监测，对外调生猪和屠宰生猪每批次进行"瘦肉精"检测，合格率达100%。

【农产品认证】 积极推进农产品质量安全认证，2017年全县"三品一标"获证产品92个，其中无公害农产品32个、绿色食品22个、有机产品11个、有机转换产品20个、地理标志保护产品7个，兑现"三品一标"认证奖励资金132.449万元。全县"三品一标"种植业生产面积52.1136万亩，占全县种植面积的67.34%。

动物与植物防疫检疫

【动物防疫】 年内，开展以牲畜口蹄疫、高致病性禽流感、猪高致病性蓝耳病、猪瘟、鸡新城疫等为重点的强制免疫工作，全年集中强制免疫生猪口蹄疫44.9万头、猪瘟44.9万头、高致病性猪蓝耳病44.9万头，免疫牛口蹄疫0.6万头，免疫羊口蹄疫2.7万只，羊小反刍兽疫2.7万只，免疫鸡禽流感240.0万羽、鸭40.6万羽、鹅8.4万羽、其他禽16.8万羽。各类动物重大疫病免疫均达应免数的100%。各类动物重大疫病免疫均达应免数的100%。全年免疫狂犬病4.2万只，免疫密度农村达95%以上，城市及集中居住区达到100%。采取犬唾液200份，血清20份送检，全部合格；完成了全县全部2150头牛进行了血吸虫病的查治工作；采取1200份牛、羊血清监测布氏杆菌病，未发现阳性病畜；加强马属动物马流感、马传贫等疫病监测力度，对所有马属动物饲养户进行了走访，了解动物饲养管理情况，并对所有马属动物进行了临床健康检查，没有发现有感染马传贫、马流感的情况。共检查马属动物35匹，采集10份血清送检，检测结果全部为阴性。

【动物检疫】 做好动物产地检疫，产地检疫生猪35.47万头、牛2370头、羊16200只、家禽3186.93万羽、兔及其他小动物1.89万只，生猪产地检疫率达98%以上。生猪定点屠宰场共屠宰检疫生猪40.653万头，检疫率达到100%。集中无害化处置死亡生猪46025头，死亡家禽140747.9公斤，处理率达到100%，从源头杜绝病死畜禽进入流通环节。50头以上规模场均抽检"瘦肉精"两次以上，采取本县瘦肉精抽检，外县生猪每车抽检。全年定点屠宰环节共抽检共计抽检样品13418个，未监测出"瘦肉精"阳性，外县进入屠宰生猪抽检率5%以上，未检出阳性。

【水生动物防疫检疫】 完成渔业产地抽样108个，其中监督抽检50个、无公害抽8个，合格率达100%。

【植物防疫检疫】 加强林业有害生物检疫，苗圃生产经营证办理77家，面积7020亩；办理调运检疫969份，其中活立木、苗木共计206886株，原木及木制品共计10012.14立方米。产地检疫、调运检疫报检率达100%。农业植物检疫产检水稻580亩，产量116000千克；蔬菜192亩，产量12400千克；葡萄65亩，产量44500千克；柑橘42

亩，产量273万株。调检20批次，种子21440千克，鲜果5000千克，苗木1032400株。

林业资源管理

【林业资源】 全县森林面积71826公顷，其中有林地面积62762.17公顷、疏林地面积649.49公顷、灌木林地面积5131.02公顷；未成林造林地面积1226.06公顷，无立木林地面积376.09公顷，宜林地面积1599.57公顷，苗圃地面积1.62公顷；辅助生产林地面积0.65公顷。非林地上成片森林面积8011.62公顷，非林地上四旁折合森林面积1066.44公顷，森林覆盖率（含四旁树折合）达56.03%。自然保护区1个，自然保护面积31790公顷。

【林业建设】 大邑林业发展秉承“林上保生态，林下增收入”理念，大力发展林业经济。采取“公司+基地+农户”和“公司+合作社+农户”发展模式，以林下经济发展为主导，规模发展，初步形成木质原料林、竹产业、三木药材、林下种养殖及珍稀珍贵林木等5大林业产业基地，基地总面积达24万余亩，其中以柳杉、杉木、水杉为主的木质原料林基地57465亩；以楠竹、雷竹、牛尾竹为主的竹产业基地75945亩，“三木”药材种植基地近90000亩；以黄连、黄精、金银花为主的林下中药材种植基地30000亩；以魔芋、山葵为主的林下森林蔬菜种植基地1455亩；以桢楠、银杏、香樟为主要树种的珍稀珍贵林木基地14000亩；特色经果林基地近20000亩，其中梅基地10000亩，李树基地3000余亩，桃树基地3000余亩，核桃、柿子、柚子、柑橘等基地近4000亩；林茶种植6135亩，主要以绿茶、铁观音、甜茶为主；林花种植12525亩，主要品种为玫瑰、牡丹；林下养殖主要以养殖跑山鸡为主，全年成品鸡出栏20万只左右。

【林产品】

中药材 大邑县是四川省种植中药材面积最大的区域之一。全县有木本类、草本类、动物类等中药材品种170余种，中药材种植规模11万余亩，其中“三木”药材9万余亩，黄连6000余亩，金银花、栀子0.5万亩，重楼、白芨、山慈菇、黄精等其他品种合计1.5万亩，主要集中分布在山丘区的西岭、花水湾、邮江、斜源、雾山、悦来、鹤鸣等乡镇。

竹产品 全县有竹产业基地75945亩，其中慈竹56115余亩、白夹竹9015亩、牛尾竹3000亩、毛竹2205亩、雷竹1290亩、其他竹类4320亩，竹产业基地以粗放式经营材用竹为主，涉及农户28000余人。竹产业年产值约10000万元，以竹材竹笋销售为主。

【天然林保护和退耕还林工程】 实施管护面积约50.19万亩，其中国有林45.4万亩、集体公益林47889亩，兑现集体公益林生态效益补偿金70.64万元。完成5万亩退耕还林自查验收及公示，兑现中央及市级财政政策补助资金684.01万元，发放农户19153户。

【林业保护】

护林防火 按照“预防为主、积极消灭”要求，健全政府全面负责、部门齐抓共管、社区广泛参与的森林防火工作机制，完善县、乡镇、村、社、农户（业主）五级森林防火责任制，层层签订责任书。抓好森林防火宣传工作，发放宣传资料3.8万份，向林区农户发放印有森林防火知识的年画30000余张。加强森林火灾隐患督查，着重对全县重点防火区域（公墓）进行检查。组建全市装备最精良（专业消防车1辆、指挥车1辆、运兵车1辆、运输车1辆、小型无人机1架、各类防火器材价值100余万）、队伍最多（专业、半专业、义务扑火队104支，共1740人）、制度最完善的森林防火工作体系。年内全县未发现较大以上森林火灾和人员伤亡事故。

野生动物保护　加强黑水河自然保护区保护管理力度，确保保护区317.9平方公里内野生动物及其栖息地安全，共开展监测巡护100余次，人员300余人次，巡护里程500多公里，清理挖药打笋窝棚10余个，劝离人员50人次。完成保护区本底资源调查工作。完成雪豹专项调查工作，在县域活动的雪豹5只，是成都市雪豹分布最多，栖息地面积最大的区域。救助救护野生动物20次。

古树名木保护　年内完成全县古树名木资源普查，通过省市验收。组织专人定时或不定时巡查古树名木，常年组织专业维护队伍对县内的古树名木进行修枝、防病、治虫、复壮，年内着重对30余棵古树名木进行排险复壮工作。完成安仁古镇核心区古树名木挂牌工作。

【园林绿化】　县园林绿化中心牵头制定《大邑县增花添彩工作实施方案》《大邑县大规模绿化全川四大行动方案》《大邑县推进全域增绿行动方案》。年内完成两个市级园林式小区创建工作，新增绿地10公顷，立体绿化600平方米，栽植芙蓉8900株。完成天府花溪谷、花水湾集镇、安仁小游园增花添彩，完成斜源镇“花重锦官”特色村建设。

【林木采伐与经营管理】　结合山丘区乡镇森林资源实际，安排2017年度森林采伐限额，指导各乡镇搞好采伐监管，强化办证服务，主要林区乡镇启用全国林木采伐管理系统，实现乡镇受理采伐申请、县级审核、乡镇打印出证，实现延伸服务。实行凭证采伐，全年审查办理林木采伐许可证563份，采伐蓄积7654立方米。

【林地管理】　加强征占用林地管理，依法依规，搞好各类重点项目可研、评审、报件的服务保障工作，确保各类项目依法使用林地。搞好征占用林地监督检查，严格审查报批材料，尽量做到不占或少占林地，森林植被恢复费做到应收尽收。年内组件审批“晋原街道坪域村森林防火通道”“西岭镇大龙村、云华村护林防火通道”等14宗森林防火通道项目。上报并经省厅批准“大邑县二环路北环线”缴纳森林植被恢复费3180808元；对已批准项目跟踪服务，避免少批多占、批甲占乙违法行为，同时加强巡查力度，发现非法占用林地行为，及时制止并移送森林公安查处。

工业·能源

工业经济

【概况】 大邑县委、县政府贯彻落实市委市政府“西控”战略部署和全市产业发展大会重大部署，促进工业经济转型升级。完成《大邑县高端绿色科技工业发展推进方案》，并编制智能制造、电子信息两个产业生态圈建设实施方案。出台《大邑县高端绿色科技产业扶持政策》，对重大项目促建、技术改造、创新能力建设等智能制造产业和电子信息产业进行扶持。推动智能制造产业生态圈建设，以东部工业新区为基础，瞄准六类500强企业，紧盯景泰蓝（深圳）自动化技术有限公司智能制造产业基地项目，实现智能制造项目破冰，努力形成精密机械、工业机器人、智能系统、高端模具、增材制造装备五大特色产业集群。推动电子信息产业生态圈建设，以经开区西区为基础，以建设大邑县电子信息产业园抓手，大力引进天邑康和重点配套企业，加快洽谈成都宏明电子股份有限公司电子产品生产项目，逐步引入集成电路、终端制造、新型显示等产业项目。加快重点项目建设，新开工弘林数控等23个项目，加快建设中宝科技等22个项目，望锦汽车部件、知本生物、同道堂药业二期等18个项目竣工投产。抓好企业服务工作，搭建产业创新平台，加快建设“四川邑电通信产业技术研究院”“国家汽车零配件检测中心”。实施企业培育工程，推动大宏立、天邑康和、圣诺科技上市进程。加大招商引资力度，坚持“一把手”招商，组建6个驻外招商工作组、4支专业招商小分队，成功签约引进维腾大数据、赢信汇通等9个重大项目。实际到位内资112.23亿元、利用外资实际到位4631万美元。深化校企合作，与电子科大共建四川邑电通信产业技术研究院、首席信息官培训中心。完成工业投资144.34亿元，增长21%，新增规上企业14家，全县规模以上企业达134家，规上工业增加值增长11.3%。重大工业项目完成投资31.04亿元，竣工重大工业产业化项目数8个，完成开工数13个；完成重大工业注册数5个。

天邑公司厂貌

【机构变更】 9月26日，县委编委会议决定，将县经信局内设科室信息化与无线电管理科更名为电子信息产业科，强化电子信息产业有关职能。撤销财经协调与融资服务科，设置智能制造产业科；将原财经协调与融资服务科职责划入到企业服务科。

【工业经济运行态势】 全年全部工业增加值86.67亿元，增长11.1%。规模以上工业增加值同比增长11.3%，实现主营业务收入199.22亿元，增长15.5%。工业投资144.3亿元，同比增长21.%。技改投资120.3亿元。新增工业企业 14家，超目标（8家）6家，全县规模以上企业达134家。重大工业项目完成投资31.04亿元。重大工业产业化项目竣工8个、开工13个；完成重大工业注册5个。民营经济增加值增长8.6%，民营经济占地区生产总值比重为63%。完成单位GDP能耗降低率3.5%，单位工业增加值能耗降低率完成19.53%。招商引资在谈项目19个，协议总投资690.6亿元；在建项目两个，总投资4亿元。

【规模以上工业企业】 2017年末，全县规模以上企业134家，规模以上工业企业增加值同比增长11.3%，实现主营业务收入199.22亿元，增长15.5%。规模以上工业企业产品销售率95.5%，主要产品有钢材、罐头、酒类、轮胎等。工业经济开发区规模以上企业110家，增加值同比增长11.1%，实现主营业务收入174.9亿元，增长17.3%。

【工业重大项目】 全县列入成都市亿元以上重大工业和信息化项目共32个，项目估算总投资93.32亿元，2017年计划完成投资26亿元。截至12月末，累计完成投资31.04亿元，完成年度投资目标的119.4%。其中竣工投产项目8个，完成投资7.41亿元；新开工项目13个，完成投资6亿元；加快建设项目11个，完成投资17.64亿元。

表11 2017年大邑县规模以上企业名录

序号	组织机构代码	单位详细名称	法定代表人（单位负责人）	主要业务活动或产品
		合 计		
1	50053178	成都麦克维斯节能新材料有限公司	胡 英	隔热、隔音塑料制造
2	50058219	成都府天高温材料科技有限公司	蓝 亭	生产、销售高温耐火材料
3	50093516	成都欣瑞达管业有限责任公司	柴天福	生产、销售塑料管材、管件
4	60082415	四川鑫铖环保科技有限责任公司	金增辉	制造铝合金模板、脚手架
5	64345307	成都斯太尔动力机械有限公司	刘 帆	汽车零部件的制造
6	66962907	成都大邑长江造型材料有限公司	熊 鹰	制造覆膜砂、再生砂
7	66998627	成都天成鑫业机械有限公司	吴成俊	金属加工机械制造
8	69757634	风行莱茵电梯有限公司	王 成	制造销售电梯、自动扶梯
9	07240889X	成都西南电工器材有限公司	张之富	电线（电磁线）生产
10	80647786	四川省恒晟包装印务有限公司	陈源隆	生产销售纸板纸箱
11	09125796X	四川路通翔路公路工程有限公司	徐 斌	公路路面工程制品制造

续表

序号	组织机构代码	单位详细名称	法定代表人（单位负责人）	主要业务活动或产品
12	91295456	四川天宇坤泽建设工程有限公司	杨高泽	中央空调、消防设备、通风设备制造
13	201971970	成都乘风阀门有限责任公司	丁　骐	生产销售阀门及配件
14	201974661	四川华天玻璃纤维有限公司	李尚勇	玻璃纤维布
15	202116087	成都康达电缆有限公司	冯云力	电线、电缆及配件的生产、销售
16	202668295	成都市裕邑丝绸有限责任公司	颜泽勤	缫丝加工
17	202670782	成都环宇热缩材料有限公司	郑　军	建筑装饰及水暖管道零件制造
18	321582339	成都市海光食品有限公司	沈明国	水产品加工
19	331951206	成都乐动机械制造有限公司	陈　锐	摩托车零部件及配件制造
20	357983775	成都邑彩粉末涂料有限公司	李红英	制造粉末涂料
21	394355786	成都市兴达塑料有限公司	王梁成	塑料包装制品
22	395073019	成都玉凤米业有限公司	刘凤军	生产大米
23	397635185	成都市蓉城纸业有限公司	李　炯	加工纸制品
24	399429676	成都远航印务有限公司	宋　慧	包装装潢印刷品印刷
25	564486982	威立雅三瓦窑热电（成都）有限公司	Yasushi Ujioka	火力发电、热能供应
26	564492661	成都优信食品有限公司	江　云	脆皮肠加工生产
27	567187101	成都鑫生装饰材料有限公司	蒋绿昌	加工、销售刨花板、饰面板、浸渍纸
28	569659109	成都嘉福宜能建材有限公司	黄军妹	生产干混砂浆
29	574604436	联塑科技实业(成都)有限公司	王　虎	塑料管槽及配件生产
30	574638951	成都弘林机械有限公司	李茂洪	制造、销售木材加工机械设备及其零部件、
31	580045706	成都金顶精密铸造有限公司	刘　霄	凸轮轴毛坯EC5
32	590208855	成都中科能源环保有限公司	倪宏志	环保专用设备制造
33	590237437	成都千佳世纪家具有限责任公司	彭琦富	实木家具制造
34	590243335	成都麦克斯机械设备有限公司	郑永德	生产销售阀门及阀门执行器
35	59208258X	成都小憨豆家居有限公司	熊学明	加工销售板式家具
36	594657172	四川迅源纸业有限公司	冯新云	生产销售手工纸、纸板、纸箱
37	594698695	成都市易建建筑材料有限公司	李　宏	生产、销售预拌砂浆、商品混凝土
38	595054197	四川省宜达制衣有限责任公司	苏虎彪	纺织服装、鞋帽制造
39	597258142	成都苏川塑业有限公司	顾庆华	塑料包装箱及容器、塑料零件制造
40	597272307	四川同兴泰吉人防设备制造有限公司	朱兴林	生产人防设备
41	597284586	成都三盟包装制品有限公司	许必顺	玻璃容器制造
42	62950189X	成都华狮漆业制造有限公司	冯玉波	涂料制造

续表

序号	组织机构代码	单位详细名称	法定代表人（单位负责人）	主要业务活动或产品
43	660463967	成都新同高复合器材有限公司	岳成平	生产复合（铸铁）井圈井盖
44	660486608	成都豪健电动车配件有限公司	袁彩进	生产销售电动自行车车架及配件
45	665339957	四川海莱生物科技有限公司	赵雪林	复混肥料制造
46	667568518	成都巴德士涂料有限公司	方学平	水性涂料
47	667571944	成都佳家郎食品有限公司	罗　巍	蔬菜加工
48	667585799	成都天邑包装有限公司	王春建	纸箱生产
49	667587938	四川金兴邑都建筑材料有限公司	郭大凯	卷材生产
50	669652924	成都市博伟肉食品有限公司	刘伟博	生猪屠宰
51	672176121	成都美岭纸业有限公司	高继荣	原纸制造、印刷
52	67218923X	成都市佳华化工有限公司	李素荣	涂料制造
53	672192906	成都华邑药用辅料制造有限责任公司	东　旭	化学药品原药制造
54	672198531	成都浔兴拉链科技有限公司	施清波	拉头
55	677166213	成都展辰涂料有限公司	陈　冰	生产化工制品
56	677179858	成都市名扬世佳家具有限责任公司	杨清文	设计加工销售名扬世佳牌板式欧式中式家具
57	677181421	成都鼎翔商品混凝土有限公司	蒲建伟	商品混凝土加工
58	677196762	四川天宇坤建空调设备有限公司	杨高泽	生产制冷空调设备
59	679668161	四川嘉宝莉涂料有限公司	程　俊	有机化学原料制造
60	679676583	四川奥菲克斯建设工程有限公司	唐建明	砼制造
61	679680056	成都建丰新材料股份有限公司	李建兵	浸渍纸
62	679685949	成都市大邑县盛业建辅材料厂	苟正勇	生产销售建辅材料、防水材料
63	681830287	成都市川墙建材有限公司	杨国忠	干混砂浆生产与销售
64	68183363X	成都市海龙纸业有限公司	曾建忠	纸板生产
65	681848794	成都巴德富科技有限公司	马大春	防水建筑材料制造
66	684555217	成都市荣胜木业有限公司	钟奕成	家具制造
67	68457563X	成都峻城新型建材有限公司	梅亚非	生产和销售蒸压加气混凝土砌块及专用砂浆
68	68457600X	成都市宏邑机械厂	罗　朝	金属机械加工铸造
69	684598006	成都帕杰斯油脂有限公司	洪凡力	动物油脂生产
70	686311048	成都市美居饰装饰材料有限公司	黄跃成	生产、销售印花装饰纸
71	686319699	成都志豪纸业有限责任公司	赵于彬	纸品生产、加工、包装设计、(毛边纸、花纸）
72	686338718	成都三鑫鼎高家具有限公司	刘焕元	设计、加工、销售鼎高牌板式、欧式、中式

续表

序号	组织机构代码	单位详细名称	法定代表人（单位负责人）	主要业务活动或产品
73	689011593	四川寰宇交通设施有限公司	周建芬	高速公路护栏、立柱
74	689025119	成都西菱动力部件有限公司	魏咏春	生产汽车发动机零部件
75	689031287	成都市远诚科技有限责任公司	李淑琼	生产销售呋喃树脂及其配套产品
76	689048484	成都市双凤家具有限责任公司	蒋国军	传统双凤品牌家私
77	690931151	成都市华迪塑胶有限公司	彭　浩	塑料门窗生产
78	693663826	四川国丰管业有限公司	许娇华	生产销售塑料管道
79	693668483	成都大邑县飞翎化工防水材料厂	彭　伟	防水卷材生产
80	696257356	成都海螺型材有限责任公司	虞节玉	生产塑料
81	696275423	成都市苏氏兄弟纸业有限公司	苏德生	生产、加工、销售生活用纸（不含纸浆生产
82	696281655	成都新向阳装饰材料有限公司	刘　宣	饰面板制造
83	696286069	成都建丰印刷纸有限公司	李建兵	印刷纸生产
84	696296099	成都港都筑浆建材有限公司	黄应华	干混砂浆
85	698857494	成都能净科技有限公司	苗　强	化学试剂和助剂制造
86	69887071X	成都松立建材有限责任公司	陈晓祥	预拌砂浆生产
87	69887901X	成都高鑫机械制造有限公司	刘航江	矿山机械零部件加工
88	713057250	成都宁良实业有限公司	闵　辉	汽车零配件制造
89	720326930	成都桐林铸造实业有限公司	刘　帆	铸造机械
90	720342906	成都市泽仁实业有限责任公司	张建红	汽车配件制造
91	720376559	四川省龙川酒业有限公司	周敬伟	白酒
92	720386933	成都罗氏食品发展有限公司	苟　华	豆腐乳
93	725357226	四川省祥业机械铸造有限公司	谢许祥	曲轴转体
94	728046968	四川远星橡胶有限责任公司	赵　春	生产摩托车轮胎
95	730205358	成都交大普尔实业有限公司	汤　翔	机械零部件加工
96	732358876	四川省客车制造有限责任公司	何念贵	制造销售客车
97	734829184	四川众能电力有限公司	刘海峡	水力发电
98	740323980	成都市蜀望罐头食品有限公司	吴　刚	食用菌罐头
99	740325601	四川南方涂料工业有限公司	张占奎	生产涂料
100	740327041	成都奇龙康动物保健品有限公司	段　庆	猪配合饲料生产销售
101	743639315	成都宏达龙头实业有限公司	洪凡力	佛灯油
102	743649628	成都凯捷生物医药科技发展有限公司	王晓莉	氨基酸

续表

序号	组织机构代码	单位详细名称	法定代表人（单位负责人）	主要业务活动或产品
103	746409013	四川成都同道堂制药有限责任公司	杨继勇	兰索拉唑片
104	746417507	成都市金正食品有限公司	唐俊杰	冻猪分割肉
105	746427887	成都冶金实验厂有限公司	周志梭	钢材
106	746435473	成都思达特电器有限公司	刘应德	喷涂设备制造
107	749707550	成都昌盛鸿笙食品有限公司	刘青山	膨化食品
108	749711525	四川省百草生物药业有限公司	李　越	化学药品制剂制造
109	749740246	四川邑丰食品有限公司	张玉蓉	袋装酱腌菜
110	752804845	四川利民中药饮片有限责任公司	何　竟	中药饮片
111	752816344	成都亚玛亚天然食品有限公司	靳　松	糖果制品生产
112	752818446	成都君子兰涂料有限公司	袁应林	涂料(聚酯漆)生产
113	752824715	成都鑫泽机械有限公司	张泽培	石油钻采专用设备制造
114	752824993	成都佰富隆精工机械有限公司	王洪伟	各种机械配件
115	754734270	成都市瑞驰精工机械制造有限责任公司	蔡发富	生产汽车部件、摩托车部件
116	758788444	大邑港华燃气有限公司	黄　河	天燃气供应
117	762254306	成都大宏立机器股份有限公司	甘德宏	颚破机
118	76229886X	成都圣诺生物制药有限公司	文永均	医药制造
119	765351451	四川江口醇成都（大邑）酒业有限公司	黄诗智	白酒生产、销售
120	765395112	成都万良菌业开发有限公司	张万良	食用菌加工
121	768612696	成都建丰林业股份有限公司	李建兵	中纤板
122	76864011X	成都万士达瓷业有限公司	周　伟	电子陶瓷防冷基片制造
123	768643417	成都成高阀门有限公司	丁　骐	阀门
124	771220060	成都市兴名源电器有限公司	程　曦	生产、销售高低压互感器、高压计量箱及各种
125	774529207	成都蜀之源酒业有限公司	李树华	白酒生产
126	777455530	四川友嘉食品有限公司	鲁庆峰	调味品加工
127	782278778	四川乐迪尔防水材料工程有限公司	吴万成	建筑防水材料生产
128	782652512	大邑县蜀光玻璃厂	席炳茹	玻璃制品制造
129	782692100	四川兴达塑料有限公司	王梁成	生产销售塑料包装制品
130	784716479	四川仟和食品开发有限公司	李汝云	核桃粉
131	785400820	成都科锐有色金属有限责任公司	徐建国	生产金属材料、金属制品
132	794926795	四川凯西祥荣集团有限公司	黄亚河	冷轧薄板

续表

序号	组织机构代码	单位详细名称	法定代表人（单位负责人）	主要业务活动或产品
133	797825316	成都市渔樵食品有限公司	杨　琴	白酒制造
134	797838918	四川天强防水保温材料有限责任公司	刘作波	防水材料
135	902667031	四川天邑康和通信股份有限公司	李俊画	计算机通信和其他电子设备制造
136	MA61R7UA8	成都科利特机械制造有限公司	余　波	工程机械通用设备制造
137	MA61TFG42	成都首创包装有限公司	代守良	生产销售纸和纸板容器
138	MA6CPUTQ4	成都贝根管道科技有限公司	姚　桃	橡胶板、管、带的制造
139	X2183432X	成都市大邑县沙渠涂料厂	罗　芳	防水建筑材料制造

表12　2017年大邑县工业入库税金前20名企业名录

序号	企业名称	法人代表	主要产品	入库税金（万元）
1	成都冶金实验厂有限公司	周志梭	钢材	8739
2	四川天邑康和通信股份有限公司	李俊画	计算机通信和其他电子设备制造	8634
3	四川迅源纸业有限公司	冯新云	手工纸、纸板、纸箱	6441
4	四川嘉宝莉涂料有限公司	程　俊	有机化学原料制造	4829
5	成都西菱动力部件有限公司	魏咏春	汽车发动机零部件	4554
6	四川远星橡胶有限责任公司	赵　春	摩托车轮胎	4099
7	成都金顶精密铸造有限公司	刘　霄	凸轮轴毛坯EC5	3594
8	成都桐林铸造实业有限公司	刘　帆	汽车发动机缸体	3103
9	成都成高阀门有限公司	丁　骐	阀门	2673
10	成都大宏立机器股份有限公司	甘德宏	颚破机	2287
11	成都圣诺生物制药有限公司	文永均	医药制造	1852
12	成都交大普尔实业有限公司	汤　翔	机械零部件加工	1700
13	成都海螺型材有限责任公司	虞节玉	塑钢门窗	1687
14	成都巴德富科技有限公司	马大春	防水建筑材料制造	1517
15	成都蜀之源酒业有限公司	李树华	白酒生产	1282
16	成都美岭纸业有限公司	高继荣	原纸制造、印刷	1134
17	大邑港华燃气有限公司	黄　河	天燃气供应	1044
18	成都乘风阀门有限责任公司	丁　骐	生产销售阀门及配件	1027
19	成都市易建建筑材料有限公司	李　宏	生产、销售预拌砂浆、商品混凝土	904
20	四川省龙川酒业有限公司	周敬伟	白酒	854

鑫泽机械改良设计的车铣复合加工中心

【工业投资和技改创新】 全县完成工业投资144.34亿元，同比增长21%。县经信局优化行政审批流程，提高行政审批效率，促进投资持续增长，全年完成148个技术改造投资项目备案。加大企业技术创新工作力度，2017年新增省级企业技术中心1户（成都圣诺生物制药有限公司技术中心）；新增市级企业技术中心1户（成都展辰涂料有限公司技术中心）。申报远星橡胶基于新型改性材料的防刺扎防脱圈电动自行车轮胎产业化、金顶精密铸造高可靠性汽车凸轮轴铸造技术研发平台创新服务能力提升等7个省级技术创新项目；天邑康和悦M网关产品的技术开发及产业化研究、思达特电器新型漆雾分离器的产业化等8个市级重点技术创新成果和重大创新产品专项。

【项目引进和促建】 强化项目协调服务。深入企业、深入项目现场，收集了解项目建设过程中出现的具体困难和问题，加强和相关部门协调服务，督促具备建设条件的项目尽快开工，在建项目加快建设尽快竣工，竣工项目尽快投产达产。抓好亿元以上重大项目的推进力度，年内盛欣泰吉人防设备高分子复合材料生产线等8个重大项目竣工投产；壹佰刀具木工刀具生产线等13个重大项目开工建设。

【服务企业工作】 围绕产业生态圈建设，出台促进产业发展、服务基层的重大政策和主要举措。编制产业生态圈建设方案，完成《大邑县高端绿色科技工业发展推进方案》，并编制智能制造、电子信息两个产业生态圈建设实施方案。出台《大邑县高端绿色科技产业扶持政策》，对重大项目促建、技术改造、创新能力建设等智能制造产业和电子信息产业进行扶持。积极争取项

10月27日，大邑县赴南京召开招商项目推介会

目、政策、土地、资金支持，年内已争取工业项目年度用地指标1795亩，解决西南电工、天邑康和电子产业园等11个重大工业项目用地。沙渠工业区110千伏变电站竣工投运。为企业提供“保姆式”服务，积极为企业争取上级资金，已兑现技术改造补助资金、高端装备、电子信息与信息安全补助资金2730万元。为16户企业提供“壮大贷”13136万元。搭建产业创新平台，加快建设“四川邑电通信产业技术研究院”“国家汽车零配件检测中心”。实施企业培育工程，推动大宏立、天邑康和、圣诺科技上市，提升企业资产证券化水平。

【产业生态圈构建】 推动智能制造产业生态圈建设。以东部工业新区为基础，瞄准六类500强企业，紧盯景泰蓝（深圳）自动化技术有限公司智能制造产业基地项目，努力形成精密机械、工业机器人、智能系统、高端模具、增材制造装备五大特色产业集群。推动电子信息产业生态圈建设。以经开区西区为基础，以建设大邑县电子信息产业园抓手，引进天邑康和重点配套企业，加快洽谈成都宏明电子股份有限公司电子产品生产项目，逐步引入集成电路、终端制造、新型显示等产业项目。

【工业节能减排】 加快推进工业节能减排，淘汰改造工业燃煤锅炉171台，其中实施燃煤锅炉改气、改电45台，组织申报奖励资金1333.2万元。加快淘汰落后产能工作，淘汰大邑云贵机砖厂，提前完成关闭任务。关停“散乱污”企业，全县777家“散乱污”工业企业，已完成清场297家，正在清场203家。

工业园区建设

【概况】 县经开区管委会认真贯彻落实国家中心城市产业发展大会、新经济发展大会决策部署，坚持绿色高端科技产业发展导向，突出规划先行、项目聚集、基础配套三大抓手，全力抓好招商引资、项目促建、固定资产以及企业服务等工作，推进园区建设整体水平再上新台阶。主要领导带队招商35批次，全年新签约引进项目9个（30亿元以上项目1个、10亿元以上项目1个、1亿元以上项目7个），完成省外到位资金35亿元，同比增长170%。完成固定资产投资141.6亿元，同比增长28.59%；23家企业开工建设（其中西区7家、东区16家）；22家企业项目加快建设（其中西区9家、东区13家）；新建成投产企业18家（其中西区8家、东区10家）。园区规上工业增加值增幅12.5%，实现入库税金10亿元，同比增长11.1%；全年新上规企业14家（西区8家，东区6家）。4月，获批全国唯一“全国石油机械配套产业知名品牌创建示范区”。

7月19—20日，市人大常委会副主任王忠林（左三）在大邑经开区督导工作

【园区规划编制】 坚持规划引领，聘请中科院等专业机构，高水准推进东部新区18.4平方公里园区总规、控规编制工作，并形成初步成果。完成智能制造产业园6平方公里区域环评、电子信息产业园区域环评及跟踪环评；开展电子信息产业园区控制性详规新一轮修编，整体优化园区城市功能、产业空间结构、资源配置模式，为承接产业转移、推进产业聚集提供有效载体。

【项目引进】 围绕主导产业，瞄准六类500强，锁定目标区域，在高端产业、产业高端上做文章，加速形成智能制造和电子信息两大特色产业集群。成功引进总投资12亿元的四川赢信汇通实业有限公司智能交通装备制造项目、投资30亿元的天邑电子信息产业园项目。在谈项目22个，其中智能制造类企业18个，电子信息类企业4个。

【获批“全国石油机械配套产业知名品牌创建示范区”】 县经开区围绕全国石油机械配套产业知名品牌创建示范区这一目标，完善工作机制，突出质量先行、品牌引领、创新驱动三大抓手，做大做强石油机械配套特色产业集群。近两年共投入3200万元，重点支持石油机械配套产业龙头项目，对企业在品牌、研发、技改等方面给予优先安排。坚持品牌引领，选择重点企业、重点产品、重点技术进行培育和扶持，支持申报免检产品、著名商标及国家地理标志，形成一批有较强竞争力的区域品牌。园区拥有中国驰名商标6件、省著名商标13件、省名牌产品16件。加强“产学研”互动合作，促进重点企业与科研院所之间良性互动，建立大邑石油机械配套产品质量检验检测中心和16家企业技术中心。2017年1月，创建工作通过国家质检总局验收；4月，获批全国唯一“全国石油机械配套产业知名品牌创建示范区”。大邑石油机械区域品牌价值经国家质检总局中国质量认证中心评估价值为13.25亿元。

【园区载体建设提升工程】 加快提质增效，从严清理低效用地。结合企业履约能力、产业规划、城市调规等情况，梳理出拟清理闲置低效用地及厂房共62家累计2092.71亩，按照“终止协议一批、兼并重组一批，分批调迁一批”原则，分别确定时间节点、整改措施和处理意见，2017年末，终止协议项目12家，涉及用地面积820.11亩，提升园区土地集约节约利用水平。抓好项目建设，实行“挂图作战”和“三同时促建工作机制”，23个新开工项目开工建设、22个续建项目尽快建成投产，全部上墙公示，主动接受社会监督。

【完善基础配套】 创新建设模式，探索“园区管委会+运营公司”合作模式，通过引进央企作为战略合作伙伴，有效整合资源资本，在产业发展、基础建设、城市开发运营进行全方位合作，快速推进东部产业新城城市整体开发。完善功能配套，按照“先拉框架后填空”和“大配套一步到位，小配套围绕项目集中进行”模式，走“分片起步，滚动发展”路子。大树、沙渠110千伏变电站已经投运。

【强化要素保障】 出台《大邑县高端绿色科技产业扶持政策》《大邑县实施人才优先发展战略行动计划》等政策和配套实施细则，把成都市产业发展新政落到实处。创新要素供给，围绕搭建政产学研用协同创新平台，依托国家石油机械配套产业知名品牌示范区挂牌成立国家质检中心，加快建设四川邑电通信产业技术研究院。

【党群服务中心建设】 县经开区整合县级部门、社会组织、培训机构等资源，高标准建成园区党群活动服务中心并于4月初正式投入使用。引进成都非公企业学院、“3+2”读书荟、人才促进会等社会组织，搭建工会、共青团、科协等服务部门下沉平台。推进党群共建，成立园区自组织孵化中心，培育嘉音社、疯狂夜跑等园区自治组织30余个，整合大宏立机器等3家企业党群活动中心资源，使党建资源由单一封闭向社会化、共享型转变，形成齐抓共管的党建工作格局。通过党的建设与企业文化、人才队伍、经营管理、履行社会责任、解决热难点问题等五个方面相结合，实现资源共享、活动联办、难题共解，有效解决企业党建、人才引进、品牌创建等问题300多个。6月，中组部党员教育和干部测评中心巡视员、副主任雷光华到园区调研，对园区“2+30”党建组团、“三个一”服务机制等党建工作模式给予充分肯定。先后承办全省非公企业、社会组织党组织书记示范培训班，全市产业园区党建工作现场会等培训、活动等60余批次。

【智能制造圈建设】 大邑智能制造园区位于沙渠工业园区。近期总规划面积为6平方公里，远期为15平方公里，重点发展智能制造产业。目前入驻企业196家（含租赁厂房企业83家），其中在建企业24家。园区产业为主要为汽车零配件、机械制造、新型建材、家具制造。年末，规模以上企业37家，园区工业总产值55亿元，入库税金1.1亿元，工业增加值16亿元，规上工业增加值5.6亿元。固定资产投资46亿元（其中技改投资20亿元）。新签约项目6个，其中50亿元以上项目1个、10亿元以上项目1个、1亿元以上项目4个。

【重点企业】

成都望锦汽车部件有限公司 成都望锦汽车部件有限公司（以下简称子公司）为四川望锦机械有限公司（以下简称母公司）投资的全资子公司。是一家专业从事汽车转向系统和悬挂系统关键球铰类零部件研发、生产、销售的高新技术企业。在沙渠镇工业发展区征地72亩，新建汽车底盘研发生产基地项目，成立成都望锦汽车部件有限公司。项目建筑总面积4.2万平方米，投资总额预计1.1亿以上。其中土建及厂房，技术中心及办公楼、职工活动宿舍投资6000万元，设备投资3000万，其他投资2000万元。母公司是奔驰戴克汽车、通用汽车、福特汽车、TRW等跨国汽车、零部件公司以及国内各大汽车集团的配套供应商，也是美国TRW公司的全球战略采购供应商、奇瑞汽车核心供应商和比亚迪战略核心供应商等。子公司2017年已申请6项专利技术（含3项发明专利）。公司主要产品分为两大系统、五类产品。两大系统即汽车转向系统和悬挂系统；五类产品即转向内拉杆/外球头、前悬挂控制臂总成、前悬稳定杆端连接杆、悬挂系统导向杆、悬挂系统稳定杆。

成都万士达瓷业有限公司 成都万士达瓷业有限公司（由广东富信科技股份有限公司投资控股的独立法人企业）位于大邑县沙渠工业园，占地7.81亩，于2009年6月建成投产。公司系集96%氧化铝陶瓷基板、半导体制冷DBC基板研发、制造、销售一体的高科技企业，是国内半导体制冷DBC基板行列排名第一的企业，国内排名前三名客户的唯一供应商，产品出口美国（全球行业排名第二的美国Ⅱ—Ⅵ公司最大供应商）、日本。2017年，投入1000余万元进行设备半自动化、自动化产能扩量、工艺升级的技术改造。

电　力

【概况】 公司有变电站17座，主变压器34台，总容量119.93万千伏安，其中：220 千伏变电站1座，总容量36万千伏安；110千伏变电站7座，总容量 67.95万千伏安；拥有110千伏线路18条，长度248.524公里；35千伏线路21条，长度183.821公里。公司下辖八部一室一中心，以及三新大邑分公司和集体企业成都宏业电力有限公司大邑分公司。

【电网建设与发展】 配合完成苏场220千伏变电站3号主变扩建可研设计编制工作及内审，晋原110千伏输变电工程已取得变电站站址红线，悦来110千伏、高山35千伏输变电工程变电站规划选址经县规委会审定通过，3个输变电工程均在开展可研设计编制。沙渠110千伏输变电工程（解林变电站）于7月31日顺利带电投运；完成110千伏栗子坪变电站2号主变改造工程。清理城区地下电缆，协调政府投资2000万元，对大邑“大、小北街改造”涉及的城区配网线路进行改造。完成10千伏树宏一、二路，树斯一、二路，树建一、二路共6条新建配网线路施工工作，完成10千伏官邑路新建工程。2016—2017年，共完成3批32个中心村项目建设改造工作，新建改造10千伏线路49.9千米、低压线路235.9千米、配变61台，新增配变容量1.52万千伏安，解决44个台区的低电压问题。

【经营管理】 开展营销基础管理综合治理提升，成立“1+1+13”（1个管控组、1个城区治理小组、13个供电所）台区线损治理工作组，梳理整改SG186、PMS系统“变—箱—户”基础档案、采集异常数据9万余户，完成台区计量改造更换780台和老旧智能表轮换1.6万只，查处窃电149户，公司台区线损合格率从年初的10%提升至61%。联合县经信局、发改局共同推进“煤改电”工作，完成23户78蒸吨在运燃煤锅炉客户战略合作协议签订，受理“煤改电”用电申请12户，签订购售电协议3户。新增低压客户1399户，新增高压客户127户。年末，大邑公司共有用电客户数27.21 万户，其中专变客户1286户，总专变容量102.64万千伏安。

【安全生产】 发挥安全督察职能，督察现场126处，发现违章41处，警示学习30余人次，处罚35800元；巡查在建现场48个，发现一般违章7项整改7项；发现隐患99项并完成整改；加强迎峰度夏和应急安全工作管理，排查出存在汛期隐患的线路杆塔点118个、变电站4座、供电所5个，均采取措施防范；举行大型综合应急演练，检验公司应急反应和救援能力。

【农电工作】 施工作业现场督察率及蹲守率100%，现场督察141次，发现违章问题76个，交叉督察23次，发现违章16起，供电所安全检查72次，严格执行“两票”“三制”；共发现问题台区345台，完成整治285台，整治率达82.61%。巡视农网线路590条/次，发现、消除农网隐患422处；检查发现农网各类缺陷579处，下发隐患告知书15份，处理一般隐患549处；处理线路设备故障122次；开展配网抢修APP培训；完成客户报修4953次，故障处理率100%；检查农网配变台区1475台，总路安装1335台，投运1287台，投运率96.4%；支路安装764台，投运668台，投运率87.43%；完成57个涉电鱼塘安全围栏安装工作，新建改造10千伏线路43.75千米，新增改造配变42台，容量11.1兆伏安，新建改造低压线路148.7千米；实施低电压治理44个台区，改善1236户。供电所受理低压业扩1272笔，装表接电1155笔，受理各类报修业务4953笔，处理用户故障报修4953户，重新签订402户高压供用电合同。全年配合政府、学校组织开展保电活动12次；配合政府环保整治，关停“三无”企业600余户。开展农村供电所网格化服务工作。电所线损合格台区数从年初的239台提升到1035台，线损合格率从年初的15.48%提升到67.08%。查处各类窃电和违约用电60户，追补电量95625千万时，追补电费和违约使用电费226957.32元，处理营配贯通中三级地址错误的数据156502户。

【科技与信息化工作】 完成所有变电站接入D5000系统及部分缺陷处理；完成110千伏栗子坪站2号主变及6千伏II段技改相关自动化工作；完成6个110千伏变电站、1个220千伏变电站的AVC

系统接入及后期缺陷处理；完成大邑县调度监控责任区核实工作；完成110千伏解林站新投接入工作，图库建立、自动化联调；完成配网公线图模导入D5000自动化系统的工作；完成Windows远程代码执行漏洞关闭工作；完成内网电脑病毒查杀工作；完成机房核心信息通信网设备UPS改接工作；完成机房及电源室的静面地板更换维修工作。

燃煤与燃油供应

【概况】 全县在营业加油（气）站34家（中石油7家、中石化6家、壳牌6家、其他加油站15家）；有证无站5家（其中中石油4家），共39家。其中中石化邑都加油站、金龙加油站为油气合建站。圣桦城旁CNG加气站已停业。成品油零售量70732（吨），其中汽油53883吨，柴油16849吨。成品油销售收入60756万元，其中汽油48726万元，柴油12030万元。

【燃气】 全县民用天然气公司4家（拥有特许经营权），工业3家（无特许经营权）。民用供气有大邑港华燃气（供应晋原街道、青霞镇、苏家镇、安仁镇、王泗镇、新场镇、悦来镇、鹤鸣乡、斜源镇、邮江镇、花水湾、西岭镇）；新津港华燃气（供应韩场镇）；德安燃气（供应上安镇、三岔镇）；炬鑫燃气（供应金星乡、雾山乡）；广泰燃气（供应蔡场镇、董场镇、沙渠镇）。工业用气有恒丰公司（供应县城工业园区）；西岭能源（供应王泗食品园区和沙渠工业园区）；广泰燃气（供应沙渠工业园区）。全社会用气量8844.2万立方米，同比增长67.4%；其中工业用气量3775.69万立方米，同比增长171.9%。居民用气价格，按阶梯价执行，0—500立方米1.86元/立方米；501—660立方米2.23元/立方米；660立方米以上2.79元/立方米。非居民用气价格2.68元/立方米。

【港华燃气公司】 大邑港华燃气有限公司是外商独资企业，注册资本2000万人民币。公司主要提供城市燃气供应和燃气管网的建设、安装、维修，以及燃气计量仪表维修、校验和燃气具、厨房用具、电器产品的零售、安装、维修服务。2017年末，公司累计有效客户数89386户；有长输次高压天然气管线93公里、中低压天然气管网683公里；有天然气配气门站1座、城区调压站5座，日供气能力25万立方米。2017年新增埋地管道69.12公里，其中次高压管线13.61公里，中压管线24.36公里，低压管线31.15公里。已完全覆盖城区改造的棚户区、各集中安置点、乡镇街道并延伸至部分村落林盘。年内，完成第七轮户内安检 57546户，发现一级隐患268处，整改268处，一级隐患整改率100%。工商安检1384户，发现隐患57处，整改57处，整改率100%。公司享有县内12个乡镇（街道）燃气特许经营权，实现全年安全供气零事故目标。

大邑港华燃气有限公司

表13　2017年大邑县加油、加气站名录

序号	加油站名称	加油站地址
1	大邑县蔡场加油站	大邑县蔡场镇蔡场社区
2	大邑县成达加油站	大邑县沙渠镇柳坪村14组
3	大邑县邮江镇农机加油站	大邑县邮江镇乡筒车坝
4	大邑县韩场镇农机加油站	大邑县韩场镇正福社区
5	大邑县宁江加油站	大邑县悦来镇宁江村
6	大邑县燃料有限公司天宫庙加油站	大邑县花水湾镇伍田村三社
7	大邑县人和加油站	大邑县悦来镇宁江村二组
8	大邑县沙渠镇农机加油站	大邑县沙渠镇坪江街68号
9	大邑县唐场镇农机加油站	大邑县唐场镇三河村
10	大邑县天开桥加油站	大邑县董场镇天开桥路196号
11	大邑县王泗镇热电加油站	大邑县王泗镇且埂村
12	大邑县新场镇农机管理服务站加油站	大邑县新场镇万元街43号
13	大邑县新场镇伍洪加油站	大邑县新场镇揭家村
14	大邑县中东加油站	大邑县晋原镇晋义村
15	四川省大邑县安仁加油站	大邑县安仁镇金光村三社
16	金龙加油站（油气合建站）	金土坡公墓对面　（CNG加气站）
17	中石化博伟加油站	大邑县晋原镇甲子路延伸段
18	中石化城南加油站	大邑县城南
19	中石化斜源加油站	大邑县斜源镇
20	中石化烟霞加油站	大邑县青霞镇中坭村
21	中石化新庆加油站	大邑县王泗镇新庆社区营经大道26号
22	中石化顺发加油站	大邑县悦来镇前进村10组
23	中石化川西旅游环线加油站（油气合建站）	联合大学对面（CNG加气站）
24	壳牌邮江家文加油站	大邑县邮江镇鱼泉村
25	壳牌顺发加油站	大邑县悦来镇前进村
26	壳牌官渡加油站	大邑县晋原街道官渡社区1社
27	壳牌苏家加油站	大邑县苏家镇下场口
28	壳牌王泗营经加油站	大邑县王泗镇营经大道129号
29	壳牌西岭加油站	大邑县晋原街道晋义村三社

DAYI YEARBOOK

商贸服务·旅游

商贸流通

【概况】 全县商贸服务业稳步发展，第三产业增加值94.41亿元，增长8.3%；社会消费品零售总额60.13亿元，增长9.9%；商品零售48.19亿元，增长8.9%。新签约引进重大项目9个，全年实际利用外资4631万美元，引进到位内资112.23亿元。实现进出口总额94000万元。

【市场建设】 加强农村商品市场和商贸集镇建设，与万村千乡工作相结合，引导品牌连锁企业开拓农村市场，通过线上线下融合创新发展模式，构建超市进镇、连锁下乡、配送到村的农村消费市场体系。年内，成都利民连锁、红旗连锁等企业新建8家农村直营店和便利店。

【物流配送体系建设】 创新推进城乡商贸物流配送体系建设，发展新兴物流配送模式，鼓励城乡社区物流配送资源开放和共建共享，依托专业物流企业和电商经营平台，整合邮政和快递服务资源及农家店、农资店等农村商业设施，中国邮政新增30个社区包裹自提店。支持众包物流服务，探索利用城市公建配送设施设立快递中转站、智能快递柜、快递超市等快递末端配送公共服务平台。

【农超对接】 推进农副产品进超市工作，加快农进超步伐，深入第一线，扎实推进农副（鲜活）产品进超市工作。按照“超市+基地+农户”等超市农业发展模式进行运作。

烟草专卖管理

【概况】 大邑县烟草专卖局（分公司）设办公室、综合科、专卖监督管理科(专卖稽查大队)、市场营销科等4个机构，总编制为56名。年内，围绕“稳增长、保状态、可持续”工作主线，加强内部管理，强化市场监管，保持销量稳定，提升销售结构，注重川烟培育，整体工作呈现科学稳健发展态势。全年销售卷烟18054箱，同比增加0.41%；卷烟单箱销售收入35600元，同比提升3.5%；实现销售收入预计6.5亿，同比增长6.47%；实现税利1.7亿，同比增长5%。

【营销管理】 围绕“保总销、育川烟、提结构、强调控”思路，克服宏观经济下行、区域经济不景气和环保督查造成消费人口流失等不利因素影响，做好营销管理，川烟培育控出实效。全年销售川烟（不含共享品牌）6784箱，同比提升2.7%，其中销售娇子4630箱，同比提升6.3%。“紫云”停供以来，10—11元价位段川烟置换率达56.2%。终端网建升级加速，开展川烟品

6月29日，大邑县局（分公司）党支部庆“七一”表彰先进党员暨支部书记讲党课主题活动

牌标杆市场建设，结合“互联网+”网络营销模式，打造地产烟培育示范街、示范店、体验店，提高终端品牌培育能力。打通零消支付通道，实现快捷支付和数据采集，全年跨行结算户数共计710户，网上订货客户1420户，已建成卷烟现代零售终端223户，实现“红码”支付客户29户，营销内涵指标持续提升。

【市场监管】 围绕“严控终端、强化监管、力求规范、内部有序”专卖工作主线，把专卖管理作为“一号工程”，先后开展“大户整治行动”“非卖品卷烟整治”、新型烟“加热不燃烧”专项治理、“物流运输和邮政寄递涉烟违法”“特殊区域”烟草市场等专项行动，打击和遏制各类涉烟违法行为。全年共查获各类违法案件300起，累计查获各类违法卷烟约7000条，总案值约156万元。提升重点大户和违规户监管力度，突出重点时段、重点环节、重点对象监管，注重大要案件及互联网自媒体案件线索经营。加强对货运、运输要道、毗邻地区的“防、堵、打”工作，严防“紫云”停货后同价位省外竞品和“假私非”紫云流入。全年共查获5万元案件6起，完成二类网络案件1起，该网案共查获涉案卷烟37.14万支，涉案金额92.3万元；破获1个存储窝点、5个销售下家；挡获涉案车辆1台，刑拘4人、逮捕1人、判刑2人。严格规范许可证管理，零售客户持证率92.5%，亮证率100%，市场净化率98.5%。开展法制审查工作，年内共审查行政处罚案件278起、行政许可案件114起，市局交叉评查案卷优秀率达100%。

盐业专卖管理

【概况】 大邑盐业支公司落实国家《盐业体制改革方案》，突出盐品销售，狠抓非盐经营，强化盐政稽查，全年销售收入1239.64万元，实现利润324.97万元。盐商品销售7610吨，其中口盐销售1700吨，规格味精销售32.49吨。年内，公司加强推进盐产品销售，贯彻落实成都盐业分公司新品发布会精神，稳步推进新品种盐上市，不断丰富盐品种类。通过制票窗口和盐政检查等方式，对新品种盐进行宣传。与自贡、乐山产区衔接，合理安排货源和库存储备，坚持开展直达业务，确保供应不断档。对特约经销商实行分类管理。加强行业用盐的管理。通过免费换证等措施，重新收集行业用盐企业最新资料。严格供应政策，坚持凭卡供应和跟踪服务，不卖人情盐。食品加工行业用盐全部凭“购盐卡”供应加碘食盐。加强畜牧用盐的管理，严格按照相关政策供应饲料盐。对于甲亢等病人，凭医院证明供应未加碘小袋盐。加大非盐商品销售，推广销售菱花规格味精。

【盐政执法】 开展盐政执法工作，加强市场监督管理。每周开展两次以上一般性市场检查活动，并向群众宣传盐业法律法规政策。及时纠正违规行为，做到严格执法，文明执法，秉公办案。全年在辖区内开展盐政市场检查164天，出动执法人员650人次。积极派员到自贡、乐山盐厂驻点监控。

【防治碘缺乏症宣传】 开展第二十一届“5·15”全国防治碘缺乏病宣传，在安仁镇举办“坚持科学补碘，建设健康中国”宣传活动。现场宣传《三个条例》等内容，散发食盐加碘消除碘缺乏病宣传资料1000余份。开展碘盐及碘盐标志入户监测工作，对全县300多户村民的食用盐进行现场采集和调查登记，经监测汇总结果为碘盐覆盖率100%、合格率98%、碘盐食用率98%。

农资供销

【概况】 县联社全系统下属企业（含开门开放办社企业）完成商品销售额12000万元，同比增长16%。利润总额240万元，同比增长18%。被省供销社评为安全生产先进单位、基层组织建设先进单位，被市供销社授予综合业绩考核先进单位。

【深化供销社综合改革】 贯彻落实中央、省、市关于深化供销社综合改革文件精神，制定实施方案，建立健全县联社组织制度，构建新型组织体系。整合县域农业服务资源，组建大邑县农村合作经济组织联合会，为农服务中心工商注册登记“大邑县供销合作农业服务有限公司”，初步构建“供销合作社+农村合作经济组织联合会+为农服务中心”三位一体的组织架构。县联社与四川润地农业开发有限公司及县内部分涉农企业、专业合作社，对成都众联供销农业开发有限公司进行增资扩股1000万元，供销社占股35%，共建“大邑县智慧农资集配中心”，占地约50亩，已进场施工。

【网点建设监管】 开展对全县村（社区）88个四星级农资放心店和五星级“庄稼医院”日常性监管工作，年底经市供销社审查考核，合格率达100%。在参与全县城乡环境综合治理工作中，以9个市级村（社区）可利用垃圾回收“百村容貌”示范点为引领，加强对各乡镇村（社区）可利用垃圾回收网点的日常维护，使全县238个村（社区）级可利用垃圾回收网点运营处于良好态势。加强烟花爆竹专营网点建设，对符合安全环境和设施条件，并具有经营许可资质的零售经营户，按照国家烟花爆竹经营标准，进行升级换代，在全县各乡镇（街道）规范建成烟花爆竹专营网点210个，并完善和配备县级标准化配送中心一个。县联社牵头组织建成的 “老邻居”西岭店、上城店、潘家街店、春天店和乡镇“老邻居”韩场店、蔡场店、董场店等7家零售超市的营业面积合计达2850平方米，2017年生活日用消费品零售额达到4120万元。

【安全检查】 成立县联社安全生产领导小组，制定"安全生产月"和"安全生产大邑行"工作方案，与下属企业分别签订《2017年安全生产目标责任书》，各企业的出租门点其承租人与企业同时签订相应安全生产责任书。全年深入下属企业开展安全生产大检查23次，发现影响安全生产的隐患问题7处，下达整改通知书，在规定期限内达到整改要求。

粮食行政监督管理

【概况】 县粮食局以落实国家粮食安全战略为出发点，围绕县委、县政府战略部署和工作重点，贯彻落实粮食安全省长责任制，开展粮油市场监管，做好粮油应急保障，加强粮油储备库建设，维护粮食流通领域秩序，保障区域内粮食安全。

【落实粮食安全行政首长责任制】 县粮食局认真贯彻落实粮食安全行政首长责任制，年初下达2017年粮食安全行政首长责任制目标任务，对全县各乡镇和涉及的11个部门从任务分解、责任分工、考核细则等方面，逐一明确细化，加以落实和督查。5月20—27日，在百货大楼广场、韩场镇、三岔镇、蔡场镇等地开展以"发展粮油科技、增加优质产品、保障主食安全"为主题的粮食安全宣传活动，共发放宣传资料2000余份，咨询解答3210人次。年末召开专题会议，对粮食安全省长责任制考核工作进行专题部署，对涉及部门和20个乡镇进行综合考核。10月，成都市粮食安全省长责任制考核工作组授予县人民政府"2016年度粮食安全省长责任制考核优秀单位"。

1月6日，市发改委监督处副外长严晓彬一行对成都市裕农粮食购销有限公司安全生产工作进行抽查

【粮油市场监管】 县粮食局制定《大邑县粮食质量安全监管实施细则》《大邑县粮食局关于超标粮食收购处置管理办法》《大邑县粮食局创建国家级食品安全示范城市工作方案》，加强对全县粮油市场的监管。明确规定在本县区域内从事粮食收购、储存、运输、加工和销售等经营活动中要遵守相关粮食质量安全的监管工作。必须取得相应的粮食收购许可证，超标粮食不得用于食品生产经营。禁止通过转让、改变包装等超标粮食用于食品生产经营。在加强粮食流通管理、依法行政方面，重点开展夏粮、秋粮收购等专项检查共计23次，出动执法人员共计70人次，检查企业52个次。受理粮食收购许可案件4件，办结粮食收购资格延续两件，确保县内粮食流通经济秩序健康发展。

【粮油应急保障】 截至12月末，全县实现粮食收购69278吨，粮食销售66487吨，油菜籽购进950吨，确保全县粮油供需平衡。加强粮食宏观调控，做好粮食专储工作。成都市裕农公司储有中央、省、市、县各级储备粮共30752吨。年内开展三次粮油普查和粮食库存检查，所有专储粮油管理"四无"比例均达到95%以上。完善全县粮油应急供应网点建设工作，实现所有乡镇粮油应急供应网点全覆盖。新建完成"放心粮油示范店"和粮油应急供应网点各两家。全县已建成33个粮油应急供应网点。

【推进粮食产业发展】 加强对国有粮食企业和民营企业监管，引导粮食企业做大做强。在上安镇新安社区建成粮食产后服务中心1个，总投资1000万。继续推进粮食规模化种植，完成全县粮食规模化种植奖补工作。水稻、玉米、小麦合计面积230730.7亩，金额44222080元，油菜面积1187.9亩，金额59395元。

【粮油储备库建设】 争取省、市主管部门支持，2016年省粮食局下达大邑县粮食低温储备库升级改造资金685.8万元，对裕农公司韩场仓库2.54万吨仓房实施低温储备库升级改造。筹建裕农公司（储备库）智能化建设项目，向省粮食局申报的《大邑县粮库智能化升级建设项目实施方案》已获省粮食局和市发改委批复同意实施。项目总投资282.2万元，其中上级补助金额135.2万元、县级财政投资147万元，已列入政府投资项目。对王泗仓库、董场仓库部分仓房望棚进行维修，安装粮情测控系统等，提高储粮水平，力保储粮食安全和安全生产。

服务业

【服务业招商引资】 年内已签订框架协议的项目有阳光控股集团有限公司幸福小镇群落、国际慢食协会安仁国际慢村项目、中广国际传媒（北京）有限公司中广影视大数据中心项目、银泰商业（集团）有限公司城北特色小镇项目、陕西旅游集团投资有限公司大邑千佛山投资开发项目、成都北大资源地产有限公司滨河文化智慧小镇项目、幸福时代有限公司斜源幸福森谷项目。

【启动服务集聚区建设】 县旅商局牵头拟定《大邑县县城服务业集聚区推进方案》《西花旅游集聚区推进方案》，明确县城服务业集聚区及西花旅游集聚区的总体目标、空间格局、发展定位、主导产业、重点任务及建设责任分工。初步制定县城、西花产业生态圈的建设方案。7月，安仁文创文博集聚区已成功列入《成都市产业发展白皮书》。

【安仁文创文博集聚区建设】 开展安仁文创文博产业生态圈研究，制定《安仁文创文博产业生态圈建设方案》《安仁文创文博集聚区推进工作方案》《安仁文创文博集聚区产业扶持政策》《安仁文创文博集聚区规划建设管理导则》《安仁文创文博集聚区产业引导约束目录及准入目录》。加强对集聚区“五位一体”规划编制任务统筹管理，制定《安仁文创文博集聚区规划编制工作方案》，组织上报集聚区产业规划。在集聚区成功举办第十四届成都美食旅游节、国际慢食协会“慢村共建”暨全国农民合作论坛、首届安仁双年展、2017安仁论坛、《今时今日是安仁》浸入式演艺、尼泊尔国家文物展等文化活动。12月，安仁文创文博集聚区被列入成都市产业发展集聚区十大示范园区之一。

【公厕改革】 实施旅游厕所革命，完成天府花溪谷3座旅游公厕主体建设并投入使用；改建花水湾温泉旅游区公厕1座；完成西岭雪山映雪广场厕所和打索场厕所3A级创建。其他4A级景区新场古镇、建川博物馆均已启动第三卫生间建设。

【推进市场体系建设和环境治理】 启动莲兴、体育场、高庙、西门农产品批发市场建设的前期工作，并针对城区市场资源配置不足、项目落地困难的问题，拟在城区条件成熟区域采取“政府引导、企业参与、规范设置、政府补贴”的方式设置“便民菜店”，满足群众的生产生活需求。严格按照市场环境治理标准，抓好市场环境的综合治理，确保省级卫生县城复审、市级文明指数测评、城乡环境综合治理、背街小巷环境治理等各项测评均获得较好成绩。

【推动电子商务发展】 年内全县电子商务交易额110.8亿元，电子商务中小企业应用普及率达85.2%。新引进北京农信互联成都西区运营中心落户县电商孵化园，已入驻40余家电商企业及8家快递物流公司，全年入驻企业交易额为3.8亿元。安仁镇列入2017年度市级特色农产品电子商务示范镇。指导韩场镇兰田社区开展市级农村电子商务试点村建设工作，4月被市商务委正式授牌。依托市“农贷通”平台建设，配合县金融办、农林局、统筹办推进大邑县农贷通基层服务体系建设，服务站和服务中心建设数量、人员配置、设施设备安装已完成。引入成都犀星微宝科技有限公司入驻大邑，并在官渡社区、芙蓉社区、斜江社区等“智慧社区”开展试点建设，全年实现网上交易4000多万元。

【环保督察】 督促全县222家农家乐完成污水排放整治、油污净化处理、餐厨垃圾集中收集处理和油烟净化处理整改提升工作；联合相关单位完成375户用煤餐饮企业“煤改气”“煤改电”工作；督促457家餐饮经营企业安装油烟净化设施、60家露天烧烤点完成整改；配合对斜江河乱排乱放整治，整改全县沿河各餐饮点垃圾排放。

旅游业

【概况】 年内，启动文创文博产业生态圈建设，安仁古镇创建国家5A级景区、西岭雪山—花水湾创建国家级旅游度假区有序推进，天府花溪谷国家4A级景区创建通过省级检查验收。华侨城、合景云上等项目加快建设，“1458”文创中心等4个文创文博孵化器、今时今日是安仁等4个文博旅游体验项目启动建设，深圳文交所“艺术公馆”落户安仁，新改建5个公馆、活化10个博物馆。成功举办“2017安仁论坛”“安仁双年展”、全球慢食大会暨全国农民合作论坛等活动，安仁成为全球首个“慢村共建计划”试点。全年接待国内游客1896.95万人次，境外游客8.12万人次，分别增长10%和5%，实现国内旅游综合收入49.58亿元，旅游创汇2892.21万美元，分别增长32.0%和60.0%。

电商孵化园物流企业装车发货

【旅游品牌创建】 安仁古镇创建国家5A级旅游景区工作，完成《安仁古镇创建国家5A级旅游景区工作实施方案》，5月底召开创建工作动员大会，向各相关单位下达具体分解任务；推进《安仁镇总体规划》《安仁古镇旅游景区控制性规划》等相关规划编制，正在进行基础设施项目ＰＰＰ招标，民国风情二期及老街游客中心改造工程正在进行；对安仁5A基础设施包括迎宾大道、游客集散中心（安仁坝子）、安仁馆（游客服务中心）、古镇老街等进行修缮、改造与提升，安仁乐道美食街开街商户达40户。西岭雪山—花水湾创建国家级旅游度假区工作已完成《西岭雪山—花水湾旅游度假区总体规划》等规划编制。天府花溪谷成功创建国家4A级景区工作，已编制《天府花溪谷旅游景区总体规划》和《天府花溪谷创建国家4A级旅游景区方案》，11月3日完成市检，12月27日通过省检，天府花溪谷成功创建为国家4A级旅游景区。

【乡村旅游发展】 启动《大邑县全域旅游总体规划》编制工作。实施旅游品牌建设，2017年创建乡村旅游特色乡镇1个、四星级农家乐1家、五星级农家乐1家、培育旅游新业态1家；鑫明山庄旅游新业态（精品项目）建设实施整改提升；开展乡村旅游“四改一提升”工作，完成4家农家乐（碧水源标准化厨房升级、锦府驿客房升级改造、雾山农场和阿庆嫂一体化排污设施及油烟净化器安装）整改提升。

【旅游宣传营销】 通过举办节庆活动，加强旅游宣传营销。年内成功举办观青霞山水·品明俗风情、穿上旗袍去安仁、安仁博物馆月、道源圣城天师祭祖、太极拳展示活动、雾山李花节及李子采摘节、金星桃花节、韩场葡萄采摘节、安韩园区蓝莓采摘节、第七届红色收藏交流会、庆祝中国人民解放军建军90周年暨5·18国际博物馆日、苏家镇第五届有机蔬菜节、中国·成都第八届森林文化旅游节、西岭雪山第十八届南国国际冰雪等20个节庆活动，带动地方旅游及经济发展。国庆期间，第七届国际慢食全球大会暨第十四届成都美食旅游节在安仁举行，安仁成为全球首个“慢村共建计划”试点及美食旅游节主

精心打造的金谷域澳洲庄园

会场。参加西安、广州、峨眉山等地旅游推介活动，到南京进行招商活动，到浙江进行对标学习，收到良好宣传效果。

【旅游执法】　在节假日、黄金周、重大节庆活动期间，开展专项旅游安全检查、旅游市场秩序整治、低价游专项整治行动，打击无证无照经营行为，对存在问题的景区、旅行社、导游团队发出整改通知书；开展旅游应急预案演练活动；联合市场监管局、城管局等单位对再生资源回收站点进行联合检查；继续以第三方参与方式，使安全隐患排查标准化。全年完成旅游商务权利责任清单111条；配合市旅游局协查旅行社22次；处理市长信箱、市长热线投诉60余条；处理国家旅游局转办投诉、省长信箱、市旅游局转办投诉8件，全县旅游和消费环境得到净化。

【刘氏庄园博物馆】　全年门票收入2500万元，接待游客220万人次，同比分别增长25%和22%。荣获四川省服务名牌、放心舒心消费旅游景区、成都市内保系统治安保卫工作先进集体等称号，文创产品“鸳鸯椅”荣获金熊猫非遗（文博）创意设计类铜奖。

1月20日，刘氏庄园博物馆与入驻艺术家签约暨相关艺术院校写生创作基地揭牌仪式在刘氏庄园博物馆广场举行，副县长薛燕出席仪式并致辞

2月27日，最高人民法院党组成员、组织部主任徐家新带领最高法院和省、市、县法院主要领导到刘氏庄园博物馆参观考察。县领导王琰、李伦陪同调研

传媒·通信

广播电视

【广播电视宣传】 大邑广播电视台围绕县委县政府中心工作，完成《大邑新闻》改版。《大邑新闻》栏目固定每天播出时间为20分钟。新开设《何况有话说》和《新闻视点》两档深度新闻版块，使新闻内容更加丰满，表达形式更加丰富。《大邑新闻》全年完成新闻采访1852条。其中，策划并播出系列报道《贯彻三会精神 开好头起好步》《致敬 坚守》《撸起袖子干 实现开门红》《提升精神区位 争创一流业绩》《贯彻市党代会精神》《安全生产大邑行》《砥砺奋进喜迎十九大》《深入贯彻落实十九大精神》。高质量地完成县文明办《身边榜样、大邑力量》道德模范等的摄制工作。《大邑新闻》栏目组选送的《成都平原迄今最早古城发现于大邑》《叫声书记欲语泪先流》《无人售菜店 彰显大邑老百姓诚信意识》等作品荣获市级优秀作品表彰；外宣上送中央、省、市各级电视媒体采用播出新闻稿件达30条，其中中央级媒体选用稿件3条。由电视台摄制的公益短片《光辉岁月 永照后世》参加市广新局、广电学会在全市开展的“浓浓亲情 暖暖家风”广播电视作品大赛，获全市第一名。围绕实施“精品工程”“人才计划”、全新包装电视节目、推出特色栏目等重点事项开展工作。已完成电视台新闻综合频道形象LOG演绎包装、大邑地标景点延时插片、新闻字幕条包装、导视系统设计和运用。在原有《望县三农》《大邑党建》《法治大讲堂》等栏目的基础上，新增全高清拍摄制作《教育关注》《健康大邑》《运动大邑》《寻访大邑》栏目。《寻访大邑》首期节目《雾中山 失落的圆明园》在电视和《微大邑》微信平台同步推出，微信平台五天突破16000点击阅读量。《教育关注》栏目已拍摄制作播出《1511教育思路解读》《我的寒假生活》《健育润心 健行致远》《卓尔不群 逐梦未来》《仁爱润泽生命》《养习堂》22期节目栏目。《健康大邑》完成《远程医疗合作》《二胎政策解读》等20期节目。协办“我爱成都·我爱大邑——提升精神区位、争创一流业绩”主题演说、“共筑中国梦 喜迎十九大”大邑县首届城乡广场文化月等活动。

【“村村响”广播工程】 全县完成应急广播系统建设，现有265个村社广播室。深入开展“送节目下基层”活动，丰富基层群众的精神文化生活，采用层层分责、购买服务等形式，切实加强广播室的管理和维护。在全市率先利用广电有线网络IP传输技术，实现广播室县、乡镇、村三级联网工作。

《今日大邑》宣传报道

【概况】 今日大邑采编中心围绕中心工作，加强新闻策划与宣传，弘扬主旋律，传递正能量。先后开设“撸起袖子加油干，扑下身子抓落实”“提升精神区位，争创一流业绩”“创新创业·蓉漂茶叙”“学习贯彻党的十九大精神”“提升精神区位 勇担西控重任”“中央环保督查 我们在行动”“走进大邑援藏队”“蹲点一线访先进”“加快产业转型升级 提升绿色发展能级”“身边榜样 大邑力量”“城乡社区治理大家谈”等20多个重点栏目，报道大邑在创业创新、现代农业发展、民生工程、扶贫攻坚、社区治理等重点领域的发展建设成就。在做好对内宣传的同时，围绕落实“西控”目标，积极搞好外宣工作，提升大邑知名度。充分发挥新媒体作用，全方位宣传大邑，让广大网民充分了解大邑县人文风采、历史文化、最新动态等，使本地网民更加及时、全面地了解最新大邑资讯、办事指南。坚持“二为”方向和“双百”方针，坚持“三贴近”原则，立足地方特色文化，持续办好《大邑文艺》。自2014年创办以来，《大邑文艺》已出刊9期。创新宣传形式，优化提升《今日大邑》版面 。8月，对《今日大邑》进行全新改版，由原来的四开八版改为对开四版，增加了容量；新设“地理大邑”“百姓影像”“光影大邑”“水墨望县”“金色岁月”“邑览天下”6个栏目；推出“邑周末”“花水湾”“回眸·展望”“特别关注”等系列专刊。

中国移动大邑分公司

【概况】 中国移动大邑分公司加强渠道建设，新增渠道36家，新增各类门店47个，提高移动对用户服务渠道。在大型社区及安置区建设服务站21个，将移动服务送到家门口。2017年，移动用户数364302，市场占有率71.52%。收入2.46亿，增长4.5%。

【家庭宽带业务】 分公司有效整合部门专业口，成立全业务中心，统一管理宽带业务发展，整合、包装各项优惠政策，让用户切实享受优惠。组织渠道、门店成立专业直销队，多渠道开展业务宣传及办理，细化到周开展进村、进社区、进小区宣传活动，保证活动第一时间传到用户家门口。优化流程制度，对工作中存在问题定期通过会议形式讨论，共同制定优化方案。对完成进度滞后的指标，及时调整营销方案，强化落地执行。2017年，自有宽带用户数累计到达4.4万，用户增幅175%；自有宽带端口累计达到11.5万，端口增幅33.4%。

【政企业务】 大邑分公司政企客户部以增加收入为重点，加强对安全工作的组织领导，提高生产能力。全年通信与信息化收入达到1357.8万元；专线实际收入410.35万元；IMS固移融合累计实收399.45万元。信息化项目拓展方面，ICT项目成功中标“数字城管”升级改造和“雪亮工程”项目，分别增收318万元和90万元 。签约公安、税务等6个行业，新增互联网专线108条，新增收入20万元。云MAS收入爆发式增长，完成全县168个行政村云MAS统签，新增收入66万元。先后与团委等部门签订协议，新增收入10万元，实现信息化项目较大突破。TOP集团重点业务指标均高于平均水平。4G渗透率达到81%，4G终端渗透率超过85%，宽带渗透率21% 。

【移动服务】 高度重视对服务质量的监管，坚持各营销单位和客户经理自查和突出检查、保障服务相结合的方式，以保障服务措施落实为目的，尽量减少各种政企服务隐患和服务工作中的疏漏和投诉。通过1008688短信进行节日慰问和营销信息发送，保障重要集团客户通信通畅和优良服务。面对接收前期宽带营销和安装中投诉较多的问题，及时与相关营销单位和装维单位负责人洽谈，签订各项服务保障承诺书，确保责任到人，预防为主，有效遏制投诉数量。

中国电信大邑分公司

【概况】 中国电信大邑分公司全面贯彻落实集团公司和省市公司年度工作会精神，准确把握移动互联网经营规律，坚持转变客户获取方式、提升发展效率和效益，坚持持续提升网络和服务品质、打造领先优势，实现规模和效益的双提升。全年业务收入突破1.4亿元，较上年增长14%，连续三年完成市公司收入目标。光纤宽带用户完成85.22%、天翼移动用户完成206%、电信电视用户完成100.16%。

【通信能力建设】 加快光网宽带和4G网络建设，努力提高网络品质。全年累计投入2800万元进行光网和无线基站建设，实施无线大会战。完成800M基站建设163个，C网9个，拆闲补忙优化3个，小区点射6个楼盘，安仁影视学院室分建设，均提前完成站址协调、工程进场、建设及开通。完成光网宽带建设H端口31128端口。全县218个行政村实现光纤到户，达到100%。加快信息化建设。加快公众政企大联合，向公众产品平台化销售模式转变，以政务ITV、益农社、WIFI村、智慧社区等为契机，通过信息化应用，拉动信息化基础业务的发展。推进天网项目、雪亮工程和社会化视频接入监控。完成司法专网、统计专网、党政外网专网类光纤建设工作。实现民政关爱地图平台项目、国土E通、监狱信息化执法平台项目拉动天翼等信息化项目，积极推进全县的信息化项目应用水平。

金融业

金融管理

【概况】　全县形成银行机构、保险公司、融资担保公司、小贷公司等为一体的金融服务网络。辖内现有银行机构9家、小额贷款公司两家、融资性担保公司两家、保险公司两家。银行机构网点66个，设立“微银行”两个，助农取款服务点376个。年末，县域金融机构存款余额为309.87亿元，同比增长6.18%；贷款余额为144.28亿元，较同期增长-2.59%；存贷比为46.56%。年内，贯彻落实全国金融工作会议精神，务实执行稳健中性的货币政策，推动金融改革创新，不断强化金融管理防范金融风险，提升金融服务民生水平，促进辖内经济金融发展提质增效升级。

【国库经营管理】　人行大邑县支行切实履行国库会计监管职能，截至11月末，堵住不规范凭证及业务48笔，金额643万元。继续推动国库直拨业务，截至11月末，累计办理直拨业务22089笔，金额865.79万元。推动“互联网+”缴税方式，县域内已基本实现电子缴税。积极创建支付惠农工程，拓展助农取款服务点外延服务，通过协调县金融办、农商银行大邑支行，于7月初申报一家助农取款优质服务点。推动“畅行巴蜀·金融IC卡交通便民工程”，县内已有3条公交路线共计27辆车运用金融IC卡，截至11月末，刷卡次数14.8万笔，金额 26.6万元。推动四川省助农支付管理平台顺利上线，协调农商银行和农业银行完成所有数据的导入和确认，每月与旧系统数据进行核对。推动辖内商业银行开展国债自助终端销售、到期约定转存工作，全年实现国债自助终端销售40笔308万元、到期约定转存2笔40万元。

【人民币管理】　组织辖内银行机构开展反假货币宣传月活动及“反假小超人”知识竞赛，按季对辖区人民币净化工程开展情况进行巡查和通报。截至11月末，共计收缴金融机构和公安机关交来假币3826张33.0765万元，上缴人民银行成都分行营业管理部2700张24.5万元。

【货币政策执行】　积极向地方党政和辖内银行机构传导稳健中性货币政策内涵，开展对村镇银行宏观审慎评估。指定专人负责对村镇银行的日常监测，开展对农商银行支农、支小再贷款政策执行情况现场核查。

【支付结算】　加强支付结算管理，有效防范电信网络新型违法犯罪，截至11月末，辖内堵住电信诈骗 11 笔，金额58万元。

【金融信用体系建设】　强化企业和个人征信管理，截至11月末，共计查询个人信用报告10494

笔，其中3次及以上查询收费908笔。企业查询403笔，发放机构信用代码588户，配合国家机关查询个人信用报告6笔。

【金融生态环境建设】 做好金融知识普及，开展“金融知识普及月”“送金融知识下乡”“征信宣传”“反假人民币宣传”等活动。开展金融知识进校园、进社区、进农村等活动13次，发放各类宣传资料45000份，接受宣传、咨询人数达12000人，媒体报道两次。开展“国家网络安全宣传周”、打击和处置非法集资宣传、互联网金融安全宣传等专题宣传活动，提高城镇居民的金融风险识别能力和防范意识。2017年发放处非宣传单50000份、发送处非公益短信65000条、张贴处非宣传海报1000张。强化处非法机制，对涉嫌非法集资类案件及时查处，配合省市相关部门及周边区县做好非吸案件的协调、沟通和后续处置等工作，县内未出现大规模聚集事件发生，非法集资风险总体情况较为平稳。

【提升农村金融服务】 完善农村金融服务网络，涉农金融机构、小贷公司、融资担保公司积极向农村地区延伸网点和服务机构。其中，成都农商行已在全县所有乡镇设立银行网点；农行、邮储银行分片区在乡镇设立网点，实现银行网点在乡镇的全覆盖。提升农村支付结算水平。依托农行、农商行等涉农金融机构的助农取款POS机，及时就近向农村居民提供小额取款、转账汇款、代理缴费等基础金融业务。农商行积极试点惠农“微银行”设立工作，目前已设立两个点位。探索农村金融平台建设，成都农商行大邑支行在全县192个行政村各配备1名金融服务联络员，实现全县行政村金融服务联络员全覆盖在韩场、蔡场、董场等20个乡镇建立农村金融服务中心20个，搭建“三农”与银行机构的沟通对接平台。

【开展经济证券化工作】 全县“新三板”挂牌1家（川娇公司），“四板”已挂牌企业10家，拟上市企业3家。天邑康和上市申请已获受理，圣诺科技处于辅导验收阶段，大宏立启动创业板上市工作。上市后备企业库30家（入库企业已完成2017年市级目标任务）。加强辅导工作，邀请交易所、中介机构专业人士开展培训和相关服务工作。先后组织成都2017多层次资本市场发展专题会、四版市场挂牌融资业务专题培训会、大邑县经济证券化培训会等。

银行业

【概况】 2017年末，县内有9家银行业金融机构，分别为工行大邑支行、农行大邑支行、中行大邑支行、建行大邑支行、农发行大邑支行、成都银行大邑支行、成都农商行大邑支行、邮储银行大邑支行、大邑交银兴民村镇银行。营业网点66个，辖内所有乡镇实现金融服务全覆盖。四川银监局大邑监管办做好法人机构的监管工作，重点对大邑交银兴民村镇银行实施监管。对辖内9家银行业金融机构开展第五轮安全评估工作，发现各类安全隐患8处，整改隐患7处。组织开展“银政企”座谈会，搭建银政企沟通桥梁。年末，辖内银行业金融机构各项贷款余额144.3亿元，较年初减少3.8亿元，下降2.59%；各项存款余额310亿元，较年初增加18亿元，增长6.18%。辖内9家银行7家盈利，两家亏损，差后利润总额4亿元。

【工行大邑支行】 工行大邑支行按照“三力”“三领”抓好各项工作。制定支行提升“市场竞争力、风险控制力、业务创新力”行动方案，围绕主要经营指标，制定提升目标，组织全行员工逐一落实。按照营业部“同业领先、系统领跑、全省领头”全新定位要求，展开各项工作。以“大个金”发展带动其他个人金融业务的发展，加快互联网金融业务发展，不断调整客户结构，坚持服务实体经济，围绕大邑县新的发展定位和规划布局开展有效营销，以项目为引领，推动法人业务的全面发展，抓好风险控制，加大催收力度，实现不良贷款与剪刀差双下降，不断改善服务环境和软硬件，客户满意度不断提升。年末，实现拨备前利润13000万元，净利润11500万元，人均实现净利润182.54万元，实现中间业务收入7976万元，同比增长136.26%。各项存款时点余额27.24亿元，比年初净增长2.97亿元，增幅12.2%，其中对公存款时点余额10.02亿元，较年初增长1.35亿元，储蓄存款余额时点余额17.42亿元，较年初增加1.62亿元。各项贷款余额16.34亿元，较年初下降1.44亿元，其中法人贷款余额11.01亿元，较年初下降0.14亿元，个人贷款余额5.33亿元，较年初下降1.29亿元。法人客户总数1298户，全年新开单位结算账户204户，较年初净增103户，（其中企业网银净增动户客户102户）；新增日均5万以上账户29户，日均存款100万元以上机构（含同业）客户23户，个人客户总数188901户，较年初净增29890户，增幅18.8%，其中日均金融资产1万元以上个人客户19860户，较年初净增1159户，增幅6.2%。私人银行客户9户，新增信用卡客户1379户，新增融e联有效客户14530户，新增ETC客户2987户，新增金融社保卡35854张。

【建行大邑支行】 2017年末，建行大邑支行营业网点3个，员工59人。以星级网点创建为契机，带动支行服务水平跃上新台阶，继2015年支行营业部创中银协四星级网点后，又成功创建中国银行业协会五星级网点。加强内控管理，做好案件防控工作，实现“无案件、无重大违法违纪事件、无重大责任事故”目标。围绕“加速业务转型、提增盈利能力”目标，制订培训计划，安排员工到省分行、城区支行跟岗学习5人次，选派一线青年员工参加常培、哈培培训6人次。年末，全口径存款余额35.45亿元，较年初新增3.41亿，增速10.64%。贷款余额16.68亿元，较年初新增3.15亿元，增速23.28%。中间业务净收入2528万元。实现利润6868万元。向小企业累计发放贷款8458万元，普惠金融贷款计划完成率118%。实现供应链业务新突破，创新研发“销贷通”供应链融资产品，实现省内首笔投放。

【农行大邑支行】 中国农业银行大邑县支行有业务部、零售银行业务部、运营财会部、风险管理部、综合管理部等5个内设机构。有支行营业部、安仁支行、桃园新区支行、晋原分理处、董场分理处、王泗分理处、灌口分理处7个营业机构。年内，农行大邑支行以增收创利统揽业务经营，以提升市场竞争力为目标，以夯实“双基”管理为保障，加强队伍建设和风控管理，完成晋原分理处原址装修改造为离行式自助银行建设，并实现对外营业。年末，实现各项存款余额568254万元，其中储蓄存款余额485683万元、对公存款余额82571万元；各项贷款余额210959万元，其中个人贷款余额78571万元；实现营业收入16097万元，其中中间业务收入4794万元。各项存款、贷款存量分别居同业第二、四大国有商业银行第一。连续20年保持无责任事故和经济案件的良好局面，连续14年保持省级“内控管理一类行”称号。

【中行大邑支行】 2017年末，中行大邑支行有员工69人（合同制正式员工）；营业网点3个（大邑支行营业部、大邑大道支行、大邑金融城支行）；有自助银行设备36台。年末，中行大邑支行行实现拨备前利润3378万元，同比增长340万元；净利润2141万元，同比增长188万元；营业收入5420万元，同比增长565万元。本外币日均存款余额208345 万元（含表内理财），较年初新增 25845万元，增幅为14.16% 。本外币时

中国银行大邑金融城支行举行2017贵金属展销会

点存款余额275895万元（含表内理财），较年初新增45764万元，增幅为19.88%。人民币贷款余额113934万元，较年初新增14815万元，增幅14.95%。实现中间业务收入974万元，比2016年同期增长 153万元，增幅18.65%。资产质量继续保持优良。中行大邑支行加快公司业务发展，提升同业竞争力。年初即启动客户基础产品收入的工作部署，针对企业网银服务年费收入等重点产品制定详细的工作方案。截至12月末，企业网银服务年费收入29.98万元，较上年同期增长26.57万元。加快创新转型，成功营销阿坝州某金融机构购买大邑支行利率债和金融债，实现债券分销量2.1亿元，实现中间业务收入59.43万元。

【农发行大邑支行】 农发行大邑县支行认真贯彻全国金融工作会议和年初全省分支行行长会议精神，全力服务国家农业开发性金融供给侧改革，支持地方三农经济发展。2017年，支行业务经营状况进入建行以来历史性的低潮期，受总体经济下行和政策变化影响，客户群体进一步缩小，中长期贷款规模因地方债置换急剧下滑，清收大额不良工作进入攻坚阶段。支行围绕“突出收不良、重点保收储、关键抓营销”这条主线积极开展各项工作。年末，不良贷款为270万元，下降14675万元。各项贷款余额为23541.48万元；各项存款余额4578.31万元，同比减少1399.44万元；日均存款余额6329万元，同比减少2140万元，主要是土储中心债券置换存款减少。实现中间业务收入15.5万元，同比持平。经营业绩创历史最差水平，账面利润-361.49万元，主要是裕邑丝绸利息未收回，裕邑丝绸累计欠息2128.92万元，当年欠息1025.78万元。贷款利息综合收回率，全年贷款应计利息2871万元，实收利息1845万元。

【成都农商银行大邑支行】 2017年，成都农商银行大邑支行通过层层分解下达年度各项目标任务，分层签订目标责任书，优化考核方案，加大考核力度等措施，促进各项工作开展。开展“爱客”行动，并把“爱客”行动向医疗机构覆盖，归集就诊资金1200万元。在建川博物馆、花水湾第一村等开通蓉e扫业务。推进新业务拓展，加大推动分期业务发展，落实车位分期项目5个、汽车按揭项目1个、创新装修分期产品1个。通过开展代发耕保、社保、棚户区改造、“三绕”建设赔付、民政补贴等各项资金获得客源。年末，FTP利润27341万元，同比增加4963万元。贷款定价水平较年初下降0.26%。新投放贷款加权定价利率7.22%，较年初下降0.26%。存款日均115亿，较年初增加8.7亿元，人均日均存款3619万元，其中储蓄存款日均87亿元，较年初增加6.6亿元；对公存款日均27.5亿，较年初增加2.1亿元。贷款余额49.5亿，较年初增加2.5亿元，人均贷款余额较年初增加6.47万。理财销售25.3亿元，计划完成率95.25%；保险产品销售额2.23亿元，计划完成率23.65%。

【成都银行大邑支行】 成都银行股份有限公司大邑支行结合县域产业优势及特点，支持大邑县第二产业，兼顾支持第一产业及第三产业，按需支持城乡基础设施建设、农村土地综合整治、拆迁改造等。先后牵头召开壮大贷试点工作协调会、壮大贷工作推进会，邀请市、县相关部门，县工业区有关企业参加会议，宣传推介支行创新型金融产品——壮大贷产品，加强壮大贷业务营销。建立风险损失分摊机制，让财政风险资金，担保公司与支行信贷对损失进行适当分担，缓解小微企业“融资难”“融资贵”问题。主动出击，多渠道发展公司业务。充分发挥公私联动营销作用，获取优质企业信息，加强业务营销；与大邑中小企业融资担保公司合作，解决工业园区企业尚未取得国土证无法办理抵押担保的问题；充分发挥与政府业务合作的优势，不断提升已有涉政存款的市场份额，加强对机关事业单位社保IC卡意向协议签订，争取公车拍卖账户开立、县域棚户区改造等资金的归行；抓好公司精准化营销，支持发展小微企业，注重优质客户数的持续增加，加强对存量小微企业的需求挖掘，为业务长远发展奠定客户基础；开展大型小区投放电梯广告、冠名电影厅、“一元洗车”等宣传营销活动，吸纳储蓄存款，培养用卡环境，个贷业务稳中有进；加强与楼盘、汽车销售商合作，增加按揭业务，发展消费信贷；积极发展中间业务，建立客户经理维护制，提升服务水平。年末，各项存款余额282487万元，贷款总额145983万元。公司存款年日均数128632万元，月日均数139191万元；储蓄存款年日均数142834万元，月日均数146085万元。

【大邑交银兴民村镇银行】 大邑交银兴民村镇银行成立于2008年9月，注册资本6000万元，由9家企业持股。有营业网点两个，分别为营业部和安仁支行，员工共50人。2017年，县村镇银行严控风险，推行风险化解处置，严防新增逾期贷款；保持稳定，多措并举保证可持续发展；夯实基础，加强全行基础工作管理水平，为业务发展创造有利条件。年末，资产总计6.28亿元，同比减少8.38亿元，降幅57.16%。负债总计5.47亿元，同比减少7.91亿元，降幅59.12%。同业和其他金融机构存放款项2.9亿元，同比减少3.33亿元，降幅53.45%；吸收存款2.48亿元，同比减少4.48亿元，降幅64.37%。净利润-0.47亿元，同比减少0.52亿元，降幅1097.44%。

【邮储银行大邑支行】 邮储银行大邑支行加强小贷业务发展，重点发展新主体贷款。加强与四川农信担保公司合作，大力发展“惠农担、粮易贷”业务和新型农业主体信用贷款，逐步减少和稀释小贷存单质押贷款降低监管风险。发展个商业务，收集纳税大户、工业园区企业以及抵押登记人名单等数据进行营销。加大新产品开发，对优质企业利用“税贷通”产品加大投放力度，实现民营医院贷款和小水电贷款投放。公司业务方面，维护好现有大客户，加强客户管理，提高一手房开发商、小企业客户活期余额贡献度；做好保证金贷款，保持外汇存款余额。做好王泗和邮江镇土地整理项目营销，维护华电四川公司公贷合作。在发展业务的同时，做好清收降压和案件防控工作，依托“合规基本法”“十条禁令”等，多次对全行员工进行宣讲。

投融资和担保

【概况】 全县有融资性担保公司两家（大邑县中小企业融资担保有限公司，简称“中小担”；大邑县农村产权流转融资担保有限公司，简称“农产担”），注册资本分别是13398万元、2000万元，全部为国有公司，从业人员合计28人。设立小额贷款公司两家（大邑融泰小额贷款有限公司，简称“融泰小贷”；大邑县富平小额贷款有限公司，简称“富平小贷”），注册资本各为5000万元，从业人员合计57人。国有平台公司有大邑县现代农业发展投资有限公司、成都市惠邑城市建设投资有限公司、大邑县交通建设投资有限公司、成都西岭水务投资有限公司、大邑县建设发展有限公司。从事证券服务的有1家。通过完善法人治理和内部控制，县域小贷公司加大对中小企业、微型企业以及“三农”的支持力度，对县域金融服务方式的多元化起到有效补充。

中小担与农商行大邑支行、交银兴民村镇银行、成都银行大邑支行、邮储银行四川省分行四家银行有业务合作，2017年度累计担保户数为50户、金额为29144.45万元，同比增加698.45万元，在保企业户数为50户、余额为27139.45万元，较年初增加33.45万元。农产担与农商行大邑支行、交银兴民村镇银行有业务合作，2017年度累计担保户数为49户、金额为1860万元，同比增加734万元，在保户数为50户（企业3户、个人47户）、余额为2076万元，较年初增加674万元。

【大邑县现代农业发展投资有限公司】 2017年，县农投公司做好固定资产投资工作，完成成蒲铁路大邑站点周边市政基础设施配套工程1281万元；3个安置点建设项目中，建华三期安置房项目5223万元，大树安置小区一期建设项目15000万元，斜江河官渡佳苑安置点项目5000万元；县妇幼保健院保健楼建设项目已投资808万元。沙渠农业公园起步区基础设施及配套工程项目9473万元，生态沟渠980万元。全年担保贷款2126万元，在保项目52个。推动大邑12万亩菜粮基地高标准农田建设项目，大邑县智慧田园项目已完成评审、上报市上审批、施工图设计、审查备案、清单编制、财评，正进行施工招标；大邑县葡萄产业园项目已完成评审、上报市上审批，正进行方案设计。创建推广大邑西岭绿源公共品牌，结合大邑风土人情、经济发展与产品特色，已确定品牌名称、品牌名称图案及logo形象设计。

【成都市惠邑城市建设投资有限公司】 城投公司认真搞好安置房建设和市政基础设施建设。在加快项目建设的同时，认真做好固定资产投资、融资、债发行等各项工作。年内，公司建设项目共13个，总投资53918万元，其中：续建项目7个，投资35853万元；新建项目6个，投资18065万元。完成建设项目5个：完成国地税联合办税服务大厅建设项目，总投资750万元；完成大邑县共资源交易中心改造项目，总投资630万元；完成大邑县公安局办公楼维修及警官训练场搭建工程，总投资238万元；完成花水湾一级派出所升级改造及晋原、沙渠刑大办案区改造项目，总投资95万元；完成大邑县桃源桥“病害”治理项目，总投资357万元。续建项目5个：大邑县芙蓉片区市政道路及配套设施项目，总投资4946万元；联丰小区三期安置房，总投资22000万元；晋原消防站建设项目，总投资4700万元；花水湾天宫庙电力管理站建设项目，总投资300万元；大邑县晋北路、锦屏路延伸段道路工程，总投资2527万元。新建项目3个：大邑县涉案车辆停车场，总投资340万元；大邑大道延伸线苏家段、大寨桥重建拆迁安置房建设项目，总投资15000万元；大邑县西门农副产品批发市场提升改造项目，估算总投资2035万元（含土地）。完成融资到位资金12.908亿元。

【成都大邑建设发展有限公司】 2017年，成都大邑建设发展有限公司集中精力抓项目建设，拓宽融资渠道，不断强化责任意识，推动各项工作再上新台阶。以大邑工业园区内5个已建成的基础设施建设项目，采用政信质押债的方式向证券公司融资3亿元；以大邑县经开区两个新建的基础设施建设项目（其中拆迁安置部分），采用政府购买服务的方式向银行融资5亿元，采用流动资金贷款的方式贷款12000万元。为拓宽融资渠道，破解融资难题，向四川省银监局提出调出《全口径地方政府融资平台名单》的申请，并于4月12日报经县政府第12次常务会议审议通过，在第三季度末正式调出银监会监管平台。全年累计完成固定资产投资90776万元。全年完成大邑县经开区南区五号路延伸段污水管工程、大邑县沙渠镇和工业园区“三线三点”改造提升工程、大邑县沙渠镇东岳小区和阳光二期小区道路等基础设施配套工程、大邑县2017年老旧院落改造项目、沙渠工业园区10千伏电网升级工程配套电缆沟项目、蔡场镇场镇改造项目、大邑县无害化生活垃圾填埋场应急抢险工程7个建设项目，累计完成固定资产投资9690万元。续建大北街片棚户区改造项目、小北街片棚户区改造项目，完成固定资产投资26786万元。大邑经开区置业路延伸段及配套设施建设项目、大邑经开区220千伏兴渡线25#—44#电力线路迁改项目开工建设，共完成固定资产投资约5500万元。积极开展经开区基础设施项目、大邑经开区500千伏广蜀一线电力线路迁改项目、晋原街道鹤翔大道片棚户区改造项目、西门氮肥厂片棚户区改造项目、温泉路建华片棚户区改造项目、迎春道环宇片棚户区改造项目前期工作准备。

【成都西岭水务投资有限公司】 成都西岭水务投资有限公司配合、协同县水务局开展邑县全域供水PPP项目相关工作。完成融资9.088亿元。四水厂、雾山水厂、邮江水厂正常供水，全年新增用水户约2590户，各水厂无重大安全生产事故发生，水质水量符合国家饮用水标准。编制临时占道特许经营权实施方案。完成7个水厂卫生许可证办理、3个水厂取水许可证办理。分批次对四水厂生产设备进行更换。年内，引入四川翔路公路工程有限公司建筑材料生产技改项目，完成投资2562万元；完成大邑县沙渠镇精品农业园给水主管配套工程、大邑县2017年农村自来水入户安装工作（材料采购及安装）、悦来镇央石村供水站改造工程、晋原街道坪域村供水工程、王泗镇李安村供水工程、董场镇龙华社区供水工程、蔡场镇移民安置点供水工程、悦来镇城区供水改造工程（雾山水厂替代原悦来水厂供水）等项目的实施工作；完成大邑县2017年基层医疗卫生机构硬件提升二期工程、成都大邑火炬孵化园建设项目、大邑县东部工业新区给水主管配套工程、大邑县斜江河桃源大桥至桃子源大桥两侧河堤护栏修复刷漆工作、悦来镇义和村集中居住区微型污水处理设施改造工程开工建设；开展大邑县2017年基层医疗卫生机构硬件提升一期工程、斜江河城区段护栏建设工程、成都市大邑县城乡水环境治理项目—乡镇污水管网建设工程、大邑县经开区工业污水及再生水处理厂项目等项目的前期工作。促建大邑县沙渠污水处理厂（一期）提标升级工程的相关工作，督促海天水务抓紧进行项目建设。王泗食品产业园配套管网及门站建设工作全部完工。西岭能源公司和四个加油（加气）站点位建设积极推进。沙渠燃气配套管网及门站建设项目于6月20日开工建设。针对西岭能投及邑都能投两个公司生产运营状况，定期进行安全生产大检查。

【大邑县交通建设投资有限公司】 2017年，大邑县交投公司完成融资上会金额259070万元，实际到位金额131070万元。公司正与县国土局关于储备土地上征地拆迁政府购买服务方式与银行进行对接，金额为5.96亿元。年内，实际完成固定资产投资任务7.17亿元。采用PPP模式实施大邑县二环路北环线建设工程、大邑至新津快速通道建设工程，均完成招标和前期工作，征地拆迁分别完成投资1.2亿元、1.8亿元，其中二环路北环线建设工程开创大邑县PPP工程的模式；分期实施农村公路提档升级建设项目，前期工作完成投资6000万元，项目部分批次已开标；投资552万元，完成大邑南互通立交段保通道路建设工程，6月全面完工并投入使用；投资690万元实施川西环线青霞段路灯工程；投资1600余万实施老龙堰三口堰分水工程，已完成三处穿高铁和成温邛高速的节点箱涵及斜江河入口段工程；投资5079万实施成都市大邑县城乡水环境治理项目—乡镇污水管网建设工程；投资792万，于6月完成新场镇文昌街工程。龙门山旅游公路大邑至蒲江连接线大邑段建设工程（大邑大道延伸线）完成总投资1.5亿元，于7月完工并投入使用；金星乡悦文路改造工程完成投资650万元，6月工并投入使用；安仁镇成温邛快速通道拆迁安置房工程（仁里小区三期）完成投资8941万元；建华一级土地整理区域市政道路工程完成投资2500万元；建华三期安置房项目完成总投资约1.71亿元，于12月竣工验收。积极探索全域公交体系的建立，完成组建公交集团公司工作，参与站前公交站点的设备设施的配套建设。探索与社会资本成立合资公司模式拓展公司业务，与氢行动力网络科技有限公司合作成立大邑县邑起玩旅游服务公司，打造全域旅游新品牌新模式，已完成合资公司成立相关工作。

保险业

【概况】 大邑保险业务发展迅速，行业竞争激烈。各保险公司创新服务方式，通过电话预约服务、互联网预约服务、上门服务等方式，开展便捷服务。年末，全县有中国人民财产保险公司、中国人寿财产保险公司、太平洋财产保险公司、平安财产保险公司、大地财产保险方式、锦泰财产保险公司、中国人寿保险公司、泰康人寿保险公司、生命人寿保险公司、太平洋人寿保险公司等10余家保险机构在大邑设点开展保险业务。全年保费总收入3.85亿元，比上年下降6.8%。全年处理各项赔款和给付金额3.36亿元，其中财产类保险赔偿与给付金额0.64亿元，人身类保险赔偿与给付2.72亿元。

【中国人寿保险大邑支公司】 中国人寿保险股份有限公司是一家境内外上市的国有控股公司、副部级央企。中国人寿大邑支公司是中国人寿设在大邑的县级支公司，也是唯一一家在大邑县设立支公司的国有寿险公司。2017年末，公司拥有员工800余人，在安仁、王泗、悦来、邮江、董场等15个中心乡镇设立营销服务部，在全县218个行政村及社区建立“中国人寿保险村”。公司向个人及团体提供人寿、年金、健康和意外伤害保险产品。年内获成都市分公司2017年老龄保险工作二等奖、“2017年二季度短期险竞赛”组织先锋奖。2017年，公司实现保费收入28350万元，其中新单业务保费收入14523万元。实现标准保费2927万元、完成首年期交保费6578万元、完成10年期及以上保费3763万元、完成短险保费3851万元。其中承办的惠民小额保险保费200万元（83300人参保）、老年人意外伤害保险保费251万元、群宴餐饮保险业务保费40万元。全年各类给（赔）付款共29720.41万元，其中，理赔业务95629件、理赔款4580.41万元，满期给付12127万元，领取养老金有1224人、发放金额581万元。全年办理保单借款1325件，借款金额2520万元。缴纳地方税金463万元，向社会提供就业岗位1300余个。

【中国人民财产保险大邑支公司】 中国人民财产保险公司大邑县支公司为中国人民财产保险股份有限公司在大邑县境内的分支机构。内设经理室、综合部、客户服务部、重要客户业务部、个人业务部、业车商业务部、农村保险事业部/农村普惠金融事业部7个管理部门。员工32人，其他从业人员（保险个代营销员）438人。有直属上级公司管理理赔分部1个，理赔服务人员6人。设有1个“三农”保险营销服务部，20个乡镇（街道）保险服务站，188个村级保险服务点。有兼业代理保险远程出单点7个，与全县40余家车商、汽修厂、银行、邮政建立保险代理合作关系。年内，加强保险服务“三农”工作，为全县提供水稻、玉米、小麦、油菜、马铃薯、水果、有机农业、能繁母猪、育肥猪、生猪价格指数、奶牛等11个种类的政策性农业保险服务。开展车险“三进”、电子商务、保险增值服务，为客户提供代驾、代年审、施救、送油、直升机救援等服务。全年实现保费收入11186万元，同比下降9.68%。其中车险保费收入6722万元，同比下降5.44%；非车非农险保费收入605万元，同比上升17.18%；政策性农业保险保费收入2751万元，同比下降22.63%。支付赔款6437万元，同比上升19.25%。其中支付车险赔款3538万元，同比上升7.00%；支付非车非农险赔款163万元，同比上升14.43%；支付政策性农业保险赔款2736万元，同比上升38.84%。普惠金融(险资直接贷款)争取到首批试办权，放贷24户，金额745万元。上缴营业税金及附加48万元，代收代缴车船税540万元，代扣代缴个人所得税181万元。

证券业

【概况】 国金证券公司大邑证券服务部是县内唯一的证券交易服务网点。是经证监会批准设立的证券经营机构，成立于2001年7月17日。营业部位于大邑县晋原镇南街9号（工商银行内二楼），拥有300平方米营业场地。下设财富管理中心、销售管理部、渠道业务部、业务运行部、人事行政部，共有员工14人。财富管理中心拥有多名资深证券从业人员，能够为各层次客户提供量身定做个性化证券服务。客户可以根据自身情况选择“投顾宝”“投资宝”服务产品。拥有通讯、电力设备双备份技术。提供证券交易行情、提供融资融券业务、提供现场和网上交易、提供电话委托、自助委托等其他委托方式、提供合法的信息咨询服务、经办证监会批准的其他业务。依托总部平台，为客户提供证券、基金、债券、融资融券等理财交易品种。

DAYI YEARBOOK

经济监督管理

发展规划管理

【概况】 年内，县发改局围绕改革创新、重大问题研究、项目推进、经济指标调控等开展工作，撰写《大邑县2017年国民经济和社会发展计划执行情况与2017年国民经济和社会发展草案的报告》，完成《大邑县发展战略规划（2017—2035年）》《大邑县创建国家生态文明建设示范县规划》编制。

【改革创新】

全面创新改革 认真落实全市全面创新改革试验2017年工作任务，制定《大邑县系统推进全面创新改革试验2017年度工作计划》并印发实施，围绕军民融合、政产学研用、科技、人才、金融等重点领域推进各项改革任务。创新平台载体不断加强。新增创新创业载体3家；新增孵化面积达1.8万平方米，全县载体孵化面积达到14.1万平方米；引进知识产权、创投等创业服务机构5家；成功举办创业天府·菁蓉创享会系列活动40余场。校院地协同创新扎实推进，四川省首席信息官培训中心等4个重点项目进展顺利；成温邛高速现代都市农业示范带建设在大邑落地重点科技项目8个；建成粮油专家大院；全县开展产学研合作课题20余项。推进人才体制机制改革，出台《关于进一步加强人才管理和服务工作的实施意见》等政策，将大邑人才发展资金从500万元提升至5000万元，招录党政人才64名、企业中高端人才72人、主导产业急需紧缺创新创业人才35名；引进硕士研究生以上学历人才94人。引进总投资30亿元的深圳向日葵军民融合高端装备智能制造产业园项目；瑞驰精工、交大普尔两家企业成功步入“民参军”。形成“农业标准化管理”“农业应收账款质押融资新模式”“人才发展促进会项目化管理”等可复制推广经验6条。

供给侧结构性改革 会同县经信局、县房管局、县金融办，认真落实供给侧结构性改革“1+5”方案各项任务，按月对上报送“三去一降一补”工作推进情况，举办全县供给侧结构性改革培训。去产能方面，全年关停 “散乱污”企业777户，拆除燃煤锅炉141台，燃煤餐饮企业清洁能源改造375家，淘汰落后产能企业1家(云贵砖厂)。去库存方面，棚户区改造全面实现货币化安置，截至12月，全县商品住房可售存量54.04万平方米，同比下降33.98%，销售周期8.72个月。去杠杆方面，督促县域金融机构创新抵质押方式、优化简化流程、降低融资成本，积极支持企业发展，全年累计投放企业贷款19.02亿元。降成本方面，从社保缴费、税收减免、收费减免、电力直购、降低油气使用成本等方面为企业减负、降成本，年内全县享受直购电政策企业15家、直供气政策企业1家；受理备案类减免税申请668户次，累计减免税额1.05亿元。补短板方面，围绕补齐产业发展、基础设施、生态环境、社会事业四大短板，按照“西控”战略部署，加快推进“323”产业园区建设，完成《大邑县发展战略规划（2017—2035年）》《大邑县创建国家生态文明建设示范县规划》编制，新增各类就业1.2万余人，建成城乡社区日间照料中心50个，完成全民健身中心、国民体质监测中心建设，成功创建省四好农村路示范县。

其他改革事项 推进项目领域改革，创新项目工作流程管理模式、深化项目推进“五定”责任制等7项年度改革任务顺利推进，重新修订《大邑县抢险救灾工程管理办法》，在全市率先建成投用项目招标文件网上编审系统，有效防范招标审核环节存在的风险，实现招标文件编审平均时间节约2/3以上。继续推进公车改革，完成三批次213辆车改取消车辆拍卖处置工作。

【重大问题研究】

产业发展 按照产城一体、产业园区化理念，牵头研究全县产业空间布局，形成“323”产业园区格局。按照“针对性、竞争性、可操作性”原则，牵头制定《大邑县高端绿色科技产业扶持政策》（大邑产业新政64条）以及配套实施细则，并在菁蓉汇大邑绿色智造专场进行政策发布，提高大邑产业政策知晓度。贯彻落实产业发展大会重大部署，制订《大邑县贯彻落实全市产业发展大会重大部署行动计划》。

落实“西控”政策 配合县规划局编制《大邑县发展战略规划（2017—2035）》，已经市规划局审查。围绕成都市“五中心一枢纽”建设，统筹协调各产业部门，加强与市发改委等市级牵头部门联系对接，争取更多重大项目和重点任务纳入市级行动计划。安仁文创文博聚集区、华侨城安仁项目、电子信息科技产业园建设项目和智能制造科技产业园建设项目、多层次资本市场、社区微银行、农贷通平台建设、安仁音乐小镇建设、天府花溪谷文创旅游区、四川电影电视学院文化创新创意园、安仁论坛、成蒲铁路、成温邛高速扩容改造、天新邛快速路大邑支线项目等纳入市上行动计划。

【项目推进】 创新推进机制，制定《关于建立健全项目推进工作长效机制实施意见》《2017年大邑县贯彻落实省、市项目年活动工作方案》，明确县领导联系项目工作制度和牵头部门责任，建立“周例会”“月调度”“季评比”项目推进制度，及时协调解决项目推进中的困难和问题。加强项目督导，做好对全县重大项目专项督查，对推进缓慢、项目中存在的关键问题进行联合专项督查。全力做好项目跟踪、促建、问题收集，对共性问题进行研究并提出相应解决办法。年内，全县应开工项目开工率100%。抓好策划储备，启动农业基础设施、园区基础设施、县城和乡镇市政基础设施等11大类2018—2021年投资项目储备包装工作，形成2018拟实施政府投资项目（第一批）92个。强化要素保障，加强与省、市发改委联系对接，争取到大邑县妇幼保健楼、杂交水稻制种基地、小北街棚改奖励、食品药品监管系统县级食品快速检验车配备4个项目中央资金5639万元，争取到北二环和扶贫村主通道两个项目市级补助前期工作经费50万元。优化投资项目审批程序，简化企业投资项目备案程序，全部实行在线审批平台网上备案。年内审批政府投资项目119个70.58亿元；核准企业投资项目3个2244.12万元；备案企业投资项目365个322.27亿元。

【经济运行分析】 抓好全县经济运行监测分析工作，坚持每周与统计部门会商经济指标运行，每月召集各相关部门召开联席会议分析研究经济指标，每季形成经济运行分析报告，提出可供参考的建议意见。提出的建筑业税收外流问题引起县委、县政府重视，出台《建筑业税收管理办法》，加大对房地产类、产业类、土地整理类、PPP类和政府直接投资类项目的税收管理，引导建筑施工承建企业在大邑注册全资子公司交纳税费。

物价管理

【价格审批】 制定大邑县污水处理收费标准调整方案》。调整全县非居天然气价格，从2.81元/立方米降低为2.68元/立方米；配合完成市发改委对大邑县29个行政事业性单位收费的网上审验工作。

【价格认证】 年内共完成涉案财物鉴定业务265件，标的总额259.23万元，其中完成涉纪财物鉴定业务5件，无一例复议案或错案发生。

【价格监测执法】 完成各类价格监测报表158期。开展各领域价格执法检查，依法对县人民医院价格违法行为进行处理，没收价格违法所得18.9万元。开展涉企收费摸底排查、旅游市场明码标价专项检查及燃气、电力收费价格专项治理等工作，确保全县价格平衡。

市场和质量监督管理

【概况】 县市场和质量监督管理局围绕县委、县政府中心工作，继续拓展市场和质量监督管理职能，积极推进各类市场主体加快发展，深化商标品牌战略创建活动。贯彻落实《食品安全法》《药品管理法》，着力解决食品药品领域存在的突出问题，食品综合协调机制、食品药品安全专项整治和食品药品监管信息化建设取得新突破。推动食品质量安全、标准化、计量、特种设备安全、国家地理标志产品保护等工作，农业综合标准化建设持续巩固，“国家食品安全示范城市”创建工作稳步推进。

【工商登记】 全面贯彻执行商事制度改革，激发社会投资信心和创业热情。2017年，全县新发展各类市场主体4747户，同比增长67.39%，注册资金44.57亿元，同比增长62.15%；办理“先照后证”登记2305 户；办理企业“五证合一、一照一码”登记2960户；办理企业“多证合一”登记377户；办理个体工商户“多证合一”608户；办理个体工商户“两证整合”5040户；办理个体工商户转型升级为企业41户；向县交通局、县卫计局等单位推送“先照后证”登记信息1009条，受理企业网上名称预先登记20户，共助企融资15.68亿元。

10月25日，颁发首张全程电子化登记企业营业执照

【市场监管】 强化加强市场监管职能，全年出动执法人员2300人/次，车辆1800台/次，检查流通领域经营户4420户/次，检查企业820户/次。开展“菜篮子”产品市场保供、烟花爆竹旺季经营安全监管、清理钢材市场秩序治理、寄递物流专项整治、废旧物资收购清理整顿、汗蒸洗浴等公共娱乐场所清理整顿、“购物返现”“全返销售”活动风险排查等43项专项执法检查工作。

【租赁中介行业监管】 全县有各类中介组织47户，其中房产交易服务机构17户，职业、人才、婚姻等介绍机构30户。年内，以房屋租赁中介为重点对象，以是否存在虚假违法广告行为、利用不公平不合理格式条款侵害消费者合法权益行为、通过捏造或者散布涨价信息等方式恶意炒作、哄抬房价等不正当竞争行为为重点内容，开展中介机构专项整治，对辖区中介机构进行全方位检查。共计出动检查人员124人/次，车辆41台/次，对47家中介组织进行次全面摸排整顿。

【商标监管】 支持优势产业产品争创商标品牌，做好商标培育、使用、宣传、保护工作。11月14日，召开“商标富农”赠送工作会，将耗资5.4万元注册成功的18件涉农商标，免费送到成都邑之农农业发展有限公司等18家农业企业负责人手中。截至年末，全县有效注册商标总量达3755件，年内新增注册商标661件，同比增长35%。

表14　2017年大邑县新增注册商标统计表

序号	商标类别	注册日期	商标名称(中)	商标名称（英）	商标注册人	商品服务
1	39	2017年10月7日	天府花溪谷		四川花溪谷生态农业发展有限公司	商品包装、货物发运、运送旅客、电子数据或文件载体的物理储藏、快递服务（信件或商品）、旅行陪伴、观光旅游、旅行社（不包括预订旅馆）、仓库贮存、物流运输
2	7	2017年10月7日	风行		风行莱茵电梯有限公司	升降机（运送滑雪者上坡的装置除外）、电梯（升降机）、升降设备、自动扶梯、升降装置、运输机（机器）、电梯操作装置、升降机操作装置、带升降设备的立体车库、提升机
3	6	2017年3月14日	图形商标		四川鑫铖环保科技有限责任公司	金属套筒（金属制品）、混凝土用金属加固材料、建筑用金属加固材料、混凝土用金属模板、建筑用金属板、普通金属合金、铝、金属螺栓、金属膨胀螺栓、存储和运输用金属容器
4	4	2017年5月21日	图形商标		成都宏达龙头实业有限公司	照明燃料、蜡烛、工业用油、灯芯、石蜡、蜡（原料）、照明用油脂、棕榈蜡、燃料
5	29	2017年9月14日	吉斯通		四川远星橡胶有限责任公司	食用油、肉脯、肉、加工过的坚果、食用干花、肉罐头、豆腐制品、水果蜜饯、腌制蔬菜、蛋
6	29	2017年5月14日	晟牛		成都市海光食品有限公司	肉、家禽（非活）、鱼（非活）、鱼片、贝壳类动物（非活）、鱼制食品、鱼肉干、水产罐头、以果蔬为主的零食小吃、干食用菌
7	32	2017年9月21日	道源圣泉		成都凯瑞德商贸有限公司	啤酒、果汁、水（饮料）、矿泉水（饮料）、苏打水、果汁冰水（饮料）、可乐、纯净水（饮料）、饮料制作配料、植物饮料
8	29	2017年5月21日	魔芋山庄	MOYUSHAN-ZHUANG M	成都廊山农业开发有限公司	水果蜜饯、腌制蔬菜、蔬菜色拉、加工过的坚果、奶昔、明胶、干食用菌、豆腐制品、肉、鱼制食品
9	5	2017年7月14日	蜀魔芋山庄	SHUMOY-USHAN-ZHUANG	成都廊山农业开发有限公司	膳食纤维、药用胶囊、营养补充剂、婴儿食品、动物用膳食补充剂
10	30	2017年7月14日	蜀魔芋山庄	SHUMOY-USHAN-ZHUANG	成都廊山农业开发有限公司	茶饮料、甜食（糖果）、糕点、谷粉制食品、谷类制品、巧克力饮料、挂面、魔芋粉、以谷物为主的零食小吃、食用面筋

续表

序号	商标类别	注册日期	商标名称(中)	商标名称（英）	商标注册人	商品服务
11	29	2017年2月14日	肉掌柜		四川省多省多众合食品有限公司	肉、鱼制食品、肉罐头、腌制水果、腌制蔬菜、牛奶制品、食用油、加工过的坚果、干食用菌、豆腐制品
12	42	2017年1月21日	夜雨坊		成都爱上乐游艺器材制造有限公司	材料测试、纺织品测试、工业品外观设计、包装设计、造型（工业品外观设计）、服装设计、计算机软件出租、计算机系统设计、软件运营服务（SaaS）、云计算
13	42	2017年9月7日	要玩购		成都爱上乐游艺器材制造有限公司	工业品外观设计、包装设计、造型（工业品外观设计）、服装设计、计算机软件出租、计算机系统设计、软件运营服务（SaaS）、云计算、材料测试、纺织品测试
14	38	2017年9月7日	要玩购		成都爱上乐游艺器材制造有限公司	新闻社、信息传送、电话通讯、计算机终端通讯、计算机辅助信息和图像传送、提供与全球计算机网络的电讯连接服务、提供全球计算机网络用户接入服务、通讯社、提供互联网聊天室、数据流传输
15	6	2017年1月21日	蜀之源		成都蜀之源酒业有限公司	普通金属盒、金属密封盖、金属包装容器、存储和运输用金属容器、金属藏肉柜、小五金器具、金属刀柄、啤酒罐、集装箱、金属食品柜
16	1	2017年1月21日	蜀之源		成都蜀之源酒业有限公司	保存食物用油、饮料工业用的过滤制剂、啤酒澄清剂和防腐剂、抗氧剂、食品工业用酶制剂、食品工业用酶、食品工业用果胶、食物防腐用化学品、葡萄酒澄清剂、食品工业用酒石酸氢钾
17	16	2017年1月21日	蜀之源		成都蜀之源酒业有限公司	锡纸、包装用塑料膜、保鲜膜、淀粉制包装材料、包装纸、印刷出版物、纸餐巾、纸制餐具垫、纸制或塑料制食品包装用吸收纸、纸制或塑料制食品包装用湿度调节纸
18	20	2017年1月21日	蜀之源		成都蜀之源酒业有限公司	玻璃钢容器、鱼篮、送餐车（家具）、塑料包装容器、存储和运输用非金属容器、面包师用面包筐、塑料周转箱、滗析葡萄酒用木桶、非金属盛肉柜、食品用塑料装饰品
19	31	2017年1月21日	蜀之源		成都蜀之源酒业有限公司	宠物食品、动物食品、谷（谷类）、玉米、豆（未加工的）、新鲜蔬菜、活家禽、新鲜水果、动物食用谷类、新鲜块菌
20	29	2017年5月14日	蜀之源		成都蜀之源酒业有限公司	腌制蔬菜
21	35	2017年1月14日	锦缘珠宝	JINYUANJEW-ELRY	成都市大邑郑大贸易有限责任公司	户外广告、电视广告、商业橱窗布置、为零售目的在通讯媒体上展示商品、广告片制作、广告策划、为消费者提供商业信息和建议（消费者建议机构）、替他人推销、市场营销、为商品和服务的买卖双方提供在线市场
22	4	2017年1月21日		CORDIAL	四川远星橡胶有限责任公司	发动机油、润滑剂、传动带用润滑油、燃料油、润滑油、矿物燃料、传动带用蜡、照明用蜡、除尘制剂、电能
23	5	2017年2月7日	川池		成都市润天生态农业开发有限公司	兽医用药、杀虫剂、药用植物根、人用药、药物饮料、补药、人参、药茶、医用营养品、净化剂
24	41	2017年3月21日	川影		四川电影电视学院	幼儿园、函授课程、广播和电视节目制作、教育、培训、组织表演（演出）、安排和组织会议、学校（教育）、书籍出版、电影放映

续表

序号	商标类别	注册日期	商标名称(中)	商标名称（英）	商标注册人	商品服务
25	16	2017年2月7日	诗爱尔	SHIAIER	成都智宏纸制品有限公司	牛皮纸板、纸制餐桌用布、抽屉用衬纸（有或没有香味）、卡纸板、白纸板、箱纸板、纸手帕、纸餐巾、纸制洗脸巾、纸
26	30	2017年2月7日	沃采坊	WOCAIFANG	成都沃采坊商贸有限公司	用作茶叶代用品的花或叶、杏仁糊、由碎谷、干果和坚果制的早餐食品、谷类制品、玉米粉、人食用的去壳谷物、坚果粉、豆类粗粉、谷粉制食品、百合粉
27	9	2017年2月14日	星硕		成都市金雨电工设备有限公司	衡器、量具、电站自动化装置、眼镜（光学）、移动电源（可充电电池）、蓄电瓶、电瓶、电池、蓄电池、便携式遥控阻车器
28	30	2017年1月28日	传世一串		成都市申康调味食品厂	茶、糖、蜂蜜、谷粉制食品、糕点、以谷物为主的零食小吃、谷类制品、调味品、酵母、食品用香料（含醚香料和香精油除外）
29	30	2017年2月14日	鱼婆婆		成都市申康调味食品厂	调味品、食品用香料（含醚香料和香精油除外）、茶、糖、蜂蜜、糕点、谷粉制食品、谷类制品、以谷物为主的零食小吃、酵母
30	43	2017年2月14日	传世一串		成都市申康调味食品厂	住所代理（旅馆、供膳寄宿处）、餐馆、自助餐馆、饭店、咖啡馆、自助餐厅、酒吧服务、茶馆、提供野营场地设施、出租椅子、桌子、桌布和玻璃器皿
31	31	2017年10月7日	万良菌博天下	WANLIANG-JUNBOTIANXIA	成都万良菌业开发有限公司	菌种、新鲜蘑菇、新鲜块菌、鲜食用菌、蘑菇繁殖菌
32	29	2017年2月14日	坤味		成都市新媒生态农业开发有限责任公司	鱼制食品、以水果为主的零食小吃、泡菜、蛋、肉、牛奶、食用油脂、加工过的坚果、豆腐、干食用菌
33	5	2017年2月21日	星尧商贸	XINGYAO-COMMERCE	成都星尧商贸有限公司	补药、药用蜂胶、枸杞、婴儿含乳面粉、医用营养食物、婴儿食品、医用营养品、营养补充剂、婴儿奶粉、杀虫剂
34	29	2017年2月21日	星尧商贸	XINGYAO-COMMERCE	成都星尧商贸有限公司	肉、鱼制食品、水果蜜饯、腌制蔬菜、蛋、食用油、加工过的坚果、以果蔬为主的零食小吃、干食用菌、豆腐制品
35	30	2017年2月21日	星尧商贸	XINGYAO-COMMERCE	成都星尧商贸有限公司	茶、茶饮料、糖、蜂蜜、糕点、以谷物为主的零食小吃、谷粉制食品、面粉、调味品、谷类制品
36	39	2017年2月21日	星尧商贸	XINGYAO-COMMERCE	成都星尧商贸有限公司	商品包装、货运、运输、货物发运、商品打包、礼品包装、汽车运输、货物贮存、贮藏、仓库出租
37	35	2017年2月21日	星尧商贸	XINGYAO-COMMERCE	成都星尧商贸有限公司	广告宣传、广告、计算机网络上的在线广告、为零售目的在通讯媒体上展示商品、商业管理辅助、特许经营的商业管理、通过网站提供商业信息、进出口代理、替他人推销、市场营销
38	43	2017年2月14日	何光头焖烧鸡		何永祥	饭店、流动饮食供应、餐馆、茶馆、养老院、动物寄养、烹饪设备出租、住所代理（旅馆、供膳寄宿处）、咖啡馆、自助餐厅
39	35	2017年2月14日	何光头焖烧鸡		何永祥	广告宣传、计算机网络上的在线广告、商业管理咨询、特许经营的商业管理、替他人推销、市场营销、人事管理咨询、寻找赞助、开发票、饭店商业管理
40	30	2017年2月14日	紫麒麟		杨一风	用作茶叶代用品的花或叶、茶、茶饮料

续表

序号	商标类别	注册日期	商标名称(中)	商标名称（英）	商标注册人	商品服务
41	29	2017年3月7日	优邑客		成都优信食品有限公司	肉罐头、肉、熏肉、鱼制食品、腌制水果、腌制蔬菜、蛋、牛奶、食用油、肉干
42	30	2017年3月7日	优邑客		成都优信食品有限公司	谷粉制食品、可可饮料、挂面、食用烟熏多味料、冰淇淋、调味品、汉堡包、糖、面包、茶
43	29	2017年2月21日	刘府家坊		黄崎	干食用菌、豆腐制品、咸菜、腌制蔬菜、腌制蘑菇、咸蛋、蛋、鹌鹑蛋罐头、以果蔬为主的零食小吃、腌制水果
44	30	2017年2月21日	刘府家坊		黄崎	米、谷类制品、面粉、面条为主的预制食物、蜂蜜、调味品、以谷物为主的零食小吃、糕点、谷粉制食品、面包
45	20	2016月12月28日	万端		张泽平	家具、沙发、非金属桶、工作台、家具门、床、垫枕、室内百叶帘、椅子（座椅）、书桌
46	35	2016月12月28日	万端		张泽平	户外广告、进出口代理、商业审计、替他人预订电讯服务、商业管理咨询、广告宣传、为零售目的在通讯媒体上展示商品、特许经营的商业管理、替他人推销、市场营销
47	19	2017年3月14日	图形商标		成都市易建建筑材料有限公司	非金属建筑材料、石、混凝土或大理石艺术品、非金属建筑物、混凝土建筑构件、建筑灰浆、混凝土、筑路或铺路材料、水泥、砂浆、人造石
48	30	2017年3月14日	耕浩		竹志芬	谷类制品、米、面条为主的预制食物、挂面、谷粉制食用面团、面条、调味料、丁香（调味品）、茶、茶饮料
49	43	2017年1月7日	蜀民渣查面府		熊建文	食物雕刻、提供野营场地设施、动物寄养、日间托儿所（看孩子）、烹饪设备出租、养老院、住所代理（旅馆、供膳寄宿处）、备办宴席、餐厅、快餐馆
50	25	2017年1月7日	盐茶米豆		成都盐茶米豆商贸有限公司	手套（服装）、婴儿全套衣、服装、童装、鞋、帽子、袜、围巾、腰带、婴儿睡袋
51	29	2017年3月21日	蜀芗缘		成都溜溜牛食品有限责任公司	肉罐头、腌制蔬菜、肉、家禽（非活）、腌制肉、板鸭、肉干、腌制水果、加工过的坚果、豆腐制品
52	33	2017年1月14日	神风康		四川大邑阳光酒业有限责任公司	
53	41	2017年1月14日	四川电影电视学院	SICHUANFIL-MANDTELE-VISIONCOL-LEGE1992	四川电影电视学院	学校（教育）、幼儿园、函授课程、广播和电视节目制作、教育、培训、安排和组织会议、书籍出版、电影放映、组织表演（演出）
54	43	2017年1月14日	魅城凯冠		成都苏发御和食品有限公司	住所代理（旅馆、供膳寄宿处）、备办宴席、自助餐厅、餐厅、寄宿处、饭店、旅馆预订、酒吧服务、茶馆、会议室出租
55	30	2017年1月14日	满天鑫		李超	咖啡、茶、糖、蜂蜜、糕点、谷粉制食品、面条、调味品、米、谷类制品
56	9	2017年1月21日	四川电影电视学院	SICHUANFIL-MANDTELE-VISIONCOL-LEGE1992	四川电影电视学院	盒式录像带、录像带、录音载体、光盘、已曝光的电影胶片、动画片、光盘（音像）、CD盘（音像）、带有图书的电子发声装置、唱片

续表

序号	商标类别	注册日期	商标名称(中)	商标名称（英）	商标注册人	商品服务
57	35	2017年5月21日	超悦香草鸭		大邑县悦丰蔬菜种植农民专业合作社	寻找赞助
58	33	2017年1月21日	藏福源		四川双石药业有限公司	
59	20	2017年3月28日	万端家具	WD	张泽平	家具、沙发、床、桌子、工作台、家具门、垫枕
60	35	2017年3月28日	万端家具	WD	张泽平	广告、特许经营的商业管理、为零售目的在通讯媒体上展示商品、商业管理咨询、市场营销、寻找赞助、会计、替他人推销、投标报价、广告策划
61	25	2017年1月28日	名人奴	MINGRENNU	邬德智	鞋（脚上的穿着物）、帽子（头戴）、袜、手套（服装）、围巾、腰带、婚纱、婴儿全套衣、游泳衣、服装
62	30	2017年5月14日	喵咪森林		李菊云	蛋糕、甜食、三明治、寿司、加奶咖啡饮料、谷类制品、意大利面条、冰淇淋、芝麻糊、小蛋糕（糕点）
63	32	2017年5月14日	喵咪森林		李菊云	啤酒、无酒精果汁饮料、果昔、果汁、果汁冰水（饮料）、奶茶（非奶为主）、无酒精饮料、无酒精果茶、蔬菜汁（饮料）、苏打水
64	43	2017年5月14日	喵咪森林		李菊云	住所代理（旅馆、供膳寄宿处）、咖啡馆、餐馆、自助餐馆、快餐馆、会议室出租、餐厅、自助餐厅、流动饮食供应、酒吧服务
65	35	2017年5月14日	喵咪森林		李菊云	电视广告、广告空间出租、户外广告、计算机网络上的在线广告、特许经营的商业管理、工商管理辅助、组织商业或广告展览、组织商业或广告交易会、替他人推销、广告
66	43	2017年1月28日	山城蜀签签		卢从洋	住所代理（旅馆、供膳寄宿处）、自助餐馆、自助餐厅、快餐馆、餐厅、饭店、流动饮食供应、餐馆、茶馆、酒吧服务
67	30	2017年1月28日	杨大胡子		杨家良	食用预制谷蛋白、咖啡、茶、茶饮料、蜂蜜
68	39	2017年1月28日	杨大胡了		杨家良	商品包装、礼品包装、商品打包
69	19	2017年1月28日	佳家欣		成都欣瑞达管业有限责任公司	非金属水管、非金属、非塑料制水管阀、非金属分岔管、非金属硬管（建筑用）、非金属建筑材料、通风和空调设备用非金属管、建筑用塑料管、塑钢门窗、建筑用非金属盖板、铝塑复合管
70	29	2017年5月21日	蜀邑汇		成都申章文化传播有限公司	食用油、干食用菌
71	29	2017年2月7日	邑杰		鲁海军	肉干、熏肉、牛肚、腌制肉、板鸭、肉片、肉罐头、干食用菌、肉松、肉
72	29	2017年2月7日	零食范		范忠云	肉干、腌制肉、鱼肉干、以水果为主的零食小吃、腌制水果、水果蜜饯、腌制蔬菜、蛋
73	35	2017年2月7日	零食范		范忠云	户外广告、替他人推销、人事管理咨询、提供商业和商务联系信息
74	37	2017年2月7日	鼎高	DINGAO	成都三鑫鼎高家具有限公司	清洁建筑物（内部）、室内装潢、室内外油漆、电器的安装和修理、木工服务、家具保养、建筑施工监督、建筑咨询、建筑、敷石膏、涂灰泥

续表

序号	商标类别	注册日期	商标名称(中)	商标名称（英）	商标注册人	商品服务
75	9	2017年5月21日	鼎高	DINGAO	成都三鑫鼎高家具有限公司	网络通讯设备
76	42	2017年5月21日	鼎高	DINGAO	成都三鑫鼎高家具有限公司	艺术品鉴定、无形资产评估、书画刻印艺术设计
77	40	2017年5月21日	鼎高	DINGAO	成都三鑫鼎高家具有限公司	艺术品装框、金属处理、皮革修整、金属铸造、废物处理（变形）、雕刻
78	30	2017年5月21日	晚霞美	WANXIAMEI	四川知本生物工程有限公司	茶
79	29	2017年2月7日	嗷大喵	OWBIGMIAOW	成都市鼎翔现代农业开发有限公司	肉、鱼制食品、肉罐头、以果蔬为主的零食小吃、腌制蔬菜、蛋、牛奶制品、加工过的坚果、干食用菌、豆腐制品
80	29	2017年2月7日	嗷大喵	OWBIGMIAOW	成都市鼎翔现代农业开发有限公司	肉、鱼制食品、肉罐头、以果蔬为主的零食小吃、腌制蔬菜、蛋、牛奶制品、加工过的坚果、干食用菌、豆腐制品
81	33	2017年2月7日	绵河		成都市华联酒业有限公司	
82	25	2017年2月7日	叶南希		肖娟	服装、裙子、鞋、帽、袜、手套（服装）、围巾、皮带（服饰用）、婚纱、婴儿全套衣
83	35	2017年2月7日	叶南希		肖娟	为零售目的在通讯媒体上展示商品、商业管理辅助、替他人推销、替他人采购（替其他企业购买商品或服务）、为商品和服务的买卖双方提供在线市场
84	31	2017年2月7日	道源鹤鸣山		四川大邑鹤鸣山道观管理委员会	树木、未加工木材、谷（谷类）、自然花、活动物、坚果（水果）、新鲜水果、新鲜蔬菜、饲料
85	37	2017年5月21日	乐艺装	LEYIZHUANG	成都市护墙宝建材有限公司	电器设备的安装与修理
86	35	2017年5月21日	乐艺装	LEYIZHUANG	成都市护墙宝建材有限公司	市场营销、替他人采购（替其他企业购买商品或服务）、替他人推销、商业企业迁移、销售展示架出租、寻找赞助
87	29	2017年2月14日	西邻		成都林祥农业开发有限公司	肉、家禽（非活）、肉干、腌制水果、腌制蔬菜、蛋、食用菜籽油、豆腐制品
88	12	2017年5月14日		DD	道达电动车制造成都有限公司	消防水管车、高尔夫球车（车辆）、电动运载工具、厢式餐车、救护车、野营车、电动三轮车、蓄电池搬运车、洒水车、拖车（车辆）
89	35	2017年5月14日		DD	道达电动车制造成都有限公司	广告宣传、为零售目的在通讯媒体上展示商品、特许经营的商业管理、替他人推销、寻找赞助、进出口代理、计算机数据库信息系统化、计算机网络上的在线广告、商业管理辅助、样品散发
90	43	2017年5月21日	郑宗鱼府		郑忠玉	养老院、日间托儿所（看孩子）
91	35	2017年5月21日	郑宗鱼府		郑忠玉	寻找赞助、工商管理辅助、电视广告、户外广告、特许经营的商业管理、替他人推销、职业介绍、商业企业迁移、计算机录入服务、会计
92	18	2017年2月14日		INYOURNAME	雷亚珊	半加工或未加工皮革、书包、公文包、包、运动包、钱包（钱夹）、伞、登山杖、马鞍、制香肠用肠衣

续表

序号	商标类别	注册日期	商标名称(中)	商标名称（英）	商标注册人	商品服务
93	21	2017年2月14日		INYOURNAME	雷亚珊	饮用器皿、垃圾桶、厨房用具、牙刷、化妆用具、手动清洁器具、日用瓷器（包括盆、碗、盘、壶、餐具、缸、坛、罐）、瓷器、瓷、陶瓷、陶土或玻璃艺术品、茶具（餐具）
94	38	2017年2月14日		INYOURNAME	雷亚珊	提供与全球计算机网络的电讯联接服务、提供数据库接入服务、电话业务、移动电话通讯、计算机终端通讯、有线电视播放、无线电广播、信息传送、电视播放、信息传输设备出租
95	36	2017年2月14日		INYOURNAME	雷亚珊	艺术品估价、典当、信用卡支付处理、借记卡支付处理、电子转账、网上银行、金融咨询、金融服务、金融票据交换、金融评估（保险、银行、不动产）
96	35	2017年2月14日		INYOURNAME	雷亚珊	为零售目的在通讯媒体上展示商品、广告、商业管理辅助、特许经营的商业管理、市场营销、替他人推销、进出口代理、人事管理咨询、会计、寻找赞助
97	14	2017年2月21日		INYOURNAME	雷亚珊	未加工或半加工贵重金属、首饰盒、角、骨、牙、介首饰及艺术品、贵重金属艺术品、玛瑙、珠宝首饰、硬币、宝石、电子万年台历、表
98	5	2017年5月21日	鹰视力		四川知本生物工程有限公司	医用敷料、卫生巾、中药袋、牙科用印模材料、眼药水、人用药、消毒剂、净化剂
99	25	2017年5月21日		INYOURNAME	雷亚珊	婚纱
100	24	2017年5月21日	由自由	INYOURNA-MEIYN	雷亚珊	哈达、旗帜、寿衣
101	29	2017年2月21日	友味来		四川省大邑县天龙食品有限公司	豆腐制品、豆腐、肉干、干食用菌、烹饪用蛋白、蛋、腐竹、肉、牛奶制品、五香豆
102	30	2017年2月21日	友味来		四川省大邑县天龙食品有限公司	豆类粗粉、豆粉、高蛋白谷物条、食用面筋、食用淀粉、粉丝（条）、谷类制品、以谷物为主的零食小吃、调味品、月饼
103	30	2017年2月21日	甘师傅		成都甘师傅食品有限公司	以谷物为主的零食小吃、以米为主的零食小吃、虾味条、锅巴、调味品、米果、米花糖、糖果、谷粉、食用淀粉
104	33	2017年2月28日	蜀锦红袖		成都蜀之源酒业有限公司	
105	29	2017年2月28日	向师卤肉		向昌勇	肉罐头、腌制蔬菜、蛋、烹饪用果胶、加工过的坚果、食用油脂、豆腐制品、肉、鱼制食品、干食用菌
106	43	2017年2月28日	向师卤肉		向昌勇	餐厅、旅游房屋出租、养老院、烹饪设备出租
107	35	2017年2月28日	向师卤肉		向昌勇	特许经营的商业管理、市场营销、广告宣传
108	2	2017年3月7日	图形商标		成都豫隆防火材料有限公司	颜料、染色剂、食用色素、计算机、打印机、文字处理机墨盒、防污涂料、涂料（油漆）、防腐蚀剂、松香、防水粉（涂料）、杀菌漆

续表

序号	商标类别	注册日期	商标名称(中)	商标名称（英）	商标注册人	商品服务
109	30	2017年5月21日	甘师傅		成都甘师傅食品有限公司	茶饮料、甜食（糖果）、以谷物为主的零食小吃、食用面筋、食用淀粉、冰淇淋、调味酱汁、食品用香料（含醚香料和香精油除外）
110	35	2017年5月21日	甘师傅		成都甘师傅食品有限公司	广告宣传、特许经营的商业管理、市场营销
111	29	2017年2月28日	俏扁担	QIAOBIANDAN	成都市建邑食品有限公司	肉、蔬菜罐头、腌制水果、腌制蔬菜、泡菜、榨菜、萝卜干、食用油、干食用菌、豆腐制品
112	3	2017年2月28日	道源云香		成都道香源电子商务有限公司	去污剂、牙膏、安神用香精油、香、皮革膏、祭祀用香、香精油、麝香（香料）、干花瓣与香料混合物（香料）、香料
113	41	2017年2月28日	川娇川娇猪学		四川川娇农牧科技股份有限公司	教育、培训、职业再培训、安排和组织培训班、提供在线电子出版物（非下载）、翻译、假日野营娱乐服务、体育野营服务
114	41	2017年2月28日	川娇川娇在线		四川川娇农牧科技股份有限公司	教育、培训、职业再培训、安排和组织培训班、提供在线电子出版物（非下载）、翻译、假日野营娱乐服务、体育野营服务
115	28	2017年5月21日	蓝悦		成都蓝悦体育设施工程有限公司	拉拉队用指挥棒、球拍用吸汗带、塑胶跑道
116	30	2017年2月28日	虎皇星		成都市瀚钰轩商贸有限公司	面粉、谷类制品、咖啡、茶、茶饮料、糖、蜂蜜、甘草糖、可可、米
117	31	2017年2月28日	虎皇星		成都市瀚钰轩商贸有限公司	鲜食用菌、坚果（水果）、新鲜水果、新鲜水果制果篮、新鲜槟榔、新鲜蔬菜、活动物、自然花、装饰用干花、供展览用动物
118	35	2017年2月28日	虎皇星		成都市瀚钰轩商贸有限公司	替他人采购（替其他企业购买商品或服务）、市场营销、复印服务、医疗用品零售或批发服务、张贴广告、货物展出、广告、电视广告、计算机网络上的在线广告、替他人推销
119	29	2017年2月28日	图形商标		成都帕杰斯油脂有限公司	黄油、搅打过的奶油、黄油乳脂、人造黄油、芝麻油、制食用脂肪用脂肪物、食用油脂、食用猪油、食用油、食用板油
120	36	2017年2月28日	川娇川娇管家		四川川娇农牧科技股份有限公司	保险承保、资本投资、金融服务、金融管理、不动产出租、经纪、担保、代管产业
121	4	2017年2月28日	图形商标		成都宏达龙头实业有限公司	工业用油、照明燃料、照明用油脂、燃料、燃料油、蜡（原料）、石蜡、棕榈蜡、灯芯、蜡烛、佛灯油
122	33	2017年2月28日	鬓得儿		成都市清源坊酒业有限公司	
123	29	2017年3月7日	虎皇星		成都市瀚钰轩商贸有限公司	熏肉、香肠、家禽（非活）、腌制水果、泡菜、腌制蘑菇、牛奶饮料（以牛奶为主）、食用油、加工过的坚果、豆腐制品
124	5	2017年5月14日	川娇川娇宝贝		四川川娇农牧科技股份有限公司	人工授精用精液、消毒剂、医用或兽医用微生物培养物、减肥用药剂、医用或兽医用化学试剂、膳食纤维、动物用膳食补充剂、牲畜用洗涤剂、脱脂棉、宠物尿布

续表

序号	商标类别	注册日期	商标名称(中)	商标名称（英）	商标注册人	商品服务
125	43	2017年5月14日	川娇川娇假日		四川川娇农牧科技股份有限公司	旅游房屋出租、养老院、饭店、餐馆、动物寄养、假日野营住宿服务
126	35	2017年5月21日	川娇川娇互联		四川川娇农牧科技股份有限公司	货物展出、为零售目的在通讯媒体上展示商品、商业管理和组织咨询、广告策划、进出口代理、人员招收、会计、计算机数据库信息系统化、商业询价、药用、兽医用、卫生用制剂和医疗用品的零售或批发服务
127	31	2017年3月7日	燕贝乐	YANBEILE	成都市荣怡食品有限公司	菌种、新鲜槟榔、新鲜花生、新鲜蔬菜、新鲜水果、坚果（水果）、燕麦、新鲜榛子、鲜食用菌、未加工谷种
128	30	2017年5月14日	燕贝乐	YANBEILE	成都市荣怡食品有限公司	麦芽糖、蜂蜜、糖果、以谷物为主的零食小吃、以米为主的零食小吃、魔芋粉、谷粉、燕麦食品、谷类制品、烹饪用酶
129	29	2017年5月21日	燕贝乐	YANBEILE	成都市荣怡食品有限公司	食用油脂、果冻、加工过的坚果、水果罐头、蔬菜罐头、土豆片、腌制水果、以果蔬为主的零食小吃、牛奶制品
130	31	2017年3月7日	常兴源		成都市常兴源农业开发有限公司	新鲜蔬菜、鲜食用菌、植物种子、树木、玉米、小麦、植物、活动物、新鲜水果、谷（谷类）
131	44	2017年3月7日	常兴源		成都市常兴源农业开发有限公司	医疗诊所服务、理疗、疗养院、公共卫生浴、水产养殖服务、动物养殖、庭院风景布置、植物养护、风景设计、园艺
132	43	2017年3月7日	常兴源		成都市常兴源农业开发有限公司	餐厅、住所代理（旅馆、供膳寄宿处）、假日野营住宿服务、养老院、日间托儿所（看孩子）、动物寄养、备办宴席、咖啡馆、提供野营场地设施、茶馆
133	42	2017年3月7日	常兴源		成都市常兴源农业开发有限公司	计算机编程、计算机硬件设计和开发咨询、计算机程序和数据的数据转换（非有形转换）、信息技术咨询服务、通过网站提供计算机技术和编程信息、把有形的数据或文件转换成电子媒体、技术研究、技术咨询、质量检测、建设项目的开发
134	39	2017年3月7日	常兴源		成都市常兴源农业开发有限公司	观光旅游运输服务、货运、商品包装、海上运输、汽车运输、空中运输、汽车出租、停车场服务、贮藏、为旅行提供行车路线指引
135	35	2017年3月7日	常兴源		成都市常兴源农业开发有限公司	商业管理辅助、计算机数据库信息系统化、药用、兽医用、卫生用制剂和医疗用品的零售或批发服务、广告、特许经营的商业管理、替他人推销、进出口代理、市场营销、替他人采购（替其他企业购买商品或服务）、人事管理咨询
136	9	2017年3月7日	川电旭源		四川旭源电气有限公司	互感器、变压器、断路器、继电器（电）、避雷器、高低压开关板、调压器、熔断器、电缆、电源材料（电线、电缆）
137	29	2017年6月14日	常兴源		成都市常兴源农业开发有限公司	以果蔬为主的零食小吃、肉、家禽（非活）、鱼（非活）、腌制水果、腌制蔬菜、蛋、干食用菌、加工过的坚果、食用油
138	30	2017年6月14日	常兴源		成都市常兴源农业开发有限公司	茶、糖、蜂蜜、谷类制品、米、食用淀粉、调味品、以谷物为主的零食小吃、谷粉、食品用香料（含醚香料和香精油除外）

续表

序号	商标类别	注册日期	商标名称(中)	商标名称（英）	商标注册人	商品服务
139	33	2017年3月7日	刘氏庄园		杜彦	
140	33	2017年3月7日	五郎		四川五郎酒厂	
141	4	2017年3月7日	鑫福缘		石学刚	照明用油脂、燃料、香味蜡烛、蜡烛、蜡烛芯、灯芯、火绒、照明用蜡
142	9	2017年3月7日		CDXMY	成都市兴名源电器有限公司	计量仪表、计量仪器、电阻材料、配电箱（电）、互感器、工业遥控操作用电气设备、避雷器、电磁线圈、磁性材料和器件、电动调节装置
143	43	2017年3月14日	雪山邑德		成都邑德农业发展有限公司	旅馆预订、茶馆、会议室出租、备办宴席、餐厅、酒吧服务、养老院、咖啡馆、住所代理(旅馆、供膳寄宿处)
144	19	2017年3月14日		TQP	四川天强防水保温材料有限责任公司	涂层（建筑材料）、砂浆、屋顶用沥青涂层、油膏、防水卷材、修路用黏合材料、混凝土、建筑灰浆、膨胀珍珠岩、沥青
145	43	2017年3月14日	川椒子		吴颖杰	流动饮食供应、茶馆、住所代理（旅馆、供膳寄宿处）、咖啡馆、餐厅、旅游房屋出租、饭店、动物寄养、酒吧服务、出租椅子、桌子、桌布和玻璃器皿
146	19	2017年6月14日	威牌	TQFW	四川天强防水保温材料有限责任公司	混凝土、建筑灰浆、膨胀珍珠岩、沥青、屋顶用沥青涂层、油膏、防水卷材、修路用黏合材料、涂层（建筑材料）、砂浆
147	19	2017年6月14日		TQF	四川天强防水保温材料有限责任公司	涂层（建筑材料）、油膏、混凝土、建筑灰浆、膨胀珍珠岩、沥青、屋顶用沥青涂层、修路用黏合材料、砂浆、防水卷材
148	19	2017年6月14日	威牌	TQFW	四川天强防水保温材料有限责任公司	建筑灰浆、膨胀珍珠岩、沥青、屋顶用沥青涂层、油膏、防水卷材、修路用黏合材料、涂层（建筑材料）、砂浆、混凝土
149	29	2017年3月21日	鲜活诱货		四川南春特种水产科技有限公司	鱼（非活）、龙虾（非活）、贝壳类动物（非活）、鱼制食品、海参（非活）、水产罐头、果酱、速冻方便菜肴、奶茶（以奶为主）、干食用菌
150	30	2017年3月21日	鲜活诱货		四川南春特种水产科技有限公司	茶、寿司、饺子、虾味条、番茄酱（调味品）、（印度式）酸辣酱（调味品）、香蒜酱（调味料）、虾油、海味粉、鱼沙司
151	30	2017年3月21日	鲜货诱惑		四川南春特种水产科技有限公司	茶、寿司、饺子、虾味条、番茄酱（调味品）、（印度式）酸辣酱（调味品）、香蒜酱（调味料）、虾油、海味粉、鱼沙司
152	42	2017年3月21日	鲜活诱货		四川南春特种水产科技有限公司	提供互联网搜索引擎、网站设计咨询、电子数据存储、通过网站提供计算机技术和编程信息、替他人研究和开发新产品、化学研究、生物学研究、包装设计、服装设计、把有形的数据或文件转换成电子媒体
153	42	2017年3月21日	鲜货诱惑		四川南春特种水产科技有限公司	替他人研究和开发新产品、化学研究、生物学研究、包装设计、服装设计、把有形的数据或文件转换成电子媒体、提供互联网搜索引擎、网站设计咨询、电子数据存储、通过网站提供计算机技术和编程信息
154	40	2017年3月21日	鲜活诱货		四川南春特种水产科技有限公司	材料处理信息、羊毛加工、食物熏制、食物和饮料的防腐处理、食物冷冻、动物屠宰、剥制加工、服装制作、废物和垃圾的回收利用、药材加工

续表

序号	商标类别	注册日期	商标名称(中)	商标名称（英）	商标注册人	商品服务
155	40	2017年3月21日	鲜货诱惑		四川南春特种水产科技有限公司	羊毛加工、食物熏制、食物和饮料的防腐处理、材料处理信息、食物冷冻、动物屠宰、剥制加工、服装制作、废物和垃圾的回收利用、药材加工
156	39	2017年3月21日	鲜活诱货		四川南春特种水产科技有限公司	物流运输、商品包装、商品打包、礼品包装、海上运输、空中运输、铁路货车车厢出租、贮藏、观光旅游运输服务、贵重物品的保护运输
157	39	2017年3月21日	鲜货诱惑		四川南春特种水产科技有限公司	物流运输、商品打包、商品包装、礼品包装、海上运输、空中运输、铁路货车车厢出租、贮藏、观光旅游运输服务、贵重物品的保护运输
158	38	2017年3月21日	鲜活诱货		四川南春特种水产科技有限公司	信息传送、计算机终端通讯、计算机辅助信息和图像传送、电子邮件传输、提供与全球计算机网络的电讯连接服务、提供互联网聊天室、提供数据库接入服务、提供全球计算机网络用户接入服务
159	35	2017年3月21日	鲜活诱货		四川南春特种水产科技有限公司	为零售目的在通讯媒体上展示商品、广告宣传、特许经营的商业管理、进出口代理、替他人推销、替他人采购（替其他企业购买商品或服务）、市场营销、将信息编入计算机数据库、组织商业或广告交易会、通过网站提供商业信息
160	29	2017年6月14日	鲜货诱惑		四川南春特种水产科技有限公司	鱼（非活）、龙虾（非活）、贝壳类动物（非活）、鱼制食品、海参（非活）、水产罐头、果酱、速冻方便菜肴、奶茶（以奶为主）、干食用菌
161	38	2017年3月21日	鲜货诱惑		四川南春特种水产科技有限公司	信息传送、计算机终端通讯、计算机辅助信息和图像传送、电子邮件传输、提供与全球计算机网络的电讯连接服务、提供互联网聊天室、提供数据库接入服务、提供全球计算机网络用户接入服务
162	29	2017年6月14日	上膳铺子	SHANGSHAN-PUZI	成都市荣怡食品有限公司	蔬菜罐头、以果蔬为主的零食小吃、豆奶（牛奶替代品）、牛奶制品、奶茶（以奶为主）、加工过的坚果、熟制豆、豆腐制品、汤、速冻方便菜肴
163	30	2017年6月14日	上膳铺子	SHANGSHAN-PUZI	成都市荣怡食品有限公司	茶饮料、调味品、可可饮料、巧克力饮料、蛋糕、糖、谷粉、饼干、糕点、燕麦食品、以谷物为主的零食小吃、粥、玉米花、土豆粉、芝麻糊、米花糖、蜂蜜、米粉、燕麦片、谷类制品、木斯里麦片（由生燕麦、干果和坚果制的早餐食品）、咖啡、豆类粗粉
164	29	2017年4月7日	非加港		张琼	腌制蔬菜、肉、鱼（非活）、蔬菜罐头、腌制水果、蛋、牛奶、食用油、加工过的花生、豆腐
165	29	2017年6月14日	川西小榨	CHUANXIXI-AOZHA	彭旭东	肉、鱼（非活）、水果罐头、腌制水果、腌制蔬菜、食用菜籽油、食用油、蛋、牛奶、干食用菌
166	32	2017年4月7日	沙陀雪		大邑县雪山泉饮水厂	矿泉水（饮料）、纯净水（饮料）、蒸馏水（饮料）、植物饮料、苏打水、柠檬水、果汁、啤酒、矿泉水配料、豆类饮料

续表

序号	商标类别	注册日期	商标名称(中)	商标名称（英）	商标注册人	商品服务
167	7	2017年4月7日	图形商标		成都宏达龙头实业有限公司	搅拌机、绞肉机（机械）、碎肉机（机械）、磨粉机（机器）、和面机、切面机、馒头机、洗罐机、屠宰机、蔬菜轧碎机
168	35	2017年4月7日	图形商标		成都宏达龙头实业有限公司	进出口代理、替他人推销、为商品和服务的买卖双方提供在线市场、为零售目的在通讯媒体上展示商品、特许经营的商业管理、人事管理咨询、文字处理、会计、商业企业迁移、广告
169	7	2017年4月14日		SHGK	成都三洪高科科技有限公司	钻头（机器部件）、车刀、孔加工刀具、铣刀、螺纹加工刀具、齿轮加工刀具、拉削刀具、气铣、刀座（机器部件）、刀具（机器部件）
170	12	2017年4月14日	乐之恋		成都强国防水材料有限公司	卡车、陆地车辆用电动机、电动运载工具、摩托车、汽车、自行车、电动代步车（行动迟缓人使用）、电动自行车、电动三轮车、运载工具用轮胎
171	19	2017年4月14日	乐之恋		成都强国防水材料有限公司	水泥、耐火砖、瓦、防水卷材、混凝土、混凝土建筑构件、建筑用非金属砖瓦、铺路沥青、建筑玻璃、涂层（建筑材料）、制砖用黏合料
172	42	2017年4月14日	娃娃蟹		四川南春特种水产科技有限公司	替他人研究和开发新产品、化学研究、生物学研究、包装设计、服装设计、把有形的数据或文件转换成电子媒体、提供互联网搜索引擎、网站设计咨询、电子数据存储、通过网站提供计算机技术和编程信息
173	40	2017年4月14日	娃娃蟹		四川南春特种水产科技有限公司	材料处理信息、羊毛加工、食物熏制、食物和饮料的防腐处理、食物冷冻、动物屠宰、剥制加工、服装制作、废物和垃圾的回收利用、药材加工
174	39	2017年4月14日	娃娃蟹		四川南春特种水产科技有限公司	物流运输、商品包装、商品打包、礼品包装、海上运输、空中运输、铁路货车车厢出租、贮藏、观光旅游运输服务、贵重物品的保护运输
175	38	2017年4月14日	娃娃蟹		四川南春特种水产科技有限公司	提供全球计算机网络用户接入服务、提供互联网聊天室、提供数据库接入服务、信息传送、计算机终端通讯、计算机辅助信息和图像传送、电子邮件传输、提供与全球计算机网络的电讯连接服务
176	35	2017年4月14日	娃娃蟹		四川南春特种水产科技有限公司	为零售目的在通讯媒体上展示商品、广告宣传、特许经营的商业管理、通过网站提供商业信息、组织商业或广告交易会、进出口代理、替他人推销、替他人采购（替其他企业购买商品或服务）、市场营销、将信息编入计算机数据库
177	31	2017年6月14日	娃娃蟹		四川南春特种水产科技有限公司	贝壳类动物（活的）、活鱼、龙虾（活的）、虾（活的）、新鲜水果、鲜食用菌、菌种、动物食用鱼粉、海参（活的）、活动物
178	30	2017年4月14日	冒皮皮		成都市申康调味食品厂	咖啡、茶、糖、糕点、谷类制品、以谷物为主的零食小吃、食用淀粉、调味品、食品用香料（含醚香料和香精油除外）、酵母

续表

序号	商标类别	注册日期	商标名称(中)	商标名称（英）	商标注册人	商品服务
179	43	2017年6月21日	冒皮皮		成都市申康调味食品厂	住所代理（旅馆、供膳寄宿处）、备办宴席、饭店、快餐馆、茶馆、酒吧服务、餐馆、提供野营场地设施、假日野营住宿服务、出租椅子、桌子、桌布和玻璃器皿
180	29	2017年4月14日	美味国		申伦忠	肉、鱼制食品、肉罐头、腌制水果、腌制蔬菜、牛奶制品、食用油、加工过的坚果、干食用菌、豆腐制品
181	29	2017年4月14日	最川		申伦忠	干食用菌、豆腐制品、肉、鱼制食品、肉罐头、腌制水果、腌制蔬菜、牛奶制品、食用油、加工过的坚果
182	30	2017年4月14日	美味国		申伦忠	调味品、食品用香料（含醚香料和香精油除外）、茶、糖、蜂蜜、糕点、谷类制品、以谷物为主的零食小吃、酵母、豆粉
183	30	2017年4月21日	最川		申伦忠	调味品、食品用香料（含醚香料和香精油除外）、茶、糖、蜂蜜、糕点、谷类制品、以谷物为主的零食小吃、酵母、豆粉
184	35	2017年4月21日	疯狂厨房		申伦忠	广告、为零售目的在通讯媒体上展示商品、特许经营的商业管理、商业管理辅助、进出口代理、替他人推销、人事管理咨询、商业企业迁移、计算机数据库信息系统化、自动售货机出租
185	35	2017年4月21日	申唐		申伦忠	广告、为零售目的在通讯媒体上展示商品、特许经营的商业管理、商业管理辅助、进出口代理、替他人推销、人事管理咨询、商业企业迁移、计算机数据库信息系统化、自动售货机出租
186	30	2017年6月21日	申唐		申伦忠	食品用香料（含醚香料和香精油除外）、糖、蜂蜜、糕点、谷类制品、以谷物为主的零食小吃、调味品、茶、酵母、豆粉
187	30	2017年6月21日	疯狂厨房		申伦忠	调味品、食品用香料（含醚香料和香精油除外）、茶、糖、蜂蜜、糕点、以谷物为主的零食小吃、谷类制品、酵母、豆粉
188	29	2017年4月21日	妖媚		成都普罗旺斯薰衣草生态农业开发有限公司	加工过的坚果、肉、蔬菜罐头、腌制蔬菜、以水果为主的零食小吃、以果蔬为主的零食小吃、食用干花、食用菜籽油、蛋、干食用菌
189	31	2017年4月21日	妖媚		成都普罗旺斯薰衣草生态农业开发有限公司	未加工的食用芝麻、自然花、新鲜的园艺草本植物、植物、新鲜柑橘、坚果（水果）、新鲜浆果、鲜枣、新鲜蔬菜、食用鲜花
190	35	2017年4月21日	妖媚		成都普罗旺斯薰衣草生态农业开发有限公司	为零售目的在通讯媒体上展示商品、组织商业或广告展览、替他人推销、替他人采购（替其他企业购买商品或服务）、市场营销、为商品和服务的买卖双方提供在线市场、寻找赞助、样品散发、货物展出、广告宣传
191	33	2017年4月21日	有钱花		成都市花香酒业有限公司	
192	33	2017年4月21日	百年花香		成都市花香酒业有限公司	

续表

序号	商标类别	注册日期	商标名称(中)	商标名称（英）	商标注册人	商品服务
193	29	2017年4月21日	路虎		李桃	肉干、腌制蔬菜、腐乳、蛋、肉、香肠、盐腌肉、家禽（非活）、腌制肉、猪肉
194	29	2017年6月28日	大山林		张勇	牛奶、肉、鱼制食品、水果片、腌制蔬菜、食用油、加工过的坚果、干食用菌、蛋、咸蛋
195	33	2017年4月21日	安得逸		吴秀芬	
196	29	2017年4月21日	黄金驪		成都帕杰斯油脂有限公司	黄油、搅打过的奶油、黄油乳脂、人造黄油、食用油脂、猪油、食用油、奶茶（以奶为主）、牛奶饮料（以牛奶为主）、牛奶制品
197	29	2017年4月21日	黄金鹂		成都帕杰斯油脂有限公司	黄油、搅打过的奶油、黄油乳脂、人造黄油、食用油脂、猪油、食用油、奶茶（以奶为主）、牛奶饮料（以牛奶为主）、牛奶制品
198	44	2017年4月21日	平头大王		毛艳	理发
199	35	2017年4月21日	平头大王		毛艳	广告、计算机网络上的在线广告、特许经营的商业管理、通过网站提供商业信息、替他人推销、进出口代理
200	33	2017年4月21日	尚韵		彭宗蓉	
201	44	2017年4月28日	秦汉古方	QINHANGU-FANG	杨燕江	理疗、保健、美容服务、修指甲、按摩、理发、公共卫生浴、蒸汽浴、园艺、卫生设备出租
202	35	2017年6月28日	秦汉古方	QINHANGU-FANG	杨燕江	广告宣传、商业信息代理、进出口代理、商业企业迁移、为推销优化搜索引擎、寻找赞助、市场营销、为商品和服务的买卖双方提供在线市场、人员招收、商业审计
203	35	2017年4月28日	西欧街		杨川林	广告、计算机网络上的在线广告、为零售目的在通讯媒体上展示商品、商业信息、特许经营的商业管理、通过网站提供商业信息、进出口代理、替他人推销、为商品和服务的买卖双方提供在线市场、市场营销
204	33	2017年4月28日	福池		大邑盘龙酒厂	
205	2	2017年5月7日	自油基	ZIYOUJIPAINT	成都自由基科技有限公司	木材染色剂、颜料、食品用着色剂、印刷油墨、油漆、釉料（漆、清漆）、木材防腐剂、防水粉（涂料）、稀料、天然树脂
206	33	2017年5月7日	非歪		张琼	
207	37	2017年5月7日		SHIHUIGANG-GOUS	宁先兵	工程进度查核、建筑施工监督、仓库建筑和修理、建筑、水下建筑、室内装潢、电器的安装和修理、汽车保养和修理、钟表修理、电话安装和修理
208	30	2017年8月28日	乡老坎		四川邑丰食品有限公司	谷类制品、食用面筋、食用淀粉、木薯淀粉、木薯粉、魔芋粉、调味品、红糖、面条、锅巴
209	44	2017年5月7日	宝贝泡泡		周玉洁	医疗护理、桑拿浴服务、日光浴服务、矿泉疗养、公共卫生浴、医疗诊所服务、医疗按摩、园艺、按摩、医疗辅助
210	20	2017年5月7日	欧圣洛		成都市欧圣洛家具有限公司	办公家具、家具、床、沙发、自立式隔板（家具）、竹子、木、蜡、石膏或塑料艺术品、镜子（玻璃镜）、垫褥（亚麻制品除外）、装饰用木条

续表

序号	商标类别	注册日期	商标名称(中)	商标名称（英）	商标注册人	商品服务
211	32	2017年7月21日	兴洁农夫		王燕斌	水（饮料）、矿泉水（饮料）、苏打水、汽水、无酒精果汁饮料、无酒精饮料、纯净水（饮料）、饮用蒸馏水、锂盐矿水、矿泉水配料
212	19	2017年5月7日	傲隆		成都傲隆铝业有限公司	建筑用纸板、水泥、砂浆、墓穴用非金属围栏、塑钢门窗、非金属屋瓦、非金属建筑物、建筑用窗玻璃、半成品木材、非金属耐火建筑材料
213	42	2017年5月7日	美味国		申伦忠	技术研究、化学分析、材料测试、造型（工业品外观设计）、建设项目的开发、网站设计咨询、提供互联网搜索引擎、替他人创建和维护网站、计算机系统设计、无形资产评估
214	42	2017年5月14日	疯狂厨房		申伦忠	技术研究、化学分析、材料测试、造型（工业品外观设计）、建设项目的开发、计算机系统设计、提供互联网搜索引擎、替他人创建和维护网站、无形资产评估、网站设计咨询
215	32	2017年5月14日	兴洁原品		王燕斌	水（饮料）、矿泉水（饮料）、苏打水、汽水、无酒精果汁饮料、无酒精饮料、纯净水（饮料）、矿泉水配料、饮用蒸馏水、锂盐矿水
216	33	2017年5月14日	凤香荣耀		四川太白悦酒业有限公司	
217	25	2017年5月14日	优瓦利	YOUWALI	李开贵	服装、裤子、皮制长外衣、鞋、帽、袜、手套（服装）、领带、围巾、皮带（服饰用）
218	9	2017年5月14日	厨大哥快乐厨房	CHUDAGE	四川友嘉食品有限公司	计算机程序（可下载软件）、电子出版物（可下载）、可下载的影像文件、可下载的计算机应用软件、计算机软件（已录制）、CD盘（只读存储器）、可下载的音乐文件、动画片、录像带、程控电话交换设备
219	43	2017年5月14日	厨大哥	CHUDAGE	四川友嘉食品有限公司	咖啡馆、自助餐厅、茶馆、饭店、餐馆、餐厅、自助餐馆、快餐馆、酒吧服务、会议室出租
220	33	2017年5月14日	花香龙		成都市花香酒业有限公司	
221	43	2017年5月14日	味邑绝		张超	日间托儿所（看孩子）、旅游房屋出租、养老院、自助餐厅、餐厅、餐馆、自助餐馆、快餐馆、流动饮食供应、茶馆
222	35	2017年5月14日	味邑绝		张超	户外广告、饭店商业管理、特许经营的商业管理、商业中介服务、投标报价、市场营销、职业介绍、为推销优化搜索引擎、寻找赞助、通过网站提供商业信息
223	33	2017年5月14日	鹏丰		成都市大邑县锦中酒厂	
224	19	2017年5月14日	泓杏		成都鑫生装饰材料有限公司	拼花地板、非金属铺地平板、制模用木材、非金属预制房（成套组件）、建筑用非金属加固材料、树脂复合板、制家用器具用木材、贴面板、胶合木板、纤维板

续表

序号	商标类别	注册日期	商标名称(中)	商标名称（英）	商标注册人	商品服务
225	19	2017年7月21日	泓杉		成都鑫生装饰材料有限公司	制家用器具用木材、贴面板、胶合木板、纤维板、树脂复合板、拼花地板、制模用木材、非金属铺地平板、非金属预制房（成套组件）、建筑用非金属加固材料
226	9	2017年5月21日	蜀知道		成都市甘记商贸有限责任公司	计算机程序（可下载软件）、已录制的计算机程序（程序）、电子出版物（可下载）、可下载的计算机应用软件、电子公告牌、网络通信设备、便携式媒体播放器、视听教学仪器、视频显示屏、眼镜
227	16	2017年5月21日	蜀知道		成都市甘记商贸有限责任公司	包装纸、包装用纸袋或塑料袋（信封、小袋）、绘画用纸、纸巾、剪纸、印刷出版物、书写材料、文具、印章（印）、念珠
228	20	2017年5月21日	蜀知道		成都市甘记商贸有限责任公司	竹木工艺品、草工艺品、漆器工艺品、树脂工艺品、玻璃钢工艺品、树脂小雕像、茶几、家具、家具用非金属附件、蜂箱
229	24	2017年5月21日	蜀知道		成都市甘记商贸有限责任公司	刺绣用描绘布、挂毯和刺绣用粗帆布、绣花图案布、织物、丝织美术品、丝织、交织图画、手绣、机绣图画、无纺布、家具遮盖物、哈达
230	21	2017年5月21日	蜀知道		成都市甘记商贸有限责任公司	厨房用具、玻璃杯（容器）、陶器、瓷器、瓷器装饰品、水晶工艺品、茶具（餐具）、酒具、浇花和植物用喷水器、食物保温容器
231	31	2017年5月21日	蜀知道		成都市甘记商贸有限责任公司	谷（谷类）、植物、活动物、新鲜水果、新鲜柑橘、新鲜蔬菜、鲜食用菌、植物种子、动物食用谷类、酿酒麦芽
232	43	2017年5月21日	蜀知道		成都市甘记商贸有限责任公司	餐厅、饭店、临时住宿处出租、茶馆、会议室出租、养老院、日间托儿所（看孩子）、动物寄养、出租椅子、桌子、桌布和玻璃器皿、烹饪设备出租
233	41	2017年5月21日	蜀知道		成都市甘记商贸有限责任公司	教学、组织文化或教育展览、出借书籍的图书馆、电子书籍和杂志的在线出版、书籍出版、提供在线电子出版物（非下载）、录像带发行、摄影、书法服务、提供博物馆设施（表演、展览）
234	40	2017年5月21日	蜀知道		成都市甘记商贸有限责任公司	服装制作、刺绣、服装定制、纺织品精加工、烧制陶器、艺术品装框、空气净化、材料处理信息、纸张加工、雕刻
235	4	2017年5月21日	宏达龙头		成都宏达龙头实业有限公司	照明用油脂、棕榈蜡、燃料、照明用蜡、蜡（原料）、灯芯、蜡烛、工业用油、照明燃料、石蜡
236	20	2017年8月28日		DGHOME	成都三鑫鼎高家具有限公司	办公家具、家具、床垫、床、沙发、茶几、画框、竹木工艺品、家具用非金属附件、垫枕
237	35	2017年8月21日	杨大胡子		杨家良	进出口代理、替他人推销、替他人采购（替其他企业购买商品或服务）、市场营销、广告、商业管理辅助、特许经营的商业管理、商业企业迁移、会计、寻找赞助
238	4	2017年5月28日	图形商标		洪文元	照明燃料、燃料油、照明用油脂、酒精（燃料）、灯芯、点火用纸捻、香味蜡烛

续表

序号	商标类别	注册日期	商标名称(中)	商标名称（英）	商标注册人	商品服务
239	5	2017年5月28日	图形商标		成都廊山农业开发有限公司	膳食纤维、药用胶囊、营养补充剂、婴儿食品、动物用膳食补充剂、净化剂、杀害虫制剂、农业用杀菌剂、中药袋、浸药液的薄纸
240	29	2017年5月28日	图形商标		成都廊山农业开发有限公司	豆腐制品、蔬菜罐头、肉、鱼制食品、水果蜜饯、腌制蔬菜、奶昔、明胶、加工过的坚果、干食用菌
241	30	2017年7月14日	图形商标		成都廊山农业开发有限公司	糕点、谷类制品、以谷物为主的零食小吃、挂面、食用面筋、魔芋粉、蜂蜜、甜食（糖果）
242	29	2017年5月28日	上膳果缘	SHANGSHAN-GUOYUAN	成都市荣怡食品有限公司	加工过的坚果、熟制豆、豆腐制品、汤、速冻方便菜肴、蔬菜罐头、以果蔬为主的零食小吃、奶茶（以奶为主）、牛奶制品、豆奶（牛奶替代品）
243	30	2017年5月28日	上膳果缘	SHANGSHAN-GUOYUAN	成都市荣怡食品有限公司	糖、可可饮料、巧克力饮料、咖啡、蛋糕、豆类粗粉、谷粉、饼干、糕点、燕麦食品、以谷物为主的零食小吃、粥、茶饮料、玉米花、土豆粉、芝麻糊、米花糖、蜂蜜、米粉、调味品、燕麦片、谷类制品、木斯里麦片（由生燕麦、干果和坚果制的早餐食品）
244	32	2017年5月28日	上膳果缘	SHANGSHAN-GUOYUAN	成都市荣怡食品有限公司	奶茶（非奶为主）、豆类饮料、果汁、无酒精饮料、蔬菜汁（饮料）、番茄汁（饮料）、乳酸饮料（果制品,非奶）、啤酒、豆浆、植物饮料
245	35	2017年5月28日	江口醇晋原和酒道馆		成都海之韵酒业有限公司	广告设计、药品零售或批发服务、为零售目的在通讯媒体上展示商品、寻找赞助、市场营销、替他人推销、计算机网络上的在线广告、进出口代理、商业管理咨询、货物展出
246	19	2017年5月28日	皇家欧派		成都靓马商贸有限公司	雪花石膏、熟石膏、石膏板、石膏、水泥、石棉水泥、混凝土建筑构件、混凝土用非金属模板、石棉水泥板、镁氧水泥
247	35	2017年6月7日	巴蜀儿倒拐		成都盛世逸销餐饮管理有限公司	特许经营的商业管理、饭店商业管理、商业管理和组织咨询、替他人推销、为商品和服务的买卖双方提供在线市场、广告宣传、市场营销、商业管理顾问、寻找赞助、广告
248	9	2017年6月7日		FEKOW	成都市金雨电工设备有限公司	便携式遥控阻车器、电解装置、便携式计算机、移动电源（可充电电池）、电瓶、电池箱、电池、蓄电池、阴极反腐蚀装置、太阳能电池
249	30	2017年6月7日	樽生泰	ZUNSHENGTAI	成都市泰山药业有限公司	茶、茶饮料、糖果、蜂蜜、蜂胶、蜂王浆、食品用糖蜜、谷类制品、甜食、糕点
250	5	2017年6月7日	子龙剑		成都市花香酒业有限公司	药酒、补药、药物饮料、药用酒精、碘酒、医用营养饮料、医用营养品、净化剂、动物用膳食补充剂、杀虫剂
251	33	2017年6月7日	子龙剑		成都市花香酒业有限公司	
252	35	2017年6月7日	子龙剑		成都市花香酒业有限公司	寻找赞助、样品散发、广告、为零售目的在通讯媒体上展示商品、货物展出、特许经营的商业管理、组织商业或广告展览、市场营销、人员招收、商业企业迁移

续表

序号	商标类别	注册日期	商标名称(中)	商标名称（英）	商标注册人	商品服务
253	30	2017年8月28日	顺家	SHUNJIA	成都蜀之源酒业有限公司	料酒、调味品、食品用香料（含醚香料和香精油除外）、酵母、发酵剂、醋、酱油、食盐、咖啡、冰淇淋
254	29	2017年6月7日	魏出名		成都京达食品有限公司	以果蔬为主的零食小吃、豆腐制品、腌制蔬菜、腌制蘑菇、肉干、蛋、腌制鱼、鱼肉干、土豆片、以水果为主的零食小吃
255	29	2017年6月7日		YCSY	成都林祥农业开发有限公司	肉、香肠、家禽（非活）、腌制肉、蛋、鹌鹑蛋、食用油
256	8	2017年6月7日	道源鹤鸣山		四川大邑鹤鸣山道观管理委员会	磨具（手工具）、手工操作的手工具、园艺工具（手动的）、动物剥皮用器具和工具、美工刀、餐具（刀、叉和匙）、剪刀、鱼叉、剃须刀、凿孔斧
257	7	2017年6月7日	道源鹤鸣山		四川大邑鹤鸣山道观管理委员会	动物剪毛机、造纸机、制茶机械、压茶砖机、搅拌机、包装机、发电机、风力动力设备、内燃机（非陆地车辆用）、农业机械
258	5	2017年6月7日	道源鹤鸣山		四川大邑鹤鸣山道观管理委员会	人用药、原料药、中药成药、药酒、医用营养品、净化剂、兽医用药、消灭有害动物制剂、药枕、牙填料
259	3	2017年6月7日	道源鹤鸣山		四川大邑鹤鸣山道观管理委员会	肥皂、清洁制剂、鞋油、研磨剂、香料、化妆品、牙膏、香、动物用化妆品、空气芳香剂
260	2	2017年6月7日	张天师		四川大邑鹤鸣山道观管理委员会	媒染剂、染色剂、着色剂、颜料、食用色素、印刷油墨、油漆、防腐蚀剂、松香、天然树脂
261	11	2017年6月7日	道源鹤鸣山		四川大邑鹤鸣山道观管理委员会	灯、电炊具、冷藏柜、空气调节设备、水加热器、浴霸、消毒设备、气体引燃器、电暖器、乙炔灯
262	13	2017年6月7日	道源鹤鸣山		四川大邑鹤鸣山道观管理委员会	火器、防暴捕网器、雷管、炸药、火药、焰火、信号烟火、烟火产品、爆竹、个人防护用喷雾
263	14	2017年6月7日	道源鹤鸣山		四川大邑鹤鸣山道观管理委员会	贵重金属合金、首饰盒、钟、表、金刚石、铜纪念币、珠宝首饰、贵重金属小雕像、角、骨、牙、介首饰及艺术品、未加工或半加工贵重金属
264	17	2017年6月7日	道源鹤鸣山		四川大邑鹤鸣山道观管理委员会	乳胶（天然胶）、橡皮圈、塑料管、非金属软管、隔音材料、绝缘材料、橡胶或塑料制（填充或衬垫用）包装材料、封拉线（卷烟）、石棉、石棉粉
265	22	2017年6月7日	道源鹤鸣山		四川大邑鹤鸣山道观管理委员会	麻带、包装或捆扎用非金属带、渔网、吊床、运输和贮存散装物用口袋（麻袋）、包装用纺织品袋（信封、小袋）、非橡胶、非塑料、非纸或纸板制填充材料、非橡胶、非塑料、非纸或纸板制（填充或衬垫用）包装材料、纤维纺织原料、羊毛
266	29	2017年6月7日	道源鹤鸣山		四川大邑鹤鸣山道观管理委员会	肉、腌制鱼、水果罐头、腌制水果、腌制蔬菜、牛奶、食用油、加工过的坚果、干食用菌、蛋
267	34	2017年6月7日	道源鹤鸣山		四川大邑鹤鸣山道观管理委员会	吸烟用打火机、烟斗吸水纸、卷烟纸、除香精油外的烟草用调味品、除香精油外的电子香烟用调味品、烟袋、烟草、香烟、香烟盒、火柴
268	37	2017年6月7日	道源鹤鸣山		四川大邑鹤鸣山道观管理委员会	建筑信息、建筑、采矿、室内装潢修理、加热设备安装和修理、电器的安装和修理、机械安装、保养和修理、修补衣服、防锈、消毒

续表

序号	商标类别	注册日期	商标名称(中)	商标名称（英）	商标注册人	商品服务
269	35	2017年6月7日	锦谷麦香		大邑县锦谷麦香种植专业合作社	户外广告、广告、广告宣传、为零售目的在通讯媒体上展示商品、替他人推销、为商品和服务的买卖双方提供在线市场、进出口代理、市场营销
270	2	2017年6月14日	道源鹤鸣山		四川大邑鹤鸣山道观管理委员会	染色剂、着色剂、颜料、食用色素、印刷油墨、油漆、防腐蚀剂、媒染剂、松香、天然树脂
271	23	2017年6月14日	道源鹤鸣山		四川大邑鹤鸣山道观管理委员会	纱、麻线和纱、精纺棉、缝纫线和纱、线、棉线和棉纱、绣花用线和纱、毛线、绒线、开司米
272	21	2017年6月14日	道源鹤鸣山		四川大邑鹤鸣山道观管理委员会	碗、日用玻璃器皿（包括杯、盘、壶、缸）、日用瓷器（包括盆、碗、盘、壶、餐具、缸、坛、罐）、瓷、陶瓷、陶土或玻璃艺术品、酒具、洒水设备、梳、牙签、水晶（玻璃制品）、捕虫器
273	31	2017年6月14日	道源鹤鸣山		四川大邑鹤鸣山道观管理委员会	植物、活家禽、新鲜水果、新鲜蔬菜、植物种子、饲料、酿酒麦芽、动物栖息用干草、树木、谷（谷类）
274	26	2017年6月21日	道源鹤鸣山		四川大邑鹤鸣山道观管理委员会	花边、头发装饰品、纽扣、假发、针、人造花、衣领托、修补纺织品用热黏合补片、亚麻织品标记用数字或字母、衣服装饰品
275	24	2017年6月21日	道源鹤鸣山		四川大邑鹤鸣山道观管理委员会	装饰织品、布棚、纺织品制壁挂、毡、浴巾、被子、桌布（非纸制）、哈达、旗帜、寿衣
276	10	2017年6月28日	道源鹤鸣山		四川大邑鹤鸣山道观管理委员会	腹带、缝合材料、助听器、外科仪器和器械、假牙、电疗器械、医用水袋、奶瓶、避孕套、假肢
277	12	2017年6月28日	道源鹤鸣山		四川大邑鹤鸣山道观管理委员会	船、运载工具内装饰品、机车、汽车、自行车、缆车、马车、汽车轮胎、轮椅、空中运载工具
278	20	2017年6月28日	道源鹤鸣山		四川大邑鹤鸣山道观管理委员会	家具、木桶板、木或塑料梯、木、蜡、石膏或塑料艺术品、竹木工艺品、展示板、蜂箱、枕头、棺材、镜子（玻璃镜）
279	9	2017年7月7日	道源鹤鸣山		四川大邑鹤鸣山道观管理委员会	已录制的计算机程序（程序）、磁性身份识别卡、CD盘（只读存储器）、电子出版物（可下载）、计算机游戏软件、可下载的计算机应用软件、智能眼镜（数据处理）、智能手表（数据处理）、电池、眼镜
280	6	2017年7月7日	道源鹤鸣山		四川大邑鹤鸣山道观管理委员会	未加工或半加工普通金属、金属喷头、金属门、五金器具、保险柜、金属储藏盒、青铜制艺术品、普通金属制半身塑像、普通金属艺术品、金属矿石
281	25	2017年7月7日	道源鹤鸣山		四川大邑鹤鸣山道观管理委员会	服装、婴儿全套衣、游泳衣、舞衣、鞋、帽、手套（服装）、围巾、腰带、（牧师、神父穿的）白麻布长袍
282	19	2017年7月14日	道源鹤鸣山		四川大邑鹤鸣山道观管理委员会	木材、石板、石膏、水泥、墓碑、石、混凝土或大理石艺术品、涂层（建筑材料）、砖、非金属耐火建筑材料、非金属建筑物
283	28	2017年8月21日	道源鹤鸣山		四川大邑鹤鸣山道观管理委员会	游戏器具、玩具、纸牌、体育活动用球、锻炼身体肌肉器械、箭弓、运动铁饼、钓鱼用具、塑胶跑道、圣诞树用装饰品（照明用物品和糖果除外）
284	41	2017年9月7日	道源鹤鸣山		四川大邑鹤鸣山道观管理委员会	培训、安排和组织大会、安排和组织培训班、出借书籍的图书馆、文字出版（广告宣传文本除外）、电子书籍和杂志的在线出版、娱乐服务、电视文娱节目、提供体育设施、动物训练

续表

序号	商标类别	注册日期	商标名称(中)	商标名称（英）	商标注册人	商品服务
285	40	2017年9月7日	道源鹤鸣山		四川大邑鹤鸣山道观管理委员会	定做材料装配（替他人）、金属处理、纺织品精加工、木器制作、食物熏制、面粉加工、食物和饮料的防腐处理、茶叶加工、饲料加工、动物屠宰
286	35	2017年9月7日	道源鹤鸣山		四川大邑鹤鸣山道观管理委员会	广告宣传、为零售目的在通讯媒体上展示商品、通过网站提供商业信息、替他人推销、为商品和服务的买卖双方提供在线市场、人事管理咨询、计算机数据库信息系统化、商业审计、寻找赞助、药用、兽医用、卫生用制剂和医疗用品的零售或批发服务
287	18	2017年9月21日	道源鹤鸣山		四川大邑鹤鸣山道观管理委员会	动物皮、书包、旅行箱、公文包、包、伞、手杖、缰绳、制香肠用肠衣、旅行用具（皮件）
288	30	2017年6月7日	帝默德	DIAMOND-GARLIC	成都安寿宁健康科技有限公司	咖啡、茶、甜食、冰糖燕窝、饼干、以谷物为主的零食小吃、方便米饭、调味品、土豆粉、蒜汁
289	44	2017年6月7日	道源鹤鸣山		四川大邑鹤鸣山道观管理委员会	眼镜行、园艺、动物养殖、公共卫生浴、医疗辅助、休养所、护理院、替代疗法、疗养院、饮食营养指导
290	43	2017年6月7日	道源鹤鸣山		四川大邑鹤鸣山道观管理委员会	咖啡馆、餐厅、寄宿处、酒吧服务、茶馆、活动房屋出租、养老院、日间托儿所（看孩子）、动物寄养、出租椅子、桌子、桌布和玻璃器皿
291	42	2017年6月7日	道源鹤鸣山		四川大邑鹤鸣山道观管理委员会	无形资产评估、平面美术设计、测量、包装设计、室内装饰设计、建设项目的开发、服装设计、计算机编程、替他人研究和开发新产品、艺术品鉴定
292	2	2017年6月14日	图形商标		成都国匠涂料有限公司	防水粉（涂料）、刷墙粉、涂料（油漆）、粉刷用石灰浆、木材防腐剂、防污涂料、木材涂料（油漆）、着色剂、炭黑（颜料）、天然树脂
293	5	2017年6月14日	道缘堂		成都利民经营管理有限公司	人用药、医药制剂、医用同位素、中药成药、消毒剂、隐形眼镜用溶液、兽医用药、杀虫剂、牙填料、净化剂
294	29	2017年6月14日	蔚舍		成都帕杰斯油脂有限公司	黄油、搅打过的奶油、黄油乳脂、人造黄油、芝麻油、制食用脂肪用脂肪物、食用油脂、猪油、食用油、食用板油
295	30	2017年6月14日	甘师傅		成都甘师傅食品有限公司	以谷物为主的零食小吃、以米为主的零食小吃、面条为主的预制食物、调味料、华夫饼干、软糖（糖果）、米果、米花糖、虾味条、锅巴
296	40	2017年6月14日	甘师傅		成都甘师傅食品有限公司	茶叶加工、油料加工、剥制加工、食物冷冻、水处理、榨水果、食物熏制、面粉加工、纸张处理、食物和饮料的防腐处理
297	16	2017年8月21日	菲布		成都佰洁纸业有限公司	纸、卫生纸、纸餐巾、纸巾、抽屉用衬纸（有或没有香味）、印刷出版物、家具除外的办公必需品、期刊、剪纸、念珠
298	33	2017年6月21日	古粹		成都古粹酒业有限公司	
299	30	2017年6月21日	图形商标		大邑县远诚种植专业合作社	咖啡饮料、茶、冰茶、糖、蜂蜜、小蛋糕（糕点）、比萨饼、玉米粉、胡椒、食用芳香剂
300	31	2017年6月21日	图形商标		大邑县远诚种植专业合作社	植物种子、饲料、酿酒麦芽、动物栖息用干草、活家禽、树木、小麦、植物、新鲜水果、新鲜蔬菜

续表

序号	商标类别	注册日期	商标名称(中)	商标名称（英）	商标注册人	商品服务
301	43	2017年6月21日	图形商标		大邑县远诚种植专业合作社	餐厅、饭店、假日野营住宿服务、茶馆、旅游房屋出租、帐篷出租、养老院、日间托儿所（看孩子）、动物寄养、饮水机出租
302	41	2017年6月21日	图形商标		大邑县远诚种植专业合作社	书籍出版、录像带发行、娱乐服务、摄影、动物训练、为艺术家提供模特服务、流动图书馆、教学、组织文化或教育展览、体育比赛计时
303	35	2017年6月21日	图形商标		大邑县远诚种植专业合作社	户外广告、特许经营的商业管理、替他人推销、人员招收、商业企业迁移、复印服务、会计、寻找赞助、卫生制剂零售或批发服务、兽药零售或批发服务
304	43	2017年6月21日	海仙岛		杜虎	咖啡馆、餐厅、帐篷出租、养老院、日间托儿所（看孩子）、动物寄养、烹饪设备出租、饭店、茶馆、酒吧服务
305	35	2017年9月7日	海仙岛		杜虎	广告、替他人推销、特许经营的商业管理、人事管理咨询、商业企业迁移、打字、会计、寻找赞助、药品零售或批发服务、兽药零售或批发服务
306	19	2017年6月21日	石羊三元		成都兴元建材有限公司	石板、混凝土、建筑灰浆、混凝土建筑构件、水泥板、水泥柱、水泥管、水泥电杆、石棉水泥板、砖
307	40	2017年6月21日	石羊三元		成都兴元建材有限公司	定做材料装配（替他人）、材料处理信息、木器制作、木材砍伐和加工、吹制玻璃器皿、烧制陶器、油料加工、废物和垃圾的销毁、废物和垃圾的焚化、艺术品装框
308	35	2017年6月21日	石羊三元		成都兴元建材有限公司	广告、电视广告、广告空间出租、广告牌出租、广告宣传、户外广告、替他人推销、替他人采购（替其他企业购买商品或服务）、电话市场营销、会计
309	29	2017年6月21日	匠人毛		申伦忠	腌制蔬菜、牛奶制品、食用油、加工过的坚果、干食用菌、豆腐制品、肉、鱼制食品、肉罐头、腌制水果
310	29	2017年6月21日	工匠毛		申伦忠	肉、鱼制食品、肉罐头、腌制水果、腌制蔬菜、牛奶制品、食用油、加工过的坚果、干食用菌、豆腐制品
311	30	2017年6月21日	工匠毛		申伦忠	茶、糖、蜂蜜、糕点、谷类制品、以谷物为主的零食小吃、调味品、酵母、食品用香料（含醚香料和香精油除外）、可可饮料
312	30	2017年6月21日	匠人毛		申伦忠	茶、糖、蜂蜜、谷类制品、以谷物为主的零食小吃、调味品、酵母、食品用香料（含醚香料和香精油除外）、可可饮料、糕点
313	43	2017年6月21日	匠人毛		申伦忠	提供野营场地设施，出租椅子、桌子、桌布和玻璃器皿，住所代理（旅馆、供膳寄宿处）、餐馆、自助餐厅、饭店、咖啡馆、自助餐馆、酒吧服务、茶馆
314	43	2017年6月21日	工匠毛		申伦忠	住所代理（旅馆、供膳寄宿处）、餐馆、自助餐厅、饭店、咖啡馆、自助餐馆、酒吧服务、茶馆、提供野营场地设施、出租椅子、桌子、桌布和玻璃器皿

续表

序号	商标类别	注册日期	商标名称(中)	商标名称（英）	商标注册人	商品服务
315	35	2017年6月21日	匠人毛		申伦忠	进出口代理、替他人推销、人事管理咨询、商业企业迁移、计算机数据库信息系统化、自动售货机出租、为零售目的在通讯媒体上展示商品、广告、特许经营的商业管理、商业管理辅助
316	35	2017年6月21日	工匠毛		申伦忠	广告、为零售目的在通讯媒体上展示商品、特许经营的商业管理、商业管理辅助、进出口代理、替他人推销、人事管理咨询、商业企业迁移、计算机数据库信息系统化、自动售货机出租
317	30	2017年8月28日	米饭传奇	MFC	成都瑞合泰企业管理有限公司	咖啡、茶、茶饮料、糖、糕点、方便米饭、谷类制品、以米为主的零食小吃、调味品、食用淀粉
318	40	2017年9月21日	米饭传奇	MFC	成都瑞合泰企业管理有限公司	研磨、金属处理、纺织品精加工、纸张处理、食物熏制、面粉加工、食物和饮料的防腐处理、动物屠宰、空气净化、药材加工
319	29	2017年6月21日	热格�		成都帕杰斯油脂有限公司	黄油、搅打过的奶油、黄油乳脂、人造黄油、食用油脂、猪油、食用油、奶茶（以奶为主）、牛奶饮料（以牛奶为主）、牛奶制品
320	4	2017年6月21日	热格榛		成都宏达龙头实业有限公司	蜡烛、工业用油、照明燃料、石蜡、蜡（原料）、照明用油脂、棕榈蜡、燃料、佛灯油、灯芯
321	16	2017年6月21日	甘师傅		成都甘师傅食品有限公司	名片、宣传画、纸箱、纸板盒或纸盒、纸巾、包装纸、包装用纸袋或塑料袋（信封、小袋）、纸、海报、期刊
322	9	2017年6月28日	蜂狂厨房		申伦忠	计算机外围设备、可下载的计算机应用软件、计算机存储装置、电子图书阅读器、照相机（摄影）、电缆、眼镜、电池、安全网、动画片
323	29	2017年9月21日	疯狂厨房		申伦忠	肉、鱼制食品、肉罐头、腌制水果、腌制蔬菜、牛奶制品、食用油、加工过的坚果、干食用菌、豆腐制品
324	31	2017年6月28日		COSODO	成都奇龙康动物保健品有限公司	植物、未加工谷种、动物食品、新鲜蔬菜、新鲜水果、活动物、谷（谷类）、玉米、树木、酿酒麦芽
325	31	2017年6月28日	龙门度		成都奇龙康动物保健品有限公司	新鲜蔬菜、新鲜水果、活动物、谷（谷类）、玉米、树木、植物、未加工谷种、动物食品、酿酒麦芽
326	43	2017年6月28日	鱼滋滋		周建祥	备办宴席、餐厅、饭店、酒吧服务、茶馆、提供野营场地设施、养老院、日间托儿所（看孩子）、烹饪设备出租、快餐馆
327	33	2017年6月28日	花香坊		成都蜀谷源酒业有限公司	
328	32	2017年6月28日	蓉生冰山		马玲桃	水（饮料）、矿泉水（饮料）、苏打水、餐用矿泉水、锂盐矿水、矿泉水配料、果汁冰水（饮料）、起泡水、纯净水（饮料）、蒸馏水（饮料）
329	6	2017年9月7日	蓝顶雕塑		成都蓝顶公共雕塑艺术有限公司	普通金属制半身塑像、普通金属小雕像、普通金属小塑像、金属铸模、青铜、未加工或半加工的铸铁、未加工或半加工普通金属、铸钢、普通金属合金、普通金属塑像
330	19	2017年9月7日	蓝顶雕塑		成都蓝顶公共雕塑艺术有限公司	黏土、石、混凝土或大理石像、石、混凝土或大理石艺术品、石、混凝土或大理石半身雕塑像、石、混凝土或大理石小塑像、石、混凝土或大理石小雕像、石制品、花岗石、石料、赤土

续表

序号	商标类别	注册日期	商标名称(中)	商标名称（英）	商标注册人	商品服务
331	5	2017年7月7日	图形商标		四川知本生物工程有限公司	医用敷料、补药、人用药、原料药、中药成药、药酒、医用营养饮料、医用营养品、消毒剂、牙科用印模材料
332	33	2017年7月7日	图形商标		成都市冽水浒酒业有限公司	
333	33	2017年7月7日	冽水浒		成都市冽水浒酒业有限公司	
334	2	2017年7月7日	双实线		四川远航交通设施有限公司	着色剂、染料、颜料、印刷膏（油墨）、油漆、磁漆、防腐蚀剂、树胶脂、油漆黏合剂、油漆补片（可替换的）
335	2	2017年9月7日	图形商标		四川远航交通设施有限公司	着色剂、染料、颜料、印刷膏（油墨）、油漆、磁漆、防腐蚀剂、树胶脂、油漆黏合剂、油漆补片（可替换的）
336	43	2017年9月7日	黑娃红油水饺		胥超	餐厅、饭店、快餐馆、提供野营场地设施、养老院、日间托儿所（看孩子）、动物寄养、出租椅子、桌子、桌布和玻璃器皿、流动饮食供应、住所代理（旅馆、供膳寄宿处）
337	30	2017年7月7日	巴蜀九倒拐		成都盛世逸锦餐饮管理有限公司	茴香子、八角大茴香、调味料、腌制刺山柑花蕾（调味品）、丁香（调味品）、调味品、多香果（香料）、辣椒（调味品）、辣椒油、肉桂（调味品）
338	5	2017年7月7日	依宠		四川省飞天动物药业有限公司	杀寄生虫药、营养补充剂、兽医用药、医药制剂、驱肠虫药、维生素制剂、牲畜用洗涤剂、片剂、水剂、膏剂
339	5	2017年7月7日	闻闻窝		四川省飞天动物药业有限公司	杀寄生虫药、营养补充剂、兽医用药、医药制剂、驱肠虫药、维生素制剂、牲畜用洗涤剂、水剂、膏剂、片剂
340	5	2017年8月14日	苋爱	JANEEYRE	成都雄霸生物科技有限公司	净化剂、杀虫剂、牙填料、补药、减肥茶
341	3	2017年8月14日	苋爱	JANEEYRE	成都雄霸生物科技有限公司	清洁制剂、抛光制剂、牙膏、香
342	20	2017年8月14日	苋爱	JANEEYRE	成都雄霸生物科技有限公司	壁炉隔屏（家具）、食品用塑料装饰品、家养宠物用床
343	30	2017年8月14日	苋爱	JANEEYRE	成都雄霸生物科技有限公司	烹饪用谷蛋白添加剂
344	16	2017年7月7日	靓家钻石画	LIANGJIADIA-MONDPAINT-ING	成都爱贝堡电子商务有限公司	复制图、图画、水彩画、平版印刷工艺品、印花用图画、肖像、剪纸、镶嵌照片用装置、油画、书画刻印作品
345	9	2017年7月7日		SERESENG	龙琳	穿戴式行动追踪器、智能手机用套、智能手机用壳、手机屏幕专用保护膜、头戴式耳机、耳塞机、照相机（摄影）、个人用防事故装置、眼镜、太阳镜、3D眼镜、电池充电器、电池、移动电源（可充电电池）
346	14	2017年7月7日		SERESENG	龙琳	戒指（首饰）、小饰物（首饰）、胸针（首饰）、链（首饰）、项链（首饰）、领带夹、耳环、衬衫袖口链扣、手表、手表带

续表

序号	商标类别	注册日期	商标名称(中)	商标名称（英）	商标注册人	商品服务
347	31	2017年7月14日	呈兆		大邑县呈兆养殖场	树木、谷（谷类）、植物、活动物、活家禽、新鲜水果、新鲜蔬菜、植物种子、动物食品、酿酒麦芽
348	35	2017年7月14日	呈兆		大邑县呈兆养殖场	广告、特许经营的商业管理、进出口代理、市场营销、为商品和服务的买卖双方提供在线市场、人事管理咨询、商业企业迁移、计算机文档管理、寻找赞助、会计
349	33	2017年7月14日	海哥		成都市春雨香酒业有限公司	
350	31	2017年8月21日	格润种业	GREENCROP-FARMING	四川格润草业有限公司	培育植物用胚芽（种子）、植物种子、动物饲料
351	30	2017年7月21日	魏大炮		魏光全	咖啡用调味品、茶饮料、糕点、食用淀粉、醋、佐料（调味品）、豆酱（调味品）、鸡精（调味品）、调味酱、除香精油外的食物用调味品
352	4	2017年7月21日	宏达龙头	GODLI-NESSPRAYER-GHEE	成都宏达龙头实业有限公司	棕榈蜡、燃料、照明用油脂、灯芯、蜡烛、工业用油、照明燃料、石蜡、蜡（原料）
353	43	2017年7月21日	味缘尚		成都蜀之源酒业有限公司	饭店、餐馆、餐厅、假日野营住宿服务、酒吧服务、咖啡馆、茶馆、提供野营场地设施、出租椅子、桌子、桌布和玻璃器皿、住所代理（旅馆、供膳寄宿处）
354	30	2017年7月21日	岁月童话		邹波	糕点、以谷物为主的零食小吃、谷类制品、咖啡饮料、茶、甜食、糖、蜂蜜、冰淇淋、面粉
355	20	2017年7月28日	图形商标		罗明远	办公家具、家具、床、金属家具、盥洗台（家具）、医院用病床、沙发、床垫、茶几、家具用非金属附件
356	5	2017年7月28日	蜀牧堂		四川省飞天动物药业有限公司	杀寄生虫药、医药制剂、驱肠虫药、维生素制剂、消毒剂、营养补充剂、兽医用药、牲畜用洗涤剂、杀螨剂、杀虫剂
357	33	2017年7月28日	己道		杨建	
358	29	2017年7月28日	俏扁担	QIAOBIANDAN	成都市建邑食品有限公司	鱼制食品、鹌鹑蛋罐头、果肉、以水果为主的零食小吃、土豆片、以果蔬为主的零食小吃、腌制蘑菇、鹌鹑蛋、加工过的坚果、加工过的种子
359	35	2017年9月28日	周血旺		周家宇	广告牌出租、特许经营的商业管理、进出口代理、人员招收、表演艺术家经纪、商业企业迁移、开发票、商业审计、寻找赞助、工商管理辅助
360	30	2017年7月28日	夜不收		李伦忠	佐料（调味品）、豆酱（调味品）、豆豉、酱菜（调味品）、食用淀粉、调味肉汁、涮羊肉调料、茶、蜂蜜、调味品
361	29	2017年8月7日	夜不收		李伦忠	酱菜、食用油、豆腐制品、干蔬菜、肉、蔬菜罐头、干食用菌、腌制蔬菜、腌制蘑菇、泡菜
362	29	2017年8月7日	苏发御禾		成都苏发御和食品有限公司	牛奶饮料（以牛奶为主）、泡菜、咸蛋、鱼制食品、豆腐制品、豆腐、腐乳、腐竹、酱菜、笋干

续表

序号	商标类别	注册日期	商标名称(中)	商标名称（英）	商标注册人	商品服务
363	30	2017年8月7日	苏发御禾		成都苏发御和食品有限公司	粥、粽子、八宝饭、馒头、花卷、元宵、包子、玉米浆、烹饪用米浆、肉馅饼
364	1	2017年8月7日	吞劲		李斌	氧化铀、生物化学催化剂、聚丙烯、过磷酸盐（肥料）、食品工业用酒石酸氢钾、上浆剂、粘胶液、木浆、燃料节省剂
365	20	2017年8月7日	洛克西		谭娟	金属家具、板条箱、工作台、锯台（家具）、镜子（玻璃镜）、竹子、家具门、枕头、窗帘杆、软垫
366	25	2017年8月7日	雨麻麻	YUMAMA	侯陆	雨披、帽、手套（服装）、围巾、袜、服装、雨鞋、防水服、雨衣、鞋
367	12	2017年8月7日	大雨		四川乐之恋新能源车业有限公司	电动运载工具、摩托车、电动代步车（行动迟缓人使用）、电动自行车、电动三轮车、汽车、自行车、运载工具用轮胎、陆地车辆用电动机、卡车
368	30	2017年8月14日	旭日食代		刘晓杨	糖、甜食、煎饼、盒饭、谷类制品、面条为主的预制食物、以米为主的零食小吃、调味品、辣椒油、调味酱
369	35	2017年8月14日	旭日食代		刘晓杨	广告、为零售目的在通讯媒体上展示商品、为消费者提供商业信息和建议（消费者建议机构）、特许经营的商业管理、通过网站提供商业信息、替他人推销、替他人采购（替其他企业购买商品或服务）、市场营销、为商品和服务的买卖双方提供在线市场、商业中介服务
370	29	2017年10月14日	旭日食代		刘晓杨	干食用菌、肉、家禽（非活）、鱼制食品、虾（非活）、以果蔬为主的零食小吃、熟蔬菜、蛋、食用油、加工过的坚果
371	33	2017年8月14日	太白悦		四川太白悦酒业有限公司	
372	5	2017年8月14日	天口福		四川天福精细化工有限公司	牙填料、假牙黏合剂、牙用光洁剂、牙用粘胶剂、牙医用造型蜡、牙用研磨剂、牙科用粘固粉、出牙剂、牙医制模用蜡
373	3	2017年8月14日	天口福		四川天福精细化工有限公司	非医用漱口剂、牙膏、假牙清洁剂、牙用漂白凝胶、假牙用抛光剂、牙齿美白贴
374	1	2017年8月14日	众维	ZHONGWEI	唐国文	工业用淀粉、工业用纤维素酯、工业用纤维素醚、工业用化学品、工业用黏合剂、表面活性剂、纤维素、纤维素衍生物（化学品）、未加工醋酸纤维素
375	20	2017年8月14日	真源之椿		陈林	家具、沙发、滗析葡萄酒用木桶、画框、木、蜡、石膏或塑料艺术品、展示板、家养宠物用床、家具门、软垫、竹木工艺品
376	35	2017年8月14日	真源之椿		陈林	组织商业或广告交易会、广告、为零售目的在通讯媒体上展示商品、替他人推销、商业管理和组织咨询、特许经营的商业管理、职业介绍、会计、寻找赞助、复印服务
377	33	2017年8月14日	锦府驿		成都锦府驿酒店有限公司	
378	16	2017年8月14日	麦青	MAIQING	侯陆	包装用塑料膜、包装用纸袋或塑料袋（信封、小袋）、包装用塑料气泡膜、纸制或塑料制垃圾袋、微波烹饪袋、保鲜膜、锥形纸袋、纸箱

续表

序号	商标类别	注册日期	商标名称(中)	商标名称（英）	商标注册人	商品服务
379	40	2017年8月14日	蜀匠坊		陈玉洪	定做材料装配（替他人）、木器制作、刨平（锯木厂）、锯木（锯木厂）、木材砍伐和加工、纸张加工、烧制陶器、面粉加工、皮革加工、印刷
380	35	2017年8月14日	蜀匠坊		陈玉洪	广告、特许经营的商业管理、通过网站提供商业信息、进出口代理、替他人推销、市场营销、人员招收、商业企业迁移、复印服务、会计
381	35	2017年8月21日	邑新		成都市新目标贸易有限公司	广告、进出口代理、替他人推销、市场营销、文秘、会计
382	29	2017年8月21日	黄孃孃		羊本慧	肉干、腌制肉、熏肉、加工过的坚果、豆腐制品、肉罐头、腌制水果、腌制蔬菜、腌制块菌、肉片
383	5	2017年8月21日	盛乐美		成都安寿宁健康科技有限公司	维生素制剂、药用胶囊、膳食纤维、药茶、蛋白质膳食补充剂、营养补充剂、洋参冲剂、人参、补药、蜂胶膳食补充剂
384	29	2017年8月21日	盛乐美		成都安寿宁健康科技有限公司	食用燕窝、鱼翅、水果片、水果蜜饯、冷冻水果、腌制蔬菜、食用油、干食用菌、加工过的坚果、以果蔬为主的零食小吃
385	30	2017年8月21日	盛乐美		成都安寿宁健康科技有限公司	巧克力、茶、饼干、冰糖燕窝、咖啡、虫草鸡精、燕麦食品、黄色糖浆、蜂蜜、龟苓膏
386	35	2017年8月21日	有劲道		成都爱上乐游艺器材制造有限公司	计算机网络上的在线广告、为零售目的在通讯媒体上展示商品、特许经营的商业管理、通过网站提供商业信息、市场营销、为商品和服务的买卖双方提供在线市场、张贴广告、广告、无线电广告、电视广告
387	3	2017年8月28日	天天福		四川天福精细化工有限公司	非医用漱口剂、牙膏、假牙清洁剂、假牙用抛光剂、口气清新喷雾、牙用漂白凝胶、口气清新片、牙齿美白贴
388	29	2017年8月28日	小榨情	XIAOZHAQING	彭旭东	肉、鱼（非活）、水果罐头、腌制水果、腌制蔬菜、牛奶、食用菜籽油、食用油、干食用菌、蛋
389	29	2017年8月28日	刘氏文彩庄园		成都市大邑刘氏庄园人家酒业有限公司	肉、水果蜜饯、以果蔬为主的零食小吃、腐乳、酱菜、蛋、食用油、加工过的坚果、干食用菌、豆腐制品
390	33	2017年8月28日	百年土地公福		成都市大邑刘氏庄园人家酒业有限公司	
391	33	2017年8月28日	百年藏康圣		成都市大邑刘氏庄园人家酒业有限公司	
392	33	2017年8月28日	百年土地翁		成都市大邑刘氏庄园人家酒业有限公司	
393	35	2017年8月28日	刘氏文彩庄园		成都市大邑刘氏庄园人家酒业有限公司	替他人推销、替他人采购（替其他企业购买商品或服务）、组织商业或广告展览、商业橱窗布置、广告、进出口代理、商业管理和组织咨询、计算机网络上的在线广告、市场营销、为零售目的在通讯媒体上展示商品
394	7	2017年8月28日	蓉金鼎		成都金鼎围栏有限责任公司	收割机械、农业机械、割草机和收割机、捆干草机、收割捆扎机、耙机用耙、除草机、播种机（机器）、种子清洗设备、泵（机器、引擎或马达部件）

续表

序号	商标类别	注册日期	商标名称(中)	商标名称（英）	商标注册人	商品服务
395	31	2017年8月28日	蓉金鼎		成都金鼎围栏有艰责任公司	树木、灌木、燕麦、自然草皮、植物、干草、动物栖息用干草、新鲜菊苣、饲料、植物种子
396	29	2017年9月7日	邑都小榨	YIDUXIAOZHA	彭旭东	蛋、牛奶、食用菜籽油、食用油、干食用菌、肉、鱼（非活）、水果罐头、腌制水果、腌制蔬菜
397	29	2017年9月7日	金鹅		成都帕杰斯油脂有限公司	黄油、搅打过的奶油、黄油乳脂、人造黄油、芝麻油、制食用脂肪用脂肪物、食用油脂、奶茶（以奶为主）、食用油、奶酪
398	29	2017年9月7日	图形商标		成都帕杰斯油脂有限公司	制食用脂肪用脂肪物、食用油脂、奶茶（以奶为主）、食用油、奶酪、黄油、搅打过的奶油、黄油乳脂、人造黄油、芝麻油
399	20	2017年9月7日	首图	SHOUTU	卢华平	家具、桌子、搁物架（家具）、沙发、餐具架、陈列柜（家具）、茶几、电视机架、凳子、家具门
400	35	2017年9月7日	首图	SHOUTU	卢华平	进出口代理、市场营销、为商品和服务的买卖双方提供在线市场、广告宣传、为零售目的在通讯媒体上展示商品、计算机网络上的在线广告、货物展出、通过网站提供商业信息、组织商业或广告展览、特许经营的商业管理
401	44	2017年9月14日	图形商标		四川新清源农业发展有限公司	园艺、灭害虫（为农业、园艺和林业目的）、防治虫害服务（为农业、园艺和林业目的）、植物养护、空中和地面化肥及其他农用化学品的喷洒、花卉摆放、除草、动物养殖、矿泉疗养、保健
402	31	2017年9月14日	弥猕西岭		大邑县金色农庄猕猴桃种植专业合作社	孵化蛋（已受精）、新鲜浆果、新鲜水果、鲜食用菌、食用鲜花、猕猴桃、新鲜蘑菇、花粉（原材料）、新鲜的园艺草本植物、活动物
403	35	2017年9月14日	弥猕西岭		大邑县金色农庄猕猴桃种植专业合作社	户外广告、广告、计算机网络上的在线广告、替他人推销、市场营销、价格比较服务、商业企业迁移、办公机器和设备出租、商业审计、销售展示架出租
404	33	2017年9月14日	图形商标		周敬	
405	31	2017年9月14日	仙人品		朱道春	新鲜蔬菜、新鲜水果、新鲜柠檬、树木、谷（谷类）、自然花、活动物、动物食品、未加工谷种、动物栖息用干草
406	29	2017年9月14日	季岭		成都市大山源食品有限公司	腌制肉、腌制鱼、肉罐头、腌制水果、腌制蔬菜、蛋、牛奶制品、食用菜油、以果蔬为主的零食小吃、干食用菌、豆腐
407	30	2017年9月14日	季岭		成都市大山源食品有限公司	八宝饭、蜂蜜、糖、面包、谷类制品、面条、酱油、调味品、食品用香料（含醚香料和香精油除外）、可可饮料、茶
408	16	2017年9月14日	竹子花开		成都华川鑫源纸制品有限公司	卡纸板、牛皮纸板、写字纸、复印纸（文具）、宣纸（用于中国绘画和书法）、卫生纸、纸桌布、纸巾、纸制洗脸巾、纸
409	33	2017年9月14日	茹氏坊		张玲	
410	33	2017年9月21日	忆岁月故事		成都市子云亭酒业有限公司	

续表

序号	商标类别	注册日期	商标名称(中)	商标名称(英)	商标注册人	商品服务
411	33	2017年9月21日	忆岁月		成都市子云亭酒业有限公司	
412	20	2017年9月21日	尚木华构	SHANGMUHU-AGOU	李鸿	家具、床垫、床、工作台、镜子（玻璃镜）、竹木工艺品、装饰珠帘、家具门、垫褥（亚麻制品除外）、室内百叶窗帘（家具）
413	35	2017年9月21日	尚木华构	SHANGMUHU-AGOU	李鸿	广告、计算机网络上的在线广告、为零售目的在通讯媒体上展示商品、商业管理辅助、工商管理辅助、特许经营的商业管理、为第三方进行商业贸易的谈判和缔约、替他人推销、市场营销、为商品和服务的买卖双方提供在线市场
414	43	2017年9月21日	子语		成都德润机械设备有限公司	住所代理（旅馆、供膳寄宿处）、备办宴席、咖啡馆、自助餐厅、饭店、旅馆预订、寄宿处、酒吧服务、茶馆、会议室出租
415	43	2017年9月28日	燕儿知味		万桂尧	饭店、快餐馆、咖啡馆、酒吧服务、会议室出租、养老院、日间托儿所（看孩子）、动物寄养、饮水机出租、茶馆
416	1	2017年9月28日	稼呐达		成都丰美利农资有限公司	植物肥料、动物肥料、农业用肥、化学肥料、混合肥料、肥料、土壤调节制剂、腐殖土、农家院用人造肥料、天然肥料
417	1	2017年9月28日	施丰俐		成都丰美利农资有限公司	动物肥料、化学肥料、混合肥料、肥料、土壤调节制剂、农家院用人造肥料、天然肥料、农业用肥、植物肥料、腐殖土
418	16	2017年9月28日	迅源		四川迅源纸业有限公司	印刷纸（包括胶版纸、新闻纸、书刊用纸、证券纸、凹版纸、凸版纸）、纸、包装袋用纸、纸或纸板制（填充或衬垫用）包装材料、卫生纸、箱纸板、印刷出版物、包装纸、包装用再生纤维素纸、包装用粘胶纤维纸
419	16	2017年9月28日		SC	成都首创包装有限公司	纸、包装袋用纸、卫生纸、箱纸板、印刷出版物、包装纸、包装用纸袋或塑料袋（信封、小袋）、包装用再生纤维素纸、包装用粘胶纤维纸、铜版纸
420	2	2017年9月28日	图形商标		四川金兴邑都建筑材料有限公司	木材防腐剂、防腐蚀带、媒染剂、油漆、清漆、银镀粉、粉刷用石灰浆、杀菌漆、黑亮漆、防腐蚀剂
421	19	2017年9月28日	图形商标		四川金兴邑都建筑材料有限公司	非金属栏杆、非金属折门、建筑用纸板、建筑用卡纸板、建筑用非金属框架、棚屋、集市棚屋、水下建筑工程用沉箱、非金属建筑物、非金属檐槽
422	37	2017年9月28日	图形商标		四川金兴邑都建筑材料有限公司	建筑施工监督、建筑信息、熔炉的安装与修理、建筑设备出租、建筑、锅炉清洁和修理、电器的安装和修理、办公机器和设备的安装、保养和修理、运载工具加润滑油服务、运载工具清洗服务
423	43	2017年9月28日	芙蓉雅舍		成都德润机械设备有限公司	住所代理（旅馆、供膳寄宿处）、备办宴席、咖啡馆、自助餐厅、饭店、旅馆预订、寄宿处、酒吧服务、茶馆、会议室出租
424	35	2017年10月7日	岁月童话		邹波	为零售目的在通讯媒体上展示商品、特许经营的商业管理、市场营销、为商品和服务的买卖双方提供在线市场、计算机网络上的在线广告、商业管理辅助、户外广告、进出口代理、货物展出、广告

续表

序号	商标类别	注册日期	商标名称(中)	商标名称（英）	商标注册人	商品服务
425	33	2017年10月7日	爱到		成都市鑫诚印务有限公司	
426	41	2017年10月7日	博睿启智状元堂		大邑县启智状元堂培训学校	学校（教育）、教育、培训、教育考核、安排和组织培训班、教学、寄宿学校教育服务、辅导（培训）、学校教育服务、组织文化或教育展览
427	14	2017年10月7日	艺语斓珠		孔令杰	次宝石、宝石、戒指（首饰）、贵重金属艺术品、翡翠、玉雕首饰、未加工或半加工贵重金属、项链（首饰）、玛瑙、珠宝首饰
428	14	2017年10月7日	自由虎痕		孔令杰	翡翠、玉雕首饰、未加工或半加工贵重金属、项链（首饰）、玛瑙、珠宝首饰、次宝石、宝石、戒指（首饰）、贵重金属艺术品
429	20	2017年10月14日	久益八		成都一品世家家具厂	家具、床垫、床、沙发、桌子、镜子（玻璃镜）、藤编制品（不包括鞋、帽、席、垫）、家具用非金属附件、垫枕、婴儿床
430	35	2017年10月14日	迎春五粮粥		李迎春	广告、饭店商业管理、市场营销、人事管理咨询、商业企业迁移、绘制账单、账目报表、寻找赞助、预约安排服务（办公事务）、为零售目的在通讯媒体上展示商品、特许经营的商业管理
431	10	2017年10月14日		SERESENG	龙琳	健美按摩设备、按摩器械、火罐、振动按摩器、医用诊断设备、助听器、性爱娃娃、弹性绷带、支撑绷带、性玩具
432	8	2017年10月14日		SERESENG	龙琳	烫发钳、手工操作的手工具、电动或非电动刮胡刀、指甲抛光器具（电或非电）、个人用理发推子（电动和非电动）、穿耳孔器、电力和非电力脱毛器、卷睫毛夹、餐具（刀、叉和匙）、扳手（手工具）
433	3	2017年10月14日		SERESENG	龙琳	香精油、食物用调味香精油、香、动物用化妆品、唇膏、口红、化妆笔、香水、唇彩、化妆品
434	21	2017年10月14日		SERESENG	龙琳	厨房用具、梳、梳子盒、电梳、篦子、电动牙刷、化妆用具、卸妆器具、饮料隔热容器、厨房用隔热手套
435	16	2017年10月14日	归然居		成都市归然商贸有限公司	家具除外的办公必需品、书写材料、箱纸板、书籍、蜡纸、牛皮纸、纸、卫生纸、纸巾、纸张（文具）
436	35	2017年10月14日	物与阡寻		成都市阡阡美容服务有限公司	广告、商业管理咨询、自动售货机出租、特许经营的商业管理、替他人推销、市场营销、进出口代理、人事管理咨询、计算机文档管理、药用、兽医用、卫生用制剂和医疗用品的零售或批发服务
437	9	2017年10月14日	康答		四川知本生物工程有限公司	已录制的计算机程序（程序）、电子出版物（可下载）、计算机程序（可下载软件）、可下载的计算机应用软件、衡器、数量显示器、时间记录装置、计时器（时间记录装置）、传感器、计算器
438	42	2017年10月14日	康答		四川知本生物工程有限公司	技术咨询、包装设计、技术研究、服装设计、计算机编程、计算机软件设计、计算机软件更新、计算机硬件设计和开发咨询、计算机软件咨询、计算机软件维护
439	35	2017年10月14日	康答		四川知本生物工程有限公司	广告、为零售目的在通讯媒体上展示商品、通过电子手段展示商品和服务以便于电视购物和居家购物、商业信息代理、商业管理咨询、特许经营的商业管理、进出口代理、替他人推销、为商品和服务的买卖双方提供在线市场、人事管理咨询

【品牌战略】 品牌申创工作纳入县委、县政府目标绩效考核，并在《大邑县扶持现代服务业发展实施意见》中，把品牌奖励政策予以明确。大邑县获批“国家农业综合标准化示范县”，县经开区获批“全国石油机械配套产业知名品牌示范区”称号。大力支持优势产业产品争创品牌，全县拥有中国驰名商标8件，四川省著名商标37件，成都市著名商标57件，分别位列三圈层第一。9月1日，新申报的“大邑黄连、大邑麻羊、西岭佛手瓜”三个国家地理标志保护产品，相继顺利通过国家农业部、国家质检总局审核，并正式将3个产品列为地理标志保护产品。全县拥有国家地理标志产品10件，位列全国县级市第一；拥有四川省名牌产品39个（其中服务业名牌3个）。2月21日，全国人大组织的《产品质量法》执法调研会在大邑召开，得到全国人大财经委副主任乌日图等领导的充分肯定。

表15 2017年大邑县驰名、著名商标一览表

企业名称	商标名称	级别	获授时间
成都贝根管道有限责任公司	贝根	驰名	2012年
四川远星橡胶有限责任公司	远星	驰名	2012年
成都市鸿笙食品有限公司	鸿笙SWANSHENG	驰名	2012年
成都大宏立机器股份有限公司	宏立	驰名	2014年
成都蜀之源酒业有限公司	蜀之源Shuzhiyuan	驰名	2015.年
成都建丰林业股份有限公司	建丰	驰名	2015年
成都（成实集团）有限公司	成实	驰名	2016年
张萍	厨大哥	驰名	2016年
成都贝根管道有限责任公司	贝根	省著	2010年
四川远星橡胶有限责任公司	远星	省著	2011年
成都市鸿笙食品有限公司	鸿笙SWANSHENG	省著	2011年
成都大宏立机器股份有限公司	宏立	省著	2010年
成都蜀之源酒业有限公司	蜀之源Shuzhiyuan	省著	2011年
成都建丰林业股份有限公司	建丰	省著	2011年
成都（成实集团）有限公司	成实	省著	2011年
张萍	厨大哥	省著	2012年
四川省大邑县唐场豆腐乳有限公司	唐场豆腐乳	省著	2006年
成都市稀丽奇木业有限公司	爱凡	省著	2009年
四川天强防水保温材料有限责任公司	威牌	省著	2010年
四川省大邑县昌华酒业有限公司	香酒坊	省著	2010年
四川省祥业机械铸造有限公司	祥业（4315661）	省著	2011年
四川邑丰食品有限公司	邑丰	省著	2011年

续表

企业名称	商标名称	级别	获授时间
成都成高阀门有限公司	CHV	省著	2012年
四川嘉宝莉涂料有限公司	嘉宝莉	省著	2012年
四川省飞翎防水工程有限公司	飞翎	省著	2012年
四川天邑康和通信股份有限公司	图形	省著	2013年
成都大宏立机械制造有限公司	大宏立机器	省著	2013年
成都金龙酒厂	珍泉	省著	2013年
洪凡力		省著	2014年
成都圣诺生物制药有限公司		省著	2014年
四川省祥业机械铸造有限公司	祥业（7734137）	省著	2014年
成都桐林铸造实业有限公司		省著	2014年
成都三鑫鼎高家具有限公司	鼎高	省著	2015年
四川金兴邑都建材有限公司	金兴	省著	2015年
成都市大邑郑大贸易有限责任公司	锦缘珠宝	省著	2015年
成都稀丽奇木业有限责任公司	爱凡家具	省著	2015年
成都罗氏食品发展有限公司	罗氏	省著	2015年
成都乘风阀门有限公司	乘风	省著	2012年
成都老农王农业发展有限公司	圣云林卡	省著	2016年
成都小憨豆家具有限公司	小憨豆	省著	2016年
四川省百草生物药业有限公司	顺静	省著	2016年
成都华迪塑管有限公司	华邑	省著	2016年
四川兴达塑料有限公司	兴亿达	省著	2016年
四川远星橡胶有限公司	诚远	省著	2016年
成都贝根管道有限责任公司	贝根	市著	2007年
四川远星橡胶有限责任公司	远星	市著	2007年
成都市鸿笙食品有限公司	鸿笙SWANSHENG	市著	2011年
成都大宏立机器股份有限公司	宏立	市著	2008年
成都蜀之源酒业有限公司	蜀之源Shuzhiyuan	市著	2009年
成都（成实集团）有限公司	成实	市著	2012年
张萍	厨大哥	市著	2011年
四川省大邑县唐场豆腐乳有限公司	唐场豆腐乳	市著	年8月
四川天强防水保温材料有限责任公司	威牌	市著	2008年
四川省大邑县昌华酒业有限公司	香酒坊	市著	2010年

续表

企业名称	商标名称	级别	获授时间
四川邑丰食品有限公司	邑丰	市著	2006年
四川省飞翎防水工程有限公司	飞翎	市著	2009年
成都金龙酒厂	珍泉	市著	2010年
洪凡力		市著	2011年
四川省祥业机械铸造有限公司	祥业（7734137）	市著	2010年
成都三鑫鼎高家具有限公司	鼎高	市著	2012年
四川金兴邑都建材有限公司	金兴	市著	2015年
成都市大邑郑大贸易有限责任公司	锦缘珠宝	市著	2011年
成都稀丽奇木业有限责任公司	爱凡家具	市著	2008年
成都罗氏食品发展有限公司	罗氏	市著	2007年
成都老农王农业发展有限公司	圣云林卡	市著	2016年
成都小憨豆家具有限公司	小憨豆	市著	2015年
四川省百草生物药业有限公司	顺静	市著	2015年
四川远星橡胶有限公司	诚远	市著	2013年
四川省成都市大邑县酒厂	晋原	市著	1998年
成都宁良实业有限公司	DT	市著	2009年
成都市府上府食品有限公司	府上府	市著	2010年
四川省龙川酒业有限公司	巴国佬	市著	2010年
成都市西岭汽车配件有限公司	雪岭	市著	2010年
成都市恒祥食品有限公司	西岭雪	市著	2011年
成都宏达龙头实业有限公司	亨马	市著	2011年
四川梅鹤山庄酒业有限公司	梅鹤山庄	市著	2012年
成都万良菌业开发有限公司	万良	市著	2012年
成都佳家郎食品有限公司	佳家郎	市著	2012年
成都市稀丽奇木业有限责任公司	AIFEN	市著	2012年
成都大宏立机器制造有限公司	图形	市著	2012年
成都奥菲克斯建设工程有限公司	EFOX	市著	2012年
成都蜀之源酒业有限公司	大椿裕	市著	2012年
成都凯撒铝业有限公司	因明	市著	2012年
成都大和红梅酒业有限公司	西岭雪山	市著	2013年
成都裕邑丝绸有限责任公司	茧生活	市著	2013年
四川省六燕老陈香酒厂	青藏明珠	市著	2013年

续表

企业名称	商标名称	级别	获授时间
成都市鼎翔现代农业开发有限公司	蜀鼎	市著	2013年
大邑县夜不收荤豆花饭店	夜不收	市著	2013年
四川省美邦乐防水保温工程有限公司	美邦乐	市著	2014年
成都宇洋食品有限责任公司	洋阳YANGYANG	市著	2014年
成都市润成食品有限公司成都市润誉食品厂	润成	市著	2014年
四川省百草生物药业有限公司	顺逸	市著	2015年
成都市川墙建材有限公司	川墙	市著	2015年
成都华迪塑管有限公司	华邑	市著	2016年
四川邑丰食品有限公司	乡佬坎	市著	2016年
成都富丽瑞达生物科技有限公司	蜀菇	市著	2016年
成都优信食品有限公司	优信	市著	2016年
成都市兴名源电器有限公司	川电兴名源	市著	2016年
成都远星橡胶有限公司	金雨	市著	2016年

【信用体系建设】 推动企业信用信息跨部门互联共享，征集录入市场主体信用信息2.4万余条、行政处罚信息400余条、市场主体经营异常信息1800余条，对26户无信用异常的企业实行信用承诺简易注销程序，向税务部门、民政局等部门提供数据两万余条，营造“一处受限、处处受限”的诚信氛围。深入开展“守合同重信用”活动，34户企业被评为“守重”企业（其中省级企业3户、市级企业31户），“双随机”抽查企业565户、个体462户，对20家“未在登记所经营、年报材料弄虚作假等”情况的企业列入经营异常名录，并在“全国企业信用信息公示系统”中进行公示，增强诚信经营意识。

【消费者权益保护】 坚持从消费教育引导、社会协同共治和消费纠纷多元解决等方面着手，推进消费维权机制改革。开展“3·15”“12331”等大型主题宣传活动。建立健全电话、信件、短信、网络等多渠道投诉举报机制，不断完善12315、12365、12331、12345受理和处理工作程序。有序推进“放心舒心消费城市”创建工作，开展旅游市场消费欺诈行为专项整治。全年受理消费者投诉举报1206件，其中，食药投诉举报350件，受理处理率100%，为消费者挽回或避免经济损失37.7万余元。对严重侵犯消费者自主选择权的某能源投资有限公司行政约谈2次，妥善解决群体消费纠纷，并依法严处违法行为。充分利用12315消费者投诉举报信息，移送处理32件，查处消费侵权案结案4件，罚没入库26.58万元。

【行政执法】 以推进“法治大邑”建设为契机，通过“红盾春雷行动2017”“质监利剑”等专项行动为载体，严厉打击违法违规行为。截至11月30日，共立案查处各类行政违法案件352件，同比增长24%，罚没入库348万元，同比增长46%。严打食品违法行为，上半年移交食品安全违法犯罪案件7件，立案审理4件。查获涉嫌传

表16　2017年大邑县守合同重信用企业名录

序号	企业名称	“守重”级别	认定年份
1	成都市银屏建筑工程有限责任公司	省级	2015年
2	四川天邑康和通信股份有限公司	省级	2015年
3	成都乘风阀门有限责任公司	省级	2015年
4	四川天邑集团有限公司	市级	2016年
5	四川远星橡胶有限责任公司	市级	2016年
6	成都市大邑县第三建筑工程有限公司	市级	2016年
7	成都民鑫彩印有限公司	市级	2016年
8	成都市泽仁实业有限责任公司	市级	2016年
9	成都宁良实业有限公司	市级	2016年
10	成都市华迪塑胶有限公司	市级	2016年
11	成都市子云亭酒业有限公司	市级	2016年
12	大邑港华燃气有限公司	市级	2016年
13	成都华立净化设备有限公司	市级	2016年
14	成都市西岭雪农业开发有限公司	市级	2016年
15	成都市双源食品有限公司	市级	2016年
16	成都鑫泽机械有限公司	市级	2016年
17	中国人民财产保险股份有限公司大邑支公司	市级	2016年
18	四川网联电气有限公司	市级	2016年
19	中国人寿股份有限公司大邑分公司	市级	2016年
20	成都蜀之源酒业有限公司	市级	2016年
21	四川省飞翎防水工程有限公司	市级	2016年
22	四川寰宇交通设施有限公司	市级	2016年
23	成都新同高复合器材有限公司	市级	2016年
24	成都大宏立机器股份有限公司	市级	2016年
25	成都市大邑刘氏庄园人家酒业有限公司	市级	2016年
26	成都圣诺生物科技股份有限公司	市级	2016年
27	成都圣诺生物制药有限公司	市级	2016年
28	成都市兴名源电器有限公司	市级	2016年
29	成都永红汽车销售有限公司	市级	2016年
30	成都优信食品有限公司	市级	2016年
31	成都金龙酒厂	市级	2016年
32	四川省绿茵园林景观工程有限公司	市级	2016年
33	四川子龙春天商贸公司	市级	2016年
34	四川天强防水工程有限责任公司	市级	2016年

销窝点7个，210名涉案涉传人员被遣送，5名嫌疑人被依法刑事拘留，促进“无传销城市”建设。5月，被四川省工商局表彰为“红盾春雷行动2017先进集体”。

【质量监督管理】 以质量强县工作为突破口，组织开展2017年工业产品质量专项监督抽查，对建材、食品相关产品和人民群众生活密切相关的产品进行专项监督抽查。加大四川名牌产品培育力度，县内28家企业创第十二届四川省名牌产品39个（其中包含3个服务名牌）。推进知名品牌示范区建设，大邑经开区获批“四川省通用机械配套产业知名品牌示范区”称号和“全国石油机械配套产业知名品牌示范区”称号。

表17 2017年大邑县名牌产品名录

企业名称	产品名称	名牌级别	荣获年度
四川天邑康和通信股份有限公司	天邑牌热缩套管、光分路器、家庭网关 EPON、GPON、移动通信网络优化覆盖设备及系统集成服务产品	省级	2017年
成都大宏立机器股份有限公司	宏立牌砂石成套设备	省级	2017年
四川远星橡胶有限责任公司	远星牌摩托车轮胎、远星牌橡胶鞋底	省级	2017年
四川嘉宝莉涂料有限公司	嘉宝莉牌漆	省级	2017年
成都成高阀门有限公司	CHV 牌阀门	省级	2017年
四川省祥业机械铸造有限公司	祥业牌中央空调压缩机壳体、汽车缸体系列产品	省级	2017年
成都乘风阀门有限责任公司	乘风牌阀门	省级	2017年
成都蜀之源酒业有限公司	王泗白酒、蜀之源系列白酒	省级	2017年
四川邑丰食品有限公司	邑丰牌酱腌菜	省级	2017年
成都贝根管道有限责任公司	贝根牌缩合式衬塑钢管	省级	2017年
成都建丰林业股份有限公司	建丰牌浸渍胶膜纸饰面板、中密度纤维板	省级	2017年
四川天强防水保温材料责任公司	威牌防水材料	省级	2017年
成都小憨豆家居有限公司	小憨豆牌家具	省级	2017年
成都三鑫鼎高家具有限公司	鼎高牌实木、板木家具、沙发	省级	2017年
成都稀丽奇木业有限责任公司	爱凡牌实木家具	省级	2017年
四川省百草生物药业有限公司	顺静牌苯磺酸氨氯地平片、泛昔洛韦片、顺逸牌盐酸舍曲林胶囊	省级	2017年
成都昌盛鸿笙食品有限公司	鸿笙牌食品	省级	2017年
成都市华迪塑胶有限公司	华邑牌给水用聚乙烯（PE）管材	省级	2017年
四川省昌华酒业有限公司	香酒坊、贵妃牌白酒	省级	2017年
成都大邑县飞翎化工防水材料厂	飞翎牌防水卷材系列产品	省级	2017年

续表

企业名称	产品名称	名牌级别	荣获年度
成都康达电缆有限公司	蓝电牌预制分支电缆、铜包铝芯电力电缆、金属护套无机矿物绝缘电缆（防火电缆）	省级	2017年
成都市兴名源电器有限公司	川电兴名源牌互感器	省级	2017年
成都市花香酒业有限公司	花香贵宾酒	省级	2017年
成都市鼎翔现代农业开发有限公司	蜀鼎牌香辣金针菇、红油金针菇	省级	2017年
成都帕杰斯油脂有限公司	帕杰斯油脂	省级	2017年
四川川娇农牧科技股份有限公司	科技服务	省级	2017年
四川安仁建川文化产业开发有限公司	公共设施管理业—旅游景点管理	省级	2017年
大邑县刘氏庄园博物馆	公共设施管理业—旅游景点管理	省级	2017年

大邑大规模种植佛手瓜

【地理标志产品保护】 充分挖掘特色产业优势资源，推进地理标志产品保护工作，顺利通过“四川省地理标志保护省级示范区”筹建工作专家论证会。5月16日，农业部农产品质量安全中心在北京召开农产品地理标志登记专家评审会，大邑黄连通过评审，获得大邑黄连农产品地理标志登记证书。9月1日，“大邑麻羊、西岭佛手瓜”通过国家农业部审核；12月8日，国家质检总局发布批准对大邑麻羊、西岭佛手瓜实施国家地理标志产品保护的公告。至此全县拥有国家地理标志产品10件，位列全国县级市第一。开展《果蔬基地农事体验教育服务规范》《无公害农产品 白萝卜高山栽培技术规程》《肉鸽饲养技术规范》3个省标立项申报工作，向省农业厅上报立项请示。

【标准化监管】 进一步加强农业标准化建设（2017—2020年）项目，以“提质、扩面、创新”为思路，大力实施标准提档升级、标准国际化、追溯体系建设等举措。完成十一大县域标准体系提质更新，新增农业综合服务、电商监管、农产品加工、农村公共服务运行维护四大标准体系，开展田园综合体新体系研究。完成已建31个农标示范点的维护，新增3个农标示范点的打造、3个市级农业标准化项目申报，纳入追溯平台企业32家。完成省级出口食品农产品质量安全示范区、地理标志产品保护示范区申报。10月13日，县政府与成都出入境检验检疫局完成出口示范区合作签约，正式启动大邑县出口食品农产品质量安全示范区建设工作。完成成都成高阀门有限公司和四川嘉宝莉涂料有限公司共3个产品的采标工作。

【计量监管】 巩固诚信计量市场建设，每月开展巡查、监管和执法检查，6月和11月开展计量器具免费检定。确保集贸市场管理制度完善，计量器具配备齐全，受检率100%。对民生集贸市场使用的公平秤进行专项检查，公平秤配备率和受检率100%。组织开展餐饮、商场、加油（气）站、眼镜、出租车计价器、医疗器具等计量器具专项检查。4月1日起，取消强检计量器具收费，开展强检计量器具备案工作。对环境监测和安全防护用计量器具开展专项检查。

【特种设备安全监察】 制定《2017年度特种设备安全监督检查计划的安排》，印发《集中开展特种设备安全隐患排查治理专项行动实施方案》等文件，加强特种设备隐患排查，实施日常检查和专项检查，落实在用特种设备“三落实、两有

表18 2017年大邑县农业标准化示范项目情况统计表

示范项目名称	批准年度	示范区域	承担单位
国家农业综合标准化示范县	2014年	大邑县	大邑县人民政府
虹鳟	2015年	大邑县西岭镇	泓源水产（成都）有限公司
金银花	2015年	大邑县邮江镇	四川惠丰天然药物发展有限公司
有机蔬菜	2015年	大邑县苏场镇	成都佳源大繁生态农业发展有限公司
蓝莓	2015年	大邑县蔡场镇	成都老农王农业开发有限公司
“三木”药材	2015年	大邑县斜源镇	四川龙山生态中药源有限责任公司
猕猴桃	2015年	大邑县三岔镇	四川三甲农业科技股份有限公司
蘑菇	2015年	大邑县蔡场镇	大邑县鸣镇蘑菇种植专业合作社
葡萄	2015年	大邑县韩场镇	大邑县韩场镇青龙葡萄种植农民专业合作社
红标鸡	2015年	大邑县悦来镇	四川万物生农业科技开发有限责任公司
大邑金蜜李	2017年	大邑县雾山乡	大邑县雾山乡大坪村金蜜李农民专业合作社
葡萄	2017年	大邑县韩场镇	成都耘丰农业发展有限公司
魔芋	2017年	大邑县悦来镇	成都廊山农业开发有限公司

证、一检验、一预案”的基本要求，进一步规范特种设备使用单位的使用行为。检查特种设备使用单位480余家次，下发监察指令书23份，整改隐患23起，隐患整治率100%。全年特种设备安全无事故。

【电梯安全监管】 定期核对核实电梯安全公共服务平台数据，确保区域内电梯3D防伪激光二维码全覆盖，通过平台反馈数据及时监控各维保单位的维保行为，督促维保单位按照要求开展维保，辖区内电梯通过扫描二维码按时进行维保率达95%以上，平台未发生投诉和报警。对老旧住宅电梯开展排查，全县无2002年1月1日前投用的住宅电梯。加强电梯乘客安全防范意识，印制严禁超载扒门不干胶标识、温馨提示户外写真、乘扶梯提示户外写真等各类电梯警示标志，发放给使用单位和维保单位，在辖区电梯进行张贴。

【能效标识专项监管】 在全县范围内开展能效标识专项监督检查，重点检查用能产品是否应当标注而未标注能效标识、用能产品能效标识标注符不符合规定，以及是否存在伪造、冒用能效标识或利用能效标识进行虚假宣传等违法行为。全年共计检查家电商场、超市、经销商和代理商共41家。

【保障公众食品安全】 开展国家食品安全示范城市创建工作，印发《大邑县创建国家食品安全城市工作方案》，对创建工作的评价标准和任务分解表进行细化、量化；实行食品安全网格化监管，建立三级网格监管模式，一级网格1个、二级网格20个、三级网格218个，落实人、岗、责、区域“四定”监管责任，织密日常监管网；全县16个基层监管所全部完成规范化达标建设。加强食品安全应急管理，举办食品安全突发事件（Ⅳ级）实战实景应急演练。建成食品风险监测哨点9个，饮食用药安全科普宣传站23个。县内15个农药残留检测点、11家经营主体和17个村级溯源点位作用发挥明显，有效遏制食品药品市场突出问题。年内，开展各类食品专项整治23次，检查食品生产企业510家次、食品经营单位3749家次、食品加工小作坊231家次，食品生产流通企业巡查率达100%；检查各类餐饮服务单位包括各类食堂2657家次。完成市级抽检任务449批次，县级抽检任务1050批次（其中含农产品为332批次）。全县59所公立中小学幼儿园，20所私人学校、幼儿园（其中1所大专院校）已进入食品流通溯源电商平台；1087家餐饮食堂实现“明厨亮灶”（其中所有学校、幼儿园、3个机关企业事业单位开设视频厨房）。推进农村群宴保险机制工作，全县农村群宴举办5311例，投保人数达301264人次，有效保障群众饮食安全。

【药品惠民工程】 全县有药品及药用辅料生产企业8家，其中化学药品生产企业3家（含两家基本药物生产企业），药用辅料生产企业两家，中药饮片生产加工企业1家，中药前处理及提取加工企业1家，医疗机构配制制剂室1家。各类药品经营单位353家（药品批发企业3家、连锁总部2家，零售药店348家）。全年组织开展药品流通领域专项整治“回头看”、药品安全风险隐患大排查大整治、疫苗流通和预防接种管理工作专项检查等8项专项整治，监督检查生产、销售、使用单位1056余家次。完成药品监督抽样和专项抽样共167批次，新开办零售药店许可证现场核查及GSP认证28家，辖区内零售药店GSP跟踪检查98家。在重点乡镇和群众聚集的重点社区设置23个饮食用药科普宣传工作站，开展饮食用药科普知识讲座24场次，制作户外公益宣传栏20块，制作宣传海报40个，散发药品安全知识宣传资料55000余份，在县电视台新闻综合频道播放饮食用药安全知识共5天共30分钟。

【医疗器械与化妆品监管】 全县有化妆品生产企业两家、医疗器械生产企业两家、医疗机构

432家。年内对全县医疗机构日常监督检查覆盖率100%，医疗机构建档率100%，医疗机构器械管理人员培训率100%。指导各医疗机构进入成都市食品药品监督管理局网上监管平台。全年开展医疗器械、化妆品安全专项整治16次，对14家问题严重的单位进行行政处罚。对13批次化妆品、9批次医疗器械进行抽送检，上报化妆品不良反应12例、医疗器械不良事件66例。

【酒类流通管理】 制定白酒质量安全专项整治工作方案、白酒小作坊和散装白酒生产经营专项整治工作方案，重点针对白酒流通环节是否证照齐全，有无落实进销货台账、索证索票制度，所经营的散装白酒是否都有厂家的生产许可证和白酒批次检验报告等产品合格证明文件等内容加强监管。全年检查散装白酒经营者139家次，经营散装白酒的餐饮服务单位314家次，发现问题54个，完成整改54个；抽检白酒90批次，其中白酒流通环节抽检8批次。

【肉类蔬菜流通追溯体系建设】 严格落实各类市场开办者的食品安全管理责任，督促食用农产品经营者履行进货查验责任，要求各农贸市场按照全市农产品市场追溯体系建设目标开展二维码溯源平台建设，发放食用农产品二维码溯源公示牌240个。全县所有公立学校、幼儿园、部分私立学校、幼儿园均采取标段采购形式进货，从源头上确保食品安全，严格审查大宗食品供货商资质，引导学校加入食品溯源电商平台，有101所学校加入该台，建立电子追溯体系。

安全生产监督管理

【概况】 2017年，大邑县以贯彻落实《安全生产法》为主线，按照"党政同责、一岗双责、齐抓共管"要求，全面落实安全生产责任，推进隐患排查整治，持续深化打非治违和专项整治，不断强化企业安全生产管理，创新安全监管机制，全县安全生产形势持续稳定。全年发生生产经营性安全事故15起，同比下降59%；死亡17人，同比下降43%；直接经济损失185.48万元，同比上升3.72%。

【安全生产责任体系建设】 坚持责任把实，全面构建"齐抓共管"责任体系，推进安全生产领域改革发展。贯彻落实成都市委市政府办公厅《关于建立安全生产职责清单和履职档案进一步压实安全生产监管责任的通知》精神，严格按照安全生产职责清单和履职档案，进一步压实安全生产监管责任通知要求，落实安全生产"党政通同责、一岗双责、齐抓共管、失职追责"和"三个必须"要求，建立健全履职清单和履职档案，

8月29日，杨波副县长带队检查客运中心交通安全

实行“一单一档”考核。印发中共大邑县委、大邑县人民政府办公室《关于建立安全生产职责清单和履职档案进一步压实安全生产监管责任的通知》，制定乡镇（街道）及县级有关部门2017年安全生产党政同责工作目标任务及考评细则，并与县委县政府目督办联合下文将全年安全生产目标任务及专项目标下达各乡镇（街道）进行考核。

【安全生产隐患排查整治】 强化隐患排查动态监管。全县应开展排查企业数822家，实际排查822家，覆盖率为100%。排查隐患11728条，完成整改11713条，整改率为99.74%。

【危险化学品行业源头治理】 召开相关单位参加的危化企业岗位安全风险辨识与分级管控工作会，印发《大邑县安全监督管理局关于开展危险化学品企业岗位安全风险辨识与分级管控工作的通知》对5家有代表性的企业，有针对性地在风险辨识的组织安排、材料收集、危险辨识、分级定级及管控方面上及时进行督导。全县18家危险化学品生产企业，已有17家上报资料；36家危险化学品经营企业中，已有28家上报资料。

【职业健康监管】 年内新增职业病危害项目申报（含变更申报）30家，实际完成新增申报28家，变更申报28家；职业卫生基础建设达标25家，职业卫生预控系统新增上线数30家，创建职业卫生管理示范单位数两家。

【安全生产宣传和教育培训】 6月16日，在县法制广场集中开展全国安全生产月“咨询日”宣传活动。各职能部门及企业结合各自实际，设置宣传安全展板，发放各种宣传资料、安全常识读本等15000余份，提供安全方面咨询320余人次，并利用LED播放安全警示片。加强企业安全教育培训力度，举办8期1400余人参加的企业负责人、安全管理人员、危化从业人员，职业卫生管理人员培训。组织全县所有乡镇和行业主管部门专职及兼职安全监管人员开展“三级联动、五个一线”能力提升专题务实培训，并邀请市安监局、邛崃、新津安监局执法人员现场辅导，提升安全监管人员业务知识和能力。

【安全生产执法监督】 严格标准，加大执法检查和“打非治违”工作力度。全年接到群众举报24件，处理24件；立案查处违法企业22起，结案22起，实施行政处罚213.1万元。查获非法经营烟花爆竹7起，收缴非法烟花367组，爆竹416饼，链子爆竹49件。

【安全生产大检查】 县安监局从7月起，开展为期4个月安全生产大检查工作。按照“全覆盖、零容忍、严执法、重实效”要求，以落实“五个一批”为核心，采取双随机抽查、例行检查、错时执法、联合执法等方式，全面强化安全监管执法，严厉查处安全生产违法违规行为。重点突出危险化学品、烟花爆竹、道路水上交通、建筑施工、人员密集场所等16个行业领域，共组织检查组977个次，检查企事业单位4704家次，排查出隐患1570项，整改1499项，共计投入落实隐患整改资金约865.13万元，打击非法违法行为6起，停产整顿87家，处罚罚款24.11万元。

9月27日，安监局局长黄寅带队检查巴德士涂料厂安全生产工作

审计管理

【概况】 审计工作坚持“依法审计，服务大局，围绕中心，突出重点，求真务实”方针，履行审计监督职能，实现审计监督全覆盖，提高审计监督效能。全年完成审计项目149个，其中政府投资工程结算审计项目93个、预算执行审计项目7个、乡镇财政决算审计项目4个、领导干部经济责任审计项目9个、专项资金审计调查项目9个、工程竣工决算审计项目24个、财务收支审计项目3个，查处违规及管理不规范资金6352.9万元。政府投资审计总送审金额75131.14万元，审减金额6013.76万元，审减率8%。重点项目全过程跟踪审计累计节约工程造价4238万元。向县委、县政府提供审计要情共7篇(次)；向县纪委移送案件线索1条。

【重大决策部署贯彻落实情况审计】 围绕稳增长、促改革、调结构、惠民生、防风险政策落实，对各单位开展“稳促调惠防”政策措施落实情况进行跟踪审计，提出审计建议，向市局做第一、二、三季度 “稳促调惠防”政策措施落实情况跟踪审计情况报告。

【预（决）算审计】 完成对7个部门2016年度预算执行情况以及4个乡镇2016年度财政决算的审计。对审计过程中发现预算外收未纳入预算管理的，责令全额缴库；连续结转两年以上项目资金未退回财政的、未执行“收支两条线”等问题，责令全额退回财政。

【政府投资审计】 政府投资审计总送审金额75131.14万元，审减金额6013.76万元，审减率8%。重点项目全过程跟踪审计累计节约工程造价4238万元。

【经济责任审计】 全年完成9名领导干部的经济责任审计，积极探索自然资源资产审计，并结合晋原镇原党委书记杨成贵同志任期经济责任审计，开展对杨成贵同志任期自然资源资产管理和生态环境保护责任审计。在对领导干部任期经济责任审计中，存在滞留财政资金、超范围列支、应缴未缴预算收入、应缴未缴代扣税款等问题，均按要求处置。

【专项资金审计调查】 完成县2016年度保障性安居工程专项审计调查、县2016年度村镇道路专项建设资金审计调查、公办小学收费情况、县2016年度村公资金专项审计调查等9个项目。

统计管理

【概况】 统计工作发挥信息、咨询、服务和监督职能，为全县社会经济发展提供可靠的统计保障。编发《统计专报》15 期、编印《大邑统计月报》11 期，编印完成 2016年《统计年鉴》。报送31 篇分析文章、21条信息被市统计局采用，23条信息被县委办、县政府办采用。11月20日，县统计局被四川省统计局《关于四川县级基本单位名录库规范化建设达标情况的通报》评为“达标单位”。

【统计服务】 围绕县委、县政府中心工作，提高主要指标监测预警密度，增强统计分析针对性。及时为县委、县政府和行业牵头部门做好GDP、投资、规上工业增加值、社消零等主要经济指标的预警分析。定期与发改局等部门召开联席会议，针对经济运行中存在的新情况、新问题，提出建议措施，并针对60户重点企业及发改局梳理的重大项目相关情况形成统计专报，为领导决策提供依据。加强对部门、乡镇和企业的业务指导，采取实地走访并宣传入库政策要求、加强清理和入库知识培训等措施，对在库数据下滑严重的企业进行清理调整，积极申报“四上企业”入库和项目入库，保障各行业增加值增幅。通过建立监测、预警制度，对数据上报情况进行及时监测，针对数据波动较大的企业建立询问制度，并及时向主管部门反馈情况。按月、按季根据当月经济指标完成情况及时开展统计分析，并向相关主管部门提出预警。通过采用PPT、QQ远程、电话解答、集体培训等方式对企业统计人员进行业务培训以及问题解答，对行业牵头部门进行GDP、固定资产投资、服务业、社消零等多项统计业务培训，提升统计人员综合素质，加强对基层业务人员培训力度，侧重针对性的专题培训。及时发布统计数据，为各级政府、部门与社会公众提供统计资料。

【统计业务水平提升】 加强与市级统计部门沟通联系，及时了解掌握全市经济运行走势和GDP相关核算方法制度的变化，加强核算方法制度学习，不断规范GDP核算，以“数据质量”为核心，提高核算数据质量，确保全县GDP数据客观、准确、真实。及时向省、市统计局做好大邑工业、农业、固定资产投资、服务业等运行情况汇报。积极参加省、市统计局业务培训会和每月各专业数据评审会，利用培训会和业务会机会，加强与省、市统计局各专业进行业务交流，向省、市统计局介绍大邑县工业、投资、建筑业、房地产业等行业的发展情况，对统计中出现的新情况、新问题及时向省、市反映沟通。

【第三次全国农业普查】 年内完成专项督查、入户登记、复查及PDA录入上报、数据核实修改和验收、数据事后质量抽查、“两员”经费发放等。全县“三农”普工作扎实推进，各项工作位于远郊县（市）前列。

【依法统计】 县统计局全面推进依法统计、扎实开展统计法制宣传。做好《统计法》《统计法实施条例》等法律法规的宣传。利用统计信息网、政务微博和现场宣传等方式开展统计法律法规宣传。规范并强化统计执法，制定统计法制工作要点和统计执法检查工作方案，结合大邑实际情况，抽取辖区内5%—10%的“四上”企业进行执法检查，建立统计工作巡查台账。强化联网直报平台日常监控，以异常修改痕迹和异动数据为主要线索开展统计执法检查，重点查处编造虚假数据、干预调查对象独立真实报送数据等违法违规行为。做好统计管理体制改革基础工作，成立县统计局全面深化统计管理体制改革领导小组，到先进区县学习交流深改工作经验。

DAYI YEARBOOK

财政·税务

财　政

【概况】　大邑县加强征收管理，及时研究结构性减税降费等政策对财政收入的影响，采取应对措施，确保全县财政收入稳步增长。全县一般公共预算收入122470万元，政府性基金预算收入159800万元；一般公共预算支出358849万元，政府性基金预算支出159800万元。

【财政征收管理】　强化税收征管，加大税收稽查力度和清欠力度，防止税源流失。坚持依法治税，对重点行业、重点税种适时监控，确保税收应收尽收。严格目标责任制管理，将收入任务分解到各个时间节点，明确任务，落实责任，充分调动税务部门的征收积极性，促进财政收入及时均衡入库。完善非税收入收缴管理，坚持依法征缴，强化非税收入项目和票据管理，使非税收入及时入库。密切关注财税体制改革，及时研究结构性减税降费等政策对全县财政收入的影响，采取应对措施，确保全县财政收入稳步增长。

【保障重点项目支出】　加快推进农业现代化发展，安排资金13738万元，支持10万亩粮经产业高产高效成片示范基地项目建设、“成新蒲”都市现代农业示范带建设和省级新农村建设成片推进项目建设、县级都市现代农业和村级公共服务建设。加大产业扶持力度，大力支持工业投资、园区建设、产业转型升级及创新发展，通过合理的财政支出政策来推进产业结构优化。全年一、二、三产业扶持资金投入7669万元。大力支持全域旅游发展，安排资金5283万元，加强旅游及服务业基础设施建设和旅游品牌促销，促进旅游业提档升级。支持生态文明建设，投入资金21040万元，支持黑臭河渠治理、城乡环境治理、大气雾霾治理、“砖瓦窑一条街”整治，关闭“三无”企业727家，全面落实河长制管理工作。支持城建攻坚行动。安排资金62375万元，加强城乡基础设施建设维护、保障性住房安居工程建设、棚户区改造。支持城市治理能力提升，安排资金9586万元，加大安全生产监管和隐患排查、食品药品安全、消防安全、防汛及地质灾害防治、基层党建等投入。支持对口帮扶，安排财政专项帮扶资金1015万元，支援松潘县产业、医疗卫生、教育发展。

【民生投入】　优先保障民生投入，持续办好民生实事，不折不扣地执行各项“惠农”“惠民”政策。“省市民生工程和民生实事”投入5.7亿元，确保各项民生保障措施落实到位。全年拨付资金9172万元，落实农业支持保护补助资金、农机具购置、退耕还林等补贴政策。加大教育投入力度，全年教育投入65410万元，为提升教育均衡化、现代化和国际化水平建设优先提供足额的财力保障。加大社会保障投入力度，安排社会保障和就业再就业资金51392万元，提升城乡困难群众的保障水平，促进医疗机构能力提升。加大医疗卫生和计划生育投入，安排资金12814万元，建立健全公共卫生服务体系、医疗卫生体系、医疗保障体系、药品供应体系，保证全县医疗卫生体制改革平稳运行和计划生育工作开展。加大对公共文化服务和群众性体育活动的投入，用于保障公共文化服务体系建设、文化惠民、业余体校运行等群众性活动开展。

【财政监督管理】 加强预算绩效管理，对2017年县本级130个预算项目进行绩效目标批复，批复总金额达 15.92亿元。扩大绩效评价范围，县级部门财政支出绩效评价实施全覆盖。强化财政重点评价，选取涉及民生保障、基础设施、产业发展类的27个项目开展绩效评价，涉及财政资金29054万元，增长10.28%。对2016年的三次产业扶持资金进行绩效评价，涉及资金3099万元。开展各种检查，对“三公”经费、乱发钱物、滥发奖金工资补贴进行检查，严防“四风”反弹。对预算单位预决算公开情况进行全面检查，推进财政公开透明。全年开展财政监督检查30余次、200余户，查出违规金额825.94万元，纠正违规金额825.94万元。

强化政府投资项目评审管理，完成评审项目138个，送审金额518786万元，审定金额472533万元，审减46253万元，审减率8.92%。加强政府采购监督管理，建立政府采购专管员制度；制定《大邑县推进事业单位政府购买服务改革工作实施方案》，稳步推进政府购买服务改革。全年政府采购预算总额10385万元，实际采购总额9566万元，节约819万元，平均节约率为7.9%。

【深化财政改革】 强化预算管理，加强和规范财政追加预算管理，制定《大邑县财政追加预算审批管理办法》，健全财经权力运行机制。强化预算刚性约束，细化预算项目编制，提高年初预算到位率，强化部门预算编制主体责任，提高部门预算编制的完整性、准确性和合理性。推进政府职能转变与全面深化改革，健全乡镇（街道）财力与事权相匹配的财政制度，推动乡镇（街道）财税体制改革。推进政府与社会资本合作（PPP项目），做好PPP项目财政承受能力论证和物有所值评价验证及入库申报。其中大邑县二环路北环线建设工程PPP项目、大邑至新津快速通道建设工程PPP项目“两评一案”工作，均纳入全国PPP综合信息平台项目库并完成政府采购。大邑经开区基础设施项目（一期）PPP项目完成“两评一案”工作，并纳入全国PPP综合信息平台项目库。规范政府债务管理，健全融资举债机制，实施国有公司年度融资计划管理。制定《大邑县政府性债务管理办法》，强化政府债务限额管理，防范政府债务风险。充分用好债务资源，有效降低债务成本，争取到新增债券资金2.8亿元，置换债券资金13.01亿元，通过债务置换，全年累计减少利息支出0.85亿元。

【国有资产投资管理】 加强行政事业单位资产监管，对全县国资管理商铺、闲置学校、关闭煤矿收购土地和统建房剩余房源等国有资产进行全面清理，进一步摸清“家底”。做好国有资产出让、租赁等工作，加强对经营性国有资产的运营和管理，确保国资收入及时入库。全年实现国资收入16048万元。加强对县属国有公司监督管理，推进县属国有公司改革，完成县属国有公司情况摸底调查，制定《大邑县县属国有企业负责人薪酬制度改革实施方案》，规范薪酬管理，健全薪酬监管体制。

国家税务

【概况】 县国税局主要负责全县10655户纳税人的征收、管理工作，其中一般纳税人1652户、小规模纳税企业4078户、个体4925户。2017年，县国税局面对县域经济发展滞后的不利局面，凝心聚力、攻坚克难，税收再创历史新高，首次迈进10亿元局行列，全年完成全口径税收收入14.1亿元。在全市纳税人满意度调查中，综合得分测算名列全市第一名，这是自2014年以来三次获此殊荣。

【税制改革】 贯彻落实《深化国税、地税征管体制改革方案》和《国家税务局 地方税务局合作工作规范》，全年召开联席会议5次，研究布置44项合作内容，联合筹建国地税办税大厅，实现“进一个门，取一个号，办两家事”的服务新模式。联合办理设立登记2769户、变更登记4594户、注销登记622户；联合完成纳税信用评价1265户；联合开展欠税管理，追缴陈欠96.83万元；联合开展税务稽查，查补税款及罚款58万余元。联合开展数据清理，清理漏管户1200余户，各类数据共4600余条，清理进度位列全市第四。

【推进“放管服”改革】 加强与地税、工商和质检部门信息共享合作，积极实施多证合一商事制度改革，为2716户纳税人办理税务登记信息补录，其中“两证合一”纳税人997户，涉税市场主体同比增长20.6%，充分激发市场活力。积极简化纳税人注销程序，规范受理清单，建立国地税注销登记清单制度，缩短纳税人从申请注销到最终办结的时间。

【国税收入】 2017年，面对经济放缓，“营改增”转型变化带来的组织收入困难复杂形势，县国税局主动作为，深化税源调研、强化风险监控、加强评估稽查，坚持依法征收，全力以赴组织收入，全年入库全口径税收收入141360万元，同比增长43%。地方级收入完成40089万元，同比增长64%。全县税收排名前五位的行业依次为

国税局税法宣传走进县长办公会

商业、机械产品（含通用设备、专用设备、机械和器材制造业）、化工原料及制品、汽车制造业、铸造冶炼业（含黑色、有色金属冶炼及压延加工业）。商业入库18120万元，增长54%；机械产品入库15875万元，增长29%；化工原料及制品9551万元，增长17%，汽车制造业入库8121万元，增长2%；铸造冶炼业入库8019万元，增长-6%。

【国税登记户数与纳税户数】 全县纳税人按经济类型分为国有企业、集体企业、股份合作企业、联营公司、股份公司、私营企业、其他企业、港台投资企业、外商投资企业、个体经营企业、有限责任公司共计11个类型。国有企业登记45户，纳税34户；集体企业登记43户，纳税26户；股份合作企业登记11户，纳税4户；联营企业登记2户，纳税2户；股份公司登记126户，纳税48户；私营企业登记2291户、纳税1812户；其他企业登记625户，纳税490户；港台投资企业登记17户，纳税13户；外商投资企业登记37户，纳税30户；个体经营企业登记7022户，纳税5435户；有限责任公司3593户，纳税2740户。

【税收征管】 积极推行实名办税，全年实名制证像采集26856人次，采集完整率达到91.68%，位居全市第一。强化综合治税。充分发挥县级综合治税平台作用，全年采集第三方数据信息36650余条，加强第三方涉税信息分析运用，全年新增税款1500余万元。创新推进风险管理。对农产品、餐饮住宿、房地产、建筑业4个重点行业集中开展专项整治，查补税款1296.13万元。加强重点项目风险分析，开展走逃企业虚开发票治理、所得税税种关联、欠税风险、户籍注销管理风险等项目专项应对，实现风险应对收入5100万元，应对收入占比达到4.34%，收入占比同比提高0.14个百分点。

【纳税服务】 加强办税服务厅建设，大力推进非接触式服务，积极引导网上办税、自主办税，增加设备、配备专人进行引导服务，缓解前台压力。加强纳税宣传辅导，充分利用门户网站、微信、税企QQ群等渠道，广泛宣传办税指南、“营改增”二维码、“蓉易填”、多元化申报方式等内容。联合共建国地税纳税人学校，开展新办纳税人培训、小微企业专题培训、特定行业专题培训等12期。实施纳税服务规范，落实综合服务办公室职能职责，严格执行首问责任制和一次性告知制，提供导税咨询服务、预约服务、免填单服务、留置服务、延时服务等服务方式。全年多渠道收集纳税人意见建议35条，并进行整改，进一步提升纳税服务质效。在2017年全市国税系统纳税人满意度调查中，综合得分测算名列全市第一名。纳税服务科被县总工会作为全县唯一一家单位推荐参评全省先进女职工集体。

国税局为纳税人提供便捷的纳税服务

地方税务

【概况】 四川省大邑县地方税务局成立于1994年，内设8个科室，下辖10个税务所及1个稽查局。2017年，有在职干部职工128人，注册税务师3人，正常管户11442户，其中单位登记纳税人5846户、个体登记纳税人5596户。年内，围绕大邑县社会经济发展大局和成都地税“12366”中期发展战略，坚持以党建为引领，以组织收入为中心，以依法治税为宗旨，以优良作风为保障，优化纳税服务，加强队伍建设，各项工作取得新业绩。

【税制改革】 落实水资源费改税改革试点工作。明确各部门在水资源税征缴工作中的职责，逐一落实水资源税征管环节中的工作职责，建立健全水资源税征管考核机制，顺利推进水资源税征收工作。2017年12月1日水资源税顺利开征。环境保护税征收，主动靠前、及时谋划、积极作为，扎实做好环境保护税开征各项准备工作。加强落实组织领导，健全机制，明确环保税开征的基本原则和工作目标，全面查实税源底细，强化宣传，积极提升纳税人对环境保护税的认知度，营造良好的开征氛围。

【组织收入】 大邑县地税局端对目标，硬化任务考核，实行“按月分析有材料、按季小结有评价、半年问责有奖惩”，确保实现全年税收目标任务。科学分析监控税收，按月进行税收分析，为税收预测、强化征管、领导决策提供科学依据。全力挖潜增收，通过向重点税种要收入、向创新征管举措要收入、向深挖税源要收入、向稽查服务要收入四个方面深挖税源，保障组织收入工作稳步推进。年内，大邑县地税局累计组织各项收入77129万元，同比减收10376万元，下降11.86%。其中，组织税收收入68794万元，同比减收11275万元，下降14.08%；组织基金附加收入8335万元，同比增收899万元，增长12.10%；组织县级税收收入43593万元，同比减收4061万元，下降8.52%。

【税收征管】 继续强化“金三”应用。加强“金三”系统内、外部培训，用“金三”作为税务工作的基础技能、作为加强基层管理的重要抓手，提升征管工作质效。积极探索信息管税。以综合治税平台为依托，与36家责任单位建立数据交换渠道，会同县财政局建立综合治税数据应用平台，实现第三方涉税信息与税收业务的融合。注重风险管理，成立风控办公室、风控中心、风控应对所，通过总局、省局、市局下发的风险任务以及县局自行建立的风险模型，实现税收风险模型的一户式多点汇集，全年纳税人自查补缴、稽查追缴税款、滞纳金、罚款入库共1.1亿元。做好增值税代征工作，全年共开具增值税普通发票2897份，增值税专用发票213份，代征增值税税款1159.8万元。加强数据管理，通过总局下发的数据任务与国税进行数据比对，完成各类数据清理5000余条。

【纳税服务】 严格落实《纳税服务规范2.3版》《国地税合作规范3.0版》，优化服务手段、拓展服务方式，认真贯彻落实“地税在身边，服务到永远”的服务新理念。深化“放管服”改革，编制办税事项“最多跑一次”清单，减少不必要的办税流程和资料，盯紧“最后一公里”，大力推广网上办税，切实降低办税成本。全面促进国地税合作深度融合，加强国地税联合大厅建设，推行“一窗一人，事项通办”，精简涉税资料报送；贯彻落实《国税地税合作规范》，力求国地税征管范围一致、管户基本相同、征收无缝对接、服务一体完成。积极优化营商环境，紧密结合重大项目的发展定位和推进态

税法宣传进企业

势，细化服务举措，积极为地方政府招商引资和“跑项争资”提供优质的税收政策导向服务，为重大项目提供良好的税收政策环境。拓展税收宣传渠道，利用电视、报纸、新媒体、纳税人学堂等渠道，探索开展多层面、多角度的税法宣传和辅导，着力提高全民税收法制观念。全年共举办纳税人学堂24次，培训纳税人1400余人次。落实税收优惠政策。认真落实结构性减免税政策，重点落实好有利于企业自主创新、产业结构调整、推动节能减排、维护社会稳定等方面的税收优惠政策。年内，依法落实各项税种减免共计25457万元，涉及纳税人22504户次。

【税务稽查】 充分发挥稽查“以查促收，以查促管”的职能作用。积极开展税收专项检查，采取先由企业自查，再进行重点检查方式，选取建筑安装及房地产行业、医药行业、酒类制造行业等66户企业作为专项检查对象，并统一组织66户企业召开税收自查辅导动员会。通过自查辅导入库税款、滞纳金3039.25万元；开展立案检查21户，结案12户，查补入库税收、滞纳金、罚款324.48万元。进一步深化国地税合作，通过国地税联合会议，制定详细的国地税联合检查方案，共同确定检查对象，共同检查，进一步提高检查效率和纳税人的遵从度，共对7户企业开展联合稽查。开展三次稽查查账软件培训，对检查人员和全局业务骨干进行查账软件培训，进一步提高全局的业务水平和查账能力。在市局组织的电子查账大比武中，1人取得个人二等奖，团体取得第三名的成绩。加强举报案件的查处工作，确保案件查处工作的有效落实，有效维护税法的尊严。

表19　2017年大邑县地方税务局税收收入情况表

单位:万元

项目	年累计完成数	上年同期数	比上年增减	比上年增减%
收入总计	77129	87505	-10375.9	-11.86
一、税收收入合计	68794	80069	-11275.4	-14.08
1.营业税	1223	21990	-20766.4	-94.44
① 金融.保险	0	2868	-2868.4	-100.00
② 一般营业税	1223	19121	-17898.0	-93.60
2.企业所得税	12875	12119	755.9	6.24
3.个人所得税	12209	11694	515.8	4.41
4.资源税	286	359	-73.4	-20.45
5.城市维护建设税	6598	5153	1444.7	28.03
6.房产税	4078	3115	962.9	30.91
7.印花税	1521	1033	488.1	47.24
8.土地使用税	10008	8070	1938.2	24.02
9.土地增值税	5216	2790	2425.7	86.93
10.车船税	1869	1455	413.8	28.45
11.耕地占用税	6425	7500	-1075.1	-14.33
12.契税	5326	4560	765.7	16.79
13.代征增值税	1160	231	928.7	401.86
二、其他收入	8335	7436	899.5	12.10
1.教育费附加	3871	3096	774.9	25.03
2.文化事业建设费	0	3	-2.6	-100.00
3.地方教育附加	2582	2070	511.7	24.71
4.“五路一桥”收入	0	0	0.0	
5.其他罚没收入	28	13	15.4	120.00
6.残疾人保障基金	583	665	-81.6	-12.28
7.工会经费	1249	1070	178.5	16.68
8.价格调控基金	22	188	-166.4	-88.27
9.重大水利工程建设基金	0	330	-330.4	-100.00
10.农网还贷资金				

DAYI YEARBOOK

教育·科技

教 育

【概况】 2017年，新建潘家街小学，新增1080个学位；改扩建蔡场小学，新增500个学位；新建19所公办园，将全县独立的优质公办园设置为17个集团园，实施公办园“一体化”管理，公办幼儿园标准化建设受到成都市教育局通报表彰。开展“竞进拉练”中小学校长听评课比赛，36位中小学校长全程参与现场听评课比赛主办“融合、创变、跨越”为主题的“四川省信息技术与教学深度融合”研讨会，子课题《大邑县中小学“混合式学习”教学模式实践的区域推进策略研究》立项为国家级“十三五”规划重点课题。县教育局获评成都市教育工作先进单位、成都市消防宣传先进单位、首批成都市“美丽成都·党员示范行动”党员示范行业、成都市教育综合改革工作综合评定优秀单位、成都市实施妇女儿童发展纲要先进集体。

年末，全县有高校及中小学、幼儿园90所。其中，公办中小学、幼儿园53所（高完中3所、职业高中1所、特殊教育学校1所、单设小学15所、单设初中3所、九年一贯制学校13所、公办幼儿园17所），民办学校37所（民办普通高完中1所、民办中职校 2 所、民办全日制高校2所、民办九年制学校1所、民办幼儿园31所）。公办中小学、幼儿园、中职学校在校学生60699人。

【基础教育】

学前教育　全县各级各类幼儿园共70所，设置为17个集团园，在园幼儿13650人，3—5岁幼儿入园率达100%。公办和公益性幼儿园学位覆盖率达110.3%。新增成都市等级园14所，等级园占比达91%。公办幼儿园建设标准化提升工程全面完成，16所新建公办幼儿园顺利开园。印发《大邑县事业单位利用国有资产举办公办幼儿园管理暂行办法》《大邑县幼儿园一日活动安全管理基本要求》，开展全县幼儿园规范办园行为专项督查。组织全县幼儿园教师进行成都市《幼儿园一日活动保教常规操作手册》考试，不断提升幼儿园办园水平。深进公办幼儿园“一体化”管理改革，实施“五个一体化”举措，推进公办幼儿园共同发展，并成为2017年市级创新项目。荣获2017年成都市“学前教育宣传月”征文活动团体奖，建华幼儿园成为“成都未来教育家基地学校”。

小学教育　2017年，小学校内外人口23874人，在校学龄人口23874人，入学率100%、毕业率100%、巩固率100%、辍学率0.02%。调整学校布局，新建成潘家街小学。继续推进教育评价综合改革，紧紧围绕课程建设、课堂建设、队伍建设深入开展“以评促建，创建卓越学校”工作，全县16所小学全面完成学校发展五年规划。

成都市教育局副局长左华荣到大邑调研教育工作

初中教育 全县初中段共有9638人，在校学龄人口9638人，小学升入初中入学率为100%，初中年辍学率控制在0.02%，初中毕业率99%。全面推行教育教学质量提升工程，实现初中教学质量全面升位。结合学区制改革试点工作，引进北京一零一中学教育教学资源，创办晋原学区一零一信息化课改班9个。探索“管、办、评”分离的学校现代管理制度改革，推进课堂教学改革，1所学校被认定为四川省“依法治校示范学校”，3所学校被认定为四川省“依法治校示范学校”，两所学校通过成都市“新优质学校”评估验收，两所学校通过阳光体育示范校。

高中教育 年内，初中毕业升入两类高中阶段共3125人，其中升入普通高中1530人，职业类高中1475人，普通高中三年巩固率达到90.99%，普通高中学生毕业率达到99.84%。引进北京一零一中学教育教学资源，组建大邑县高中一零一信息化课改班8个。高考报名参考考生2300人（其中文科876人、理科1260人、对口职教164人），上线考生共2135人，2035名考生被各级各类高等院校录取（其中艺体录取239名、专项计划录取9名、免费师范生录取3名、对口高职录取102名、高职单招505名、民航录取5名）。成人考试报名考生943人（其中文科292人、理科300人、专升本351人）。全县高起专科上线499人，高起本科上线12人，专升本254人。共组织3次高等教育自学考试，组考 5324人10429科次。

【职业教育】 2017年，县域内有民办高等院校两所：四川电影电视学院、四川文轩职业学院；非学历专修学院1所：四川联合经济专修学院；中等职业学校4所：大邑县职业高级中学（国家级重点职业学校）、大邑县技工学校、成都市庄园机电职业学校、四川文轩职业学校。学校主要开设的专业有机械加工技术、数控技术应用、汽车检测与维修、电子技术应用、建筑施工技术、计算机应用等14个专业，在校学生4626人。县内中等职业学校分别与高等职业院校（绵阳职业技术学院、成都农业科技职业学院、四川文轩职业学院等）积极探索联合办学（招生）模式，开设多个专业五年制大专班，面向全省招收五年制高职教育学生。年内，县域内中等职业学校共招生1215人（含“9+3”学生38人）；中等职业学校毕业学生4417人，毕业学生就业4403人，就业率99.7%，对口就业率达97%。79人参加高职对口招生考试和普通高考，被高等职业院校录取。

【成人教育】

实用技术培训　充分利用各类教育资源，积极开展农村剩余劳动力、新增劳动力的实用技术技能培训，实现农村劳动力有序转移，助推全县城乡一体化建设和充分就业工作。共计开设培训班549个，开展各类培训23530人次；技能性培训5185人，创业培训322人；培训后教育部门单独转移385人，协助其他部门转移1500人。农村劳动力培训面达35%以上。

社区教育　建立以县社区教育学院为龙头、乡镇社区教育学校为骨干、社区（村）教育工作站为支撑的三级社区教育网络，建有乡镇社区教育学校20所。加强规范化社区教育学校和示范社区教育工作站建设工作，创建市级规范化社区教育学校1所（王泗镇社区教育学校）、市级示范社区教育工作站2个（三岔镇七一社区教育工作站、蔡场镇云南社区教育工作站）。组织开展“大邑县2017年全民终身学习活动周”活动、“送教进社区”活动、“风尚新美、环境秀美、生活富美”示范村市级创建教育培训活动、成都市首届“社区雏鹰”公益活动等活动，大邑县被评为全国“全民终身学习活动周”先进单位。组织开展“成都市百姓学习之星”“终身学习活动品牌”评选工作，获成都市第三届“能者为师——寻找社区好教师”优秀组织奖。完善全县学校资源向社区开放工作，开放面达100%。县实验中学、王泗学校、沙渠镇学校荣获成都市2017年学校体育设施向社区开放优质学校。

【素质教育】　全面贯彻立德树人根本任务，实施艺体2+1工程，加强社会主义核心价值观教育，积极开展“看得见的德育——让‘十个好习惯’点亮孩子美好人生”养成教育活动，全面开展省市县级“文明校园”创建活动，成功创评省级文明校园5所、市级文明校园5所、县级文明校园16所。开展“传承经典·书香大教——全民阅读校园行”活动，《时代教育》第31期以《阅读路上·我们同行》为题专题报道大邑县“书香大教·传承经典”工作。书香校园活动在2017年度大邑县委宣传部组织的基层宣传工作考核中受到表彰。推进心理健康教育示范区和省级学校体育整体推进改革示范区建设，积极开展“足球进校园”活动，参加在湖南长沙举行的全国青少年足球邀请赛，荣获第六名。组织全县中小学校园开展2800多场足球“三级联赛”，参与学生达8000多人次。发挥乡村学校少年宫及学生社团作用，先后荣获成都市城乡学校少年宫展示优秀组织奖、成都市2017年少年儿童经典学习展示系列活动优秀组织奖。

【特殊教育】　全县义务教育阶段适龄残疾儿童共194人，入学人数194人，入学率100%。全面落实完成首轮特殊教育提升计划，2017年特殊教育学校、随班就读、送教上门学生生均公用经费6000元/生/年，特殊教育专项经费40万元/年。对因身体残疾等原因无法到校就读的义教段23位学生实施“送教上门”，并做到“一人一案”。推进特殊教育二轮提升计划，开展为期一年的大邑县特殊教育师资素养培训项目，提高资源教师、随班就读教师专业化水平。加强资源中心和资源教室建设，逐步完善资源中心、21所资源教室配套设施。

【民办教育】　县域内有民办职业学校2所：成都市庄园机电职业学校、四川文轩职业学校，民办高职院校2所：四川电影电视学院、四川文轩职业学院，非学历专修学院1所：四川联合经济专修学院。中职学校主要开设的专业有机械加工技术、高星级饭店运营与管理、数控技术应用、汽车检测与维修、电子技术应用、学前教育、会计、建筑工程施工、计算机应用等15个专业，中职在校生达4633人。四川文轩职业学校的会计、出版与发行、建筑工程与施工、汽车制作与检修专业面向全省招收五年制高职教育学生，建有“国家级数控实训基地”、服装生产校内实训基地各1个。庄园机电校有校内实训工厂（校企合作）1个。中等职业学校长期与成都鑫泽机械有限公司、成都大宏立机器制造有限公司、祥业机械有限公司等深度合作，先后开设“鑫泽班”“大宏立班”“祥业机械”等校企合作定向班，为企业输送大量中等技术人才。

【教育管理】

教职工管理 及时核定并分解中小学教职工编制，根据学校学生规模变化情况，按照成都市中小学教职工编制标准和成都市委编办核定给全县中小学（含特教）教职工编制数，结合学校工作实际需求，对全县中小学教职工编制进行重新调整核定，并会同县委编办及时将中小学教职工编制核定分解到学校。及时办理机关事业单位进人用编上下编手续，2017年办理进人用编手续45人，教育系统内部、学校之间干部教师交流调动上下编手续62人，退休、辞聘、调出人员下编手续93人。开展缺编学校面向社会公开招聘教师工作，共招聘补充中小学教师41名，招募特岗教师6名。

支教工作 开展援助松潘教育工作，为松潘县新建进安幼儿园，打造标准化少先队活动室，改造松潘县教育局多功能会议室。选派5名教师赴松潘县援藏、15名教师到松潘县支教。组织省市特级教师、特级校长52人次赴松潘开展6次“名师送教”活动，培训松潘教师451人次；松潘教育干部教师10批次200余人到大邑考察、跟岗培训、挂职锻炼；县内31所学校与松潘县32所学校结为友好学校，实现两地学校“一对一”无缝交流。县教育局被中共四川省委组织部、中共四川省委统战部、四川省人力资源和社会保障厅评为“四川省援藏工作先进集体”。开展好“常青树”名优退休教师下乡兴教工作，年内安排到大邑的“常青树”计划学监和导师共5名，县教育局作妥善安排，成立都市“常青树”计划驻大邑县导师工作室4个。

【教育设施设备】 全县学校配置教师用机4848台（含多媒体系统用机）、学生用机7292台、学生用平板电脑468台。全县“师机比”达1：1、“生机比”达6：1、“多媒体系统到班比”达1：1，完成“三通两平台”（宽带网络“校校通”、优质资源“班班通”、网络学习空间“人人通”及教育资源公共服务平台和教育管理公共服务平台）建设。完成大邑中学、安仁中学等学校的“一零一网班”建设及元兴小学等学校的数字化广播系统建设。完成42个点位的新建幼儿园（教学点）点位的专网接入工作，并投入运行。全县中小学利用“三通两平台”，将各种优质数字化资源引入学校，把“传递课堂”“名师课堂”“名校课堂”“翻转课堂”“专家讲堂”等引入教学，把“慕课”“微课”等引入教研，实现数字化教学资源的建设与利用。

【教育师资】

教师队伍 年末，全县共有中小学教职工3287人，其中，专业技术人员3222人、管理和工勤人员65人。专业技术人员中，聘任中学高级459人，占专业技术人员总数的14.2%（其中五级岗位106人、六级岗位179人、七级岗位174人）；聘任中级职称1537人，占专业技术人员总数的47.7%（其中八级岗位486人、九级岗位587人、十级岗位464人）；聘任初级职称1226人，占专业技术人员总数的38.1%（其中十一级岗位642人、十二级岗位527人、十三级岗位7人，见习期未聘专业技术职务人员50人）。

教师资格认定和注册 年内有82人网上申报初级中学和幼儿园教师资格，最终认定53人。认定和评审初级教师职务任职资格104人，确认初级教师职务任职资格1人，认定一级教师职务任职资格7人，推荐参加中高级任职资格评审83人（其中高级教师59人、一级教师24人）。聘任各级专业技术人员484人。发放高中级教师任职资格证97本，初级教师任职资格证111本。

评优表彰 全县荣获省、市表彰的各类优秀人员共23名，其中省特级教师1名、市学科带头人3名、市优秀青年教师3名、市教坛新秀3名、市优秀班主任7名、市优秀德育工作者3名、市乡村班主任“蓝光园丁奖”3名。

教师培训 选送校（园）长和教育管理干部参加各级各类培训600余人次。教师参加各级各类培训13580人次。组织2142名教师开展“一师一优课，一课一名师”晒课活动，共有68节优课获得成都市奖励。开展成都市高中教师心理健康教育菜单培训，共有270人次参加培训。全县3500名中小学教师参加教学基本功“三笔字”训练及县级比赛，共150人次获奖；3858名教师完成继续教育规定学时培训，继续教育完成率为97.38%。

名师工作 年内评选“大邑名师”50名，“大邑县学科带头人”200名。继续深入实施“双名工程”，加紧建设高质量、有特色的名师工作室和名校长工作室。全县共有11个名师（名校长）工作室，其中7个县级名师工作室、1个县级名校长工作室、3个市级名师工作室。王莹菊市级名师工作室接受考核被评为成都市“优秀工作室”。年内引进教育部直属师范大学硕士研究生3名。按季度发放高层次高素质教育人才津贴，年底召开座谈会、开展慰问工作，为高层次高素质教育人才培养培训提供经费保障。

【教育教研和交流】

教研活动 继续以“共研体”教研活动，以及“雁行计划”课例研讨活动为载体，推动高效课堂建设。16个“共研体”呈现64堂公开教学研讨课例。“雁行计划”研讨活动共呈现201堂公开教学研讨课例。加强对薄弱学校的帮扶，全年视导薄弱学校20次，给出诊断报告和调整建议。先后组织教师参加市级新课标和学科业务培训、全国名师经典课堂教学观摩研讨会、四川省“卓同高考”复习研讨会等。在全县初中6个区点和高中3所学校组织开展“研读新课标、教材、考纲；以学定教、聚焦课堂、提高教学质效”为主题的9个学科教学教研活动，参加教师1500多人次，上示范课、研究课136节。全县初高中各年级各学科300多名教师参加校级新课程改革培训赛课活动，开放专题讲座21次，有36名教师参加县级赛课活动。在全县所有学科中开展“一师一优课，一课一名师”网上晒课活动，共晒课280节，列成都市郊县前列。组织语文、英语学科参加“文轩教育杯”课堂教学大赛。

教育交流 进一步完善“县管校用”教师管理机制，促进干部教师城乡交流。年内全县义务教育学校交流校长（含副校长）12名，轮岗交流教师76名，选派到成华区学校挂职锻炼干部3名。加强干部交流任免工作，新选拔任用中层干部12名，交流中层干部11名。继续组织师生开展国际交流互访活动。组成“大邑县教育管理干部赴台学习考察团”前往台湾学习考察。县北街小学、大邑中学、蔡场小学分别组织师生赴新加坡、马来西亚游学，并签署友好学校协议书。7月，“第八届台湾学生天府夏令营暨三国文化之旅”活动在大邑中学开展，接待台湾师生20余人。11月，“汉语桥——美国中小学校长访华之旅”6名校长到大邑参观交流，县北街小学、南街小学、晋原初中、子龙街小学分别与美国学校签订友好学校协议书。主办四川省信息技术与课堂深度融合研讨会，与全国各地同仁共商信息化

美国校长访华团走进大邑

教育；南街小学在全国陶行知研究会上作主题发言，介绍大邑经验。

【托管领办办学】 成立17个以城区省级示范园、成都市一级园和乡镇优质园为总园的公办园发展集团，将小学附属幼儿园全部从原小学剥离，交由集团总园托管，总园对分园实施全面“一体化管理”。制订《2017年成华—大邑区域教育联盟互动发展工作计划》及详细互动发展活动安排。成华区派往大邑县干部教师12名，其中担任校长或副校长4名，大邑县派出5名干部担任成华区学校中层干部，在具体工作中学习成华区学校“精细化管理”方法。成华—大邑共建互动教室40个，确定两地共研课题20余个，参研教师达1512人次。

【教育惠民】 全县教育资助覆盖幼儿园到大学，主要项目有幼儿园三儿资助、建档立卡，幼儿园到高中、中职的帮困助学；义教段的宏志助学金、免除课本费、免除学杂费、免除作业本费、“蛋奶工程”；高中免学费、国家助学金；中职免学费、国家助学金、免住宿费、物价补贴；新生贫困大学生路费资助、生源地助学贷款；社会捐资助学18个项目，涉及12万人次，资金6700余万元。成都市嘉兴商会出资10万元举行“助学筑梦 放飞梦想”慈善活动，为全县义教段100名贫困学生每人资助1000元。大邑县慈善会“通威食品园丁关爱基金”正式启动，筹集资金60.2万元，用于解决因病、因灾造成困难的教师家庭和个人。香港吴星可慈善基金会出资10万元，为县内两百名品学兼优的高中生每人资助500元。教育资助考核被成都市教育局评为优秀，帮困助学受到成都市教育基金会表彰。

【学校建设】 全县完成公办幼儿园19所，设计164个班，提供4920个学位，其中16所投入使用。改善学校办学条件，完成安仁镇学校扩建校舍建设项目，其中新建综合楼2580平方米，学生宿舍1407平方米，改造校门（含门卫室）120平方米。完成新建潘家街小学项目，新建校舍建筑面积约1万平方米及附属配套，设24个班，提供1080个学位。

【“校长听评课比赛”省市首创】 以“关注课堂，深入课堂，研究课堂”为主题，县教育局创新开展“竞进拉练”中小学校长听评课比赛。36

大邑县“竞进拉练”中小学校长听评课比赛

位中小学校长除参与日常听评课比赛，还全程参与现场听评课比赛。全县中小学校长在全面做好学校各项工作的同时，着力教学“六认真”规范化建设，深入一线，指挥教学，参与教研，提升对课程和教学的领导力。

【“跨区域研讨会”助推教育信息化】 依托互联网技术，县教育局引进一〇一教育智慧课堂教学系统，积极打造网班品牌。通过探索实践，大邑网班形成的“三段六步”教学模式和高效课堂极大提升学生的综合素质。“探索互联网+课堂教学改革，打造网班品牌”取得成效后，县教育局于11月22—23日在大邑中学主办跨区域的以“融合、创变、跨越”为主题的“四川省信息技术与教学深度融合”研讨会。研讨会上，县教育局承担的课题《大邑县中小学“混合式学习”教学模式实践的区域推进策略研究》通过中国教育技术协会学术委员会评审，立项为“十三五”规划重点课题，填补大邑教育历史上无国家级研究课题的空白。

【课程改革经验全国交流】 12月9日，在安徽省合肥市举行的“中国陶行知研究会全国‘课堂革命’高峰论坛”上，县教育局代表作题为“学生因生命活力而幸福”的主题发言，交流在课程改革方面的实践经验，并以南街小学形成的以“绿色”“书韵”“现代”三大课程为支撑的健育课程体系做详尽阐述。中国陶行知研究会副会长孟凡杰在主持点评中给予县教育局极高评价，认为大邑县教育局在课程改革中立足于学生实际，着眼于学生发展，课程建设体系完备、课堂管理扎实有效，所形成的“南小经验”值得全国同行学习。

【“责任督学挂牌督导创新县”接受国检】 通过构建“三五”操作模式，“责任督学挂牌督导”架起了教育与人民群众沟通的桥梁，在消除学校安全隐患、改善学校办学环境、提升教育教学质效等方面发挥了重要作用。经市级复核、省级评估、国务院教育督导委员会办公室组织的“网络填报”和“网络问卷调查”后，大邑县创建“全国中小学校责任督学挂牌督导创新县”工作于11月28日接受国家级评估检查，得分位列成都市远郊县（市）第一名。

科学技术

【概况】 科技局认真落实中央、省、市创新驱动发展和“大众创业、万众创新”重大部署，着力强化企业科技创新主体地位、科技创新能力建设、产学研协同创新，提升政府公共服务能力，不断完善区域科技创新体系，大力发展高新技术产业，加速知识产权获取和科技成果转化，为县域经济创新发展和产业转型升级做出积极贡献。

【科技项目管理与实施】 完善《大邑县科技项目管理办法》，保证科技项目遴选的公开、公平、公正和项目管理的科学、规范、高效。所有项目通过“大邑县科技项目申报系统”申报，实现科技项目申报、评审、立项、合同签订、拨款、监理、验收和绩效评估全过程信息化管理，将科技业务与廉政风险防控进行无缝对接，在项目审批涉及的关键环节和重要点位进行风险提示；在科技项目审批过程实现“全程溯源”和纪检监察工作的全程监督。组织实施国家、省、市各类科技项目60余项，新增效益18亿元，推进电子信息、智能制造、都市现代农业等主导产业的创新发展和知识产权集群的形成，为打造智能制造、电子信息产业园奠定技术基础。专利申请2189件，其中发明专利506件，高新技术产业产值81亿元，科技对经济增长的贡献率达到65%。年内，受理县级科技业务23个，对其中的3个战略性新兴产品项目及重点新产品项目、5个科技支撑计划项目、3个委托类项目进行立项支持，资助金额92万元；对2016年度符合大邑县企业创新能力建设资助条件的63个项目进行资助，资助金额334.57万元。

【知识产权管理】 年内，贯彻落实中央、省、市创新驱动发展和“大众创业、万众创新”重大部署，将知识产权工作全面融入县域经济社会发展的各个领域，知识产权创造、运用、管理和保护水平显著提升，区域科技创新能力和县域综合实力明显增强，国家知识产权强县工程示范县改革试点全面完成。全年完成专利申请2189件，其中发明专利506件、实用新型专利1416件。新增注册商标719件，有效商标注册量达3325件，拥有“远星”“贝根”等中国驰名商标8件，四川省著名商标37件，成都市著名商标57件。国家、省、市、县级非物质文化遗产共计23项，其中国家级非物质遗产1项、省级非物质遗产3项、市级非物质遗产7项。2017年版权作品自愿登记622件。组织大型知识产权宣传、执法、培训活动26次，培训企业人员1780余人次。推进知识产权托管工作，全县托管企业达45家。培育各级各类知识产权试点示范和优势培育企业，成都大宏立机器股份有限公司、四川远星橡胶有限责任公司、成都成高阀门有限公司和成都乘风阀门有限责任公司被认定为2017年度国家知识产权优势企业。天邑康和李俊画被国家知识产权局表彰为2016年度企业知识产权工作先进个人。组织实施国家、省、市各类科技项目60余项，新增效益18亿元。实施专利转化项目547项，实现产值51.88亿元，利税6.55亿元。高新技术产业产值81亿元。

【科普示范基地建设】 指导科普基地充分向公众开放，完善科普活动设施，丰富科普项目资源，开展科普宣传、教育、人员培训等，进一步提升科普基地的科普能力。积极组织条件优秀的科普基地申报省、市级科普基地，成都佳源大繁生态农业发展有限公司的佳源农事教育科普基地获批为2017年市级科普基地。

【科技信息服务】 以科技信息平台搭建、使用为重点，实现科技创新的“市县联动、供需对接、资源共享”。建成公共研发、知识产权等公共服务平台5个，实现平台开放、共享。全年提供各类科技信息400余条、咨询服务2600余次，服务科技企业30余家，培训各类专业人员800余人次。

【科技成果转化】 组织实施市级科技成果转化类项目40余个，新增效益12亿元；实施专利转化项目547个，新增效益51亿元。对9个重大专利产业化项目进行奖励，奖励金额69万元。

【科技奖励】 按照《大邑县科学技术奖励办法》和《大邑县科学技术奖励办法实施细则》的有关规定，对2014—2015年度科技进步奖授奖项目20项（其中一等奖2项、二等奖6项、三等奖12项），专利奖授奖项目14项（其中金奖2项、银奖4项、优秀奖8项）进行表彰奖励。

【科技交流和合作】 抓住科技成果“三权改革”和“成都新十条”有利时机，强化与大专院校科研院所的深度合作，建立产学研合作推进机制。与四川农业大学、成都农业科技职业学院的合作深入推进，深度融入成都市沿成温邛高速现代都市农业示范带建设，落地重点科技项目20项，建成绿色粮油专家大院，实施“西南稻区优质丰产高效杂交籼稻品种筛选及配套的机械化轻简化栽培技术”、成都平原水稻直播技术研究与应用等5个国家、省、市农业科技项目和5项县级科技项目。与电子科技大学的合作迈开新步伐，4个县校合作重点项目中，完成邑电产研院及大邑分室两个项目场地建设，信息官培训中心项目9月在花水湾镇建成投入运行。电子科大进驻电商产业园，形成技术指导常态模式。与成都大学合作全面展开，建立川娇农牧——成都大学产学研联合实验室，会同电子科大、川农大与润地远大公司展开苏家农业公园信息化项目合作。与重庆大学、中科院重庆绿色智能技术研究院分别签订战略合作框架协议。与四川省机械设计研究院达成合作意向，支持并成功举办“创业天府 菁蓉汇·大邑县”绿色智造专场活动。全年组织实施产学研合作项目30余项，校企合作建成各类工程技术研究中心、产学研联合实验室等创新载体4个，“柔性引进”各类高层次人才30余人。

【举办“创业天府 菁蓉汇·大邑县”专场活动】 县科技局围绕电子信息、智能制造等产业发展重点，确定以“绿色科技 智造未来”为主题举办“创业天府 菁蓉汇·大邑县”专场活动。结合大邑“西控”产业定位，邀请国内电子信息、智能制造领域专家院士学者参加，中国工程院院士刘人怀、西门子(中国)有限公司自动化产品副总经理戴霁明、西华大学校长刘清友等10余位嘉宾应邀参加活动，并精心挑选“精位UWB寻ME移动互联定位技术”“犀星微宝社区”等电子信息、智能制造项目参加项目路演。省内外15所高校、国内28家创投机构及县内企业代表、学生代表等近1000人参加。活动受到40余家市级以上媒体广泛关注，报刊、电视、网络媒体先后报道50余次，“犀星微宝社区”等项目先后落户大邑。

【创新创业企业“梯级孵化”模式】 大邑县立足闲置土地、楼宇改造利用，盘活资产，打造市场化、专业化、集成化、网络化的创新创业载体。加快创新创业服务平台建设，年内建成科创通平台大邑经开区、大邑经开区工作站、大邑县创新创业综合服务平台等创新创业服务平台3个，并多渠道解决入驻企业和项目融资难问题，利用“科创贷”“壮大贷”等科技金融产品，破解轻资产类创新型科技中小微企业的融资难问题，孵化体系雏形初现。年内，加快“幸福公社农业创客营”“以手维生民艺传习馆”、火炬孵化园等创新创业载体建设，年内新增创新创业载体4个，全县创新创业载体累计达12个，孵化面积达14.1万平方米，入驻各类创新创业企业团队200余个，举办创新创业活动22

场，参与人员2000余人次，创新创业氛围日渐浓厚。《大邑县创新创业企业“梯级孵化”模式》作为全面创新改革新增目标受到市全创办肯定。“大邑电商孵化园”成为川内唯一一家由社会资本投资的电商孵化基地和电商孵化器的标杆，“大邑大学生农业创业园”成功创建第二批国家级星创天地。

气象工作

【概况】 2017年，大邑县扎实开展气象业务服务工作，气象监测、预报能力不断提高，气象为民服务成效日益显著，工作实绩多次获上级部门及领导肯定。

【气象灾害防御能力建设】 年内，完成4个自动站升级、新建任务，完成激光云高仪、紫外线仪等特种观测站建设，完成国家站无人值守实景监控。“智慧城管”气象灾害实景监控系统运行正常，与县水务局建立重要河流实景监控系统。试点开展GWC精细化预报模式和分钟级降水预报产品试用，结合地方服务需求和实际，制定大邑网格化预报服务方案和模板。加强上级产品订正、短临预警业务。深入应用县级综合业务平台、数字城管、山洪地灾中小河流洪涝风险预警等业务系统。严格会商制度，落实预报质量例会制度和质量公示制度。灾害性天气监测预警准确率达99%，预警提前量提高到30分钟。完成安仁石瓦村、韩场兰田社区等10个防灾减灾社区建设任务，开展社区气象信息员指导和培训，做好基层气象防灾减灾工作。指导各乡镇（街道）完成分灾种气象灾害风险区划编制，强化气象灾害风险管理，建立隐患排查制度，及时更新气象灾害风险图。建立气象灾情收集、上报、核查工作制度。建立气象灾害风险数据库，将气象灾害防御工作机构、气象灾害防御责任人、气象信息员、各村气象灾害隐患点、各级应急预案等信息纳入系统，实现动态管理和共享。建立生态旅游气象服务工作体制机制，将旅游气象服务体系建设纳入全县旅游、“三农”发展规划。开展生态旅游气象监测预报服务，建立生态旅游气象信息服务产品制作、发布系统。完成《大邑县生态旅游气象服务体系建设方案》编制，并通过市局专家组评审。通过政府购买服务方式开展气象服务工作。加强气象对农业生产生活指导，开展针对新型农业主体的气象“私人定制”服务。“气象精准农技”服务工作于4月10日、4月19日被《四川日报》《中国气象报》报道。深化部门合作，与县环保局建立联合工作机制，初步完成全县大气环境气象监测站网建设任务，开展重污染天气气象监测预报服务和雾、霾指数预报气象服务。

2月21日，山西省气象局一行到大邑调研县级综合气象业务工作，市气象局副局长廖新运陪同调研

【气象监测与预报】 年内，全县出现8次标准暴雨天气过程、两次大风天气过程、3段高温天气过程和1次强降温天气过程。主汛期（7—8月）全县连续出现高温、局地强降水、大风、雷暴等易致灾天气，其中8月降雨量为430.1毫米，超过历史平均值63%。针对汛期强对流频发的天气，县气象局实行24小时值班，充分利用县级综合业务平台密切监视天气演变、降雨情况、自动站情况，及时将短临、短时预报、预警信息及重要天气消息通过手机短信、党政网、国突网、传真、微博、QQ群、手机APP等方式向县委、县政府、乡镇领导、气象灾害防御领导小组成员、防汛指挥部成员、气象信息员、地质灾害信息员和相关单位负责人以及群众发布；雨情通报及时通过微信群向防汛各部门通报。

【气象服务】 共计发布72小时预报、雾预报、环境气象指数预报、空气污染气象条件预报、景区天气预报等公共气象服务材料449期；共计发布短时临近预报、地质灾害三级预警、灾害性天气预警信号、重大气象信息专报、气象信息快报及春运、春节、中高考、劳动节、国庆节各类保障性天气预报等决策气象信息服务材料358期。除常规每天16时预报短信服务外，共发布65万条决策短信。不断扩大公共气象服务纳入政府购买服务规模，完成区域自动站维护、气象业务系统维护、农业气象服务社会化服务工作，地方匹配资金66.5万元。落实气象服务保障经费，地方年度预算100万元。

【气象防灾减灾】 全年实时开展人工防雹增雨工作，通过火箭车作业、碘化银人工增雨、飞机人工增雨，改善全县空气质量状况。扎实开展防雷减灾工作，在全县中小学校、小区、危化企业、人员密集场所开展防雷安全检查工作，全年未发生一起防雷安全事故。

【气象科普知识宣传】 通过“3·23世界气象日”“5·12防灾减灾日”等重大节庆活动，大力进行气象科普知识宣传。同时，利用大邑气象微博、大邑气象微信多次进行网络气象科普知识宣传。

防震减灾

【概况】 大邑县防震减灾工作以监测预报、震害防御、地震应急和法规宣传工作为中心。监测预报、抗震设防以及应急管理、科普宣传等工作受到上级部门充分肯定和鼓励，荣获成都市2017年度防震减灾工作综合二等奖、2017年度地震应急管理工作优秀奖。

【地震监测预报工作】 牢固树立“震情第一”思想，坚持发现情况及时上报并处理。参加成都市季度、年度地震趋势会商、龙门山中南段片区区（市、县）地震趋势月会商会共计10次，提交正式会商报告两份。完善预测意见登记制度，实行震情跟踪，及时核实、上报宏观异常信息，健全《大邑县防震减灾局2017年震情跟踪工作方案》，进一步完善地震监测预报标准化、管理制度化。数据处理中心实现与市局数据共享，综合信息系统实现与省局数据共享。组织全县防震减灾助理员、宏观观测员46人次参加“三网两员一队伍” 培训，取得良好学习效果。每月落实专人巡查台次两次，发现故障及时处置，确保大邑县境内地震监测台站各种测项仪器设备的正常运转。对横山台、西岭台等各个台站进行安全检查，深入台站维护80余次，台网连续记录率达98%以上。严格执行巡查记录制度，落实专人负责看守台站站房，对全县地震监测台站设施进行登记备案，设置保护标志。

【地震应急管理工作】 深入乡镇、县级部门和学校医院基层单位指导修编地震应急预案，实现应急预案全覆盖。加强地震应急演练工作，联合县教育局在东街小学举行地震应急疏散演练活动，并组织全县中小学教师代表现场观摩。组织机关职工干部到崇州三郎镇现场观摩学习2017年成都市防灾减灾综合演练。不断加强应急救援队伍建设，指导成立大邑飞鹰救援队，实现政府专业救援与民间救援的结合。为各乡镇助理员配备灾情速报PDA终端，灾情速报工作实现全域覆盖。

【抗震设防管理】 全面落实第五代地震动参数的贯彻实施，充分运用地质活断层探测成果。始终坚持预防为主、防抗结合，扎实推进工程项目抗震设防监督管理，所有建设项目全部纳入抗震设防监管程序，所有建设项目均达到抗震设防要求。全年对外滩三期、雾山河畔、潘家街小学建设项目等11个项目进行抗震设防备案监督管理。依法开展建设工程抗震设防检查，现场检查工程项目6处。对邮江镇山间森林养栖度假区等项目建设场地进行实地踏勘，并提出抗震设防指导意见。持续开展防震减灾示范学校和示范社区创建的基础性工作。

【防震减灾科普宣传】 坚持面向基层，面向群众，通过印发防震减灾公益宣传单，制作《地震应急十大法则》《地震科普知识》和《防震减灾公益宣传》宣传海报，通过现场咨询、科普知识讲座等形式进行广泛宣传，“5·12”纪念日期间，共计接待群众咨询400余人次，发放各类防震减灾宣传图册、光盘1500余份。与县教育局联

建设工程抗震设防要求执行情况现场检查

组织县北街小学、花水湾学校学生及部分单位企业人员参观成都防震减灾科普教育基馆

合举办大邑县防震减灾书画摄影活动，联合红十字会开展自救互救技能培训，联合县广播电视台播放《防震减灾公益宣传片》，联合今日大邑采编中心刊登《地震科普知识百问百答》。组织花水湾学校、北街小学部分师生及部分单位、企业职工共计500余人参观成都防震减灾科普教育基馆，取得良好的宣传效果。

文化·体育

文　化

【概况】　全县文化工作围绕“文旅兴县”战略，以提档升级公共文化服务体系为重点，以保障广大群众精神文化需求为落脚点，积极组织开展大型特色文化活动。推动“文化+民生”“文化+产业”“文化+旅游”等融合发展，不断提升大邑建设“魅力之城”文化软实力。助力“文化+旅游”互动，全力打造“安仁国际音乐小镇”，打造特色精品文化活动。丰富群众文化生活，依托文化惠民巡演融入乡镇（街道）特色文旅资源，结合文博文化、道源文化、西岭山歌、生态休闲文化等本土特色文化全力打造“一镇一品”，推动形成“文化搭台、经济唱戏、文旅互动、融合发展”的局面。全年新建10个公共文化服务标准化示范点和10个基层综合性文化服务中心建设示范点，免费放映农村公益电影1704场。开展“成都文化四季风”4场，文化惠民下乡演出40场。年末，有公共图书馆1个，公共图书藏书量138千册，文化馆1个，村（社区）综合文化室218个，有线电视用户28.59万户。

【基层文化阵地建设】　全面落实“三馆一站”（文化馆、图书馆、博物馆、乡镇综合文化站）免费开放，提高公共文化服务水平。图书馆、文化馆实行延时开放。积极推进“两项试点”工作，对全县218个村（社区）文化活动室配备设施设备1000套（件），对试点点位的电子阅览室、图书室、多功能室、广播室、文化工作管理人员办公室和文化活动广场（“五室一场”）硬件进行规范、改建、调整和软件完善。发挥基层文化阵地服务功能，实现社会组织县、乡镇（街道）、村（社区）文化阵地服务、社会文化组织和群众文化活动三级全覆盖。

“宣传十九大精神文艺小分队”在邮江镇上坝社区演出

【非物质遗产保护】 对国家级“非遗”项目进行推广宣传，举办西岭山歌实景演出，不断提升国家级西岭山歌知名度。2017年元旦、春节期间，国家级非物质文化遗产“西岭山歌大舞台”在安仁、西岭雪山等地演出17场。安仁镇被市文广新局批准为第一批非物质文化遗产特色小镇。承办第六届“非遗”节（成都国际非遗节——大邑分会场），来自巴拿马、斐济、俄罗斯等国家5支国外“非遗”项目表演团队和安徽、福建、甘肃、山西、云南、西藏、内蒙古、黑龙江8支“非遗”项目表演团队同台竞技，共进社区演出24场，受益群众达5万人次。大邑本地民俗婚庆表演、西岭山歌演唱等非物质文化遗产项目参加展演。

【文学艺术创作】

文学创作 为全面贯彻落实党的十八届四中、五中全会精神，传达学习宣传十九大精神，全县文艺工作者以更加生动、有效的形式，将社会主义核心价值观的具体内容切实地传递到百姓心中以多种文艺形式，精心创作、编排凝聚正能量的优秀文艺作品，有小品《不关我的事》《别打我》《最后一针》《赓家大院》《爸，别吸了》等，用群众喜闻乐见的表演形式弘扬社会主义核心价值观的内涵。

音乐创作 加快推进安仁“音乐+”产业融合发展，全力打造安仁音乐特色小镇。依托安仁古镇的文化旅游资源，大力培育和扶持音乐队伍建设，以创意创新为驱动，走“专、精、特、新”发展道路，开展“安仁国际音乐风情节”等活动。举办安仁中美国际乡村音乐节、大地之声音乐节、蓉城之秋·安仁国际艺术音乐节等文化活动。引进《我是川军》音乐剧表演，吸引中外游客20余万人，促进文化产业和旅游融合发展，初步拟定《安仁音乐小镇概念规划》。

书画、摄影创作 在县美术馆举办“迎新春美术书法摄影展”“意向花水写生油画展”“大邑县第十三届中小学艺术节暨乡村学校少年宫书画作品展”“2017年大邑县乡愁摄影作品展”“共筑中国梦·喜迎十九大”庆国庆美术书法摄影专题展览5期，共展出美术书法作品620幅、摄影作品350幅。由县文化馆选送的5幅美术作品《水月观音》《红》《朱阁之殇》《筑梦·文明》《红色歌谣》分别参加四川省美术馆“四川省第八届新人新作美术作品展”“向钢铁长城致敬——纪念中国人民解放军建军90周年四川美术书法作品展”“四川省第六届青年美术作品展”“庆祝党的十九大胜利召开四川省美术书法摄影主题展”展览。

【群众文化活动】

文艺表演 全年举办2017年成都市“走基层”文化惠民文艺汇演40场、2017“成都文化四季风·民俗闹春”系列群众文化活动之大邑县“新春五天乐”文艺汇演5场、送戏下乡川剧专场演出4场、2017大邑县“百姓大舞台”系列群众文化活动3场、2017年大邑县庆祝中国人民解放军建军90周年文艺汇演、2017“百姓大舞台·唱响大邑·音你而来”、“共筑中国梦·喜迎十九大暨成都文化四季风·欢歌庆秋”大合唱比赛3场。开展“百姓故事会暨歌舞大邑·运动大邑”系列活动之精品节目巡演暨2017“文化暖冬行”活动、“共筑中国梦·喜迎十九大”城乡社区群众文化活动月系列活动、“共庆十九大·迈上新征程”2017年成都市“走基层”文化惠民活动、“成都文化四季风·劲舞暖冬”舞蹈比赛等各类文艺表演400余场，参与群众近22万人（次）。

文化公益培训 县文化馆举办2017大邑县“百姓故事会”创作培训活动、2017年大邑县舞蹈培训班，先后培训乡镇（街道）文化专干、文艺骨干以及各文艺团体文艺志愿者两百余名。召开“2017年大邑县文艺创作培训座谈会”，围绕“百姓大舞台”系列活动，对参训人员进行相关

1月28日，2017"成都文化四季风·民俗闹春"系列群众文化活动之大邑县"我们的节日"新春五天乐文艺汇演在迎春广场正式拉开帷幕

主题的文艺创作和节目编排交流和探讨。市民文化艺术培训学校面向全县开设免费春季班和秋季班，免费开设钢琴、书法、美术、社区公益课堂，乡镇幼儿园公益课堂、拉丁舞、跆拳道、民族舞、其他舞种滚动教学、街舞、古筝11类培训班18个班次，培训学员1100余人。

民间文化活动　加强社会文艺团体与群众组织的管理与指导，理顺县、乡（镇）两级文体协会之间的关系，充分发挥各文化队伍在活跃基层文化生活、传承优秀民间文化方面的突出作用。进一步加大对全县街头巷尾、公园广场舞蹈队的组织引导，广泛深入地开展好文化志愿服务活动，指导各类民间文艺队伍开展活动约100场次。

【电影发行与放映】　全县共有村级固定电影放映架62个，积极开展公益电影进社区、进集中居住区、进特殊群体活动。全年放映公益电影1704场、公益电影进影院52场。全县共有6家影院。

【图书发行与阅览】　县图书馆共接待读者78687人次，新增读者总量1668人，书刊流通2.21万册次，举办公益讲座40期；举办展览2期，参加人数4125人；开展馆外活动35场，参加人数17523人；办理图书借阅证1668个。年末，全馆持证读者达4174人。开展参考咨询服务，总咨询人数为6201人次，解答总量为10062条。读者数字资源登录总量3919次，下载总量5367次。县图书馆加大文献资源的采购数量，全年新增中文图书 14500 册，其中工具书1450册、综合类图书7250册、青少年图书5800册。开展春节（送春联年画）、元宵（"龙"文化主题展）、清明（扫墓、诗朗诵）、端午（诗歌比赛）、七夕（文化知识竞猜）、中秋（诗词歌咏会）、重阳（庆祝十九大诗歌分享）7个"我们的节日"阅读主题志愿服务活动。开设"快乐暑假"青少年暑期活动，通过趣味英语互动、亲子课堂、华尔兹惊喜派对、创意插画等堂课活动，培养少年儿童的绘画、想象、动手等能力，丰富青少年的暑假生活。

【全民读书活动】 成立以县委常委、宣传部长为组长的大邑县全民阅读活动指导委员会，制定全年活动方案，落实成员单位职责。在安仁镇举办“4.23世界读书日”活动暨安仁魏明伦文学馆开馆四周年分享阅读活动。在全县组织举办全民阅读“八进”活动，进一步扩大阅读人群，推动全社会参与读书活动的热情。与“3+2”读书荟深度合作，定期开展名人讲座、好书推荐、阅读分享、人文交流等活动，提高社会参与度。在新场镇双福堰社区、安仁镇和众社区、韩场镇兰田社区开展绘本阅读活动、书香成都“悦润农家”阅读活动等为主题的全民阅读活动30余场，参与人数1100余人。

【百姓故事会活动】 年内，举办大邑县文艺创作座谈会和大邑县“百姓故事会”创作培训各1期。对来自乡镇（街道）100余名文化专干和文艺骨干学员进行培训指导、互动，采取群众喜闻乐见的方式，用讲故事方式进行创作。融入歌舞、小品、曲艺等各类艺术表现形式，讲述与老百姓生产生活息息相关的故事，全县各乡镇（街道）文学爱好者，全力投入故事创作工作，先后创作各种表现形式的故事75篇。全年在20个乡镇（街道）开展“百姓故事会暨歌舞大邑·运动大邑”系列活动20场。县文化馆选送的“捐款”“廉内助”等3个节目进入“2017百姓故事会成都好故事PK赛”总决赛。

【文化市场管理】 文化市场监管工作围绕文明城市创建和平安大邑建设，坚持“一手抓繁荣、一手抓管理”的方针，加强文化市场监管和安全生产管理工作，规范文化市场经营秩序。对辖区内文化市场建立“台账式”管理，每月至少巡查1次。完善文化市场委托协管工作制度和管理规定，每月由执法人员下乡组织协管员带队巡查。做好“扫黄打非”和打击侵权盗版工作，动态开展净网2017、清源2017、秋风2017、护苗2017、固边2017及剑网2017工作。开展网络文化市场专项整治行动，通过大力加强对网络游戏市场的管理、网络音乐市场的监管、网络视频（直播）的监管和网络出版物的监管，确保全县无网络文化市场违规案件发生。与经信局、公安局联合对“黑广播”予以严厉打击，依法取缔“黑广播”窝点两个。联合相关部门开展打击非法地卫设施专项行动，发放宣传资料4万余份，对非法销售的地卫设施，群众自行拆除20套，强拆21套，均正式立案并办结。全年办理行政案件30件。

4月10日，2017大邑县“百姓故事会”创作培训在文化馆举办

县文化市场综合执法大队执法队员对全县报刊零售点进行专项检查

县文体广新局在幸福公社版权工作站检查版权免费登记开展情况

【文化地标建设】 开展专题调研，系统整理和深入挖掘，通过现场调查、走访，梳理地标资源，获取背景信息，提炼文化记忆，挖掘历史内涵，编制完成《大邑县文化地标名录》。完成横山岗红军战斗遗址、璧山寺、大邑电视台、碉楼、佛子岩摩崖造像、高山古城、高堂寺、广东会馆、箭道街、接王寺、李氏民居、刘成勋故居、刘文辉公馆、三义庙门墙、三元场、太鹏鲸柏、同庆茶楼、王泗酒窖遗址、烟霞湖、盐店城址20个历史文化地标设置。

【新闻出版管理】

版权保护管理 将知识产权法律法规宣传教育纳入全民普法教育计划，并通过电视、报纸、网络等多种媒体和户外广告播（刊）版权宣传公益片、公益广告，营造尊重知识、保护版权、鼓励创新的良好社会氛围，形成跨行业的版权保护协作机制，依法打击各种盗版侵权行为。坚持以抓源头、清市场、打网络为主线，组织开展打击侵犯知识产权专项行动和网络侵权盗版专项治理“剑网”行动。2017年授权幸福公社版权工作站负责全县版权免费登记工作，完成作品著作权登记622件。全县机关单位及国有企业规范管理使用正版软件2122套，正版使用率达100%。

“扫黄打非” 县“扫黄打非”办严厉打击各类违法经营行为，按照“堵源头、清市场、挖线索、防传播”原则，做好全县出版物市场管理工作。协调组织联合执法突击检查12次，出动执法人员300人次，检查出版物经营单位和出版物市场551家次，收缴非法出版物165件，行政处罚19起，打掉黑电台1个。县文体广新局被成都市“扫黄打非”工作领导小组评为“2016年度成都市‘扫黄打非’工作先进集体”。

【文物保护管理】

文物发现 高山古城遗址是新石器时代遗留下来的古城遗址。通过市考古队近半年的发掘，城址呈长方形，分布面积约57万平方米，东西长1050米，南北宽550米。发掘出大量陶片，从形制分析属成都平原宝墩文化遗存。该城址为研究成都平原新石器时代文化遗存及社会生活状况提供了重要的实物资料。在市文广新局、市考古队的支持下，分别完成悦来镇、董场镇等乡镇宋汉墓和新场镇明清遗址抢救性保护发掘等工作。完成成都市“三绕”建设、大邑县北街旧城改造、乡镇19个幼儿园建设等项目地下文物勘探工作。

文物保护 加强文物保护单位安全巡查，签订消防安全责任书，完成国家文物保护单位新场川王宫保护维修、刘氏庄园博物馆消防工程等项目申报。对省级文物保护单位药师岩、市级文物保护单位虎擘泉周边违规建筑进行拆除。对省级文物保护单位子龙祠墓内部场地进行平整清理，并将该文物保护单位纳入全市三国文化遗存保护项目进行统筹保护，申报市级以上资金250万元，专门用于子龙祠墓核心保护区及周边区域规划编制和内部配套设施建设。积极推动文保地勘劳务服务购买，包括雾山开化寺石碑维护、数字博物馆建设、20处文化地标建设、安仁27座公馆评估等项目。积极组织第六批市级文物保护单位申报工作，完成刘体中等9个市级文物保护单位申报工作。

文物研究 加强一般不可移动文物的保护，对县内500处一般不可移动文物作现状调查并登记，对已消失的点位做消失登记。市县主管部门先后对子龙祠墓进行实地调研，邀请省市文物专家、县子龙文化研究会等召开专题座谈会，通过挖掘、提炼赵云文化和赵云精神，合理调整子龙祠墓及周边文态、业态、形态。

体　育

【概况】 组织全县各乡镇（街道）、体育协会开展第四届全民健身系列活动、参加市级全民健身活动共计80场次。加快全县体育产业发展，努力打造大邑特色体育品牌赛事。举办全国竞技/全接触空手道俱乐部争霸赛（四川站）、成都市青少年武术套路冠军赛、“诗意山水 创新之邑”2017大邑半程马拉松赛。做好101名三级社会体育指导员培训工作，指导广大群众开展全民健身活动，掌握科学健身技能。继续开展国民体质监测样本采集工作，为广大群众提供科学健身指导，做好新旧体育中心体育场馆免费（低收费）对外开放工作。开展“足球试点县”创建，建成公益性足球场地6个，开展校园足球和城市足球联赛共2252场。全年举办大邑县第四届全民健身运动会和全国竞技/全接触空手道俱乐部争霸赛（四川站）、“传承巴蜀文明 发展天府文化‘运动成都’2017年成都市青少年武术套路冠军赛”。

【体育设施】 参照配置均衡、规模适当、方便实用、安全合理的原则，科学规划和统筹建设全民健身场地设施。集中采购体育健身设施72套，其中“小组微生”项目21套、“提档升级”39套、乡镇更换破损器材12套。全县累计安装大小“1+2”、健身路径、单双杠体育健身设施427套（2898件）。

【学校体育】 县青少年业余体育学校指导全县学校开展“阳光体育活动”，在成都市体育局评比活动中荣获综合评比三等奖，有40所学校分获单项一、二、三等奖。组队参加2017年“运动成都”成都市第四届小学生综合运动会，荣获总成绩三等奖，排球、足球荣获二等奖，田径、迎面接力、拔河、篮球荣获三等奖。银都学校荣获“运动成都”2017年成都市第八届校园网球文化运动会团体总分一等奖和“优秀组织奖”，单项一等奖5个，二等奖2个，三等奖1个，在2017成

县青少年业余体校举办2017年初中男子篮球教学赛

11月2日，“2017年大邑县全民健身千人太极展演活动”在县老体育中心举行

都市青少年网球锦标赛上，银都学校学生方美炎获得并列第五名。

县业余体校继续在大邑实验中学、县东街小学、北街小学（西区）、子龙小学、大邑中学（初中部）等学校开展篮球、足球、跆拳道、体育舞蹈、网球训练。有专（兼）职教练员20人，在训学生402人。参加成都市青少年体育俱乐部足跑比赛和国防教育活动荣获一、二等奖。在全县中小学校开展校园足球活动，举办大邑县2017年青少年校园足球联赛（小学组、初中组、高中组）比赛场次1280场，参与活动学生10000余人。县武术协会、体育舞蹈协会、巨星健身俱乐部、音舞沙龙舞校、鹤鸣精武馆等民间体育组织积极参加市全民健身运动会和市中小学生武术锦标赛、体育舞蹈比赛，获得金牌67枚，银牌71枚、铜牌45枚，市级比赛一、二、三等奖100余个。

【全民健身】 制定《2017年大邑县全民健身系列活动实施方案及计划》，指导各乡镇（街道）、村（社区）、体育社会团体组织开展群众性健身活动共计80余次，办好“两大赛事”即校园足球和城市足球联赛。4月，分别在银都学校和新体育中心举行校园足球联赛和城市足球联赛开幕式，两项赛事共计2440场，参与人数上万人次。举办县第四届全民健身运动会，分3个组别，设置15个竞赛项目共计280 场次比赛，参与人数万余人次。积极参加市级全民健身活动，获得2017年“太极蓉城”成都市“七进”太极拳展示活动集体自选太极拳一等奖、2017年成都市社会指导员健身技能交流展示活动最佳创意奖、“太极蓉城”2017年成都市行政村（社区）太极拳总决赛集体自选太极拳一等奖、“太极蓉城”2017年成都市太极辅导站太极拳总决赛集体自选太极拳一等奖等。

【体育竞赛】 举办2017年全国竞技/全接触空手道俱乐部争霸赛（四川站）、“运动成都”2017年成都市青少年武术套路冠军赛、“诗

意山水　创新之邑”2017大邑半程马拉松赛特色体育品牌赛事。举办“运动成都”第四届“安利纽崔莱”全民健身运动会暨大邑县“体彩杯”第四届全民健身运动会、大邑县2017年《国家体育锻炼标准》达标活动、2017年大邑县全民健身千人太极展演活动。组队参加“运动成都”成都市第四届“安利纽崔莱”全民健身运动会总决赛（拔河、跳绳、广场舞、平板支撑）、“太极蓉城”2017年成都市行政村（社区）太极拳总决赛、2017年“太极蓉城”成都市“七进”太极拳比赛、“我要上全运　健康中国人”太极拳公开赛（西南、西北区）系列活动成都资格赛、“家在成都·运动成都”全民健身工程系列活动暨“太极蓉城”成都市第十四届太极拳锦标赛、2017 年“高新杯”成都市区（市）县业余网球团体赛、2017年全国百城千村健身气功交流展示活动暨成都市健身气功比赛。

8月14—15日，全国竞技/全接触空手道俱乐部争霸赛（四川站）在大邑县新体育中心举行

【体育彩票发行管理】　积极对接成都市彩管中心，做好安全防范工作，对体育彩票销售中出现的安全隐患及时上报和处理，确保体彩销售顺利进行。采取以“中国体育彩票超级大乐透杯”冠名各项体育赛事或在举办全民健身活动中宣传体彩，大力宣传体彩公益性。全年组织宣传活动5次，配合市体彩中心做好体彩培训工作。完成县销售点的巡点、调研、新增点位以及信息反馈等工作，公益金使用符合相关政策规定。2017年末，全县体育彩票销售网点有48个。

卫 生

【概况】 2017年末，全县各级各类医疗卫生机构432个。医院18个（按级别分：三级乙等医院1个，二级甲等医院2个，二级乙等医院1个，其他14个；按所有制性质分：公立医院5个，民营医院13个）；疾病控制机构（疾控中心）1个；妇幼保健机构1个（三级乙等）；社区卫生服务中心1个；卫生院29个，其中乡镇公立卫生院19个，卫生院分院5个（三坝、墩义、唐场、高山、龙凤），地名卫生院3个（五龙、银屏、凤凰），民营2个（天宫庙卫生院、元兴卫生院），村卫生站（室）304个，门诊部9个，诊所60个，医务室7个；中医诊所备案1个。

全县卫生人员4670人，其中卫生技术人员3881人，有编制人员数为789人。全县医疗卫生机构核定床位3409张，每千人口医疗机构床位数由2016年（3294 张）的6.45／千张，提高到2017年的6.68／千张。2017年，全县门诊人次数为3101040人次，入院人数144449人次，出院人数143350人次。

【机构变更】 3月3日，在卫计局设立爱国卫生科，挂“大邑县爱国卫生运动委员会办公室”牌子。将原来公共卫生科承担的爱国卫生工作职责调整到爱国卫生科，公共卫生科不再挂“大邑县爱国卫生运动委员会办公室”牌子。撤销县卫计局内设科室妇幼健康服务科，将原妇幼健康科服务科承担的相关职责划入计划生育基层指导科。3月30日，整合县妇幼保健院和县计划生育服务站，组建大邑县妇幼保健计划生育服务中心，挂大邑县妇幼保健院牌子，为县卫计局所属公益二类事业单位，不再保留大邑县计划生育服务站。

【依法行政】 借助信息化手段，利用手持执法终端、全过程记录设备现场执法，对办案实施全程、实时、动态监管，有效避免随意处罚、滥用自由裁量权。全年办理各类行政许可事项3190件，现场办结率100%，时限内办结率100%，群众满意率达100%；选送执法案卷参加市卫计委组织的年度案卷评查，行政处罚案件以平均得分84.7分列全市前8名，行政许可案卷以满分的成绩并列成都市第1名，执法案件年中办理数名列全市第4，自制监督员形象宣传片《监督员的一天》参与评选获省总队微课大赛优秀奖。通过相关网络平台将单位职权、“两库一单”、行政处罚结果等信息及时公开，方便群众查询监督。全年行政处罚案件58件，公示率100%。完成监督抽检263户次及106户国抽、省抽任务。对全县32家医疗机构开展医疗机构医用织物洗涤消毒管理工作，对医疗机构医用织物的清洗消毒情况进行集中检查和抽样检测。

【信息化建设】 制定《大邑县人口健康信息平台2017年建设方案》，投入350万元对“三医监管”数据接口进行改造、平台基础服务及数据质量提升等相关工作。县人民医院、县妇幼保健计划服务中心先后建成微信挂号和“银医”系统。通过微信公众号及自助机进行挂号、缴费、退费、查询等，实现无障碍预约挂号、诊间缴费等服务，优化就诊流程、缩短就医时间、减少医疗资源耗费、避免诊断误差、提高服务效率和服务质量的目标。

【居民健康卡建设】 完成40.22万张居民健康卡发卡任务，并深入开发居民健康卡配套功能，居民健康卡可在银医系统或绑定微信进行使用，使挂号、缴费、打印、查询等功能变得简单快捷。

【健康大邑建设】 6月，花水湾镇创国家卫生乡镇经验在全省爱国卫生年度会上交流；晋原街道成功通过省级卫生县城复审，新场镇国家卫生乡镇创建顺利通过暗访，病媒生物防制达到C级控制标准，乡镇卫生厕所覆盖率达97%。成功创建省级卫生乡镇4个、省级卫生村（社区）25个，农村星级卫生院落120个、城区星级院落10个，省级卫生单位8个、省级无烟单位6个。9月25日，县委召开卫生与健康暨健康城市建设推进大会，传达学习国家、省、市卫生与健康大会精神，安排部署全县卫生与健康暨健康城市建设相关工作。被成都市人民政府评为“2014—2016年度爱国卫生工作先进集体”，组织参加纪念爱国卫生运动65周年暨新农村居民健康知识大赛中获全市“第二名”。

【药品耗材集中采购】 2017年9月1日，全县24家公立医疗机构全面实施药品采购“两票制”，进一步加强药品、耗材合理使用监管。公立医疗机构严格执行全省药品、高值医用耗材、医用设备、体外诊断试剂、二类疫苗“五位一体”网上集中采购相关规定，全年总采购金额约1.3199亿元，配送率100%、入库率100%，县级阳光采购积分平均分为113.69分，乡镇公立卫生院平均积分为100.11。各级公立医疗机构严格执行药品零加成制度，全年直接为广大就医患者节约1979.85万元，降低药品虚高价格。

9月25日，召开大邑县卫生与健康暨健康城市建设推进大会

【建立县域胸痛中心】 年内，县人民医院建立成都市第1家县域胸痛中心，与四川大学华西医院心血管科建立绿色快速通道，与各乡镇公立卫生院（社区卫生服务中心）、县120急救指挥中心建立急救紧密协作关系，承办由中国胸痛中心总部主办的省胸痛中心联盟帮扶单位规范化建设培训会。投入3000余万元，开展硬件设备更新、重点专科打造、人才培养等工作，县域医疗服务能力得到提升。

9月7日，在县法制广场举行首届“大邑名医”“大邑名中医”“最美护士”“最美乡村医生”颁奖典礼

【名医评选】 组织开展首届“大邑名医、名中医、最美护士、最美乡村医生”评选活动。评选出“大邑名医”“大邑名中医”“最美护士”“最美乡村医生”共37名，并对获奖人员进行命名颁奖。活动得到社会广泛关注、参与，微信投票量达22万（每个微信号只能投1次）、访问量200万余。雅虎、四川在线、成都文明网均报道本次评选活动。最美乡村医生李正华短片《一双拐杖，搭起一座连心桥》被评为四川省第六届广播电视公益广告创新大赛优秀作品。

【项目建设】 县妇幼保健服务中心保健楼建设项目进入施工阶段；7个卫生院提档升级一标段工程（安仁、蔡场、韩场、董场）完成招投标，二标段工程（斜源、青霞、银屏）已进场施工；57个村卫生站项目开工率100%，主体完工55个，完工率96.5%，已进入验收和审计阶段。

【离职老年乡村医生年限确认】 在全市率先启动离职老年乡村医生身份和工作年限确认工作。制定《大邑县离职老年乡村医生身份和工作年限确认工作方案》，对符合条件的离职老年乡村医生开展摸底、核查工作，审核符合申报条件有896人。现正在制定完善离职老年乡村医生保障性待遇落实方案，待县政府审定后实施。

【医联体建设】 进一步规范急诊、转诊流程，建立绿色通道，使危急、重症患者得到方便、快捷的就诊服务。通过一系列考核机制、措施的落实，分级诊疗制度持续推进，基层首诊、双向转诊、急慢分治、上下联动的就医格局初步形成。年内，医联体内向上级医院转诊3457人次，向县级医院转诊2075人次；向下级医疗卫生机构转诊81人次，开展心电、影像、检验等远程诊疗1200余人次。

【县人民医院“三级乙等”评审】 9月20—24日，四川省医院评审委员会专家组通过听汇报、查阅资料、现场查看、问题追踪、医护人员及患者访谈等形式，对县人民医院创建“三级乙等”综合医院工作进行全面、系统、深入的现场评审工作和意见反馈。

【重大疾病防控】 重点做好禽流感、手足口病等重点传染病防控工作，传染病发病率控制在国家规定范围内，全年无甲类传染病发生，无传染病的暴发流行；继续深入推进艾滋病、结核病、狂犬病、血吸虫病等重大疾病防控，强化健康教育、病人的全程督导管理治疗等工作，被四川省人力资源和社会保障厅、四川省重大传染病防治工作委员会评为“血吸虫病防治先进集体”。加强慢病管理，强化糖尿病、高血压等慢性病管理，完善居民健康档案，全县居民电子健康档案建档率达95.08%，糖尿病健康管理率达69%，高血压健康管理率达85.5%。对群众在体检中发现的健康问题，进行一对一健康指导。计划免疫全面实施，麻疹、百白破、脊灰疫苗等免疫规划各类疫苗接种率在99%以上，无预防接种差错事故发生。

【家庭医生签约】 家庭医生服务模式实现全县20个乡镇（街道）全覆盖，组建全科医生团队155个，约27万市民拥有自己的家庭医生，签约率达51.8%。悦来镇公立卫生院、晋原街道社区卫生服务中心参加2017年市卫计委组织的优秀家庭医生团队评选，晋原街道社区卫生服务中心被评为成都市优秀家庭医生团队。

【妇幼保健服务】 积极开展产儿科医联体建设，与成都市第五人民医院建立医联体合作关系、20家基层医院签订《大邑县妇幼专科医联体协议》。强化孕产妇和儿童系统管理，充分发挥县妇幼保健院和县人民医院产儿科急救点职能，孕产妇、儿童系统管理率均在98%以上，无孕产妇死亡，婴儿死亡率1.6 ‰。全面开展免费婚前医学检查和孕前优生健康检查，免费婚前医学检查3463对，免费婚检人数占结婚登记人数的90.08%；免费孕前优生检查1747对，计划怀孕夫妇孕前优生优育免费检查覆盖率达100%。2017年度妇幼健康服务绩效考核被市卫计委评为“优秀先进区（市）县”，有效控制孕产妇和儿童死亡率全市排名第四，妇幼民生工程工作成绩显著，全市排名第六。

【中医药工作】 在县人民医院，悦来、王泗公立卫生院加强特色中医学科建设，大邑志昌骨科医院成功建成基层名老中医药专家传承工作室。完成3个“示范中医馆”及10个规范化中医角打造，悦来镇公立卫生院“示范中医馆”建设项目于9月26日接受成都市验收评估，12月14日代表成都市接受四川省检查，得到专家肯定。积极稳妥推进“四川省中医工作先进单位”和“全国农村中医工作先进单位”复审准备工作。

【人才队伍建设】 年内，引进医疗卫生人才14名(其中博士1名、副高1名、硕士12名），公开招聘医疗卫生技术人员42名，开展全科医生转岗培训66人、住院医师规范培训3人、助理全科医师培训1人。鼓励医务人员参加继续医学教育，加大医务骨干培训晋升力度，43人申报高级技术职称，完成两名农村定单定向医学生的送培任务。82名副高职称及硕士研究生学历以上的医疗卫生人才获得县委县政府人才津贴。调整乡镇公立卫生院班子，从县级医疗机构中选派12名具有管理经验的专业技术人员参与乡镇公立卫生院（社区卫生服务中心）日常管理。12月，由县委、县政府牵头召开大邑籍在蓉副高级及以上职称或硕士、博士34名医疗卫生专家座谈会，专家们围绕远程诊疗、重点学科建设、人才培养等方面提出建议和意见30余条。

【医疗应急】 强化应急卫生队伍建设和业务技能提升，开展应急演练和应急培训。强化院前服务体系建设，出动急救车辆5522次，抢救危急重症患者3103人次，保障第十四届成都美食旅游节暨第七届国际慢食全球大会、2017大邑半程马拉松赛、冰雪节、中考、高考等重大活动、重大

12月23日，举办大邑籍在蓉医疗卫生专家座谈会

会议的医疗卫生保障工作100余次，保障群众安全。悦来镇公立卫生院、晋原街道社区卫生服务中心参加成都市组织急救技能竞赛，获团队优胜奖。

人　口

【概况】　年内，全县共出生5309人，出生率9.92‰，死亡4181人，死亡率7.82‰，自然增长1128人，自然增长率2.11‰。符合政策生育5297人，符合政策生育率99.77%。全县违法生育12人，二孩7人，三孩5人，出生人口性别比104。

【计划生育工作】　加强宣传、培训和督查，确保“全面两孩”政策顺利实施。全年受理申请生育登记4818例，其中两孩2014例，人口自然增长率为2.11‰，符合政策生育率达99.77%。建立1171户计划生育特殊家庭信息档案和县、乡、村三级联系人制度，“一对一”“一对N”的联系人、领导联系和重大节日慰问“三项”制度。开展重大节日走访慰问、再生育扶助、养老扶助、医疗扶助、安居扶助等工作的同时，率先启动《计划生育特殊家庭爱心卡》管理、短信慰问、重大疾病救助、圆梦助学等工作。至11月30日，奖励扶助对象31327户和特别扶助对象1519户，扶助金全部发放到位。

居民生活·社会保障

劳动保障

【概况】 全县劳动保障监察工作以构建和谐劳动关系为中心，以畅通行刑衔接渠道为抓手，加强对企业劳动用工和工资支付监管，加强对涉嫌拒不支付劳动报酬案件的移送，积极构建和谐劳动关系。

【劳动能力鉴定】 全年共办理劳动能力鉴定手续162人。积极开展病残津贴劳动能力鉴定工作，切实维护因病或非因工致残完全丧失劳动能力人员的养老保险权益。同工伤认定数、劳动能力鉴定数、工伤保险报销数结合起来，建立数据共享制度，实时掌握劳动能力鉴定情况和工伤保险报销情况，开通提醒服务，使劳动能力鉴定和工伤保险报销由被动服务转为主动服务，切实维护用人单位和工伤人员的合法权益。

【劳动监察】 2017年，县劳动保障监察管理信息系统内共采集用人单位信息834户，采集比例达104.3%，与社保数据库对比达97.6%，用人单位信息完整率达到99.1%，劳动合同签订率达97.5%，社会保险参保率达87.5%。全年受理劳动保障监察举报投诉案件26件，结案25件，结案率为96.1%，其中涉及订立和解除劳动合同类3件、工资支付类16件、工作时间类2件，缴纳社会保险费用类1件、其他类3件，追讨劳动者工资60.72万元。保障农民工工资支付，动态监管非建设领域欠薪重点单位14家，涉及职工2000余人。主动监察用人单位280户，全部录入劳动保障监察管理信息系统，主动监察案件结案率98.7%，“成都劳动监察”微信公众号投诉举报案件在规定时限内办结率100%。组织成立解决企业工资拖欠问题联席会议制度，通过定期召开会议明确18个成员单位和属地乡镇工作职责，切实保障全县治欠保支工作有序开展。处理信访信件122件，回复处理率达100%，参与处理因拖欠农民工工资引起的群体突发事件16件，涉及农民工1187人，未因处置不当而引起群体性突发事件扩大化。

【劳动关系协调和劳动争议仲裁】 开通拖欠农民工工资审理“绿色通道”，对拖欠农民工工资案件做到“快立、快处、快结”。审结、调解拖欠农民工工资案件10件，涉案人员231人，涉及金额300余万元。稳妥处理劳动争议，全年组织仲裁员、调解员开展排查工作3次，排查规模以上企业30余家。做好群众来信来访工作，全年接待来信来访群众700余人次，信访回复5件。加大《劳动争议调解仲裁法》等法律法规以及劳动人事争议处理相关政策宣传力度，维护基层劳动者合法权益。加强调解预防及“裁审衔接”，将调解工作前置，做好与相关业务科室的协调配合，及时掌握可能发生争议的信息，提前介入调解，将争议化解在源头。加强同法院的“裁审衔接”，跟踪掌握案件的后续发展情况，对裁决案件的起诉、申请、撤诉、上诉、再审等情况及时跟进，提高裁审法律适用标准统一。裁决的61起案件，只有2起上诉至法院。全年立案115件，其中审查出不予受理案件10件，受理105件案件中，调解结案36件，裁决结案61件，8件未开庭审理，在法定仲裁时效结案率98%。所有立案受理案件均在市仲裁院《仲裁办案信息系统》同步经办。庭外调解案件135件，调解成功95件，成功率90%。

就业促进

【概况】 2017年，举办各类招聘活动24场次，针对瀑布沟水电移民、“散乱污”企业整治等重点工作每月开展就业巡回服务，帮助协调企业参加县外招聘会或开展有关招聘工作6次，涉及用人单位10余个。优化创新创业环境，建立创业指导专家服务团，建成并投入使用电商孵化园大楼，荣获“成都市大学生创业孵化示范基地”称号。推进高标准扶贫就业帮扶工作，建立定点联系帮扶机制和贫困家庭实名制台账，适时掌握就业精准扶贫对象的情况，促进县域内贫困家庭60户94人转移务工，县就业局被授予全市就业扶贫工作先进集体。

【就业政策落实】 做好城镇职工失业人员及被征地农民失业金审核、发放，累计发放失业保险 11905人次1150万余元，代缴医疗保险11905人次，486.98万余元，发放价格补贴1151人次，34.5万元。启动2017年稳岗补贴申报工作，为162家企业的2.68万名企业职工发放补贴资金530万元。对“零就业”家庭、“4050”等就业困难群体和困难家庭中未就业的普通高校毕业生实施就业援助。定期开展入户调查，建立台账，提供职业介绍、职业技能培训和公益性岗位援助，动态消除“零就业”家庭。联系对接四川利民中药饮片有限责任公司、圣康物业管理有限公司两家

8月23日，县人社局联合韩场镇政府在兰田社区开展再就业巡回服务

就业援助基地，托底安置县内就业困难人员，在公益性岗位就业的困难人员72人，通过援助基地解决困难人员就业65人。

【公共就业服务】 通过“送政策、送岗位、送服务、帮就业”等手段，为全县城乡劳动力搭建充分就业平台。在晋原、苏家、董场、沙渠、悦来等乡镇举办春风行动系列招聘会、就业援助月等活动，共组织现场招聘会和就业巡回服务24场，服务群众16000多人次，参加企业190余家，提供岗位7000余个，发放宣传资料68000多份，现场达成意向2468人。充分利用网络资源，在成都公共招聘网、大邑县人力资源市场网、微大邑上同时发布网络招聘活动。帮助协调企业参加县外招聘会或开展有关招聘工作6次，涉及用人单位10余个。

【高校毕业生就业创业推进工作】 搭建多种形式创业孵化平台，确保政策落实到位。加大现代农业青年（大学生）创新创业孵化中心提档升级，大力推进电商孵化平台建设。电商孵化园新大楼建成投入使用，物流配套设施加快建设，并在园区内聚集人力资源、法律、工商、税务等各类公共服务机构，为创业电商提供全方位服务。建立多元化创业指导服务模式，采取成立创业指导专家服务团、创业导师服务、师徒结对等形式，实现创业辅导方式个性化。创业指导专家服务团为县内120个创业项目提供信息指导和智力保障，为参加四川省第一届“天府杯”创业大赛5个参赛项目提供一对一上门指导服务。继续落实好创业贷款政策，对自谋职业、自主创业大学生、自主择业军转干部和下岗失业人员提供信贷支持，落实税费减免政策，建立全方位扶持创业工作机制。

【高校毕业生自助创业扶持】 2017年，大邑县对创业的在校大学生和毕业5年内的高校毕业生给予创业补贴、创业担保贷款等政策扶持，促进其创新创业，为67名高校毕业生发放创业实体创业补贴共计67万元；新增吸纳大学生就业创业1012人，全年为四川影视学院、四川文轩职业学院630名在校大学生开展21期SYB创业培训。

社会保障

【概况】 大邑县围绕服务民生，以突出社会保障制度改革为主线，紧紧围绕城乡居民养老保险全覆盖，扎实开展扩面征缴，稳步提升待遇水平。年末，城镇基本养老保险参保人数12.16万人，参加农村社会养老保险人数20.88万人，城镇基本医疗保险参保人数14.14万人，城乡居民医疗保险参保人数36.09万人。建成50个城乡社区日间照料中心；全县新增养老机构床位197张。有各种社会福利机构16个，拥有床位4007张；救助站1个，救助人次135次。

【城镇职工基本养老保险】 全年共计征收企业职工基本养老保险费52074万元（其中清理欠费547万），城镇职工基本养老保险参保总人数为131058人，其中企业在职职工参保人数为68585人。按时、足额为48712名城镇基本养老保险退休人员发放养老金；为13名供养人员发放生活困难补助金，社会化发放率100%。完成城镇职工基本养老保险、退休人员待遇调整工作并及时发放到位，涉及调资人员47614人，人均每月增加养老金102元，每月增加养老金发放485.66万元。办理城镇职工死亡一次性待遇拨付1210余人，拨付丧葬费、抚恤金3872余万元。核查认证享受待遇人员118093人，恢复发放补核查认证人员待遇12528人，通过《四川省养老保险、工伤保险定期待遇领取资格协查认证系统》为市内省外异地离退休人员进行异地协查认证1894人。

【城乡居民养老保险】 2017年，全县城乡居民养老保险参保人数207093人，参保覆盖率97.20%；参保缴费人数88150人。征收城乡居民养老保险费约31190万元，按时足额为71890余名享受城乡居民养老保险待遇人员发放养老金，累计发放31201万元。办理城乡居民养老保险死亡待遇拨付1500余人次，拨付丧葬费及个人账户约445万元。完成城乡居民养老保险调资工作，涉及调资人员59870人，人均月增资27元。

【机关事业单位养老保险】 自2016年9月启动机关事业单位养老保险经办工作以来，扎实做好业务培训、信息审核、参保缴费、待遇调整和社会化发放等各项工作，率先在全市攻克征收与待遇发放前的所有难题，经办工作走在全省前列，受到省市各级领导的肯定。2017年，县社保局在“1+N综合柜员制”经办服务体系建设过程中，利用岗位设置、人员调整契机，将机关事业单位医疗、工伤、生育、失业等社保业务交由机关事业养老保险科统一办理，逐步实现机关事业单位编内编外人员五险业务一站式办理。年内完成9823名在职人员缴费基数申报、540名退休“中人”待遇核定申报、535名退休“中人”连续工龄和视同缴费年限认定。完成5190名退休人员2017年度基本养老金调整和补发，补发金额共计7026194.19元。

【征地农转非人员社会保险】 为晋原、沙渠、王泗等乡镇（街道）273名被征地农民办理参保手续，征收养老、医疗、失业基金5623.57万元。办理预存款被征地项目两个，预收养老、医疗、失业基金约8908.07万元。

【城镇职工基本医疗保险】 全年征收城镇基本医疗保险费30390万元，城镇基本医疗保险参保总人数为137390人，其中在职人员87556人、退休人员49831人。7月1日正式启动实施长期照护保险。全县城镇职工基本医疗保险参保人员136597人，已受理失能申请262人，经评估达到重度失能人员184人，分别在结论下达次月享受长期照护保险待遇；有入库评估专家8人，入库评估人员15人；有照护机构1家（大邑县杏苑养老院）。重度失能人员中184人中选择照护机构照护的7人，选择居家照护的34人。

【城乡居民基本医疗保险】 2017年，全面实施银行代扣代缴工作，城乡居民医疗保险参保总人数358778人，参保率在98%以上。为20个乡镇（街道）安装配备加磁器和校验器，将城乡居民磁卡加磁业务下发到各乡镇，方便群众就近办理业务。

【失业保险】 全年征收失业保险基金2002万元，失业保险参保总人数为48047人。

【工伤保险和生育保险】 2017年，全县工伤保险参保户数1879户，工伤保险参保总人数为48982人，征收工伤保险基金830万元，工伤保险基金待遇支出1000万元。生育保险参保人数55300人，征收生育保险基金1174万元，生育保险基金支出1540万元，生育保险享受待遇1328人。

【社会保险社会化管理服务】 按时、足额为48712名城镇基本养老保险退休人员发放养老金，为13名供养人员发放生活困难补助金，社会化发放率100%。完成全县城镇职工基本养老保险退休人员待遇调整工作并及时发放到位，涉及调资人员47614人，人均每月增加养老金102元，每月增加养老金发放485.66万元。核查认证享受待遇人员118093人，恢复发放补核查认证人员待遇12528人，通过《四川省养老保险、工伤保险定期待遇领取资格协查认证系统》为市内省外异地离退休人员进行异地协查认证1894人。

8月31日，成都市首例市管定点医院跨省就医患者在大邑县中医医院成功实现即时联网结算

【社保基金管理使用】 严格实行“收支两条线”管理，对实行市级统筹的基金按时足额划转市上，对市级下拨的市级统筹基金存入规定账户。进一步规范出纳业务办理，收支付数据全部来源于业务生产库，按规定使用“手工登账”和“冲销抵扣”模块；建立出纳与银行、财政专户、会计的对账机制并认真执行。基金出纳支付业务设立支付时限，并按时限要求完成支付业务，确保退休人员养老金及各险种基金的待遇拨付。票据纳入系统管理，重要票据和财务印鉴管理按照不相容岗位进行分离设置。制定专用收据管理领用规定，并由专人进行保管。专用票据均统一管理并按照规定设置票据登记本，设立专职人员负责票据领用和作废工作，建立相应的登记薄，并入机进行系统管理。

表20 2017年大邑县社会保险基金收支情况表

单位：万元

险种	征收	支出	当期结余	累计结余
基本养老	141511	193368	-51857	-69258
基本医疗	68538	64683	3855	6304
工伤	2152	2306	-154	286
失业	5217	4766	451	1780
生育	2809	4118	-1309	39
城乡居保	40848	37494	3354	105807

民政事务

【概况】 县民政局积极应对新时期民政工作新情况、新特点和新问题，着力推进养老服务、慈善事业、优抚安置等领域改革，促进社会福利与经济发展同步，全面提升人民群众的幸福感和满意度。

【社会救助】

城乡低保 对城乡低保进行审核审批，实现对低保工作的程序化、标准化、规范化管理，委托第三方专业机构开展低保全面入户调查。年末，全县保障城乡低保对象4977户，7492人，累计发放低保补助金2767.41万元；全县城市低保对象累计月人均补助为376.53元，农村低保对象累计月人均补助为344.33元。

城乡医疗救助 大力实施门诊救助、住院救助、大病补充医疗救助三位一体救助方式。年内全县城乡医疗住院救助累计救助4188人次，救助资金274.6万元；门诊救助6725人次，救助资金46.65万元；大病救助207人次，救助资金149.05万元，切实缓解困难群众看病难的问题。

临时救助 临时救助工作及时有效。全年救助困难群众795户，发放临时救助金181万元，有力缓解困难群众突发性、临时性生活困难。

慈善事业 积极实施“阳光育苗”“阳光宏志”“阳光圆梦”三大阳光助学工程。“阳光育苗”工程给予符合条件的141名义务教育阶段学生进行救助，每人发放冬夏两套衣服，合计金额70500元。“阳光宏志”工程帮助品学兼优的贫困家庭学生成人成才，对38名学生进行救助，发放救助金133000万元。“阳光圆梦”工程对符合条件的46名大学生进行救助，发放“阳光圆梦”救助金139150万元。

【社区建设】

基层政权建设 深化城乡社区治理机制，成立县城乡社区治理工作领导小组，落实社区减负工作。指导各乡镇（街道）与村（社区）签订各种事项协议，落实村（社区）准入制度，分组对村（社区）减负工作进行督查。加强和改进村（居）民委员会组织建设、队伍建设、制度建设、设施建设，通过法规和制度的执行落实，群众依法有序参与社区公共事务管理，实现共享法治社区建设成果。推进城市建设管理转型升级"四改六治理"，14个老旧院落及三无院落自治组织100%健全。进一步完善村规民约（居民公约），健全农村社区及村民小组自治组织体系。创新村级治理机制，探索新型农村社区治理，推进村民小组、农集区为单位的村民自治试验任务。在青霞镇分水社区、苏家镇香林村开展社区营造工作。推进村（社区）自治组织换届选举，完成全县20个乡镇（街道）218个村（社区）自治组织的换届选举工作，选出706名自治组织成员。

三务公开 按照三务公开要求，强化村（社区）村（居）民自治，加强权力公开透明运行工作，制定村（社区）居务公开工作流程和风险防范点，实行村（居）务公开"六化"制度，即公开内容具体化、公开形式标准化、公开程序规范化、公开时间统一化、公开形式多样化和公开管理制度化，促进基层民主政治建设。

廉政文化建设 新一届村（社区）村（居）委会换届选举后，全县218个村（社区）按照县纪委关于党风廉政建设和反腐败工作要求，以规范"廉政阅览室""社区廉政文化业余文艺演出队伍""廉政文化进社区宣传点"为载体，深化廉政文化进村（社区）工作。

社工人才建设和管理 年末，全县社工人才150人，其中社会工作师（中级）10名、助理社会工作师（初级）119名、社工专业毕业生21名。全年实施6个社会工作服务项目，培育孵化1家社工类社会组织。推进社工介入社会救助，着重推动社区社会工作和"三留守"社会工作通过政府购买社会组织服务实施。利用"国际社工日"宣传周、网络、志愿者服务等载体加强对社会工作相关知识的宣传，提高群众对社会工作知晓度。以集中学习、实地考察、能力提升工作坊等形式开展考前免费培训和社工专业人才专题培训6场次共计1300余人次。

【社会事务管理】

社会组织登记管理 2017年，依法登社会组织22家，其中社团11家、民办非企业单位11家，合格率100%。完成社会组织2016年度的年检工作，年检率达95%。召开社会组织等级评估工作会，对申报的10家社会组织进行等级评估。推进全县社会组织党的组织和党的工作"两个覆盖"。组织党建工作负责人进行党建工作培训、社会组织社工人才及志愿者培训 。补助18家社会组织党支部党建工作经费。培育发展社区社会组织5家，利用市县专项资金，引导村级公共服务和社会管理资金100万元实施社会组织扶持发展项目6个。

社会组织自律体系建设 加强社会组织自律体系建设。对新成立登记的22个社会组织签订诚信自律承诺书，加强社会组织诚信自律建设。对民办非企业单位进行社会组织自身财政管理为重点的抽查，对单位财务管理疏漏、票据开办不齐等问题进行指导督查。对社会组织新增、变更、注销、年审、评估等相关工作信息进行专项公开。

收养登记 办理收养登记16件，登记合格率100%。

区划地名管理 严格执行地名核名程序性规定，清理整治不规范地名，全年命名地名26条，对5个建筑物命名备案，全国第二次地名普查通过省市验收。开展地名录和行政区划图成果转化工作，完成地名录初稿，正在修订完善行政区划图。开展大邑同崇州边界线联合检查工作。

城乡特困人员补助　2017年，城乡特困人员新增护理费，并上调特困人员供养标准。年末，农村特困人员2237人，其中集中供养918人、分散供养1319人。城市特困人员33人，其中集中供养10人、分散供养23人。新增特困人员288人，其中集中供养49人、分集供养239人；退出特困106人，其中因死亡退出101人、因条件不符取消5人。城乡特困供养金累计发放1579.29万元，城乡特困护理费累计发放241.49万元，特困丧葬补助90人次，累计发放丧葬补助金35.52万元。

【公墓建设与管理】　加强殡葬管理，做好清明节期间祭扫工作，确保2017年清明节期间未发生任何安全隐患。开展文明治丧宣传活动，革除治丧活动中播放（吹奏）音乐、鸣放礼炮、抛撒冥钱等不文明行为，整治治丧活动扰民行为。印发《大邑县惠民殡葬实施细则》，印制宣传画和宣传资料，在社区院落长期设立惠民殡葬宣传栏，全年办理惠民殡葬补贴3221户，节地生态安葬奖补1例，惠民补贴资金共193万元。

老龄事业

【概况】　年末，全县户籍人口51.37万人，其中60岁以上老年人口12.13万人，占户籍总人口的23.38%；80岁以上老年人口1.7146万人，占老年人总数的14.272%，占户籍总人口的3.337%。年末，全县百岁老人32人。

【居家养老服务与助老服务】　县民政局开展城乡留守（空巢）和特殊困难老人摸底调查，5月底召开专题工作会，对开展城乡留守（空巢）和特殊困难老人关爱服务工作做了安排部署。初步建立健全居家养老工作机制，将老年人口档案管理、《老年优待证》办理、老年救助服务、老年维权、老年家庭纠纷调解和老年法律援助等公益性服务纳入村（社区）服务内容。全县依托村（社区）、基层老协以及日间照料中心、农村幸福院、基层为老服务养老帮扶服务点等养老服务机构，初步建立“助老探访”责任区160余个，全年入户探访空巢、困难、残疾等各类老人4000余人次。发放经济困难失能半失能老年人护理补贴和经济困难老年人基本养老服务补贴37.9545万元，资助19个乡镇2491名老年人接受居家护理服务或通过养老机构接受专业护理服务。依托各基层为老服务养老帮扶服务点，开展基层示范养老服务工作，为农村老年人提供家庭赡养、邻里互助、志愿服务等多种形式的农村留守老人关爱服务。

【养老设施布局规划】　修订完善《大邑县社区养老服务设施规划》（2015—2020）《大邑县养老机构布局规划》（2015—2020），加强在养老项目立项、规划、用地、建设审批监管等方面协调配合，将社区养老服务设施建设列入城市建设规划，纳入公建配套设施建设管理范围，结合城市改造、土地开发和新农村建设，将社区养老设施建设规划具体落实到点位，做好养老项目建设推进工作。启动民营养老机构大邑新场归来康养中心建设（养老床位300张），建成安仁民仁、四川杏林两所社区养老院，新增养老床位110张。全县45个城乡社区日间照料中心建设任务顺利完成，由县老协实施的9个基层为老服务养老帮扶服务点全面建成，全县基层为老服务养老帮扶服务点达到17个。

【高龄老人优待】　实施高龄津贴制度，全县高龄津贴工作台账全部建立健全，申报审批手续齐备完整，实现按月统计，按季发放。高龄津贴标准共分三档：80—89周岁老年人每人每月50元；90—99周岁老年人每人每月200元；100周岁及以上老年人每人每月500元。年末，全县80周岁及以上高龄老人共14285人，全年共计发放166432人次，发放金额11436250元。

表21 大邑县养老机构基本情况统计表

序号	机构名称	成立时间	通讯地址	人住人数（人）	用地面积（平方米）	建筑面积（平方米）	设施容量（床位数：张）	联系人	联系电话
1	大邑县青霞颐养中心	2015年	四川省成都市大邑县青霞镇龙居小区1号附2号	19	9801.43	9014.3	200	王 霞	18980878980
2	大邑县社会福利院	2011年	大邑县晋原镇青屏村1.2.4组	暂未运营	21485.16	7500	276	暂 无	
3	大邑县社会救助福利中心	2011年	大邑县晋原镇青屏村8,10组	暂未运营	17442.54	4600	282	暂 无	
4	成都市第三社会福利院	1986年	四川省成都市大邑县三岔镇三柏村5组	市局直属福利院	19980	20437	500	王福彬	18981745313
5	大邑县悦来敬老院	2011年	大邑县悦来镇鹤庆村11、12组		19396.58	7300	300	罗明春	028-88370633
6	大邑县综合社会福利中心	2011年	大邑县王泗镇灯笼社区	暂未运营	6670	2500	100	杨小东	13568989685
7	王泗敬老院	2007年	大邑县王泗镇灯笼社区		66600	15000	890	纪维洪	18081095611
8	大邑县蔡场敬老院	2008年	大邑县蔡场镇福利巷46号		11988	6000	306	肖 潇	028-88361549
9	大邑县安仁福利院	2005年	大邑县安仁镇双合社区2组		9990	3000	150	牟 晋	028-88332152
10	大邑县安仁德缘科学养生养老公寓	2014年	大邑县安仁镇民安村2组	25	39960	2500	200	李银波	028-88338382
11	成都崇孝颐养中心	2014年	大邑县鹤鸣乡牟家营村15组	101	10336	28000	330	陈 璐	028-88273587
12	大邑县杏苑养老院	2017年	大邑县晋原镇城西街19号	51	3000	1500	60	李志红	18080128768
13	大邑凤凰养老公寓	2015年	大邑县青霞镇洞口社区12组	35	7992	2540	106	曹学平	13881779874
14	大邑县恩威道源养老中心	2017年	大邑县鹤鸣乡平阳路1号	0	5000	9505	167	魏士林	028-67811733
15	大邑县花水湾镇公立卫生院社区养老院	2017年	大邑县花水湾镇黎沟村	暂未运营	319.9	524	30	刘国明	13880653549
16	大邑县颐兴养老院	2018年	大邑县沙渠镇东岳花苑	暂未运营	1500	1000	30	杨 梅	13980518186
17	大邑县民仁医院社区养老院	2018年	大邑县安仁镇天福街248号，仁和街98号	暂未运营	700	1500	36	罗春梅	15982208947
18	大邑县三岔镇张家大院养老服务中心	2017年	大邑县三岔镇梅花社区	15	380	270	30	陈素琼	13708075820
19	四川省革命伤残军人大邑休养院养老中心	2017年	大邑县大安路2555号	18	1311	7865.65	110	邱兴敏	028-88311280

表22 大邑县2017年百岁老人花名册

序号	姓名	性别	身份证号	住址
1	杨清芳	女	510129191708223721	大邑县安仁镇石瓦村3社
2	刘惠群	女	510129191703123123	大邑县安仁镇瓦窑村9组
3	刘纪芬	女	510129191202023124	大邑县安仁镇裕民村9组
4	曾周氏	女	510129191604147728	大邑县邮江镇华山村2组
5	余秀芳	女	510129191509175528	大邑县董场镇龙华社区7组
6	谢游氏	女	510129191606114620	大邑县董场镇双河村10组
7	汪玉琴	女	510129191612224623	大邑县董场镇正雄社区9组
8	张玉兰	女	510129191707084627	大邑县董场镇铁溪社区26组
9	任代氏	女	51012919150709752X	大邑县金星乡红岩村6组
10	鲜沈氏	女	510129191611307523	大邑县金星乡玉金社区2组
11	吴绍成	男	510129191501240612	大邑县晋原街道驷马5组
12	刘志凡	男	510129191501080014	大邑县晋原街道北街12号
13	胡淑宜	女	510129190910030021	大邑县晋原街道东壕沟北段47号
14	张舜尧	男	510129190504120021	大邑县晋原街道建华北路30号
15	邓翠玲	女	342623191205152721	大邑县晋原街道城西街17号
16	陈朝兰	女	510129191509051023	大邑县晋原街道鸳鸯村5组
17	余马氏	女	510129191506134325	大邑县上安镇蒲墩13组
18	黄古氏	女	510129191202271320	大邑县王泗镇黎安村6组
19	马志英	女	510129191711121363	大邑县王泗镇庙湾村1组
20	王月华	女	51012919160904172X	大邑县王泗镇义兴村6组
21	李绍成	男	510129191704010059	大邑县王泗镇义兴村9组
22	何德芳	女	51012919170628132X	大邑县王泗镇福田社区10组
23	王会忠	男	510129191612088510	大邑县西岭镇飞水村1组
24	汪月明	男	51012919170801791X	大邑县斜源镇斜源路111号
25	赵侯氏	女	510129191709297925	大邑县斜源镇江源村17社
26	任黄氏	女	510129191711157921	大邑县斜源镇三元场村17社
27	孙绍华	女	510129191504152124	大邑县新场镇川王村18组
28	曾素华	女	510129191512192126	大邑县新场镇川王村15组
29	谢开桂	女	510129191609262143	大邑县新场镇川王村2组
30	刘映平	女	510129191708272128	大邑县新场镇石虎村1组
31	吴瑞华	女	510129191609096122	大邑县悦来镇盐井村10组
32	胡牟氏	女	510129191706236123	大邑县悦来镇义和村5组

居民收入与消费

【居民收入】 2017年，城镇居民人均可支配收入31552元，增加2631元，增长9.1%；农村居民人均可支配收入19743元，增加1647元，增长9.1%。（见表23、24）

表23 2017年大邑县城镇居民家庭人均收入情况表

单位：元

项目	金额
总收入	36664
可支配收入	31552
1.工薪收入	17804
工资及补贴收入	17168
其他劳动收入	321
2.经营净收入	3701
3.财产收入	2171
利息收入	363
出住房屋收入	414
4.转移性收入	10512
养老金或离退休金	7872
社会救济收入	38
其他转移性收入	2602

表24 2017年大邑县农村居民家庭人均收入情况表

单位：元

项目	2016年	2017年	2016年比2017年增长（%）
总收入	25874	25983	0.4
纯收入			
可支配收入	18096	19743	9.1
工资性收入	8895	9633	8.3
家庭经营净收入	3869	4289	10.8
种植业收入	781	733	-6.2
林业收入	21	38	-44
牧业收入	1019	1099	7.9
渔业收入	13	113	792.5
工业收入	863	1373	59.1
建筑业收入	235	-565	-341.1
交通运输和邮电业收入	242	477	97.4
批发零售和餐饮业收入	275	578	109.8
社会服务业收入	132	88	-33
其他收入	271	372	37.3
转移性收入	3828	4189	9.4
财产性收入	1503	1633	8.6

【居民消费】 人民生活质量进一步改善。城镇居民人均支出 32883元，其中消费性支出 21660元。农村居民人均消费支出 14635元，其中食品支出6031 元。（见表25、26、27、28）

表25 2017年大邑县城镇居民家庭人均支出情况表 单位：元

项目	金额	项目	金额
家庭总支出	32883	5.交通和通信	2547
一、消费支出	21660	6.教育文化娱乐服务	2227
服务性消费支出		7.居住	3430
1.食品	7960	8.杂项商品和服务	526
2.衣着	1932	二、转移性支出	2887
3.家庭设备用品及服务	1613	三、社会保障支出	2363
4.医疗保健	1425		

表26　2017年大邑县城镇家庭每百户耐用品拥有量情况表

项　目	单位	数量
助力车	辆	63
摩托车	辆	14.4
家用汽车	辆	46.7
洗衣机	台	105
电冰箱	台	106.7
彩色电视机	台	137.2
家用电脑	台	77.8
组合音响	套	
摄像机	架	
微波炉	台	68
空调器	台	136.9
淋浴热水器	台	98.3
消毒碗柜	台	
固定电话	部	25.3
移动电话	部	258
照相机	架	13.3

表27　2016—2017年大邑县农村居民家庭人均支出情况表

单位：元

项目	2016年	2017年	2017年比2016年增长%
全年总支出	26333	27655	5.5
家庭经营费用支出	5972	4574	-23.4
种植业支出	328	371	13
林业生产支出	0.67	0.77	15.1
牧业生产支出	4350	1646	-62.2
渔业生产支出	13	97	633.7
购置生产性固定资产	1068	2603	143.8
税费支出			
生活消费支出	13390	14635	9.3
食品	5529	6031	9.1
主食			
副食			
衣着	1217	1313	7.9
居住	1783	1986	11.4
家庭设备、用品及服务	1060	1151	8.5
医疗保健	788	895	13.6
交通和通讯	1451	1587	9.4
文化娱乐用品及服务	1204	1301	8.1
其他商品和服务	357	370	3.6
财产性支出	27	35	29.3
转移性支出	1499	1329	-11.4

表28　2017年大邑县农村居民家庭每百户耐用品拥有量情况表

项目	单位	数量	项目	单位	数量
助力车	辆	120.3	彩色电视机	台	135.3
电风扇	台		影碟机	台	
洗衣机	台	103.3	照相机	台	0
电冰箱	台	102.2	空调	台	52.7
摩托车	辆	37.8	电话机	部	4.4
大型家居	套		移动电话	部	277.8
抽油烟机	台	5.5	家用计算机	台	41.1
家用汽车	辆	25.3			

人 物

人物简介

脱贫先锋——何楷

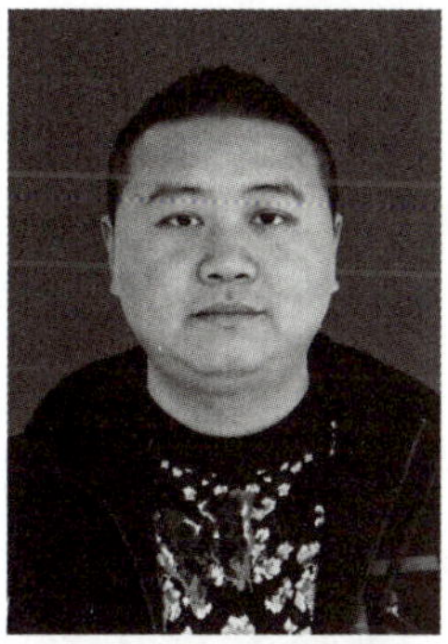

何楷是土生土长的韩场人，2015年3月当选为韩场镇兰田社区党支部书记。他主动向老同志和村“两委”其他成员学习，团结带领班子成员解决群众困难，谋划社区发展。近年来，在以何楷为首的村“两委”带领下，兰田社区实现小区自治组织规范运行，完成葡萄园区的景区化提升和葡萄新村建设等项目，先后被评为“市级电子商务示范村”“成都市先进基层党组织”“县文明社区”等。2017年1月，他被成都市委组织部评为“美丽成都·党员示范行动”首批党员示范标兵。

模范市民——杨俊燕

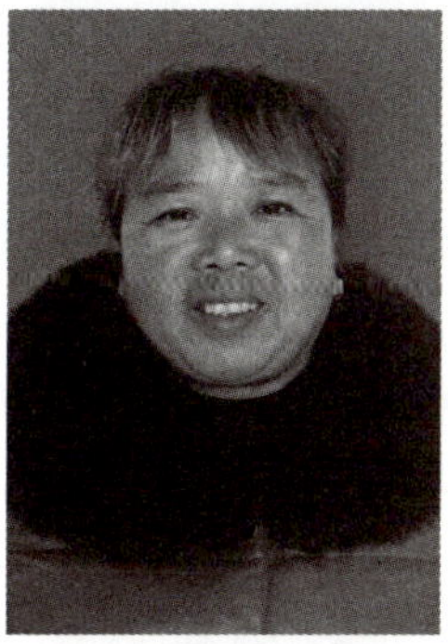

杨俊燕是安仁镇双合社区居民。她热心、孝顺，坚持照顾与自己毫无血缘关系的独居老人10多年；她乐于助人、默默奉献，坚持为社区多位独居老人洗衣、补衣、剪头发……现年53岁她无怨无悔地付出真情，用无微不至的爱，温暖独居老人们的心。“若没有杨俊燕对我的照顾，也许我早就不在这个世上了。她比女儿还贴心！”社区90岁老奶奶陈秀英说。不仅如此，她还带动家里人一起照顾附近的曾志泉、彭吉文、徐松文、杨宗义等多名老人。

优秀教师——肖俊

肖俊，女，现年48岁，中共党员。1990年8月分配到大邑县金星学校任教，至今27年。和她一起分配到金星学校的几位教师都先后离开，只有她仍坚守初心。她走遍金星的山山水水，在三尺讲台前一站就是27年，既担任语文和思想品德两学科教学，又分管学校德育工作，培育一批又一批芬芳桃李，用青春和汗水托起乡村孩子的未来。2011年9月，被评为大邑

县优秀教育工作者；2014年被评为金星乡优秀党员；2015年被评为金星学校教学能手；2016年9月，被评为大邑县优秀教育工作者。如今，她教的初2018级学生思想德品中考合格率100%，超额完成学校下达目标任务。她的心愿是：争取更好成绩，为金星培养更多优秀人才。

最美医生——李正华

李正华是悦来镇丹凤村乡村医生。儿时的他，因身患小儿麻痹症，失去正常行走的能力。年少的他，因残辍学，痛定之后，矢志学医。23年来，他默默守护乡亲们的健康，用一双拐杖，“杖”量着乡间小道，搭起一座与患者之间的连心桥。“能为乡亲们办事，我很幸福；能为残疾人服务，我很自豪。”李正华把守护村民健康当做一生的追求。一个靠双拐支撑才能行走的残疾人，却当起乡村医生，为两千余人的健康保驾护航，还身兼村会计和村残联联络员。他每天坚持到村委会、卫生站上班，节假日不休，克服困难走村串户送医送药，义务为村民测血压，为残疾人提供服务，群众困难记本上、残疾人冷暖放心上，村务医务一肩挑。先后被评为优秀共产党员、先进工作者、优秀乡村医生。其家庭被评为市、县最美家庭、文明家庭。

政法楷模——曹建国

曹建国，男，汉族，中共党员，大学文化，1971年6月出生，1991年8月参加公安工作，二级警督警衔，1999年8月加入中国共产党，先后任大邑县公安局交通管理大队民警、纪检监察室民警、交通管理大队事故处理中队副中队长、交通管理大队副大队长、安仁派出所教导员、交通管理大队教导员。2016年9月26日21时30分，曹建国在处置一起突发事件时不幸因公牺牲，年仅45岁。25年的职业生涯，他冲锋在危险前线，枪弹上膛之际，他用铁血身躯保护群众安全；他深入案件现场，迷雾重重之下找到破案关键，25年的平凡日夜，他守候在百姓身边，解决群众困难……2016年12月，被成都市公安局追记个人三等功；2017年7月，被四川省公安厅追记个人二等功；2017年3月，其先进事迹先后被公安部官方网站的“公安英烈网络纪念馆”、四川省公安厅公安英烈网的“追思墙”登载。2017年8月28日被中共大邑县委表扬为“优秀共产党员”。

道德模范——杜继明

杜继明，男，1946年10月出生，大邑县三岔镇赵庵村10组村民。1988年8月的一天，妻子王俊华突然中风偏瘫，从此卧床不起，“一定要挺住，要把妻子照顾好，不能让孩子没有妈”。杜继明依靠着这个信念，努力担起生活重担。此后的29年里，杜继明忙里忙外，悉心护理卧床妻子，在他的言传身教下，儿女们努力、孝顺。2015年，他的左手因病瘫痪，无法再照顾好妻子，女儿和儿媳便开始轮流照顾起王俊华，把孝老爱亲的故事继续演绎下去。2016年，杜继明入选“成都榜样”。

创业之星——四季纯真创业团队

艰苦创业带动贫困户增收脱贫，事业壮大不忘回报社会，这是四季纯真创业团队的创业轨迹。2016年8月，四季纯真创业团队创建的无人售菜店在大邑正式营业，只见蔬菜不见人的销售方式吸引了市民的目光，经过1年的发展，不仅考验了市民的诚信，更为他们赢得了良好的声誉和可观的利润。落地一年，社区居民通过这个无人售菜店吃到了新鲜的蔬菜，贫困户

则通过自己勤劳的双手增收脱贫，四季纯真团队也通过无人售菜店滚起了雪球，短短1年时间，就由最初的1家发展到7家，日营业额也从最初的600余元增加到现在的15000元左右。新民村的贫困户也通过无人售菜店挣到了钱，最多的已经赚了两万余元。四季纯真团队经常会拿出一部分收益来回报社会，他们常常在周末组织关心公益事业者、怀有爱心的社区居民及社会人士去新民村体验农村生活，既能带动当地经济，给村民带来一些收入，又能拉近社区居民之间的邻里关系，促进社区文化的建设，真正做到城乡互助。团队还利用开设的爱心公益回收箱，收集社会广大爱心人士爱心物资，如衣物、书籍、玩具等，这些爱心物资将被定期送往贫困地区，让需要帮助的人感受到大家的温暖。

工匠人物——刘德

1958年，年仅17岁的刘德应征入伍，被分配到西藏军区五十三师一五七团一营二连。在平定西藏叛乱的战斗中，他双手被冻伤，十指全部被切除。没了手指，却没有让刘德失去志气，1973年，刘德用断掉的双手“执”起毛笔，从此开启了自己的书法人生。20世纪70年代，大邑县选送3名书法爱好者的作品参加温江专区书画展，刘德的作品得三等奖，是大邑唯一的获奖者。“当时拿到的十块钱奖金可让我得意了好些时候，也让我受到了鼓励，坚定了写字的信心”，刘老说。1982年，刘德的作品被当时全国唯一的专业书法杂志《书法》刊登，获得30元稿酬，也就是从那时开始，他在书法界崭露头角。1988年，刘德成为中国书法家协会会员，是全省第一批加入该协会的50多名书法家之一。2014年，他创作的《满江红》书作入选成都市政协编撰的《庆祝中华人民共和国建国65周年暨人民政协成立65周年书画摄影展》作品集。而今，70多岁的刘德仍旧没有停下“手”中的笔，坚持学习书法。

大邑乡贤——刘文章

刘文章，大邑县沙渠镇人，现任四川凯蒂置业有限公司总经理、大邑县政协常委、县工商联

(商会)副会长、县住宅与房地产协会副会长、民建大邑支部会员、沙渠企业家协会和公益事业促进会常务副会长。在大邑和成都市创业打拼20多年，先后从事家具生产、建材销售等。1998年以来，陆续成立四川东升木业、成都东升家园仓储物流、四川鑫航通物资贸易、四川凯蒂置业、成都锦地房地产开发等公司。他的企业管理规范、经营良好，年销售额10亿元左右，缴纳税费8000多万元，为地方经济发展做出积极贡献。在项目推进中，他始终胸怀乡情，优先聘用大邑籍人士，直接解决就业120人，带动相关产业解决就业300多人。他积极参加公益济困活动。2011年出资15.2万元，承办“凯旋城杯大邑县国庆红歌会”。近几年出资5万余元，资助家庭困难学生2名、贫困家庭3户等，连年被评为“慈善企业”。2016年出资约5万元，举办沙渠镇新春联谊团拜会，荣获“2016年度沙渠镇特别贡献奖”。连年被民建大邑支部评为“优秀会员”。积极参加大邑县对口援建藏区活动，2017年7月为松潘县小河乡刘家村扶贫项目出资5万元。近几年来，公司投入公益济困资金近50万元。

美德少年——杨丽萍

2005年，杨丽萍出生在大邑县雾山乡最偏远的一户普通农家。妈妈是一位先天聋人，她和自己的妈妈一样属于先天听力障碍。杨丽萍是一个不幸的孩子，但是她不向命运屈服，用自强和坚韧在人生的舞台上写下了精彩的篇章。2011年，她来到大邑县特殊学校读书。她热爱学习，喜欢阅读课外书，求知欲很强。学习成绩一直很优异，连续多年被评为学校“三好学生”。她关心集体，乐于为班级同学服务，是同学的好榜样、老师的好助手。在家孝敬长辈，外婆体弱多病，她经常端水、送药，还帮家里煮饭、打扫卫生，是妈妈眼里的小能人，左邻右舍公认的好孩子。先后被评为校“学习标兵”“三好学生”“优秀少先队干部”。2016年，杨丽萍成为“成都市残疾人运动协会”的运动员。因成绩优异，学校将推荐她到成都特殊学校就读。

人物名录

表29　2017年大邑县获市委、市政府及以上表彰人物名录

姓名	性别	出生年月	工作单位及职务	授予称号	授予单位	授予时间
刘孝伟	男	1974年3月	大邑县就业局局长	2017年度成都市就业工作先进个人	成都市人民政府	2017年9月
刘　娇	女	1985年9月	大邑县就业局培训科科长	2017年度成都市创业工作先进个人	成都市人民政府	2017年9月
段永林	女	1982年9月	大邑县就业局职介中心工作人员	2017年度成都市就业扶贫先进个人	成都市农劳办	2017年6月
王　丕	男		大邑县城管局工作人员	2014—2016年度爱国卫生先进个人	成都市人民政府	2017年11月
王建华	男	1981年1月	大邑县人民法院研究室副主任	第十二届中国法学会青年论坛“深入推进司法体制改革”主题征文活动二等奖	成都市法学会	2017年8月
王建华	男	1981年1月	大邑县人民法院研究室副主任	“新时代中国特色社会主义法制建设与法律职业”研讨会暨四川省法学会法理学研究会2017年年会优秀论文评比活动二等奖	四川省法学会	2017年12月

续表

姓名	性别	出生年月	工作单位及职务	授予称号	授予单位	授予时间
王世伟	男	1969年1月	大邑县人民法院执行局局长	“新时代中国特色社会主义法制建设与法律职业”研讨会暨四川省法学会法理学研究会2017年年会优秀论文评比活动二等奖	四川省法学会	2017年12月
虞　婧	女	1980年11月	大邑县人民法院办公室副主任	“新时代中国特色社会主义法制建设与法律职业”研讨会暨四川省法学会法理学研究会2017年年会优秀论文评比活动二等奖	四川省法学会	2017年12月
余　涛	女	1968年4月	大邑县人民法院院长	“基层治理创新与法治建设”会议三等奖	中国行为法学会	2017年6月
王建华	男	1981年1月	大邑县人民法院研究室副主任	“基层治理创新与法治建设”会议三等奖	中国行为法学会	2017年6月
刘晓南	女	1978年8月	大邑县人民法院审判管理办公室主任	先进个人	四川省高院、省人社厅	2017年12月
李泽雄	男	1976年9月	大邑县机关事务中心财务科长	四川省机关事务管理先进个人	四川省人社厅、省机关事务管理局	2017年12月
彭钟敏			大邑县检察院	全省公诉业务竞赛标兵	四川省检察院	2017年
包　蕾	女		大邑县教育局副局长、县九三学社主委	坚持和发展中国特色社会主义学习实践活动全国先进个人	九三学社中央	2017年
文　军			大邑县九三学社副主委	坚持和发展中国特色社会主义学习实践活动全省先进个人	九三学社四川省委	2017年
李　波	男	1965年5月	大邑县市场和质量监管局晋原一所副所长	“红盾春雷2017”先进个人	四川省工商局	2017年5月
尹康邑	男	1968年11月	大邑县市场和质量监管局晋原二所所长	2014—2016年度爱国卫生先进个人	成都市人民政府	2017年11月
邓月宜	女	1969年1月	大邑县市场和质量监管局行政审批科科长	2017年度质量卫士	四川省质量协会等	2017年12月
张炳云	男	1964年2月	大邑县市场和质量监管局悦来所所长	2017年度质量卫士	四川省质量协会等	2017年12月
王　艳	女	1989年1月	大邑县市场和质量监管局晋原一所科员	全省工商系统新进人员培训优秀学员	四川省工商局	2017年12月
陈　军	男	1971年1月	大邑县市场和质量监管执法大队队长	“红盾春雷行动”先进个人	四川省人社厅、省工商局	2017年12月
张春芳	女	1970年5月	花水湾镇政府	2014—2016年度爱国卫生先进个人	成都市人民政府	2017年11月
陶永刚	男	1978年1月	大邑县委办公室主任	成都市党的十九大安保维稳信访工作公务员嘉奖	中共成都市委、市政府	2018年2月
黄佩君	女	1984年1月	大邑县委政研室改革科科长	2016年度向市委报送信息先进个人	成都市委办公厅	2017年9月

乡镇

晋原街道

【概况】 晋原街道（原晋原镇）是县经济、文化、政治中心，于2013年10月28日正式批复设立，驻西岭大道164号。2017年末，辖43个村（社区），312个村民小组，224个居民小组。面积91.02平方公里，人口15.38万人。交通路网四通八达，与成都市有成温邛高速公路相连，与都江堰有川西旅游环线相接，通往县内主要风景旅游区的均为高等级公路。2017年，晋原街道办事处荣获四川省残疾人工作先进单位、成都市爱国卫生工作先进单位。农民人均可支配收入达20086元。

年内，招商引资到位资金5.80亿元、固定资产投资6亿元，入库项目19个，其中续建项目2个、新申报项目17个。全年共有65个用地项目（含省重点项目1个、市重点项目13个），完成保障项目用地54个，实施和开展前期协调项目11个。完成添然好食品、大宇精雕、西菱动力（四期）项目、天邑电子产业园4个工业区项目用地保障，面积991.7亩；二环路北段拆迁工作完成租地1000余亩。产业发展建设项目13个，其中续建项目4个、新建项目9个。投资50万元以上的社会投资项目共3个：银杏基地投资项目14000万元、百味村餐饮投资项目15000万元、蜀望商城投资项目5500万元。新发展引进3个农业项目：华乐人家、锦飞园林、大明家庭农场，均完成种植基地建设。发展1个服务业项目：艾米乐教育，项目投资2500万元，项目基本建成。全面开展农村土地产权制度改革，有发展较好的家庭农场14家、合作社25家。5户产业贫困户和市级贫困村友谊村实现脱贫。完成芙蓉三期、红光四期、桃源三期分房工作，共分配安置房3582套，安置2787户。

10月17日，县市场和质量监督管理局、晋原街道主要领导和友谊村村干部在贫困户家中现场研究产业脱贫工作

【实施社会事业及公共服务】 城镇社区开展大小项目51余项，使用社区公服资金约62.2万元。11个日间照料中心全部完成建设工作。开展节假日文艺汇演、百姓故事巡讲和其他文体活动

共140多场次。向村（社区）农家书屋配送图书660册、健身路径8套、乒乓球桌2张、打印机43台、电脑桌椅90套、音响134台。医疗救助412人次、发放医疗救助款23.69万元。为39名青年义务兵发放大学生入伍奖励金24.2万元。发放80岁以上高龄老人生活津贴127.9万元。兑现计生家庭扶助金3670人，504万元。完成计生家庭年审，及时兑现独生子女父母奖励金。登记食品“三小”1557户，备案食品摊贩392户，办理摊贩卡383户。农村群宴申报930余例，投保420余例。报送身边好人6个，开展志愿者活动29期、“我们的节日”主题活动7期。创建县级文明社区3个、文明村镇15个。新增城镇就业3520人，失业人员再就业610人。完成招工备案57家，开发岗位1098个，登记求职1190人次，成功介绍就业426人。就业困难人员再就业55人，开发公益性岗位62个，动态消除零就业家庭，开展2017年离校未就业高校毕业就业帮扶工作。就业精准扶贫，脱贫1户，帮扶就业5人。开展社保待遇领取人员资格年审22852人，开展城乡居民养老保险接续缴费工作，办理新参保328人，人员退休296人，新增无社保人员享受基础养老金38人。慰问老党员、贫困党员、群众322人，发放慰问金106400元、189套物资。完成2018年城乡居民保险医疗银行代扣工作。发放大学生创业补贴20人。为4000名女性开展“两癌”免费筛查。着力打造以新乐、芙蓉为主线的学生儿童之家。建立困难职工档案24份，19名困难学生受到“金秋助学”资助，3名创业人员受到创业援助补贴。完成企业年检145家。开展农民工工资支付情况专项检查。

【加强环境保护治理】 加快淘汰落后产能，完成砖瓦窑一条街221口窑子的撤除工作、高堂页岩砖厂的关停工作、坪域真空页岩砖厂治理设施的安装。积极发展秸秆收储点，采用机械还田、秸秆堆沤、覆盖栽培、种植食用菌等技术对秸秆进行利用，秸秆综合利用率达到95%。完成9个农集区雨污分流和管网收集，配套8个农集区雨污分流和收集管网建设，完善微污处理设施。检查园区外工业企业29家、仓储物流企业40家、危化品企业40家。组织各村（社区）开展消防演练、培训6场次。清理整顿“三无企业”37家、农家乐45家，餐饮企业（店面）煤改气、煤改电清理整治45家。整治关闭107家养殖场（户）。全面实施“河长制”管理制度，实现常态化管理，召开工作会议6次，信息通报4次，督办4次，督导检查6次；街道级河长巡河119次，村（社区）河长巡河595次。完成坪域村排洪渠、老龙堰、莲兴村泄洪渠等黑臭水沟的工程整治。加强城郊结合部环境治理，开展河道沟渠整治、背街小巷专项整治宣传劝导活动。垃圾收集设施完好率保持在95%以上，农村生活垃圾集中收运率达98%，农村环境质量全面提升，“四改六治理”持续推进。

【开展社会综合治理】 全年共接待选民180人，收集社情民意98条、民生诉求65件，帮困160人，化解矛盾纠纷25件。办理代表建议7件，办复率100%，满意率100%。深入推进立体化防控工作，在新乐、官渡等23个村（社区）开展综治中心建设，强力推进网格化服务管理和社区“大联动·微治理”试点工作。在晋王、大树、友谊、红光、芙蓉等9个村（社区）开展应急能力建设工作。办理一号通127件、全国信访系统56件、人民网投诉82件、市长信箱774件、县长信箱265件、回复环保监察督办信8件、网络理政27件。成功化解信访积案（县领导包案）8宗。积极开展违法建设整治专项行动，确定43名规划监督员，发现和制止违法建设行为34起，及时拆除违建1580平方米。着力打造芙蓉社区“春润芙蓉爱·梦·享”社区品牌和官渡社区“和乐悦居·创享官渡”社区品牌。坚持需求导向，在官渡社区示范建设“社区综治中心”，健全社区大调解和应急能力建设多方协调机制，开展“社创空间”项目，推进社区居民创业和充分就业。着力打造“智慧社区”，完成官渡社区和芙蓉社区的WIFI全覆盖。全面推进“微党校”建设，完成两个村（社区）组织活动场所“提档升级”。开展“好家风好家训”廉洁文化系列主题活动。探索利用“雪亮工程”视频监控系统资源优势，在3个试点村（社区）打造“雪亮工程+微权力治理”综合监管系统。

11月1—5日，举办蓉城之秋·安仁国际音乐节

安仁镇

【概况】　安仁镇地处成都平原西部，距成都39公里、双流国际机场36公里、大邑县城8.5公里。面积56.9平方公里，其中城镇规划面积10.64平方公里，城镇建成区面积5.2平方公里，辖28个村（社区）。年内被四川省爱卫会授予四川省卫生单位。安仁镇加快产业发展，抓好项目建设。成温邛快速路拆迁安置房于4月开工建设，锦绣庄园、杰地旺幼儿园建设项目按期开工。投入资金100万元，完成新石村四社美丽新村林盘打造；投入资金500万元，建成澳洲金谷域庄园精品农庄项目。引进社会资金1000万元，在成温邛快速路侧建设大邑县约吧树莓名园项目，占地272亩，已对外运营。加快都市现代农业发展，结合古镇旅游和区位优势，圈定农业园区和精品农庄位置和范围，把农业园区建设和精品农庄打造相结合，以“成温邛”快速路和成温邛连接线为轴线，辐射沿线的齐埝村、新团村、瓦窑村、裕民村等为核心区域。已有澳洲金谷域庄园、安仁镇地洲庄园、成都天府莓园、大邑县约吧树莓名园、安仁锦绣庄园、薰衣草等一三互动产业项目。结合华侨城安仁项目推进湿地保护项目建设，斜江河北岸锦绣安仁项目粗具规模，完成一期16万平方米花卉博览园建设，新增城市公共绿地12公顷。推进乡村旅游品牌创建，完成安仁上舍都亭酒店四星级乡村酒店、金谷域澳洲庄园精品乡村旅游特色业态经营点申报工作。协助完成大地之声音乐节、成都美食旅游节、2017年建川博物馆全国红色收藏交流会、国际慢食协会“慢村共建”暨全国农民合作论坛、2017“穿起旗袍去安仁”、2017年菁蓉会、“尼泊尔国家文物展”“2017年安仁论坛”“安仁圣诞狂欢party”、第六届“超级蓝”大邑安仁蓝莓采摘节等大型文化旅游活动承办工作。

【“中国特色小镇”建设】　安仁镇强化城镇功能，提升景区服务水平。以博物馆为中心，把业态提升作为产业发展重点方向，瞄准创意设计、会展、影视、音乐、商业服务等产业链上下游环节及关联产业进行招商，引驻龙头企业。在对川西林盘文化的规划与开发中，以发展文创文博产业的方式打开空间限制，建设“看得见山、望得见水、记得住乡愁”的大川西林盘博物馆、安仁名俗博物馆和川西慢食乡村聚落，重塑城乡空间结构，打造成川西文化、天府文化对外交往中心、集聚周边川西林盘风貌的城市典范。探索出“以文化创意推进旅游产品研发和产业融合”“以文化旅游带动古镇和区域发展”为目标的健康发展道路，促进经济转型升级，推动新型城镇化和新农村建设。先后被评为“中国特色小镇”“百镇建设试点镇”“全省旅游发展重点镇”“成都市规划的68个特色镇”。2017年，接待海内外游客590万余人次，实现文化旅游总收入14.01亿元。安仁城镇居民直接从事文化旅游的从业者36.92%，间接从业者23.1%。全镇城镇居民人均可支配收入29600元，农村居民人均纯收入19300元。先后被中央、省、市等媒体报道100余次。1月，安仁镇代表大邑县在全省住房城乡建设工作会议上作《产业引领 全域统筹 培育创建特色镇》经验交流发言，将特色小镇建设成果亮点在全省范围内做推广；5月，安仁镇“中国特色小镇”建设通过国家住建部初检。

【5A景区打造】 结合“中国特色小镇”建设，以安仁华侨城文旅公司、安仁建川文化公司、四川电影电视学院、成都庄园文博公司为龙头，积极推进集聚区各要素聚集成链和整合，向文博、文创、旅游、影视、音乐等多功能、多方向融合发展，以建设“文博文创集聚区大产业生态圈”推动国家5A景区创建。科学编制规划，推进《安仁镇总体规划》《安仁古镇旅游景区控制性规划》《安仁历史街区保护规划》等规划修编工作，为国家5A级景区创建提供指引。推进要素保障，着重突出“旧为新用”的土地空间创意运用，利用川西林盘自然生态打造林盘博物馆，利用旧工厂、闲置工业厂房、仓储用房等资源作为历史传承、文化传承的载体。加快基础配套，加强对接外围交通线路建设，与社会资本合作巩固提升域内交通。创新体制机制，建立跨部门联动机制，成立文创文博产业发展领导小组、文创文博集聚区管委会，协调解决文创文博产业发展中的问题。通过整合和提升安仁现有两个国家4A级旅游景区，在顺利通过国家5A级旅游景区资源质量评审的基础上，有力推进中国安仁国家5A级景区创建工作。

【创新党建服务】 安仁文化旅游产业园区综合党委，下辖基层党组织20个，整合机关党建、农村党建、国有企业党建、行业协会党建等各类党建资源，变被动为主动，创新开展“党建+旅游”“党建+文化”“党建+产业”模式，实现精准、有效地“服务发展、服务党员、服务游客、服务群众”。7月20日召开的成都市产业园

安仁镇新团村被列为全球首个“慢村 Slow Village”。图为县长廖暾陪同国际慢食协会主席卡洛·佩特里尼在试点村考察

区党建工作现场会上，安仁镇工作经验得到现场交流推广，先后被四川新闻、四川在线、蓉城先锋等主流媒体报道。

【强化项目保障】 安仁镇结合实际，坚持分类施策，确保省、市、县重点建设项目精准用地保障，实现以较少的土地资源消耗保障经济加快发展、高质量发展。完成孔裔国际公学对面4户拆迁遗留问题房屋拆迁补偿工作，确保安仁华侨城项目顺利推进。完成宁良地块土地收储相关工作，确保安仁双年展项目顺利落地并按期布展。斜江河南岸5500亩农用地顺利流转，确保锦绣安仁项目推进。推进“天新大快速路”50米红线范围内775.4亩土地租用和90户400余名群众拆迁，确保重点项目用地。

王泗镇

【概况】 王泗镇距大邑县城7公里，东南临苏家镇、三岔镇，西南临邛崃市桑园镇，西北临新场镇、鹤鸣乡，东北临晋原街道、悦来镇，成温邛高速路、成蒲铁路、安邮路、晋新路穿境而过。王泗镇是中国著名白酒原酒地及OEM生产加工基地，“王泗白酒”被评为国家地理标志保护产品，王泗食品产业园区于2012年经市经信委批复成立，主导产业定位为食品制造业和酒、饮料制造业，是全县工业“两区一园”之一，园区有企业32家，其中规模以上企业6家。2017年，全镇面积64.74平方公里，辖16个行政村、3个社区，有1.63万户、5.84万人，农民人均纯收入19807元。

年内，王泗镇加快经济发展、促进新型城镇化、加强生态文明建设、创新社会治理、保障服务民生。完成王泗工业园区2.7公里对外连接道路建设，完成园区天然气配气站及管网铺设工程和主管道铺设工作，配气站达到日供气20万立方米/天。加强中国·大邑绿色食品产业园项目促建力度，部分厂房已投产；加强成都龙宇酒业有限公司白酒技改项目促建力度，完成45亩用地保障；加强成都蜀之源酒业有限公司5万吨原酒仓储基地促建力度；加强成都远航印务有限公司土地证办理服务工作。引导社会资金参与现代农业建设，引进灯笼高森合作社、且埂新耀猕猴桃、李安布衣家庭农场、家庭农场义兴左林右舍等农业项目共10个，协议投资超过1亿元，到位资金6000余万元。大力发展高效农业及一、三产业互动项目，培育“水云天”、水碾农庄、乐氏荤豆花等一批一、三产业互动项目，发展“恋家农业”“高森种植”等一批规模化种植项目。推进农村生活垃圾分类处理工作，完成且埂村、黄土村“省级民生工程农村垃圾整治示范点”创建，黄土村、西安村“市级百村容貌示范点”创建，庙湾村、新庆社区“县级农垃分类示范点”创建。完成两条集镇背街小巷专项治理，完成全镇70家餐饮企业（店面）“煤改气”工作，完成辖区内机动车清洗站整改工作。开展“四边”整治，改善村容村貌。淘汰27家企业58台燃煤锅炉。注销黄标车72辆。坚持辖区企业日常巡查，开展企业安全知识宣传，组织开展企业联合检查6次，组织召开安全会议3次。关停“散乱污”企业152家。清理河道沟渠13条，关停养殖场5家。继续推进、探索“雪亮工程”，全镇建成监控点位249个，覆盖全镇19个村（社区），完成村级监控平台建设和19个村级综治工作中心试点建设，以人防加技防手段，严控刑事案件发生，提升群众的安全感和认同感，2017年刑事案件同比下降50.8%。完善基层劳动就业社会保障公共服务平台建设。加强留守儿童、妇女、残疾人、失独老人等重点人群的权益保障和关爱服务。建成4个村级日间照料中心和1个综合减灾示范点。健全困难群众主动发现机制，集中供养90人，全年按分类施保共发放2246735元低保金，临时救助56户，发放救助金175250元，医疗救助

324人次，解决救助金62万余元。借助省社科院平台，完成自治组织组建、集体经济组织“泗福商贸”孵化、社会组织“文晖书院”培育和党群服务中心建设，打造宜居、宜商、宜游的“酒香福田”，逐步形成王泗“四组织一平台”实践经验。编制并印发《王泗镇惠民便民服务手册》，梳理农业、计生、民政等九大类51项事项办理流程，镇、村、社三级干部入户发放近两万册。建立召开林盘会（坝坝会）长效机制，全年共召开林盘会55场、覆盖群众5万余人、解决群众问题121件。

【庙湾村社区治理】 王泗镇依托庙湾村自然资源、产业资源和林盘资源，努力建设高品质和谐宜居生活社区，努力打造富有川西特色的生态田园综合体。先后组织召开林盘会百余次，广泛征求群众改造意见，对林盘硬件设施全面升级，大力开展村容村貌整治，引导群众参与环境整治和环境提升，提升林盘品质。不断发挥核心引领作用，成立农民专业合作社，支持项目业主拓宽产业销售渠道，鼓励项目业主“走出去”，大力支持项目业主千方百计开拓国际市场、在海内外布局更多网点等，尤其是开拓一带一路沿线国家销售市场，促进产业提档升级。深入贯彻乡村振兴战略和市县城乡社区发展治理大会精神，深入调研、分析、座谈，积极引进社会投资商整合打造田园综合体。通过全面治理，庙湾村林盘硬件设施全面升级、农村面貌焕然一新、乡村产业全面发展。王泗镇庙湾村苗木种植基地的花卉盆栽成功搭乘“一带一路”发展快车，经过中欧班列运输销往中欧波兰罗兹。庙湾村林盘打造实现环境提升与产业发展“双丰收”，大大提升了群众获得感。年内，庙湾村被评定为“省级四好村”“四川省卫生村”。村级发展治理有关情况被四川在线、西南商报等媒体报道刊载，产业发展情况被中央电视台宣传报道。

庙湾村坝坝会现场

【雪亮工程+微权力】 为增强源头治理、预防腐败工作的系统性、创造性和实效性，王泗镇依托“雪亮工程”视频监控系统，探索实践“雪亮工程+微权力治理”综合监管系统建设，信息化推进基层防腐治腐，源头防治“微腐败”，推动基层“微权力”在“群众雪亮的眼睛”下运行，充分保障群众知情权、参与权、表达权、监督权，不断增强群众获得感和满意度，取得良好效果。王泗镇在已建成的雪亮工程视频系统基础上，整合共享原有的基层权力监管平台信息，加入“微权力”治理内容，建立“雪亮工程+微权力治理”综合监管系统，实现基层重大信息一网通、一键查、一站晒，群众参与更加便捷。设置五大栏目，促进“微权力”运行阳光透明。在V网电视终端开机页面专设“廉洁大邑”窗口，下设反腐倡廉宣传教育、智慧政务、基层公开、问卷调查、监督举报五大栏目，畅通群众参与监督的渠道，强化“微权力”运行监督制约。通过平台宣传各类先进典型事迹，通报曝光“微腐败”典型案例，公开惠民政策、基层治理、资金使用等相关信息，“大数据”分析群众满意度，推动基层“微权力”的多元联动治理。“雪亮工程+微权力治理”智慧政务平台的打造，让全镇5000余户群众能够足不出户收看村民议事会实时直播，随时翻阅各项救助补助政策、村集体“三资”情况和村公资金使用情况等，通过平台参与线上问卷调查。“雪亮工程+”工作经验得到市委常委、纪委书记王川红同志的高度肯定。被《廉政瞭望》《成都日报》四川在线、《先锋》杂志、《天府长安》等媒体刊载报道。

【且埂新村建设】 近年来，且埂村坚持党建引领、深化多元共治，深入学习贯彻市、县城乡社区发展治理大会精神，努力建设高品质活力和谐生活新村，先后被评为“市级四好村”“幸福美丽新村”。且埂村坚持党建引导，党总支下设两个党支部，建立猕猴桃协会、林盘院落委员会等临时功能性党小组，引导村民积极参与城乡社区治理。党员干部发挥志愿服务作用，带领群众增收致富，提高群众经济“造血”能力。坚持召开“林盘会（坝坝会）”，解决群众反映强烈的突出问题。探索多元共治。整合资金，加强基础设施建设，发挥村级农业合作社作用，解决群众就业难问题。制定包括破陋习树新风、农村精神文明建设等条目的《村规民约》。整合省级财政示范项目资金、社会资金和群众投入等共计684万元，相继建成村落门景系统、铺设沥青道路和到户青砖小道，建设综合文化活动广场，完成林盘建筑风貌改造、林盘地和菜园地修整、危房改造。村级农业合作社能够解决常年务工60余人、季节性用工3000余人次，提高了村民经济收入。且埂村新农村建设受到县委书记李燎的高度肯定。

且埂村新貌

沙渠镇

【概况】 沙渠镇面积18.94平方公里。2017年末，辖6个村（社区），90个村（居）小组，户籍人口19501人，常住人口31000人。年内，沙渠镇抓好党的建设、民生工程、社会事业、产业培育、项目实施，开拓创新，推进产城一体及大邑东部新区建设。全年完成工商税收全口径收入1.175亿元，增长22.9%；固定资产投资3.4亿元，增长3%；招商引资到位资金10.87亿元；农村居民人均可支配收入21105元，增长14.2%。

【社会治理建设】 培育和壮大社会组织建设，完善和培育企业家协会、公益事业促进会、民间艺术协会、全民健身协会、人民调解联合会、红白喜事理事会。“四中心一平台”建设有序推进，沙渠镇全域搬迁后，群众实现集中居住，在东岳花苑建立柳坪村、双碾村两个党群服务中心，在强民公司综合楼建立勤江社区、顺河村、龙湾村3个村（社区）东部新城党群服务中心。村（社区）活动中心建成后，改善了办公环境，更好地为村（社区）居民服好务。做好对标学习，在全镇开展“提升精神区位、争创一流业绩”大讨论系列活动，组织镇村干部近学金堂县淮口镇、天府新区正兴镇，远把广州市增城区新塘镇，杭州桐庐县分水镇，淳安县大墅镇，福州市福清市镜洋镇等工业发展的先进城镇作为对标对象，重点查找与先进地区在发展理念、发展方式、发展水平上的差距，对标学习地区转变发展方式、调整经济结构、推进科学发展的思路、方法、模式和措施。深化“五账群众工作法”，建立“包片挂村联社”工作制度；镇领导带头讲党课5次，开展廉政教育和观看警示教育片20余次。

沙渠镇全貌

【东部新区建设】 利用大邑东部新区发展机遇，把握招商引资优势条件和主攻方向。2017年续建项目有华昌农贸市场二期、恒丰时代广场等。成功引进四川云路科技有限公司，总投资1.5亿元；引进成都斯达特电器有限公司，总投资3.6亿元，均与县政府签订投资协议。已签订框架协议的项目有成都华迪塑胶有限公司、四川凯蒂置业有限公司、四川飞翎棉纺织有限公司、成都美汐农业有限公司。

【城乡环境建设】 以“微绿地建设”为抓手，抓好绿地建设和全面落实河长制工作，对全镇农毛渠进行掏修、加固。积极实施水环境整治，对全镇沟渠内的淤泥、白色垃圾进行清理、打捞，并对污染源进行细致排查，对污染较重的养殖户实施限期关停。认真开展环保工作，共排查企业200余次，发出整改通知55份，责令关闭11家严重影响环境的企业，责令停业整改15家，清场“三无企业”11家，及时处理环境污染投诉110件。处理环保中央督办案件4件（协办3件、主办1件），均按要求限时办理完结。做好节能减排工作，完成燃煤锅炉改气、改电23家共计26台。对三安路、工业大道及重要节点进行景观改造工程，滨河路等沿线大量种植花卉和格桑花，“微绿地”建设约2600平方米。

湿地公园

【民生工作】 2017年，全镇新增城镇登记失业人员74人，实现就业67人，再就业率为91%；农村富余劳动力336人，新增转移就业人数306人，转移率为91%；提供岗位678个，求职人员共283人，成功介绍就业165人；就业实名制更新为8796条；城乡居民养老保险参保人数为3600人，完成续保缴费3080人，完成目标任务数的86%。城乡居民基本医疗保险应参保总人数为12200人，实际参保人数9892人，参保率为81%，完成城乡医疗保险参保人员的录入核对9892人；做好城乡困难群众医疗救助和临时困难群众的生活救助，按时足额向老复员军人、参战人员等优抚对象发放抚恤补助金，完成精准扶贫帮扶对象成功脱贫4户。举办“第三届沙渠镇新春团拜会”“沙渠镇第三届全民健身冬季趣味运动会”“情系沙渠 快乐端午”庆祝活动和“爱在山花烂漫时 缘来你也在这里”大型交友活动。

韩场镇

【概况】 韩场镇位于大邑县南端，距大邑县城23公里，距新津县城7.5公里，距成（都）雅（安）高速10公里，距成（都）新（津）蒲（江）快速通道5公里，属纯农业乡镇。全镇拥有有机认证6个、绿色食品认证3个、地理标识1个、成都市著名商标2个。2017年，全镇面积20.7平方公里，辖6个村（社区），87个村（居）民小组。年内，韩场镇围绕“多彩韩场，生态乡村，健康生活”总体定位，落实乡村振兴战略，强力推进产业发展、项目攻坚、社会治理、民生改善和环境保护工作。完成全口径税收611万元，其中地方税155万元；完成固定资产投资1.77亿元；完成招商引资1.12亿元。农民年人均纯收入达20268元，增长11.6%。按照生产、生活、生态“三生合一”理念，启动“4·20”土地增减挂钩项目，完成兰田17、18社自建房、统建房，安置244户、759人。引进成都幸福时代运营团队对葡萄创意文化园进行整体规划设计、项目包装、招商引资，投资两千余万元完成基础配套设施项目规划设计，建成乐浒农庄、葡萄廊架广场；启动实施特色民宿、葡萄酒体验馆等3个项目；慢行绿道、荷塘月色景观节点等完成设计。坚持“四态”融合，结合城镇改造、新农村建设、林盘改造、产业发展，抓住川台共建机遇，启动铁溪农民集中居住区文化建设项目，打造田园综合体。依托葡萄行业协会、川台合作、省农科院研发基地和互联网平台，新建葡萄基地161亩，改建标准化葡萄种植400余亩，新建科研基地1个，推广应用智能滴灌、生物农药等新技术，创新物流营销方式，打造葡萄出口备案基地。继续坚持食用菌工厂化栽培和扩展产业链，积极引进食用菌的生产、加工企业进入园区，年食用菌产量达20000吨，产值近4亿元。园区内畜牧高科技企业进一步加大投入，辐射带动韩场及周边地区畜牧产业“提档升级、提质增效”，创新家禽品种选育新方法，建成西部最大鸭苗生产基地。推进畜禽养殖整治，全镇共有养殖户81户，关停4户、治理42户，通过“一户一册一策”对畜禽养殖进行全面监控。加大面源污染等日常巡查，规范建立台账，及时处置和回复环保投诉。全面清理整顿172家“散乱污”企业。整治黑臭水体河道，全面实施河长制管理办法，实行“三级联动”，对全镇20条沟渠进行日常巡查与保洁，提升镇域水体水质。完成正福社区日间照料中心建设。实现城乡居民基本医疗保险参保率达100%。全镇低保145户、209 人，发放城乡低保金69.22万元。慰问困难残疾人200名，慰问金11.75万元。发放残疾人各类补贴368人次、46.5万元。促进城镇新增就业30人，转移农村富余劳动力270人，就业实名制动态更新1.02万条。城乡环境卫生治理不断加强。实施公共资源交易服务所标准化建设，2017年完成交易19宗，涉及资金860.2万元，节约资金47.2万元。

查处各类违纪违法案件5起，协助县纪委查处违纪违法案件3起，处理党员7人。开展各类安全检查112次，发现并处理问题62个，整改安全隐患30处。全年接待来访群众312人次，实施信访代理56起，完成6个村（社区）综治中心和“雪亮工程”建设。五合村、韩延村、兰田社区完成无邪教村（社区）创建。铁溪村完成市级平安村创建。正福社区(创业小区）完成集中区整治项目。开展“红袖套”巡逻4574人次。

【葡萄种植标准化建设】 韩场镇葡萄园区是全省最大连片设施种植葡萄产业园，国家地理标识“安仁葡萄”的主产区。2017年，韩场镇围绕农业供给侧结构性改革，全面融合一、三产业，着力开展标准化建设葡萄种植基地，引入专业的运营团队，对葡萄园区进行整体的规划、设计、运营管理，吸收借鉴台湾农业再生发展、产业活化等方面的先进经验，拓展产业再生发展、推动葡萄园景区建设、开展新村宜居建设；配套完善园区基础设施，提升园区景观质量和水平。年内，新建标准化生产葡萄基地161亩，改建标准化葡萄种植400余亩，新改建葡萄园500余亩，与市农科院合作建成科研基地1个，新增加农家乐、休闲农庄两家，从事葡萄销售、技术服务等灵活就业的群众近百人。园区优质品种40多个，年产值1.5亿元；有协会1个、龙头企业2个、农民专业合作社4个、家庭农场15家、规模种植户28户，形成以协会统揽，合作社、家庭农场、种植大户为主体的产业主体融合现代农业发展模式，促进产业增效、农民增收和农村繁荣。

【兰田社区新村田园综合体建设】 韩场镇发挥社区主导作用，调动社区两委干部、议事会成员、监委会成员和村民参与的积极性，引入物业管理公司，全力开展幸福美丽兰田建设，同时，积极与大邑县农林局、安韩园区管委会沟通，争取产业扶持、建设资金。汲取台湾先进经验，通过产业基础设施的进一步提升，带动村民参与产业发展、创新创业的积极性，以打造“葡萄文化生活主题公园”、改善农民居住环境和增加农民经济收入为目标，严格遵循“四态融合”的新农村准则，在葡萄园区内建设产村相融的田园综合体。葡萄新村建设总投资5400万元，受益农户244户，759人，社区从事葡萄种植的本地村民20余人，种植面积1000余亩。年内，结合葡萄产业发展，通过葡萄采摘节、钓鱼比赛等活动吸引游客参与互动，打造以葡萄为主题的各类展会，以活动为载体推进一、三产业互动。兰田社区新村田园综合体建设成为全国各地竞相参观学习的亮点。兰田社区于2017年9月获得四川省村社发展促进会颁发的“四川百强名村”荣誉。

【行政管理体制改革】 2017年，韩场镇被列为全县行政管理体制改革试点乡镇。按照体制机制改革要求，进一步规范和完善内设科室和下属事业单位职能职责，核定人员编制、岗位职数，理顺责权利关系，明确人员分工，改变养人办事的传统做法，探索出符合基层实际的管理制度和激励机制。通过政府购买服务和设置公益岗位等措施，做到养事不养人，始终保持工作人员的精干高效。同时，结合韩场农业特色镇的实际，增设农业发展办公室，突出强化现代农业发展服务功能，着力打造特色鲜明，产业壮大的都市现代农业示范乡镇。在农业发展办公室的具体指导下，韩场镇现代农业蓬勃发展，食用菌、畜牧、粮经产业提质增效，万亩葡萄园的辐射带动性和经济效益日益增强，成为全市、全省甚至全国争先学习的热点，葡萄新村打造如火如荼，生态环境宜居宜业。韩场镇被列为全市重点打造的农业产业特色示范镇。

【农民夜校助推增收致富】 韩场镇整合资源，激活“造血”功能，以农民需求为导向，按需授课，实行“农民夜校+行业协会+公司基地”的政治培训、技能培训、拓展培训。针对群众实际需求，统筹专业师资30余人，依托青龙葡萄合作社、耘丰葡萄庄园等现场教学基地，对葡萄种植、加工、销售（电商）等进行拓展培训，先后邀请中国“一优双高”技术创始人、中粮集团首席葡萄专家王进军教授、四川蓝月集团技术专家夏中梅教授等专家现场指导，组织学员参加全国性葡萄行业会议2次、异地学习交流5次，帮助群众延伸产业链条、实现增收致富。全年开展党建理论培训辅导28期、2500余人次，开展实用技术技能培训15期、受训农民1500余人次，开展电商培训5期、培训340余人，帮助当地群众实现网上销售收入500余万元。2017年5月15日，中共四川省委组织部在大邑县韩场镇兰田社区召开成都平原地区“农民夜校”工作现场推进会。

园区业主利用农民夜校开展葡萄种植技术培训

新场镇

【概况】 新场始建于东汉，地处成都平原西部边缘，邛崃山脉与川西平原的交界处，是川西旅游环线上的重要节点，是大邑最早建制镇。镇域呈东西向带状分布，邮江河东西贯通全境，境内河网密布，山丘坝兼有，西与邛崃市接壤，南连王泗镇，北通邮江镇、花水湾镇和西岭镇，东距县城10公里，距成温邛高速路王泗出（进）口3公里。2008年，新场古镇被国家住房和城乡建设部、国家文物局命名为“中国历史文化名镇”。2011年，新场镇被省旅游局授予“全省乡村旅游示范镇”称号，同年6月被国家环保部命名为“国家级生态乡镇”。2012年，新场古镇被评选为“百姓推荐成都十大美丽景区”。2013年1月，新场古镇景区被公布为“国家级4A旅游景区”；同年4月，新场镇川王宫被公布为“第七批全国重点文物保护单位”；6月，新场镇上、下正街，被中华人民共和国文化部、国家文物总局联合批准为“中国历史文化街区”。2017年8月，新场镇被成都市政府防空办公室评为“2017年度人防警报先进设台单位”；同年12月，新场镇创建国家卫生乡镇工作通过专家组验收；12月，新场镇省级安全社区建设工作通过专家组验收。年末，全镇面积34.23平方公里，下辖7村1社区，总户数11312户，总人口25372人；农民年人均纯收入17898元。

年内，加快推进重大项目建设投资促建进程，全年完成招商引资协议资金2.65亿元，固定资产投资完成3.65亿元。抓好新农村建设、幸福美丽新

思安广场

村建设，完成同心村成温邛高速两侧150米幸福美丽新村建设项目方案；指导桐林村编制实施“四好村”项目，桐林村省级“四好村”农耕文化村落建设项目完成施工招标。深入推进网格化服务管理工作，切实做到“矛盾纠纷有人化解、治安防范有人组织、特殊人群有人帮教”。发放优抚金178.73万元，五保金89.6万元。为全镇57户困难群众办理临时（快速）救助，为低保、五保申请医疗救助共计94人，优抚申请医疗救助共计37人。办理四川省老年优待证31本，成都市优待证29本。加大社会救济力度，建成日间照料中心两个，启动乡村卫生站建设4个，全镇困难群体“应保尽保”“分类施保”等政策得到有效落实。大力推进党务、政务等重点领域的信息公开，确保群众的知情权和参与权。着力解决“三绕”征地拆迁、垃圾填埋场遗留问题，实施农村饮水保障提升工程，解决4000多名群众的安全饮水问题，有效保障群众利益，让人民有了更多的获得感。抓好扶贫道路建设，完成扶贫道路建设项目4个共21.28公里，其中新九路（三黄公路）4.82公里、五广路3.31公里、广塘路8.45公里，广高路及支线4.7公里。完成贫困村规划编制，以新农村建设内容为标准，完成四个相对贫困村规划编制。完成21户贫困户精准扶贫项目申报、报批，每户扶贫产业补助3000元。通过阳光助学、社会结对等形式为贫困村30名学生提供8.6万元上学补助。

【探索人大代表参与乡镇重大事项决策机制】 新场镇结合乡镇人大工作实际，在全国率先开展人大代表参与乡镇重大事项决策机制探讨，推进中央《关于加强县乡人大工作和建设的若干意见》在基层的深入贯彻，推进依法治国在基层落地生根，加强和丰富人民代表大会制度在乡镇基层的具体实践，在民主法制建设领域改革创新方面具有积极示范意义。此举受到法学博士、全国人大制度研究专家、全国人大培训基地（深圳）培训专家、深圳市人大常委会选联任工委办公室主任杨云彪的高度评价，称此举开创基层人大参与重大事项决策的先河，具有较高的理论指导意义和现实意义，其经验可在全国进行推广。

【中国历史文化名镇保护工作】 新场镇在2008年被列为中国历史文化名镇。自2008年起，新场

11月30日，国家住建部城乡规划司副司长张兵一行到新场古镇实地调研国家级历史文化名镇保护工作

镇不断建立健全历史文化名镇保护领导机构和工作机构，持之以恒抓好中国历史文化名镇保护工作，以古镇保护开发为中心，依托特色镇建设各项资金，加大投入基础设施建设，做好各项卫生、秩序维护。在对古镇核心区进行保护的同时，考虑核心区居民的实际利益，既为古镇核心区的开发和保护奠定坚实的群众基础，又树立良好的古镇旅游形象，切实增加古镇居民获得感和幸福感。2017年11月30日，国家住建部城乡规划司副司长张兵率住建部检查组、四川省住建厅、文化厅陪检组相关人员对新场镇中国历史文化名镇保护工作进行检查，检查组对新场镇工作给予高度肯定。

【以党建工作促社区治理】 新场镇先后于2016年7月和2017年9月成立公益社会组织“3+2”读书荟党支部和大邑县首家古镇商圈党支部。“3+2”读书荟党支部成立后，开通了乡村阅读“直通车”，通过“4·30”课堂、“关爱老年人”等活动丰富农村社区的精神文化生活；古镇商业圈党支部成立后，发挥优势，带动广大商家诚信经营，提高服务意识，营造良好的商业氛围。公益组织党组织的成立，有效地促进全镇社区发展治理。

【创建国家级卫生乡镇】 2017年，新场镇扎实推进创建国家级卫生乡镇工作，成立“创卫”工作领导小组，召开“创卫”工作动员会，层层落实工作目标。加大舆论宣传，营造全民参与创建的社会氛围，不断提高全民卫生意识。严格执行《国家卫生镇考核标准》，制定“创卫”活动实施方案和目标任务分解表，形成全面管理、层层包干负责的局面。强化爱国卫生组织管理、健康教育、环境卫生、病媒生物防治等方面工作措施，开展基础设施维护、农贸市场环境和公共厕所改造、街道路面维修工作，加大对“三无”企业和“散乱污”企业整改和关闭、“五小”行业小餐饮环保治理。对标学习先进，联系专家分时段指导创建工作，针对暗访和检查指出的问题，及时整改落实，并形成常态化工作机制，形成完善的创建组织及规章制度体系。同年10月中下旬成功接受“创卫”检查验收。

花水湾镇

【概述】 花水湾镇位于大邑县西部，距成都市区85公里，距县城35公里，全镇面积77.1平方公里。2017年末，辖4个行政村、2个社区，87个村民（居民）小组，8772人。近年来，通过创建国家级旅游度假区省级验收，先后荣获联合国人居环境贡献范例奖、全国环境优美乡镇、成都市三星级平安乡镇，四川省园林城镇、国家4A级景区、省级“五十百千”环境优美示范镇、成都市“十佳婚纱摄影胜景”等荣誉称号。景区现有金陵酒店、樱花柏栎酒店、第一村温泉酒店、锦泰宾馆等经营性酒店10家、农户服务区5个，床位4500余个。年内，花水湾镇加快基础设施建设，完成鲁家湾新村基础设施建设项目和花水湾镇基础设施建设项目，花水湾镇便民服务中心建设项目已进场施工，全面完成花水湾景区“增花添彩”建设项目，打造花水湾景观照明工程、景观绿化工程、标识牌、河岸花瓶柱栏等。重点项目建设方面，加快“4・20”灾后重建土地整理、成都云上酒店风情商业街建设、成都花水湾“小院花水”生态农庄建设等项目进度。社会事业协调发展，完成天宫社区、阳沟村、黎沟村3个日间照料中心点位建设工作。全镇城乡低保累计保障56户80人，发放保障金359607元。对城乡低保对象均采取动态管理，全镇共取消因死亡、不符合政策等城乡低保对象35户48人，新增低保1人。加大扶贫帮扶力度，全镇14户精准扶贫户全部脱贫。举办中国意象油画踏青川西大型写生创作活动之——走进中国花水湾温泉度假小镇及2017“花水湾杯”中日围棋城市友好女子对抗赛活动，带动景区各行业旅游收入，并提升花水湾知名度和美誉度。2017年，全镇实现地方实得收入907.3万元，招商引资到位资金2.7亿元，固定资产投资3.44亿元。接待国内游客168.2万人次，

9月20日，花水湾镇举办中日围棋赛

国内旅游收入107168万元， 同比增长11%和50%。被评为国家级卫生城市、2016年度消防工作先进单位、安全生产先进集体，在成都市2016年花重锦官城最美景观评选活动中荣获最美街区（道路）景观。

【推行景镇合一】 自“景区属地化管理”后，镇党委以党建为引领，整合辖区村（社区）党组织、“两新”党组织，整合各类资源、凝聚各类人才，构建基层“大党建”格局。重塑管理理念，创新管理方式，树立“全域旅游”新理念，建立“景镇合一”发展格局和“一岗双责”管理机制。坚持以镇带村、以景带村，加大招商引资力度，完善基础设施建设，实施景区提升工程，实现镇村融合发展的新局面。以景区综合党委为引领，成立景区旅游商会、各类专合组织、引进黑籽儿社会组织，初步构建起一核多元、共建共享的基层治理格局。

【打造特色小镇】 花水湾镇以独特天然的“温泉资源+旅游度假养生”为核心产业，突出发展休闲度假、酒店旅游业，积极打造中国花水湾温泉度假特色小镇。在成都市2017年重点支持小城市和特色小城镇遴选工作中，花水湾镇荣获重点支持特色小城镇三等奖，获批2017年特色小城镇建设专项资金600万元。花水湾镇加快

花水湾镇增花添彩项目

打造鲁家湾新村基础设施项目、成都云上酒店风情商业街项目和花水湾镇便民服务中心项目等，并加快完善配套设施，着力提升特色村镇旅游内涵。

【构建智慧小镇】 以“电子商务+精准扶贫”为契机，在电子科技大学的技术支撑下，实现“互联网+商会”新模式，对会员服务进行规范管理，旅游秩序得到改善，让“党建+”充分融入“旅游+”和“互联网+”，助推景区升级，赢得游客满意，促进群众增收。打造“雪域花水湾”电商平台，打响“特色山野菜品牌”，羊肚菌、竹笋、茶叶、高山蔬菜等名优特产通过线上平台销往全国各地。在紧邻核心景区的黎沟村建设特色农产品仓储及物流配送站，并在核心景区巴登广场建设电子商务服务中心。以电子科技大学（大邑县）首席信息官培训中心落户花水湾镇为契机，以突出“创新型经济建设”这一主线，以建设大数据中心为核心，以统筹科技资源为手段，强化花水湾创新创业孵化能力，以建立共享共建机制为目标，立足在科技发展、信息技术、人才引进、智慧管理、互联网建设等方面发挥平台优势，按照“整合、集成、共享、提升”的基本思路，壮大经营主体，在科学研究、人才培养、社会服务、文化传承、特色旅游、党建交流实现深度融合互动服务发展，为创新型经济建设和智慧城市建设提供强有力的信息化支撑。

【品质小镇建设】 围绕“卫生·健康”主题，以提升群众、游客获得感为目标，积极探索创卫工作，开展镇容镇貌专项治理，并结合制度、主题活动、专项整治，掀起全民创卫氛围。在街道两边绿化带和周边环境实施“增花添彩”工程，通过移步造景和增花添彩工作，保证镇容干净美观、整洁。6月23日，花水湾镇被全国爱国卫生运动委员会评为国家爱国卫生镇。

【安全社区创建】 花水湾镇以“雪亮工程”为抓手，建立镇、村安全防控体系。探索诉前调解，创新基层调解“八步工作法”，基本形成依法执政、依法行政的工作格局。通过整合资源，健全机构，城管、食约监、派出所、消防等职能部门充分协作，通力配合，以“组合拳”的方式实现花水湾镇的共创共建和稳定发展。结合“七个一工程”的建设，即一套安全管理制度、一个安全文化阵地、一条安全示范街、一所安全示范校园、一批安全标准化企业、一份隐患排查整改表、一支应急救援示范队伍的建设，以高标准、严要求重塑花水湾镇的口碑和品牌，增强辖区村（居）民安全意识和安全行为能力，改善辖区居住、生活、工作环境安全，年内顺利通过省安全社区创建。

蔡场镇

【概况】 2017年，蔡场镇农业发展取得新突破。蘑菇产业实现提质增效，蘑菇从大田栽培走向工厂化生产，球盖菇、羊肚菌等高端品种成拳头，全镇种植大球盖、羊肚菌1000余亩。引进婧艺宣标准化葡萄种植项目、优质猕猴桃、慧康高端农副产品科研及观赏体验农业项目、生态蔬菜种植等项目落户都市现代农业园区。盘活集体经济，投资350万元建设粮食烘干中心1个，实现净利润收入约100万元。以烘干中心为切入点，争取到省财政专项扶持资金120万元，合作社自筹180余万元，新建育秧中心1个。加快集镇建设，投资约800万元，实施全镇雨污分流管道建设及路灯安装工程。启动新福村“4·20”土地整理项目，完成安置房建设及土地复垦工作。争取资金约750万元，对万隆街、万福街、中心街进行路面改造和绿化提升。加强环境治理，开展门前三包。清理环保违法违规建设项目31家，对105家“散乱污”工业企业进行全面整治。公共服务不断提升，利用村公资金和社会资金，建设文化长廊1个、篮球场和农民书屋各1处。完善社会保障，新建公益性幼儿园2所，在万延村、云南村建立村级卫生站各1所。新建云南村日间照料中心1个。全镇有低保户266户443人，2017年新批低保11户22人、特困户5人；发放各类荒灾救济款和临时困难救济款12万余元；医疗救助49人，共14.3万元；资助各类残疾人780人，共计发放各类扶持保障金156.2万元。全年招商引资到位12200万元，固定资产投资完成20379万元。

【新福村创建省级文明示范村】 蔡场镇新福村围绕省级文明村创建标准，着力推进物质、精神、政治和生态4个文明建设协调发展，加大宣传发动力度，让群众参与进来。通过创建，产业发展有新突破，引进葡萄、蔬菜种植，烘干中心建设实现集体经济破冰，实现农民收入多元化，人均收入达到1.46万元。举办“文明农民学校”20期，开展“十佳村民”“文明之家”等评选活动和“道德讲堂”“法治大讲堂”展演活动，参与群众1500余人次。利用村主干道、林盘地，设置廉政人物文化展示栏11幅，打造“廉政文化长廊”。结合“百村容貌整治”，整治环境卫生，完善基础设施，提升村民自治管理水平，打造宜居环境。12月，获得四川省精神文明建设委员授予的第四届“四川省文明村镇”荣誉称号。

新福村“廉政文化长廊”

【新村建设助推产业发展】 蔡场镇不断探索推进新产业新业态落地生根，加大各类“四好家庭”创建工作，“养成好习惯、形成好风气”深入人心。强化园区道路建设，引进成都老农王开发有限公司，发展乡村旅游，举办第六届蓝莓采摘节，吸引游客30余万人次，带动发展乡村农家乐两家，实现“一、三”产业互动发展。通过土地整理、C级危房改造等，社区内无房户、危房户、住房困难户的问题得到全部解决，安全住房保障率达到100%。进行林盘整治，打造黄林盘，促进小区安置建设。万石社区通过“百村容貌”整治、幸福美丽新村建设和“三美新村”建设，群众自觉养成良好习惯，获得省委、省政府授予的“省级四好村”称号。成都老农王开发有限公司获得成都市知识产权试点企业称号，申请专利11项，并获得省旅游局授予的“精品花果人家”称号。

苏家镇

【概况】 苏家镇位于大邑县东南部，属平原地区，面积24平方公里，距县城7公里，距成都50公里。北邻晋原街道，南毗安仁镇，西至三岔镇，东接崇州市崇德乡。镇人民政府驻地虹桥社区。斜江河和干溪河穿境而过，水资源丰富，沿河环境优美。下辖4个行政村和2个社区，共41个农业合作社。耕地面积15505亩，非耕地面积4295亩。年内，苏家镇获得中共成都市委、成都市人民政府授予的2011—2015年全市法制宣传教育先进集体称号；获得四川省统计局授予的2016年度基层统计工作先进单位；在四川法制报社首届（2016—2017年度）“法治街道（乡镇）成都行”系列活动中被评为“成都市依法治理示范街道（乡镇）”。香林农民集中居住区被中共大邑县委农村工作领导小组授予“县级示范点”。全年固定资产投资完成17099万元，招商引资完成10300万元。

年内，苏家镇加快重点项目推进。香林田园综合体建设项目按照田园综合体建设相关要求，在总结经验的基础上，汲取江苏无锡“田园东方”的经验，提出“苏香百味、有机生活”的香林田园综合体概念设计规划。规划以香林村为基石，辐射连通周边金桂园、格林庄园、葡萄庄园、汇邦园林和雅凡农业等现代农业、休闲旅游产业。同时，连通干溪河生态休闲带建设项目，同步推进全镇产业规划发展定位。积极推进“4·20”土地整理项目、智慧经济型农业产业园建设项目。按照推进农业供给侧结构性改革要求，在苏家镇永兴村引进润地远大公司，打造智慧经济型农业产业园。全力做好县重点项目保障工作。改革配套继续推进。严格按照村公“四步工作法”程序，做好村级公共服务与社会管理改革工作，2017年专项资金291万元，立项实施项目67个。进一步规范镇公共资源交易服务所运行管理，14个项目进行招投标，涉及金额393万元。进一步加强农村新型基层治理工作，全面

10月31日，省委常委、成都市委书记范锐平调研智慧农业产业园

完成村（社区）换届选举工作。基础设施不断完善。完成永安路建设工作；完成“美丽新村”风貌整治40余户；新建永兴村和虹桥社区两个日间照料中心；完成虹桥街约400米污水收集管道的立项上报；香林村幸福美丽新村500米产业道路正在施工建设中；协调盐华苏路建设；完成晋苏路1.9公里设计工作；完成总长2.7公里的4条村组道路建设。继续巩固城乡环境综合治理成果，深入实施城乡环境“环境优美”示范镇、村建设和“百村容貌”省市示范创建工作。加大对菇房、养殖场等的排查整治力度；对辖区“散乱污”企业逐一实行“两断三清”；加大对辖区沟渠、河道等面源污染的清理整顿。开展育龄妇女检查2次；发放生育服务证178份；办理残疾证38人；“两癌”筛查2226人次；发放优抚慰问金368240元；发放残疾人各类补贴174480元。积极关注弱势群体，对10户精准扶贫户，采取“三定”方式，确保帮扶出成效。举办2017年企业用工新春招聘会，提供就业岗位1000余个。成功举办“第五届大邑县有机蔬菜节暨美食音乐会”，活动在“新华社·四川·地方频道”获得网友关注，点击量超过50万次，为苏家有机农业规模化、品牌化、效益化发展奠定了一定基础。扎实开展文化惠民活动，组织参与大型文艺活动4次，组织村级文艺队开展形式多样的各类活动66场次，极大地丰富了群众的精神文化生活。积极开展创建省级卫生镇相关工作，完成窨井盖整治4个；背街小巷整治率、四改六治理专项整治率和门前三包专项整治率均达到90%。积极创建成都市“三星级”平安乡镇，扎实开展“雪亮工程”，新安装摄像头11个。群宴申报254起，组织各类食品安全检查150余次。

【田园综合体建设】 为统筹推进城乡社区治理，提升川西林盘保护力度，做好苏家发展规划，努力改善农民生产、生活环境。2016年3月，苏家镇结合“4·20”土地整理项目，综合川西居民风貌主体形态，“一、三产业互动”乡村旅游生态、传统农耕与孝廉文化以及干溪河湿地生态相融合的“四态合一”理念，启动梓檀村“邓林盘”建设项目。项目共涉及35户、136人，总投资2000万元。整个项目于2017年初基本完成。项目建成后，苏家镇党委、政府将对标“田园东方”的经验引入苏家发展规划，拟定“苏香百味、有机生活”的香林田园综合体概念设计规划。川西林盘保护项目的建设为梓檀村村容村貌带来翻天覆地的变化。通过项目对环境整治优化，成功引入1家业主入驻，有力带动当地

改造后梓檀村“邓林盘”沿河步游道

一、三产业互动协调发展，环境与产业互动的效应初步凸显。以香林村为基石，辐射连通周边金桂园、格林庄园、葡萄庄园、汇邦园林和雅凡农业等现代农业、休闲旅游产业。同时，连通梓橦村“邓林盘”建设项目，同步推进全镇产业规划发展定位。已与设计公司进行多次对接，对设计方案进行完善修改。

9月8日，《成都日报》以“薄弱村华丽蜕变　环境与产业互动效应凸显”为题对苏家镇川西林盘保护工作进行报道。

【智慧经济型农业产业园建设】　苏家镇按照推进农业供给侧结构性改革要求，在永兴村引进润地远大公司，依托“4·20”土地整理项目和高标准农田建设，打造智慧经济型农业产业园。通过一系列标准化模式（技术、应用）建设及输出，打造特色鲜明、要素聚集、技术先进、生产方式绿色、经济效益显著、辐射带动有力的现代农业特色产业园。园区从生产结构、技术应用和产品研发等方面立体构建“农业信息化集成应用”、药肥“双减”标准化模型，实现绿色、低碳、循环发展的长效机制，生成区域农业产业化发展的标志性名片。项目建成后，将进一步提升苏家在成都地区的农业品牌综合竞争力，为“绿色、有机、生态”的苏家产业发展奠定基础。年内，完成智慧经济型农业产业园的方案设计和用地保障工作，正在施工建设阶段。10月31日，省委常委、成都市委书记范锐平率队到智慧产业园项目现场进行指导。

悦来镇

【概况】　悦来镇因镇人民政府驻地悦来场（又名灌口场）得名，位于成都平原西部，地处大邑县中部丘陵中心，距县城仅8公里，东与晋原街道相连、南与王泗镇相交、西与鹤鸣乡接壤、北与金星乡相邻，是大邑县城通往国家级风景区—西岭雪山、高山滑雪场、花水湾温泉度假区、道教发源地——鹤鸣山、佛教早期传播地——雾中山的咽喉要道。境内平坝、丘陵、高山皆有，斜江河贯穿境内，有三个天然水库：宁江水库、丰收水库、红旗水库。是省级小城镇建设试点镇、川西建材基地、开发农业基地。2017年，全镇面积56.76平方公里，辖11个行政村、4个社区，174个村民小组、33个居民小组，总人口2.3万余人。年内，完成招商引资12689万元，固定资产投入19445万元。

年内，悦来镇加快项目推进。引进成都樱为有你农业开发有限公司、新雨田旅游资源开发有限公司等6个重点项目，完成果多美现代农业观光体验基地建设、悦来越好有机水果种植项目等11个重点项目建设。全面完成“5·12”土地复垦项目，新增耕地面积260余亩，推动“4·20”土地整理项目顺利实施。完成北二环项目征地拆迁、青苗赔付、清场工作。推进成都经济区环线高速公路蒲都段项目用地保障工作，完成征地1063亩，拆迁农房60户。促进一、三产业融合发展。扶持向阳花农场打造“现代农业、观光度假、农普科普”为一体的农业现代化产业园，联合中国航天员科研训练中心建设“月球—火星农场选育中心”，以航天科普与创业农业有机结合，打造4A级“农旅互动”示范基地，全年接待游客约30000人次。促进一、二产业纵深精耕。廊山魔芋生产基地扩大成都廊山食品有限公司生产，新增一条食品加工自动化生产线，年产量提升到2600吨，产值增加312万元。依托华侨凤凰农牧科技公司、“果香领”高标准精致生态种植示范园、义和村现清猕猴桃等水果种植合作社合力建设义和村3500亩水果产业园，推进义和村产业转型升级，激活农业产业升级换代能力。贯彻落实“河长制”工作，加大河流、沟渠常态化监测管理，全年巡察687次，发现整改问题83个。协助完成中央环保督查交办件两件，整顿规范7家违法排污企业，清理整顿养殖场95个，关停污染企业13个、机动车清洗站3个。协调解决义和小区生活污水处理设施建设，控制好小区污染源。加强露天禁烧工作和煤改气、油烟净化装置安装专项工作，推动餐饮行业50家店面改用清洁能源，9家店面加设油烟净化装置。投入资金150余万元，加强“四改六治理”，巩固城乡环境治理成果。做好村级公共服务与社会管理改革工作，全镇投入专项资金877.12万元，立项实施171个，125个项目通过验收和审计。丹凤、双廊、夬石3个市级贫困村于12月顺利脱贫，53户产业扶贫户实现脱贫增收。新批低保户14户、特困户35户，全镇277户低保户实现应保尽保。低收入人员医疗救助102人次，临时大病医疗救助10人。温暖过冬救助291户，受益517人。新建朝阳小区，搬迁安置群众182户。全年新增水泥路15.6公里，养护水泥路45公里；完成丹刘路7.6公里沥青路建设；改建老旧桥梁两座。新建日间照料中心4个，城乡居民养老保险覆盖率80%，全镇适龄儿童就学率100%。新建社区卫生站两个，城乡基本医疗保险覆盖率98%。积极开展文化惠民活动，成功举办向阳花采摘节、第十七届麻羊美食文化节，开展大型文艺活动6次，全民健身系列活动15次，参与和受益群众1.2万人次。

创新社会治安综合治理。运用“雪亮工程”提升技防水平，建成镇综治中心平台和15个村（社区）综治分中心，69个高清摄像头覆盖全镇各交通要道，应用于综合治理。全镇综合治安事件由上年35件下降至15件。建立13个地质灾害应急避难场所，能容纳200余人紧急避难。履行从严治党政治责任，完成全镇15个村（社区）党组织换届工作，新设党总支两个、新选拔任用党组织书记1名、新发展党员9名、按期转正党员9名。加强党内作风建设，开展提醒谈话4次、批评谈话两次、诫勉谈话4次、函询5人。从严从快查处党员违纪问题。全年查处违纪党员6人，给予党内警告处分5人，党内严重警告1人。

【精准扶贫工作】 2017年，悦来镇按照“四态合一、产村相融、生态优先”的原则，高标准编制3个市级贫困村的脱贫发展规划，以因地制宜、因村施策，宜农则农、宜商则商，探索资源依托型、产业带动型、招商引资型、乡村旅游型等多种新型集体经济发展模式，大力发展种养殖业，培育魔芋、麻羊、红标鸡、三木药材、猕猴桃等特色产业基地，形成“一村一品”“一户一策”的产业发展格局。在精准扶贫中，协调推进经济效益、社会效益和生态效益共同发展。经济效益方面：种植适应性强、成熟月份不同、经济寿命长达20—30年的品种，可持续支持市场供应。依托大邑县每年的麻羊节，发展麻羊养殖，带动当地经济发展。社会效益方面：成都廊山魔芋有限公司在双廊村流转农用地，常年提供220个工作岗位帮助魔芋基地附近人员进行就业，促进农民人均增收900余元；万物生科技有限公司在夬石村流转农用地1000亩养殖红标鸡，帮助夬石村群众人均增收1100余元；桢晨家庭农场在丹凤村建设标准化麻羊养殖基地，帮助群众人均增收800余元；夬石村建立“邮乐购夬石超市”，实现农产品销售运输与便民服务一体化，促进全村集体经济发展壮大。生态效益方面：魔芋、猕猴桃品种经过优选优育后发展成更具竞争力的品种，改善产品结构的同时也在一定程度少减少肥料对土壤的污染，加强对环境小气候的改善。

【推进树立车耀先廉洁文化品牌】 悦来镇深度挖掘车耀先家风家训文化，打造廉洁文化建设宣传阵地，结合先烈家风家训营造全镇代表性家风家训，弘扬红色革命家风家训正能量，打造廉洁阵地，旨在营造全镇党员干部优良作风。2016年11月至2017年12月，悦来镇结合车耀先家风家训打造廉洁阵地3个，在全镇塑造廉洁文化广告牌、灯杆广告，引导党员干部家风改变，政风改变。开展廉洁春联和追忆革命先烈活动，学习宣传车耀先家风家训，在全镇党员干部中深度挖掘推广营造良好家风。2017年6月7日，成都电视台新闻综合频道（CDTV-1）《廉情观察》栏目摄制组到悦来镇，专题拍摄红岩英烈车耀先家风家训，向全市推广车耀先家风家训廉政文化。年内，车耀先家风家训入选“天府好家规”前五十，全镇党员干部廉洁信访件较去年同期下降40%，群众对悦来镇党员干部工作认可度较去年大幅提升。

【打造一、三产业互动示范基地】 2017年，悦来镇继续推进向阳花农场“集休闲观光、度假、农普、科普”一体产业园的打造。向阳花家庭农场联合中国航天员科研训练中心筹备“月球—火星农场选育中心”正式落户大邑县。通过资源配置加快农作物航天育种品种创制和产业化开发，实现传统育种向现代高科技航天育种的转变，开拓航天品种选育、繁育和推广新局面。按照4A级旅游景区标准，致力于休闲农业、生态农业、创意农业和科普教育为一体，建设“农旅互动”示范基地。2017年引入新品种葡萄使果园品种更加完善，组织专业技术人员对新品种葡萄园区进行基础设施建设规划。与成都农业科技职业学院合作，优选优育“阳光玫瑰”种苗，并进行宣传推广，提升产量，使其产业化成功，以供应市场需求。葡萄新品种在新片区推广种植，提供350余个就业岗位，促进农民增收1000余万元。预计3年内带动周边农户种植1000余亩，增收2000余万元。

董场镇

【概况】 董场镇是传统农业大镇，是大邑县优质粮油基地，位于县城东南，左靠旅游古镇安仁、右接工业大镇沙渠，东至成都45公里，南至新津县20公里，北到崇州市15公里。2017年末，全镇面积36.07平方公里，集镇规划区2.0平方公里，集镇建成区1.7平方公里；全镇总户数8122户，总人口28014人，财政收入2313.02万元，农民人均纯收入21300元。

年内，董场镇围绕建设东部新区综合配套服务区目标，以“一线两园”［一线：沙西线，两园：祥和精品农业田园综合体、青年（大学生）创业园］为重点，抓好祥和精品农业田园综合体、青年（大学生）创业园、土地股份合作社、新一轮“4·20”增减挂钩项目和城乡环境综合整治五大重点工作，打造“渔香贡米”小镇，加快推进一三产业融合发展。全年完成固定资产投资1.9亿元、招商引资2.181亿元。大力实施沙西线“增花添彩”和美化亮化工程；结合新一轮“4·20”增减挂钩项目对沙西线董场段沿线破旧房屋进行搬迁；形成城乡环境综合治理“1346”（一套宣传资料、三个考核制度、四个激励机制、六支队伍）的创新管理模式，对沿线机动车停放、集镇店招店牌、“门前三包”、清扫保洁进行精细化管理。祥和精品农业田园综合体完成祥和、龙兴、龙华三个村庄编制，引进投资20亿元的海南绿翠尚善国际养生源（成都基地）项目，打造集乡村旅游、生态有机农业、特色廿四文化于一体的国际一流康养基地，基本完成项目总体规划，启动巫林盘和“稻鱼共生”项目；引进开元国际对园区进行物业管理，制定村规民约，增强居民自治意识、参与意识；通过“花钱买服务”方式，构建以“住户自筹为主，集体资产收益为补充，村委会适当补助”的物管费用筹集机制。青年（大学生）创业园按照“两带、两心、五组团”的理念实施5000亩青年（大学生）创业园；按照“互联网+”的思路建立电商平台，引进佳晋电子商务有限公司，提高园区内项目的产品销量，为五龙桃园合作社、桃汇源合作社销售桃子30万余斤、蜜柚20万余斤。入驻园区的青年（大学生）项目不断增加。新引进5名青年（大学生）入驻园区创业，流转面积近1000亩，主要种植树莓、特种李子、特色瓜果等。引导成立成都众勤劳务合作社，为创业园业主提供劳务服务。年末，园区有创业项目34个，流转土地约4600亩，实现产值4500万元，带动周边群众近600人就业。2017年11月，青年（大学生）创业园荣获国家科技部授牌国家级“星创天地”。实施新一轮“4.20”增减挂钩项目，涉及8个村（社区），拆旧面积1531亩，全镇有1312户报名参加项目。在龙华、龙兴、双河、祥和、白马、正雄、凤冠和铁溪8个村(社区)启动国家农业综合开发高标准农田建设模式创新试点项目，修建沟渠68公里，道路26公里，实施土壤改良15000亩及病虫害综合防治等，项目完成90%。采取“股份+租赁”的模式，开展农用地流转，9个涉农村（社区）成立土地股份合作社、农业开发公司，流转农用地2.6万亩，组建75家农民专业合作社，土地租金提高10.4%。采取产业扶贫和就业扶贫相结合，为贫困户制定优惠政策，全镇20户精准扶贫户实现全面脱贫。大力宣传全面二孩，完成孕前优生健康检查150对；上报符合国家、省、市奖励扶助人数2647人；全镇享受特别扶助143人；领取独生子女父母奖励金3535人，奖励金额21.21万元；开展“三查一治”3次，服务11260人次。全年新增就业42人，实现农村富余劳动力转移就业2070人，完成网上验证4200余人，企、事业单位20户。

【祥和精品农业田园综合体建设】 祥和精品农业田园综合体依托尚善国际养生源（成都基地）项目，以现代农业为基础糅合文化创意，集生态、观光、康养、体验为一体，结合川西坝子林盘特色，建设宜居新村，规划建设新村安置点7个，规划总面积10.81平方公里，涉及董场镇祥和村、龙华社区、龙兴社区、凤冠社区4个村(社区)，其中起步区3.8平方公里，涵盖董场镇祥和村全域。项目规划道路13条，串联7个安置点，总长度约50公里，总投入约1.2亿元。年内，项目以盘活集体经济组织为抓手，成立村集体经济组织顺东土地股份合作社和祥都农业开发有限公司，对祥和村全域的农用地实行土地预流转，推进土地连片规模经营，促进农户增收。引进成长性好、投资强度大和科技含量高的项目和社会资金参与园区建设，签约海南绿翠股份公司建设大邑尚善国际养生源项目，占地1.6万亩，投资20亿元。尚善国际养生源（成都基地）项目与祥和村签订土地承包经营权出租合同，共计4250亩，形成初步规划设计方案，完成约60亩稻鱼共生的稻田种养和绿翠小院及周边的打造，正在加快推进巫林盘集体建设用地流转。2017年，祥和精品农业田园综合体被评为成都市田园综合体示范单位。

【精准帮扶促进残疾人事业发展】 年内，董场镇紧紧围绕残疾人同步小康工作目标，进一步促进全镇贫困残疾人在康复医疗、教育就业、技能培训、社会保障、无障碍环境等方面得到优先保障和大幅提升，因地制宜，变“输血”为“造血”方式助力残疾人实现脱贫致富，推动全镇残疾人事业健康发展。对全镇残疾人进行全面调查，根据康复需求，制订康复计划，通过开展免费实施复明手术、发放辅助器具、发放精神病服药卡等活动，不断拓宽康复工作，使残疾人健康状况逐步改善。落实保障工作，进一步加强救助和帮扶，及时发放各种补贴和慰问金，残疾人基本生活得到有效保障。通过政策扶持、资金帮扶、技能培训等措施，持续创新，推动残疾人创业就业工作发展。按照“量服”的指导思想，坚持“授人以渔”的工作方法，“造血式”推进残疾人精准扶贫。成立精准扶贫凤冠鸽业专业合作社，发展种鸽4000余对，销售及培训收入超60万元，共培训残疾人632人次，并提供长期技术支持。2017年11月16日，合作社进行分红，实现现金和种鸽总额23.7万元。同时，采取就业和产业相结合，为残疾人提供公益岗位，鼓励企业招聘残疾人上岗，结合土地综合整治，鼓励残疾人参与美丽新村建设，改善残疾人居住条件。通过一系列措施，全镇残疾人健康状况大大改善，就业能力日益增强，生产生活条件得到有效保障，获得感和幸福感不断提升。年内，被成都市人民政府残疾人工作委员会评为“成都市残疾人工作先进单位”。

青霞镇

【概况】 青霞镇面积28.4平方公里，位于大邑县城东北面，距成温邛高速大邑东出口7公里，距都江堰市41公里，地处川西旅游环线中心地带，与最美乡村公路重庆路相连，与崇州市怀远镇接壤，交通便捷。全镇为丘陵地貌。2017年末，辖3个社区、1个行政村，总户数2494户、总人口8600人。镇域经济以农业、林业、旅游业为主。有凤凰岛国际旅游度假区、智腾马业、幸福公社、卡伦德拉、菌博天下、成都农业创客中心等重点项目。有四川邑丰食品有限公司、成都佳家郎食品有限公司、四川振东精科汽车总成有限公司等10余家企业。通过编制《青霞镇产业发展规划（2017—2020）》，制作《文创青霞》宣传片和《大美青霞》宣传册等措施开展对外招商，吸引阳光集团、成都宏信置业、南京三胞集团等进行投资洽谈。新引进总投资两亿元的合景云上精品农业园项目和总投资4.5亿元的卡伦德拉三、四期项目。举办第二届全国休闲食品招商会、首届（蜀之源杯）马术邀请赛、第十二届花船民俗文化艺术节等重大赛事和活动。基础设施不断完善，完成农村公路2.1公里建设任务、双分路提档升级工程及成都经济区环线高速公路青霞段红线内征地拆迁工作。民生保障不断加强，城镇新增就业61人、失业人员再就业40人、就业困难人员再就业13人。城乡居民养老保险续缴1760人，城乡居民医疗保险覆盖率100%。全镇13户相对贫困户通过产业扶贫全部实现脱贫。年内成功创建“四川省安全社区”，获成都市妇联基层组织建设示范镇称号。

【创新推进乡村振兴战略】 青霞镇引导辖区企业幸福公社积极参与乡村振兴工作中，按照“众创空间+创业苗圃+孵化器+加速器”的模式，推动匠人培育、企业孵化、品牌打造，促进农业文创、休闲旅游等新产业新业态蓬勃发展。开办刺绣大赛、木艺大赛、手绘地图大赛、戏剧节、音乐节、幸福创意集市、幸福千家茶席等活动，社区成为景区，也成为孵化器和共享学堂。创建成都农业创客中心，成为农业品牌的孵化器、农村再造的设计站、农业人才的培训地、农业创客的孵化器，获批全国首

成都市总工会主席吴凯到青霞镇调研

“文创”+“非遗”吸引外国友人参与

批“星创天地”。幸福公社共推出100多个品牌设计；参与镇村标的设计制作、乡村发展定位模式研讨、村镇社区形象设计、乡村休闲旅游赛事运营等；孵化培育40多家文创企业，开展各类创意创业、展示展览、比赛培训活动200余场。省委常委、市委书记范锐平在大邑县调研时高度肯定青霞镇幸福公社农业专业创载体建设、农业孵化基地、创客中心打造等创新工作。11月12日，成都市委组织举办的实施乡村振兴战略推进城乡融合发展大会将幸福公社作为全市4个现场参观点之一，幸福公社负责人作题为“以文创推动乡村发展”的交流发言。

【社区治理】 青霞镇以党建为引领，以点带面探索切合本地实际的社区发展治理模式。强化组织建设，推动在产业链上建党组织，把分散的党员和致富能手结合在一起，为产业发展壮大出谋划策。完善服务功能，促进社区品质升级。发挥居委会、议事会、监事会职能职责，社区事务按照“民事民议民定”开展。定期公开党务、村务、财务情况。引导居民参与自治，农民集中居住小区均成立小区业主委员会。抓好创业就业，促进社区活力提升。依托成都匠人村、成都农业创客中心、幸福公社社员众创中心三大平台，实现不出社区即可创业。依托幸福公社、合景云上、菌博天下、卡伦德拉等重大项目提供的就业岗位，向企业输送剩余劳动力。盘活集体资源，通过综合整治实施集体建设用地就地流转，以“文创+”产业发展模式引导青霞镇文创产业健康发展的方式，规划形成“一心、五区、多点”产业空间结构。借鉴幸福公社社区治理先进理念，探索搭建促进居民间相互交流的沟通平台，在传统节日组织社区居民共享“坝坝宴”，共庆“中国节”。青霞镇村（社区）呈现出产业兴旺、生态宜居、乡风文明、治理有效、生活富裕的现代乡村面貌。

【全国总工会副主席到青霞调研】 9月17日，全国政协委员、全国总工会副主席崔郁率队来大邑，就女性创新创业及居家灵活就业工作开展情况进行调研。在青霞镇幸福公社，崔郁听取农业创客中心的情况汇报，参观北斗七星木勺店、再书房等地，与店主就中心服务、生产经营情况等进行交流，并对妇女之家、儿童之家等各类女性文创项目进行调研，充分肯定幸福公社“农创+文化+景区”的项目运营模式。

三岔镇

【概况】 三岔镇位于大邑县南部，距县城15公里，东与苏家镇、安仁镇、上安镇接壤，西南与邛崃市毗邻，西北靠王泗镇，素有“泉水之乡”美称。2017年末，全镇辖梅花社区、高山社区2 个居民委员会和庆余村、三柏村、东升村、白衣村、七一村、涌泉村、永乐村、山墩村、赵庵村9个村民委员会， 35个居民小组、164个村民小组。年内，三岔镇紧紧围绕“唱响泉水之乡品牌，打造特色果蔬大镇”建设目标，保持全镇经济社会良好发展，全镇农民人均纯收入17457元，同比增长11%。2017年9月，被CCTV绿色有机栏目组委会、中国绿色有机联盟、四川省绿量有机产品认证有限公司评为“四川十佳绿色有机乡镇”，涌泉村被评为“四川百佳绿色有机之村”，燕萍农耕家庭农场被评为“四川百佳绿色有机家庭农场”和“全国青少年儿童食品安全科技创新实验示范基地”。

项目建设成效明显，完成高山社区、赵庵村、山墩村芦山“4·20”灾后重建城乡建设用地增减挂钩项目农户安置房建设；新一轮“4·20”灾后重建城乡建设用地增减挂钩项目签订投建协议，完成农户搬迁补偿方案制定。完成高标准农田建设项目和3000亩农业园区项目规划、勘测和设计工作，完成1000亩柚子基地果苗种植和2000亩精品粮油区的设计工作。完成招商引资到位资金6500万元，完成固定资产投资1.6914亿元。结合两区划定，促进农业产业化进程，依托丰富的耕地资源，规划3000亩的现代农业产业园区，确定精品粮油和高端果蔬的产业发展方向。辖区内建有优质粮经示范基地2个、柚子产业园基地1个、生态猕猴桃基地2个、有机蔬菜基地1个。引进四川润地远大、成都瑞孚柚园、成都添雅农业等生态农业公司，带动周边村民成立宇航果蔬、燕明农场等65家农业专业合作社，创建“湾乐蔬菜”等农产品品牌2个，促进农业向规模化、专业化和产业化方向发展，规模流转土地27193亩，占全镇耕地面积的80.5%。贯彻绿色发展理念，推进农牧业种养循环模式，引入四川川娇集团作试点，收购部分环保设施简陋的传统养殖场，改建标准化畜禽养殖场所2000平方米，新建沼气池120立方米，配套粪污处理系统、沼液综合利用系统，筹建粪污运输合作社，将养殖业与种植业有机结合，推广“养殖—粪污处理—果蔬利用”的生态种养模式，取得较好的经济效益和社会效益。加强城乡环境综合治理，规范治理“七乱”，开展扬尘治理，扎实推进四改六治理工作，实现禁烧全覆盖，集镇环境卫生秩序明显提档升级。持续推进农村面源污染全面治理，全年共治理220余处养殖户（场），基本得到“零排放、零污染”目标。推进水环境治理工作，投入金额约90万元，对南河、六斗渠、甘泉沟等渠道进行淘修，实现“河道、沟渠沿岸无明显积存垃圾和建渣堆放，水面无明显漂浮物”目标。落实河长制，投入金额2.5万余元设立27个河长公示牌，明确河长职责，并设立河长制管理等相关公示牌90余个。开展“散乱污”企业整治工作，全镇47家“散乱污”企业全部关停。完成2件省督办环保案件、2件中央督办案件。社会服务与保障深入推进，完成庆余、东升、山墩三个村的日间照料中心，完成高山社区综合减灾标准化建设；完成940起农村群宴调查审批，未发生群体食物中毒事件；完成东升村、山墩村等村（社区）村级卫生医疗站建设。

【创建“四川十佳绿色有机乡镇”】 为推进“精品粮油”和“高端果蔬”产业发展，三岔镇积极组织、引导经营主体参与“国家、省有机产品认证示范县”创建项目，确定京京蔬菜基地、万事康农业开发公司水果基地、发旺果蔬猕猴桃种植基地、燕萍农耕家庭农场为有机创建基地联络点。督促经营主体按照有机的要求进行示范基地建设，全镇新增创建面积1261亩，其中燕萍农耕家庭农场有机转换认证面积1000亩、万事康农业开发公司认证转换认证面积261亩，占全年目标任务（300亩）的420.3%。年内，京京蔬菜基地取得《有机产品认证》证书，蔬菜认证面积300亩。燕萍农耕家庭农场、万事康农业开发公司均取得《有机转换认证证书》。通过有机认证，增加农副产品的市场价值，提升全镇农业的品质。2017年9月，三岔镇被CCTV绿色有机栏目组委会、中国绿色有机联盟、四川省绿量有机产品认证有限公司评为“四川十佳绿色有机乡镇”，涌泉村被评为“四川百佳绿色有机之村”，燕萍农耕家庭农场被评为“四川百佳绿色有机家庭农场”和“全国青少年儿童食品安全科技创新实验示范基地”。

【打造农牧业种养循环模式典范】 三岔镇深入贯彻绿色发展理念，2017年3月，引进川娇公司新建一个新型标准化养殖场。该公司引进德国领先技术，投入近1000万元，采用构建式建筑方法，建成一个占地2000平方米左右的养殖场。同年8月，该养殖场投入生产，实现生猪养殖自动化、粪便干湿分离、种养循环。该养殖场是目前全县唯一一个新型标准化养殖场所，注重发展与环保并重，成为农牧业种养循环模式典范。

【高山小区"小组微生"示范点位建设】 高山小区"小组微生"项目以高山社区、赵庵村、山墩村"4·20"芦山地震灾后重建城乡建设用地增减挂钩项目为依托，由四川省国土资源厅（川国土资函[2015]294号）批准实施，挂钩周转指标规模207.21亩，规划建设用地33771.94平方米（50.66亩），建筑总面积22231.78平方米，节余建设用地指标155.58亩。高山小区"小组微生"示范点共有住宅总户数152户，其中有统规统建40户和统规自建112户，统一配套基础设施和绿化美化工程，极大地改善了群众的居住和生活条件。高山小区成为传承川西民居文化、彰显林盘特色的幸福美丽乡村聚居点。

西岭镇

【概况】 西岭镇因唐代大诗人杜甫的千古绝句"窗含西岭千秋雪，门泊东吴万里船"而得名，位于大邑县西北部，平均海拔1400米，距成都95公里，距县城45公里。境内有世界自然遗产——大熊猫的栖息地（黑水河自然保护区），有国家级风景名胜区——西岭雪山，有成都第一峰——海拔5364米的大雪塘。有国家级非物质文化遗产——西岭山歌。2017年末，全镇面积447平方公里，其中耕地面积1.33平方公里、林地面积93.33平方公里；辖6个行政村，70个村民小组，总户数1665户，人口6549人，农民年人均纯收入13268元。年内，西岭镇获得"国家卫生乡镇""成都市卫生先进乡镇"等荣誉称号。

西岭镇加快项目建设，投资6000万元完成翠锦西岭旅游项目建设；签约引进缔赢农业项目和"大龙溪乡村民宿"项目，签约资金分别为0.3亿元、1.1亿元。完成固定资产投资25198万元，完成招商引资省内到位资金3130万元、省外到位资金5500万元。编制完成龙云路路基建设的规划设计方案（大龙村至云华村），启动龙云路全长6公里路基建设。成功举办"诗意西岭·消夏三文鱼节"，推动乡村旅游持续发展。加大人才工作宣传力度、安全隐患排查力度和违建巡查力度。积极配合县级相关部门编制《西岭雪山风景名胜区总体规划》《西岭镇雪山风景名胜区控制性规划》《西岭雪山—花水湾国家级旅游度假区规划》。落实环保督察、重拳治水、铁腕治霾、城乡环境治理、科学治堵工作，办结中央环保督查案件2件，办结率100%，满意率100%，完成集镇13家餐馆、打索场36家农家乐、西岭雪山景区餐饮企业蜂窝煤改气改电工作，6月，西岭镇被全国爱卫委命名为"国家卫生乡镇"。扎实开展"社会矛盾纠纷大调解"工作，构建镇、村、组三级社会调解组织体系，成功调解劳资纠纷1起，为农民工讨回工资100余万元，息诉息访76件，被市人防办评为"市级人防警报先进设台单位"。完成6个村级综治中心建设、沙坪村应急能力提升建设、花石村综合减灾标准化建设、飞水村日间照料中心建设等基础设施。在双鸳路、大双路旅游沿线种植格桑花面积达到1.3万平方米，进一步优化旅游环境。增强知识产权强县，完成专利申请10件。央视《传奇中国节·春节》栏目在除夕将西岭镇的雪山风光、浓厚的川西乡土文化、百姓群众过年的人文风情、宝贵的国家级非物质文化遗产呈现给全世界，直播时长17分钟。

【民生改善】 年内，实现两项补贴全覆盖，补贴服务经济困难老人、失能半失能老人，困难残疾人生活补贴和重度残疾人护理补贴制度得到落实，受益残疾人共182人，分别发放补贴资金3.33万元、11.4万元和8.3万元。认真开展独生子女“三全”保险核对工作，严格做到“不漏不错”“应享尽享”，对109名符合计划生育家庭特别扶助人员发放扶助金135840元。医疗筹资率99%，残疾人医保参保率100%，核查养老保险2000人、优抚对象36人。走访慰问贫困户173户、留守儿童16名、残疾人125人，发放慰问金17.3万元。就业实名制录入3393条，录入率100%，新增就业115名，失业人员再就业27名，单位登记招聘人数150人；企业劳动年检35家。对全镇1606户农户，9个单位、7户规模组织开展入户普查登记和PDA数据录入。村公备案项目87个，预算资金343.4万元，完成48个基础设施项目进所招标。建立健全互联网门户网站保密审查机制，主动公开各类政务文件及信息1440条。完成沙坪村村卫生站联建工程，确认全镇19名乡村医生身份及年限。对花石村、大龙村日间照料中心提档升级。镇村两级组织开展各类文体活动共计84场，参加人员4000余人次。年内，沙坪村、高店村、花石村被县文明办评为文明村镇，西岭镇被市委宣传部确定为成都市社会主义核心价值观建设试范点乡镇。

【打造民俗文化旅游】 科学利用具有历史厚重感的原邮江煤矿闲置房屋，以“矿工文化”为主题，引进成都缔赢旅游开发有限公司打造建设“龙溪乡村民宿”，崇尚精致与特色，以此为龙头推动全镇乡村民俗发展。着力引导农家乐提档升级、转型升级，深入挖掘乡村民风民俗文化内涵，弘扬西岭山歌文化，追求乡村休闲旅游精致、品味、品质和特色，打造精品民宿6家。

【创建“三美”示范村】 利用云华村“四川省乡村旅游精品村寨”资源优势，以“风尚新美、环境秀美、生活富美”三美示范村创建为抓手，对云华小区的道路、景观节点进行改造提升，融入社会主义核心价值观、村规民约和西岭山歌、古训家规、乡贤榜样等优秀传统文化。成立业主管理委员会，扎实推进垃圾不乱扔、物料不乱堆等环境卫生整治，建立健全《云华小区水费缴费管理制度》《生活垃圾处理费征收管理制度》《云华小区区域环境整治管理制度》，组织镇村干部到户进行宣传引导，倡导文明新风，提升住房房间品质品味，优化小区旅游环境，提高房间对外租赁避暑度假价值，促进文明新风与乡村旅游业的互融发展。年内，云华村顺利通过市级“三美”示范村验收。

【举办“诗意西岭·消夏三文鱼节”】 按照“创新、协调、绿色、开放、共享”五大发展理念和“西控”空间布局，通过到蒲江县光明乡、甘溪镇、郫都区三道堰镇、浙江桐庐分水镇、浙江德兴莫干山镇对标找差后，确定“中国雪山森林小镇”定位，组织100余名农家乐业主、20家冷水鱼业主召开座谈会，传达先进地区的乡村旅游发展经验，依托西岭清新自然的山水风光，以“品鉴之旅、知音之旅、体验之旅、玩酷之旅”为主题，以消夏避暑、户外运动、养生休闲、漂流体验、山歌传唱、土特产和三文鱼品鉴为主要内容，在7月22日—8月27日，举办“诗意西岭·消夏三文鱼节”。通过新媒体创新宣传，充分展示西岭独特的资源禀赋、文化底蕴和物产特色，吸引游客85万人次，实现旅游综合收入同比增长10%，促进群众增收致富。

7月22日，“诗意西岭·消夏三文鱼节”开幕现场

邮江镇

【概况】 邮江镇位于大邑县西北部，距县城30公里，距成都市中心70公里，处于大西路和安邮阝路的交汇处，东临斜源镇、北接花水湾镇、南与新场镇、邛崃大同镇接壤，素有“青梅之乡”美誉，是成都建设世界生态田园城市市级示范线安西走廊上一个重镇。因光绪皇帝幼师伍嵩生出生于邮江镇田园村，故被誉为“帝师故里”。全镇面积61.89平方公里，辖10个村、2个社区、161个村（居）民小组。2017年，邮江镇新引进项目6个，其中5亿元重大项目1个，固定资产投资16259万元，增长22%；招商引资8500万元，增长20%；农民人均纯收入16720元，增长10.6%。项目建设加快推进，完成市级项目4项，县级建设7项，镇（村）级项目146项，共涉及项目建设资金1649万元。抓好“4.20”土地整治工作，规划安置点8个，占地约256亩，涉及农户1049户、3560人、拆旧地块429个，签约协议农户700余户，拆旧面积750亩，完成小区规划设计。全镇村道建设顺利实施，完成虎岗村、宝珠村、雷山村和高坝村9公里村道建设，启动华山村团山桥旧桥拆除重建工程。全面落实村公项目，完成项目127个，使用资金765万元。深化农村产权制度改革，完成宝珠、虎岗、雷山、华山4个村（社区）集体资产股份合作制改革试点任务。成立邮江镇农村产权管理服务中心，对各村（社区）实施清产核资和股份量化。组建高坝村土地股份合作社、邮江镇电商服务中心、产权交易服务中心、金融服务中心，新型农业经营体系不断完善。扶贫工作取得实效，全镇17户精准产业扶贫户项目实施完成，3个贫困村2017年底农民人均可支配收入均达到脱贫标准。公共服务不断提升，完成邮江供水厂移交水投公司管理工作，确保集镇及周边7000余人用水。丰富群众文化生活，持续开展“百姓故事会暨道德讲堂巡讲活动”、志愿者文化宣传等文化活动39场，举办“迎接‘十九大’大邑县邮江片区第十三届老年人体育运动会”。社保体系更加健全。完成社会保障卡人员信息采集10251份，以及全镇 9819

人的农合医疗代扣工作，城乡居民养老保险覆盖率、城乡基本医疗保险参保率分别为92%、99.8%。新增老年人日间照料中心2个，全镇有7个老年人日间照料中心。对全镇354户低保户进行复查，为56户困难群众申请临时救助，实施医疗救助73人。发放困难残疾人生活补助217人38.32万元，为40名重度残疾人购买养老保险，慰问残疾人329人次。

7月12日，县委常委、统战部长王谚到邯江镇调研青梅小镇建设工作

【青梅小镇建设】 邯江镇把青梅小镇建设作为近五年重点特色工作，将青梅产业注入“4·20”土地整理项目，培育以青梅连片种植、青梅深加工、乡村旅游为一体的青梅产业生态圈，打造“一园·一链·一走廊”的特色青梅小镇。2017年，完成青梅小镇建设规划设计，启动实施青梅种植基地建设，新增青梅种植1500亩，完成预流转土地 635亩，青梅种苗种植100万株，开启万亩青梅园建设良好局面。引进广东普宁食品股份有限公司和泸州老窖果酒项目，项目的落地给青梅产业生态圈的发展奠定基础。十里梅花走廊建设项目顺利实施，完成安邯路两侧观赏梅种植2000株。成立青梅种植合作社，以“公司+农户”的方式，带动群众发展青梅产业。

【佛手瓜产业提档升级】 依托佛手瓜协会，充分发挥种植大户和专业合作社优势，完成3000亩佛手瓜标准化种植。在种植技术改造、品牌创建和市场营销方面下工夫，完成佛手瓜有机产品申报工作，建立邯江镇山货市场电商营销模式，提高产品附加值。开展“邯江镇乡村文化旅游节暨佛手瓜推介会”交流活动。全镇新增农民合作社6家，新建家庭农场 1个。

邯江规模种植佛手瓜

【打造高坝村特色乡村旅游】 成立高坝村土地股份合作社，由合作社集中对土地进行管理，依托农业发展旅游，进一步促进一三产业融合。开展预流转工作，形成林地、耕地、宅基地、其他闲置地的预流转台账，丰富招商引资条件。加强基础设施建设，完善健身绿道、停车场及游客接待中心建设。依托百村容貌整治及城乡环境综合治理工作，加大对环境卫生的治理。完善农户生活污水收集和沼气池建设。依托高坝村丰富的文化底蕴及自然风光，举办乡村旅游文化节。高坝村通过以上措施，推进土地规模经营、提高土地生产率，逐步从传统农业转为“农、旅双性”。

斜源镇

【概况】 斜源镇位于大邑县域西北部，距大邑县城22公里，距成都市区72公里，海拔640—2000米。2017年末，辖5个村1个社区，85个村（居）民小组，总户数2124户，人口7208人。地区生产总值1.62亿元，财政收入1892.25万元，农民人均纯收入15135元。耕地面积4563亩，境内森林覆盖率76%以上。有省级文物保护单位唐代摩崖石刻药师岩和佛学文化遗址白云庵，有大邑古八景之首的凤凰鲸柏，是大邑“母亲河”——斜江河的发源地。

【经济发展】 全镇农业、服务业固定资产投资完成2.15亿元，主要包括七彩林业观光园、仰天窝药林公园建设、成都怡康农业产业等项目。招商引资完成1.2亿元，引入中药材小镇暨幸福森谷国际度假区项目、七彩林业观光园、林下中药材种植、山林药谷等产业项目。精准扶贫取得实效。完成六坪村1200米的产业道路建设以及观光游步道建设。同时，利用各帮扶部门的帮扶资金2550万元，继续完成9个项目的实施建设，投资2400万元的六坪至鹤鸣青龙的旅游环线通道建设正在施工中。经过两年有效工作，12户精准扶贫户全面脱贫；贫困村达到“四有一达到”脱贫标准，通过市县两级验收。

【基础设施】 基础设施逐步健全和完善。投资1525万元完成镇便民服务中心及保留建筑风貌整治、镇便民服务中心和游客接待中心装修、场镇

12月24日，斜源镇场镇安置房分房现场（斜源小学）

临时停车场修建。投资578万元修建场镇旅游公厕、场镇垃圾收集站、斜源镇污水管网，整治江源村九龙林盘。投资3000余万元建成六坪、三元场、大鹏村200余套安置房并完成分房，完成场镇1300余套安置房分房工作。投资100余万元建成盘石村安置点1.2公里连接道路、生化池、党群活动中心等基础设施。完成六坪等3个村“4·20”土地整理地块复垦，整理农村集体建设用地320亩。

【社会事业】 社会保障卡采集信息4750人，办理老年人安康保险548份，发放经济困难失能半失能老年人补贴112人，11.19万元。安全温暖过冬救助191户，351人，7.6万元，为特困户、低保户、五保户、优抚对象申请办理医疗救助11.3万元。建成两个日间照料中心。扶持城乡残疾人居家灵活就业150余人，发放居家灵活就业直补23万元，为25名重度残疾人办理城镇职工养老保险的参保手续，发放自强助学金1.3万元。组织200余名妇女参加两癌筛查。完成15名离职乡村医生身份和工作年限确认工作，完成两个村级卫生站的选址和规划设计。完成370户计生家庭奖励扶助、特别扶助、独生子女父母奖励金上报。进行农村金融制度改革，设立三元场村便民取款点。与成都农商银行开展合作社成员联保金融服务创新试点，取得成都农商行2000万元授信，用于场镇居民房屋装修贷款，完成两批共29户135万元授信业务办理。新增就业39人，农村富余劳动力向非农产业转移930人，失业人员再就业23人。

【中药材小镇建设】 中药材小镇建设取得突破性进展。签约打造“中药材小镇暨幸福森谷国际度假区”项目，计划投资11亿元，依托康养大定位，结合斜源独有地域优势，以游山、玩林、亲水、康养、隐居为五大开发方向，将斜源定义为整个西花度假区的核心旅游度假引擎，打造四川的“轻井泽”。

【城乡社区发展治理】 斜源镇作为全县唯一城乡社区发展治理示范镇，镇党委及时成立工作小组，研究制定《斜源镇关于深入推进城乡社区发展治理建设高品质和谐宜居生活社区的实施方案》，建立工作台账，挂图作战，以党建工作为引领，城乡社区发展治理工作全面铺开。场镇社会治安联防水平有效提升，实现场镇建成区内免费WIFI全覆盖。健全斜源场镇自治改造委员会、场镇管理委员会等6个群众组织，构建场镇管理的新机制。完成场镇产业布局规划，编印统一的漫画手册，管控店招店牌、房屋装修规范等。

12月6日，县长廖暾到斜源镇太平社区参加坝坝会

上安镇

【概况】 上安镇地处成都平原西部，东与邛崃市冉义镇接壤，东南与邛崃市高埂镇为邻，西邻三岔镇，北接安仁镇。南距川藏线4公里，东距省会成都市45公里，属平坝地区，面积19.6平方公里。2017年末，辖6个村、1个社区，53个农业生产合作社、5个居民小组，总户数5691户，人口17379人。全年实现固定资产投资1.54亿元，招商引资7000万元。农村居民人均可支配收入19468元，增长11.32%。新建昌盛污水管网2.5公里，提档升级场镇围镇路1.5公里。推进就业和城乡居民基本养老、医疗保险扩面，医疗保险参保12756人，城乡居民养老保险续保4104人、年检3890余人。做好就业促进，完成就业实名制动态更新8951条，新增各类就业100余人，转移农村富余劳动力230人。卫计工作不断规范，完成农村妇女“两癌”筛查607人，孕前优生优育检查49对；完成两个省级卫生村、18个农村居民院落创建和3个标准化村级卫生站的建设，及时兑现各类“奖特扶”资金。做好民政工作，发放各类社会救助资金157万元，办理老年优待证37本，为402名特殊对象购买医疗保险；为132名失能、半失能和经济困难人群购买居家养老社会服务券1.8万余元；完成市级民生工程金鸡村日间照料中心和综合减灾点位建设。

【农业转型升级】 上安镇以品牌建设为抓手 助推产业转型升级。逐步建立起从“小业主+农户”到“龙头企业+村集体经济组织+小业主+农户”的利益连接机制，有效地将产业发展较初级的散户聚集起来，进一步降低农业生产成本，提高农产品品质。引进成都邑安硒谷农业有限公司，创建邑安硒谷、西岭雪等农业品牌。与润地远大合作，推进智慧农业建设，通过抓产业发展，推动农业转型升级。持续推进土地适度规模经营，全镇17800亩耕地，实现规模经营12000亩，其中小业主8000亩、龙头企业标准化种植4000亩。积极探索发展村级集体经济新路径，在成功村、汪安村试点，将“4·20”土地整理项目复垦的320亩土地由村集体统一经营、管理，通过对外出租、入股、自主经营等多种形式取得收益，用于支持和发展村级集体经济。

【闲置土地利用和管理】 上安镇创新复垦土地经营管理模式，针对村级大量闲置土地资源问题，进行合理管理和利用。在成功村和汪安村率先试点，对“4·20”项目复垦的320亩耕地由村集体统一经营和管理，采取对外承包、租赁或自行经营等形式获得收益，两村通过租赁获得村级集体经济收入10万余元。利用闲置土地资源所得收益用于支持村级基础设施建设，进一步惠及广大群众。帮助金鸡村申请村级集体经济发展省级扶持资金120万元，指导该村利用资金打造一座精致生态农庄，采取引进公司经营或整体外包出租形式进行效益回收，增加村级集体经济收入；依托农庄，并利用闲置土地资源所得收益，融合打造一批集荷花观赏、“稻花鱼”养殖、精品大米和蔬菜种植等为一体的一、三产业互动项目，在解决当地村民务工的同时，进一步增加村民收入和村级集体经济收入，实现“输血”和“造血”并举。

【“1+N”模式治理“微腐败”】 上安镇探索建立常态化、多元化、组合式治理“微腐败”“1+N”模式。践行监督执纪“四种形态”+“微腐败”治理，对党员干部出现的倾向性、苗头性问题早提醒早谈话，印发《上安镇开展谈话提醒工作的实施方案》和《关于开展干部全覆盖谈心谈话工作方案》，开展经常性谈心谈话200余人次。开展“微党课”+“微腐败”治理，将专项治理微腐败工作纳入微党课授

上安镇开展领导班子和领导干部2017年度考核大会

课内容，以喜闻乐见的形式让群众接受。“百姓故事会”+“微腐败”治理，将治理微腐败成效用快板、小品等形式传达给群众，让群众切实感受到身边的变化。“坝坝会”+“微腐败”治理，通过开展“听民情、解民忧、顺民意”坝坝会，面对面接受群众询问，当场解答，及时解决群众的疑问，提升群众满意度。“微权力”治理+“微腐败”治理，在全镇7个村（社区）开展微权力治理，梳理微权力清单，通过“晒权”“亮权”，让权力在阳光下运行。探索“雪亮工程”+“微权力”治理，在6个村利用“雪亮工程”，有效治理基层“微腐败”，推进全面从严治党向基层延伸。探索“村规民约”+“微腐败”治理，开展家风流动讲堂、规范宴席申报程序，村四职干部、镇政府机关全体干部实行宴席申办报备制度。开展廉情政务双向通报+“微腐败”治理，制定《上安镇党政领导班子成员廉情政务双向通报表》，要求党政领导班子成员，在每季度末向同级纪委以书面清单形式通报履行党风廉政建设主体责任情况、对照岗位分工履职尽责情况、加强“两个责任”落实的意见建议等，推动领导干部充分履职尽责。

鹤鸣乡

【概况】 鹤鸣乡地处大邑县山丘区，东北邻悦来镇，南接新场镇，西靠雾山乡、斜源镇。全乡面积49平方公里，辖6村1社区， 106个村（居）民小组。年内，鹤鸣乡保持良好经济发展态势。全乡固定资产投资10120万元，招商引资12000万元，总签约项目16600万元。重点工作有序推进。精准扶贫工作稳中有进，按照成都市第三轮第二批农村扶贫开发工作要求，摸清全乡两个市级、1个县级贫困村基本情况，量身制定贫困村产业发展规划、精准扶贫户干部“一帮一”和“一户一策”脱贫方案，确保帮扶措施落实到户、到人。整合各类帮扶资金383.49万元，结合贫困村主道建设、村级道路提档升级、“4·20”土地整理，完成道路建设1.9公里、排洪沟350米，修建停车场、旅游公厕各1个；发展樱桃种植300亩、雷竹种植200亩、红梅种植500亩，脱贫工作取得阶段性成效。“4·20”土地整理项目有序推进，完成第一批“4·20”土地整理项目净增指标89亩，超出目标任务20%；有序推进第二批“4·20”土地整理项目，签订协议166户（签订协议户数持续增加中），实测950亩，锁定面积280亩，安置点正在进行场平和打围工作。大力推进三绕拆迁工作，全面完成6、7两个标段共3.8公里红线范围内的征地拆迁工作，共征地258.671亩，其中耕地225.764亩，林地32.907亩，共拆迁39户房屋，全面完成青苗及地面附着物的赔付工作。大力培育山丘区中药材种植示范基地，加强对成都市常兴源农业开发有限公司的培育和指导，采用仿自然生态的有机种植模式，在联和村建成黄精、砂仁中药材种植基地500余亩，初步建成集种植、生产、加工、销售、出口贸易为一体的中药材产业基地。创建市级“三美”示范村，以省级传统文化村落保护和幸福美丽新村建设为契机，深挖“廉洁傅家”家规家训等民风民俗，结合道源文化制定村规民约两条，开展“道德讲堂”“我们的节日”主题活动、“惠民文艺演出”、文明先锋评选等活动30余次。结合新民村林盘整治，改造傅家大院围墙600余平方米，道路1.1公里，打造林盘2000余平方米，构建起“支部+企业+群众”“生态果蔬+无人售卖+城市进社区”的联动扶贫模式，全面完成新民村“风尚新美、环境秀美、生活富美”的市级“三美”示范村打造。

【优化发展环境】　乡村基础设施不断完善，新建新民村扶贫路、鹤乌路、鹤鸣湖环湖路9公里，配套全民健身体育用品8套；对辖区内道路巡查11次，设置交通劝导点8处，整治农村道路交通安全隐患11处。生态环境显著改善，打好环保“三大战役”，全面完成环保央督工作任务，对辖区内3个养殖场、1家乡村酒店、3家农家乐、5家企业进行排污整治，对11家饭店进行油烟进化器安装，9家饭店进行“煤改气”“煤改电”，停业整顿“散乱污”企业两家。年内，被县环保局推荐为成都市环保先进单位。加强城乡环境综合治理，清理破旧广告牌70余块，清除各类“牛皮癣”、卫生死角垃圾500余处，清理积存性垃圾约70吨。政务服务有效提升，完善基层公开综合服务监管平台，健全二级便民服务体系，全年乡村两级公开信息1000余条。推行“首问负责”“当日办结制”“微笑服务制”“一次性告知制”“政务微信、微博制”，为群众办实事700余件，上半年党风廉政社会评价全县第一，群众满意度显著提高。

【发展社会事业】　民生工作深入推进，实施就业优先战略，农村富余劳动力新增转移就业22人；向400余位高龄老人发放高龄津贴30余万元，清理出死亡多领高龄补贴人员3名，清退资金2250元；城乡居民养老保险、基本养老保险基本实现应保尽保。文化卫生事业健康发展，狠抓中国特色社会主义和“中国梦”宣传教育，大力培育和践行社会主义核心价值观，开展道德讲堂、“3+2”读书荟、文化惠民演出、移风易俗宣传教育等活动30余次，推荐“身边的好人”4人，辖区内无封建迷信、非法宗教、邪教活动。社会秩序保持稳定，大力推进“平安鹤鸣”建设，召开安全会议7次，开展各类安全生产宣传活动、普法活动12次，刑事发案率降低3%，矛盾纠纷化解率98.5%。

【开展对标工作】　制发《关于印发在全乡开展“提升精神区位、争创一流业绩”大讨论系列活动方案的通知》《鹤鸣乡综合对标方案》，分批组织相关人员对标杭州市德清县、桐乡市、桐庐县、淳安县，邛崃市高河镇、浦江县甘溪镇，并对照实际进行思考、理解、吸收。深入推进“两学一做”制度化常态化工作，组织开展党的十九大、省、市、县党代会精神及习近平总书记系列重要讲话精神学习50余次，中心组学习11次，基层宣讲30余次。切实加强党员队伍管理，发展党员5人。深入推进惩防体系、廉政文化建设，按

市委副书记朱志宏一行到鹤鸣乡督导地质灾害和防汛安全排查防治工作

照党风廉政建设“两个责任”和班子成员“一岗双责”的工作要求，不断加强党委班子建设，抓好干部监管，为班子成员量身制作权力清单，并签订党风廉政目标责任书。规范微权力，查找并整改“微腐败”问题，制定风险防控措施161条，对3个贫困村扶贫资金使用情况进行检查，对存在苗头性倾向性问题的4名党员干部进行谈话，整改问题4个。查办离岗待退人员违纪违法案件3件3人。

雾山乡

【概况】 雾山乡位于大邑县西北部，西连西岭雪山，北与崇州市鸡冠山相邻，南接道源圣城鹤鸣山，地处成都市龙门山旅游综合功能区，离县城21公里、成都80公里。交通便利，全乡村村通水泥路里程28公里。境内旅游资源丰富，自然风光旖旎，自然生态系统优越，山间小气候突出，适合休闲避暑和山地运动。有南传佛教最早寺庙雾中山开化寺，道教发源地鹤鸣山天谷洞。2017年，全乡面积53.12平方公里，耕地4480亩，林地54780亩，绿化率98%以上，森林覆盖率为72.9%；总户数1416户，总人口3822人；实现固定资产投资19046万元；农民人均纯收入14370元，比2016年增长12%。

【项目建设】 年内，雾山乡深入开展“提升精神区位、争创一流业绩，打造生态雾山”等干部能力提升活动，深化对标学习管理，争先进位，以“清单+责任制”项目化管理方式，落实“西控”战略、乡村振兴、城乡社区发展治理等重大部署行动。引进成都市雾山农业、成都上吉农业、成都心苑林业开发有限公司、成都翠芋农业开发有限公司等，投入资金1.3亿元，实施“雾山水岸”“雾山河畔”等一批旅游项目。通过标准化产业园建设，综合配套相关基础设施，打造大坪村3A级精品农业示范观光园，完成高标准种业园400亩，完善园区标识标牌，完成园区游道3.2公里建设和大坪山村道提档升级改造。

【民生保障】 落实低保、五保、助学、救灾等专项救助政策，积极开展医疗救助、临时救助，帮助困难群众和弱势群体90户，130人次。实施积极就业政策，加强职业技能培训，加大社会保险扩面力度，实现城乡居民医疗保险全覆盖。投入各类资金完成13.6公里村组道路建设，全面完成松大路升级改造。议决“村公”项目44个，资金使用率96.3%。完成农民集中居住区提档升级，推进小区自治管理。落实精准扶贫工作机制，按照“五个一批”的要求，对95户贫困户137人建立台账，做到干部帮扶到户、落实到人，8户产业扶贫户全部脱贫。全面落实食品卫生、道路交通、森林防火、地灾防汛等安全监管责任制，加强宣传动员、隐患排查、应急救灾演练和整改落实，投入资金10万元，完成大烛、大坪、雾山村地质灾害抢险应急治理。

【乡域经济】 成功引进成都心苑林业开发有限公司、成都翠芋农业开发有限公司、大邑县雾山乡鹤顶家庭农场、成都道源生生态农业开发有限公司投资“雾山河畔项目”“生态魔芋种植基地项目”“鹤顶农场项目”“绿色有机李种植产业化项目”，协议资金总额2.26亿元。不断夯实现代都市农业，加快推进大坪3000亩金蜜李精品农业示范园建设，新增金蜜李、林药、茶叶等特色优势产业1000亩。积极引进深加工企业，着力延长千亩生态魔芋林下种植基地产业链。加快构建以心苑林业为核心、融合区域内12家专业大户、家庭农场和专业合作社，形成集生产、加工和服务于一体的现代农业产业化联合体。深入推进农业品牌建设，全面提升农产品质量安全水平，云中屋现代农业公司推出的樱桃、苹果、竹笋等农产品获得有机转换认证，着力打响雾山农产品有机、生态的优质品牌，提高竞争力。加快发展农业新业态，以雾山农场为龙头，积极拓展农业观光型、乡村体验型特色休闲农业旅游项目，通过盘活闲置房屋、鼓励农户联建、合作等形式发展精品民宿3家，加快构建"接二连三"的农业产业链。

金星乡

【概况】 金星乡位于大邑县城西北部，距县城25公里，毗邻晋原街道、青霞镇、悦来镇、雾山乡及崇州文井江、怀远镇。全乡面积47.88平方公里，以丘陵山区地形为主，有"川西银杏生态小镇"之称。2017年，金星乡加大基础设施建设力度，完成悦文路建设工程，金阳水库环湖路道路建设进入施工阶段。开展"成都经济区环线高速"（简称"三绕"）征地拆迁工作，做好"4·20"灾后重建增减挂钩项目，全面实施乡村道路整改提升工作。社会保障全面落实，全乡城乡居民养老保险参保3958人，参保缴费率98%以上，医疗保险参保9423人，参保缴费率96.1%。落实兑现各类民政资金300.5万元。大力实施农村饮用水提升保障工程，抢修、维护主管道7千米，协调解决玉金小区和星火小区饮水难问题。开展地质灾害防治工作，对已确定的21个地质灾害点实现24小时监测预警，同时结合"4·20"土地整理工作，全面启动地质灾害户提前搬迁避让工作，完成搬迁避让61户。完成两个贫困村道路、沟渠、河堤等10个扶贫建设项目。全乡42户精准扶贫户实现全面脱贫。全年招商引资完成1.8亿元， 固定资产投资完成2.6191亿元，农民人均可支配收入16411元、同比增长10.7%。

【天府花溪谷4A景区创建】 金星乡政府主导开展城乡环境综合治理，改善和平村村容村貌。在村委会桥头新建垃圾池1处，垃圾清运车做到日清日结。在悦文路沿线栽种梅花、红继木等5000余株，绿化草坪300平方米，道路两旁农房实施里面改造，或画壁画，或挂农具，或挂农作物，增添金星乡情元素。班子定期研究解决项目相关事宜，遇到突发问题，党委紧急研究解决。组建项目工作组，采取"白+黑""5+2"节假日不休息的工作方式，为天府花溪谷4A景区创建提供保障，完成天府花溪谷项目新增土地流转264亩，园区新增建设面积600亩，国庆期间接待游客4.43万人次，旅游综合收入699.26万元，带动周边群众就业增收效果明显。

【道路建设美化】 围绕"七彩·金星"主题，在悦文路、灌怀路两旁增花添彩，形成"四季常

8月17日，县长廖暾到金星乡调研花溪谷及悦文路建设进展情况

绿、春季有花、秋季有果”的村庄绿化格局。种植女贞、梅花、桃花、红继木等植物10000余株，挂种花卉500盆，种植花卉7处共3200平方米。整体提升旅游道路沿线景观。挖掘乡愁文化元素，在桃花基地利用原有农舍绘制壁画、陈列农具等。增添乡愁元素，展现“乡情金星”风采。新建1个“七彩金星·美丽画卷”景观节点，利用农舍墙壁绘作“乡愁”主题壁画18幅，陈列犁、石磨、斗笠、蓑衣等“乡愁”物件60件。

【雁鹅村扶贫开发】 通过积极争取各级单位和部门扶贫资金300余万元，雁鹅村纳入实施的8个扶贫开发项目全部启动，其中通过实施产业扶贫项目乌梅种植面积800亩，沿悦文路形成“梅花观赏走廊”雏形。通过4个水利扶贫项目，包括雁鹅小区生态河堤建设项目、17个蓄水池水利扶贫项目、利用农发专项资金新建过两个大型蓄水池项目及15组桥梁改建项目的实施，完善雁鹅村水利设施系统，为全村产业发展打下坚实基础，2017年顺利实现脱贫。

【玉金生态农业观光园区建设】 金星乡调整充实旅游产业工作领导小组，建立大旅游网络格局，推进旅游产业融合发展。由玉金社区牵头，旅游协会组织协调，整合中华龙柱碧桃基地、生态猕猴桃采摘基地、红枫彩叶林观赏基地和白岩银杏景区、麻羊原种场、金阳水库资源，串点成线抱团发展，通过发展乡村旅游，带动农旅互动发展。玉金社区建成1500余亩龙柱碧桃观赏景区，并举办第二届“七彩金星·十里桃花缘”乡村旅游文化节，接待游客30余万人次，旅游收入近50万元，群众分红6万元，农户年均收入3万余元。依托旅游发展，带动当地山药、白果等农副产品销售。道路、饮水、电力等基础设施得到全面改善。按照有机、绿色、环保标准建成1200亩的生态猕猴桃采摘基地和1000余亩的红枫基地，三园互动雏形初具。

【金秋银杏节】 以“七彩金星·梦里画卷”为主题，组织登山比赛、歌咏比赛、摄影比赛等多个活动，举办为期1个月的银杏节。在加强对白岩寺的历史古迹保留开发的同时，因地制宜地设置体现乡愁特色的农耕文化墙100余平方米，改造提档升级中高档农家乐1家，新增大型、小型农家乐4家。活动期间，新增临时餐饮点位38家，销售特色小吃摊位25家。开展环境整治，投入17.8万元补栽31株直径20厘米以上的银杏树，制作75面道旗，种植500余平方米的花卉植物，对集镇进行景观化改造。银杏节期间，共接待游客120万人，同比增长108%；旅游综合收入1200万元，同比增长30%，高峰期时游客日达3万人。吸引新华网、成都电视台、成都晚报、华西都市报、四川在线、成都全搜索、大成网、大邑电视台、今日大邑等媒体争相报道。在“百度”“谷歌”等搜索平台以“白岩银杏”等为关键词搜索出相关信息100余万条。

5月8日，乡党委书记何君祥到雁鹅村开展扶贫项目调研

附录一

2017年大邑县国民经济和社会发展统计公报

大邑县统计局、国家统计局大邑调查队

2018年6月28日

2017年，大邑县委、县政府认真贯彻落实党的十九大精神，坚持以习近平新时代中国特色社会主义思想为指引，围绕省委建设美丽繁荣和谐四川、市委建设全面体现新发展理念的国家中心城市总体目标，按照县委落实“西控”战略、产业发展、乡村振兴、城乡社区发展治理等重大部署，凝心聚力、加压奋进，推动全县经济社会实现平稳健康发展。

一、综合

经初步核定，2017年全县实现地区生产总值（GDP）230.67亿元，按可比价计算，比上年增长8.4%。其中，第一产业实现增加值35.29亿元，增长4.4%；第二产业实现增加值100.97亿元，增长9.9%；第三产业实现增加值94.41亿元，增长8.3%。一、二、三产业比例关系为15.3：43.8：40.9，三次产业对经济增长的贡献率分别为8.5%、51.1%、40.4%。按常住人口计算，人均地区生产总值45212元。

全县非公有制经济实现增加值150.98亿元，按可比价计算，增长8.6%，占地区生产总值的比重达65.5%，比上年提高0.5个百分点。其中，第一产业增加值15.81亿元，增长0.7%；第二产业增加值86.58亿元，增长11.5%；第三产业增加值48.59亿元，增长6.9%。

年末全县社会从业人员35.62万人，其中第一产业从业人员7.16万人，第二产业从业人员14.26万人，第三产业从业人员14.20万人。城镇登记失业率3.6%。

二、农业

全年实现农业总产值61.31亿元，比上年增长4.7%。其中种植业21.64亿元，增长9.2%；林业1.31亿元，增长5.6%；牧业34.86亿元，增长2.3%；渔业2.29亿元，增长5.6%；农林牧渔服务业1.21亿元，增长4.0%。

全年粮食播种面积46.31万亩。粮食总产量20.01 万吨，下降0.5%。其中：小麦产量2.26万吨，下降7.4%；水稻产量12.93万吨，与上年持平；全年肉类总产量6.57万吨，下降10.2%。主要农畜产品产量（见表1）。

表1 主要农畜产品产量

产品名称	单位	产量	比上年%
粮食	吨	200089	-0.5
油菜籽	吨	10263	-15.0
肉类	吨	65722	-10.2
出栏兔	万只	155	-12.7
禽蛋	吨	21730	-7.7
蔬菜	吨	271208	0.4
水果	吨	32873	33.0
水产品	吨	10780	10.5
出栏肉猪	万头	66.98	-9.8

全县市级以上农业产业化重点龙头企业33家。有机认证主体30家，认证产品63个，有机认证基地共12520亩，有机转换认证基地面积达8337亩。

三、工业和建筑业

全年全部工业增加值86.67亿元，增长11.1%。规模以上工业企业增加值同比增长11.3%，实现主营业务收入199.22亿元，增长15.5%。

规模以上工业企业产品销售率达95.5%。规模以上工业企业主要产品产量（见表2）。

年末，工业经济开发区规模以上工业企业110家，增加值同比增长11.1%，实现主营业务收入174.9亿元，增长17.3%。

全年注册地资质总承包和专业承包建筑企业30个，完成建筑企业总产值68.59亿元。房屋建筑施工面积268.35万平方米。房屋建筑竣工面积159.52万平方米，其中，住宅竣工面积77.98万平方米。

表2 规模以上工业企业主要产品产量

产品名称	单位	产量	比上年%
钢材	吨	629095	-13.7
罐头	吨	4149	-68.6
酒类	千升	39853	20.4
轮胎外胎	万条	3341	10.1
发电量	万千瓦时	36782	7.4

四、固定资产投资

全年固定资产投资完成257.59亿元，比上年增长11.3%。其中，基本建设投资115.56亿元，增长27.6%，更新改造投资120.25亿元，增长16.8%。民间投资完成210.95亿元，增长24.1%。工业性固定资产投资144.34亿元，增长21.0%。文化旅游投资18.21亿元，增长122.5%。分产业看，第一产业完成投资15.04亿元，增长21.4%；第二产业完成投资144.34亿元，增长21.0%，其中制造业完成投资144.32亿元，增长21.5%，电力、燃气和水生产完成投资0.02亿元，下降96.0%；第三产业完成投资98.20亿元，增长9.7%。

全年房地产开发投资21.77亿元，下降21.5%。商品房销售面积64.13万平方米，增长3.0%，其中住宅销售面积60.65万平方米，与上年持平。实现商品房销售额28.43亿元，增长12.3%，其中住宅销售额26.53亿元，增长11.7%。

五、贸易、旅游和对外开放

全年实现社会消费品零售总额60.13亿元，比上年增长9.9%。餐饮收入11.94亿元，增长

13.9%；商品零售48.19亿元，增长8.9%。

全年共接待国内游客1896.95万人次，境外游客8.12万人次，分别增长10.0%和5.0%，实现国内旅游综合收入49.58亿元，旅游创汇2892.21万美元，分别增长32.0%和60.0%。

全年新签约引进重大项目9个，新签约引进重大项目落地7个，全年实际利用外资4631万美元，引进到位内资112.23亿元。全年实现进出口总额94000万元。

六、交通和邮电

全年累计完成公路旅客运输2055万人次、客运周转量达到31731万人公里；完成公路货物运输355万吨、货运周转量达到31146万吨公里。年末全县公路里程达1540.6公里，其中国道17.7公里、省道16.7公里、县道220.3公里、乡道633.9公里、村道611.1公里、专用公路17.0公里。另外已建成通车，规划为国道的成温邛快速路大邑段14.1公里和已建成通车、规划为省道的龙门山旅游公路9.7公里。

全年完成邮电业务主营业务收入4.07亿元，增长17.3%。全县固定电话用户11.75万户。年末移动电话用户达到58.61万户，增长16.0%；互联网用户数18.32万户，增长46.2%。

七、财政、金融和保险

全年地方一般公共预算收入12.36亿元，增长14.5%；其中税收收入8.35亿元，增长19.6%。全年地方一般公共预算支出32.82亿元，增长10.8%。

年末全部金融机构各项存款余额309.87亿元，增长6.2%，其中居民储蓄存款余额226.74亿元，增长8.5%。年末全部金融机构各项贷款余额144.28亿元，下降2.6%。

全年保费总收入3.85亿元，比上年下降6.8%。全年处理各项赔款和给付金额3.36亿元，其中财产类保险赔偿与给付金额0.64亿元，人身类保险赔偿与给付2.72亿元。

八、科学技术和教育

全年高新技术企业23家，高新技术产业产值81亿元，增长10.9%。组织实施国家、省、市各类科技计划项目60余项，专利申请2189件，专利授权599项。建成市级以上各类企业研发机构42个，高新技术企业、创新型企业、知识产权试点示范企业等高素质科技企业55家。建成各类创新创业载体12个，孵化面积14.1万平方米，入驻孵化企业（团队）200家。

年末全县共有中小学36所，其中：小学16所，普通中学20所。全县中小学在校学生共4.03万人，专任教师0.29万人。学龄儿童入学率100%，初中升学率97.6%，高中升学率达99.6%。幼儿园68 所，在园幼儿1.37万人，专任教师0.08万人。

九、卫生、文化和体育

年末有卫生机构428个，其中医院、卫生院45个。医院、卫生院技术人员0.32万人，增长3.8%，其中执业（助理）医师0.11万人，增长11.6%。各类卫生机构总床位4077张，其中医院2637张。

全年新建10个公共文化服务标准化示范点和10个基层综合性文化服务中心建设示范点，免费放映农村公益电影1704场。开展“成都文化四季风”4场，文化惠民下乡演出40场。年末有公共图书馆1个，公共图书藏书量138千册，文化馆1个，村（社区）综合文化室218个。年末有线电视用户28.59万户。

全年举办了大邑县第四届全民健身运动会和全国竞技/全接触空手道俱乐部争霸赛（四川站）、“传承巴蜀文明 发展天府文化‘运动成都'2017年成都市青少年武术套路冠军赛"；组织参加市级全民健身活动，获得两个一等奖、1个最佳创意奖；全年建成公益性足球场地6块，开展校园足球和城市足球联赛共2252场。

十、城乡建设和生态保护

县城建城区面积24.27平方公里，建城区绿化覆盖率面积8.42平方公里，公园绿地面积1.44平方公里。年末实有城市道路面积165.38万平方米。

全县森林面积71826公顷，森林覆盖率达到56.03%，自然保护区1个，自然保护面积31790公顷。

全县环境空气质量有效监测天数365天，优良天数252天，优良率69.0%，全县集中式饮用水水源水质达标率100%。

十一、人民生活、社会治安和社会保障

城镇居民人均可支配收入31552元，增加2631元，增长9.1%；农村居民人均可支配收入19743元，增加1647元，增长9.1%。

年末，每百户城镇居民家庭主要耐用消费品拥有量：彩色电视机137台、助力车63台、空调机137台、电冰箱107台、移动电话258部、汽车47辆、家用电脑78台、照相机13台。每百户农村居民家庭主要耐用消费品拥有量：彩色电视机135台、助力车120台、空调机53台、电冰箱102台、洗衣机103台、摩托车38辆、汽车25辆、家用电脑41台、移动电话278部。

全年刑事案件立案数1117件；交通事故件数139件；民事案件发案数2510件。

年末城镇基本养老保险参保人数12.16万人，参加农村社会养老保险人数20.88万人，城镇基本医疗保险参保人数14.14万人，城乡居民医疗保险参保人数36.09万人。建成50个城乡社区日间照料中心；全县新增养老机构床位197张。年末有各种社会福利机构16个，拥有床位4007张。救助站1个，救助人次135次。

十二、人口

年末全县户籍人口51.15万人，其中男性25.77万人，女性25.38万人。人口自然增长率为2.11‰；人口出生率9.92‰，人口死亡率7.82‰。

注：1.本公报为初步统计数据，正式数据以《大邑统计年鉴2017》为准。

2.生产总值、各行业总产值、增加值的绝对数按当年价格计算，增长速度按可比价格计算。

3.公报中林业、渔业、交通、邮政、电信、金融、旅游、对外贸易、财政、保险、教育、科技、文化、卫生、体育、城乡建设、生态保护、人民生活、社会治安、社会保障、人口等数据来源于相关部门。

附录二

2017年大邑县经济社会发展主要指标

项　目	单位	实绩	同比增减（%）
地区生产总值	亿元	230.67	8.4
人均地区生产总值	元	45212	12.6
第一产业增加值	亿元	35.29	4.4
第二产业增加值	亿元	100.97	9.9
工业增加值	亿元	86.67	11.1
第三产业增加值	亿元	94.41	8.3
社会消费品零售总额	亿元	60.13	9.9
全社会固定资产投资总额	亿元	257.59	11.3
引进到位内资总额	亿元	112.23	11.8
引进到位外资总额	万美元	4631	15.4
外贸出口总额	万元	41759	–30.8
地方财政收入	亿元	22.78	28.0
一般公共预算收入	亿元	12.36	14.5
地方财政支出	亿元	43.68	10.8
一般公共预算支出	亿元	32.82	10.8
城镇居民人均可支配收入	元	31552	9.1
农村居民人均可支配收入	元	19743	9.1
人民币存款余额	万元	309.87	6.2
自然科学研究财政投入	万元	5763	0.14
教育事业财政投入	万元	57443	5.11
中小学校数	所	36	2.9
中小学在校学生数	万人	40312	4.2
文化体育与传媒事业财政投入	万元	6531	0.34
卫生事业财政投入	万元	23143	5.34
卫生机构数	个	428	–5.9
卫生机构床位数	张	4077	6.4
卫生技术人员	人	3200	3.8

注：1. 人均地区生产总值，统一按常住人口计算。

2. 引进到位内资总额，为各区（市）县以外的国内投资总额。

3. 中小学校数、中小学在校学生数，包括普通中等专业学校、普通中学和小学。

4. 卫生机构数、卫生机构床位数、卫生技术人员，包括医院、卫生院。

5. 文化事业财政投入，含广播电视等传媒财政投入。

附录三

2017年大邑县获市委、市政府及以上表彰、命名情况表

单位	表彰、命名名称	授予单位	授予时间
大邑县	国家农业综合标准化示范县	国家标准化委员会	2017年6月
大邑县	国家农产品地理标志登记保护产品（大邑黄连）	农业部	2017年9月
大邑县	国家农产品地理标志保护产品（西岭佛手瓜）	国家质检总局	2017年12月
大邑县	国家农产品地理标志保护产品（大邑麻羊）	国家质检总局	2017年12月
大邑县	全国石油机械配套产业知名品牌创建示范区	国家质检总局	2017年4月
大邑县	2016年全民终身学习活动周组织奖	教育部（中国成人教育协会）	2017年4月
大邑县	《中华人民共和国红十字法》暨全国红十字应急救护知识竞赛活动最佳组织一等奖	中国红十字总会	2017年8月
大邑县	四川省2016年度平安建设先进县	四川省委办公厅、省政府办公厅	2017年3月
大邑县	四川省“四好”农村公路示范县	四川省政府办公厅	2017年8月
大邑县	四川省第六届中国成都国际非物质遗产节组织工作先进单位四川省人民政府		2017年11月
大邑县	党风廉政建设社会评价群众满意度连续两年排名全省靠前县四川省委省政府党风廉政建设领导小组		2017年6月
大邑县	2017年度全省政协新闻宣传工作先进单位	政协四川省委员会	2017年1月
大邑县	2016年专项建设基金工作成绩突出单位	中共成都市委、市政府	2017年3月
大邑县	2016年度党风廉政建设主体责任先进单位	中共成都市委、市政府	2017年2月
大邑县	2016年度全市“三农”工作先进县	中共成都市委、市政府办公厅	2017年2月
大邑县	2016年度消防工作先进县	成都市人民政府	2017年3月
大邑县	第四届成都国际都市现代农业博览会突出贡献单位（投资促进工作）中共成都市委办公厅	成都市人民政府办公厅	2017年2月
大邑县	第四届成都国际都市现代农业博览会突出贡献单位（展览展销工作）中共成都市委办公厅	成都市人民政府办公厅	2017年2月
大邑县	2016年度服务业重大项目推进工作先进单位	成都市人民政府办公厅	2017年2月
大邑县	2016年度落实粮食安全省长责任制考核优秀单位	成都市粮食安全省长责任制考核工作组办公室2017年10月	2017年1月
大邑县	2016年度全市深化农村改革工作先进县	中共成都市委农村工作领导小组	2017年3月
大邑县人社局	全市就业创业工作先进集体	成都市人民政府	2017年9月
大邑县人社局	四川人社系统政务新媒体影响力	中共四川省委宣传部	2017年12月
大邑县人社局	第三届成都市青年技能竞赛组织奖	第三届成都市青年技能竞赛组委会	2017年8月

续表

单位	表彰、命名名称	授予单位	授予时间
大邑县卫计局	2014—2016年度爱国卫生工作先进集体	四川省爱卫会	2017年
大邑县卫计局	2016年四川省卫生单位、四川省无烟单位	四川省爱卫会	2017年1月
大邑县卫计局	四川省吸血虫病防治先进集体	四川省人社厅、四川省重大传染病防治工作委员会	2017年2月
安仁镇政府	2016年度四川省卫生单位	四川省爱卫会	2017年11月
蔡场镇新福村	第四届四川省文明村镇	四川省文明委	2017年12月
大邑县	中国成都国际非物质文化遗产节组织工作先进集体	四川省人民政府	2017年11月
大邑县	2016成都创意设计周突出贡献单位	成都市人民政府办公厅	2017年1月
大邑县	2011—2015年全市法治宣传教育先进集体	中共成都市委、市政府	2017年3月
花水湾镇政府	2016年度消防工作先进单位	成都市人民政府	2017年3月
花水湾镇政府	2016年度安全生产先进集体	成都市人民政府	2017年
花水湾镇政府	国家级卫生镇	全国爱卫会	2017年6月
大邑县市场和质量监管局	2016年度有机产品认证示范创建区	四川省质监局	2017年1月
大邑县市场和质量监管局	2016年度开展“一提一创一培”工作成绩突出单位	四川省质量强省工作领导小组办公室	2017年1月
大邑县市场和质量监管局	四川省工商行政管理系统先进集体	四川省人社厅、省工商局	2017年1月
大邑县市场和质量监管局	2016年度年报工作先进单位	四川省工商局	2017年7月
共青团大邑县委	四川省五四红旗团委	共青团四川省委	2017年2月
大邑县残联	四川省残疾人工作先进单位	四川省残工委、省人社厅	2017年
大邑县妇联	四川省妇联系统先进集体	四川省人社厅、省妇联	2017年1月
大邑县红十字会	2017年度中国红十字会报刊宣传先进集体二等奖	中国红十字总会	2017年
大邑县供销合作社	安全生产先进单位	四川省供销社	2017年
大邑县供销合作社	基层组织建设先进单位	四川省供销社	2017年
大邑县水务局	2017年度四川省水土保持补偿费征收工作先进单位	四川省水保局	2017年12月
大邑县水务局	四川省水保规划编制先进单位	四川省水保局	2017年12月
大邑县烟草专卖局	安全生产标准化岗位达标单位	四川省烟草专卖局（公司）	2017年3月
大邑县政法委	2011—2015年全市法治宣传教育先进集体	中共成都市委	2017年3月
大邑县委宣传部	全市法治宣传教育先进集体	中共成都市委	2017年
大邑县委宣传部	成都市2014—2016年度爱国卫生工作先进集体	成都市人民政府	2017年
苏家镇政府	2016年度基层统计工作先进单位	四川省统计局	2017年1月

续表

单位	表彰、命名名称	授予单位	授予时间
苏家镇政府	全市法制宣传教育先进集体	中共成都市委、市政府	2017年3月
苏家镇政府	2016年度四川省卫生乡镇	四川省爱卫会	2017年1月
苏家镇政府	2016—2017法治乡镇	四川法制日报	2017年9月
大邑县国土资源局	2016年度“厅长信箱”来信办理通报表扬	四川省国土厅	2017年2月
董场镇政府	命名大邑县现代农业青年（大学生）创新创业孵化中心为“星创天地”	科技部办公厅	2017年11月
董场镇政府	成都市“十二五”残疾人工作先进单位	成都市政府残工委	2017年12月
董场镇祥和精品农业园	成都市田园综合体示范单位	成都市委农村工作领导小组	2017年6月
董场镇政府	成都市党的十九大安保维稳信访工作先进集体	中共成都市委、市政府	2018年2月
董场镇政府	嘉奖公务员集体	中共成都市委、市政府	2018年2月
大邑县民政局	2016年全国综合减灾示范社区	民政部办公厅	2016年12月

附录四

大邑县主要旅行社门市部一览表

序号	备案登记证明号	服务网点名称	负责人	联系电话	手机号码	传真	注册地址	状态
1	L-SC-CJ00003-wd-132	四川省中国青年旅行社有限公司小东街服务网点	王碧玉	18581840456	18581840456	028-88344771	四川省成都市大邑县晋原街道小东街41—45号	正常营业
2	L-SC-CJ00008-wd-036	成都光大国际旅行社有限责任公司大邑门市部	牟丽	028-88281018	18980529502	028-88281018	成都市大邑县晋原街道大南街109号	正常营业
	L-SC-CJ00008-wd-037	成都光大国际旅行社有限责任公司大邑二门市部	牟丽	028-88211130	18980529502	028-88281018		正常营业
3	L-SC-CJ00062-wd-013	四川东旅国际旅行社有限责任公司大邑县门市部	胡兵	028-86343118	13980965170	028-86343118	成都市大邑县晋原街道东壕沟北段189号	正常营业
4	L-SC-A00072-wd-083	成都华夏国际旅行社有限公司大邑分社	闫丽娟	028-88223966	13551818756	028-88223966	成都市大邑县晋原街道箭道街163—167号	正常营业
5	L-SC-CJ00002-wd-073	成都中国青年旅行社大邑围城北路门市部	韩翠群	028-88228166	17308066973	028-88228166	成都市大邑县晋原街道小南街198号	正常营业
6	L-SC-CJ00002-wd-127	成都中国青年旅行社大邑晋原街道北街营业网点	陈黎飞	2888214659	1592887575	028-88214659	四川省成都市大邑县晋原街道大南街114号	正常营业
7	L-SC-CJ00077-wd-296	四川中国国际旅行社有限责任公司大邑县晋原街道服务网点	黄艳莎	13438918200	13438918200	028-88398134	四川省成都市大邑县晋原街道大邑大道10栋1层	正常营业
8	L-SC-CJ00014-wd-126	成都市神州国际旅行社有限公司大邑子龙街服务网点	罗乔	18382316168	18382316168	028-88381668	成都市大邑县晋原街道子龙街10号1栋1层	正常营业
9	L-SC-CJ00024-wd-214	四川百事通国际旅行社有限公司大邑潘家街服务网点	任宇翔	13980087302	13980087302	028-88213737	四川省成都市大邑县晋原街道潘家街四段2栋1层187号	正常营业
10	L-SC-CJ00031-wd-195	成都环球国际旅行社有限公司大邑县晋原街道东街服务网点	邓丽莎	028-88283601	18048559195	028-88283601	成都市大邑县晋原街道东街201号	正常营业
11	L-SC-CJ00031-wd-212	成都环球国际旅行社有限公司大邑围城北路服务网点	王滔	13980086588	13980086588	028-88316797	成都市大邑县晋原街道围城北路东段165号	正常营业
12	L-SC-CJ00062-wd-040	四川东旅国际旅行社有限公司大邑西岭大道服务网点	王政	028-88220467	13666122901	028-88220467	成都市大邑县晋原街道西岭大道163号	正常营业
13	L-SC-CJ00031-wd-449	成都环球国际旅行社有限公司大邑晋原街道邑新大道服务网点	陈晓霞	18628077797	18628077797	028-88381898	四川省大邑县晋原街道邑新大道67号	正常营业
14	L-SC-CJ00009-wd-307	四川新东方国际旅行社大邑南街服务网点	李艳梅	028-66007750	13708049766	028-66007750	四川省大邑县晋原街道南街175号	正常营业
15	L-SC-CJ00100-wd-015	成都华夏国际旅行社大邑晋原街道温泉路服务网点	顾艳梅	028-88745823	13730826683	028-88745823	四川省大邑县晋原街道温泉路196号	正常营业
16	L-SC-CJ00031-wd-450	成都市神州国际旅行社有限公司潘家街服务网点	杨丽	13908068190	13908068190	028-88338111	四川省成都市大邑县潘家街三段66号	正常营业

续表

序号	备案登记证明号	服务网点名称	负责人	联系电话	手机号码	传真	注册地址	状态
17	L-SC-A00025-wd-069	四川上航假期国际旅行社有限公司大邑长春路服务网点	郑帅	13540245040	13540245040	028-88227278	四川省大邑县晋原街道长春西路71号	正常营业
18	L-SC-A00046-wd-005	四川康欣国际旅行社有限公司大邑安仁服务网点	王珍艳	15378175059	15378175059	028-88205455	四川省成都市大邑县安仁镇升平街49—50号	正常营业
19	L-SC-CJ00014-wd-125	四川龙翔国际旅行社有限公司大邑南街服务网点	谢兵	13880669254	13880669254	028-88218680	成都市大邑县晋原街道大南街375号	正常营业
20	L-SC-CJ00011-wd-115	成都海外旅游有限责任公司大邑长春北路服务网点	严丽坷	13350865590	13350865590	028-88268028	大邑长春北路142号	正常营业
21	L-SC-CJ0064-wd-678	四川华势国际旅行社有限公司大邑晋原街道仁和街服务网点	朱尧	18980501233	18980501233	028-88338207	成都市大邑县晋原街道仁和街31号	正常营业
22	L-SC-A00485-wd-051	四川世界通国际旅行社有限公司大邑安仁镇服务网点	刘成刚	13908456819	13908456819	028-88365586	四川省成都市大邑县安仁镇升平街51号	正常营业
23	L-SC-CJ00011-wd-115	成都中国青年旅行社大邑大道春天营业网点	王山	13608198035	13608198035	028-88343296	大邑县晋原街道大邑大道10栋1层576号	正常营业
24	L-SC-CJ00008-wd-077	成都光大国际旅行社有限责任公司大邑安仁服务网点	秦刚	13980922898	13980922898	028-88293206	四川省成都市大邑县安仁镇千禧街244号	正常营业
25	L-SC-CJ00031-wd-879	成都环球国际旅行社有限公司大邑沙渠服务网点	李佳惠	13438108173	13438108173		四川省成都市大邑县沙渠镇芙蓉街22号	正常营业
26	L-SC-CJ00014-wd-142	成都市神州国际旅行社有限公司大邑晋原服务网点	杨冬静	13518164878	13518164878	028-88274492	成都市大邑县晋原街道东壕沟北段203号	正常营业
27	L-SC-CJ00020-wd-025	成都携程国际旅行社有限责任公司大邑服务网点	邓川波	13348858483	13348858483	028-88219126	四川省大邑县晋原街道长春南路130—132号	正常营业

附录五

大邑县主要餐饮单位一览表

序号	单位名称	负责人	电话号码	地址	业务活动
1	夜不收	李　飞	13551883298	晋原街道	餐饮
2	朝天门	曹晋明	18980521888	晋原街道	餐饮
3	惠山宾馆	王从鲜	15908138568	晋原街道	餐饮
4	大邑宾馆	刘建林	13908210721	晋原街道	餐饮
5	盛世家宴	杨　洪	13981942115	晋原街道	餐饮
6	阳光花园酒店	王　刚	13551884575	晋原街道	餐饮
7	醉月芳洲	张　勇	18615728195	安仁镇	餐饮
8	蜀香楼	梅中兴	13438848271	安仁镇	餐饮
9	鑫河国际酒店	何　兴	13908148999	安仁镇	餐饮
10	江山火锅	江　山	13056662666	安仁镇	餐饮
11	朝阳大酒店	胡　凯	13981879123	安仁镇	餐饮
12	玉林火锅	雷玉林	13882011883	安仁镇	餐饮
13	乐氏荤豆花	乐永林	13880806281	安仁镇	餐饮
14	吴眼镜火锅	吴　伟	13018279317	安仁镇	餐饮
15	众悦茶园	陈明松	13882118698	安仁镇	餐饮
16	重庆香天下火锅	胥　川	13982063090	安仁镇	餐饮
17	徐老幺兔头	徐贵军	13183856338	安仁镇	餐饮
18	笑口渔庄	陈红川	13258383577	安仁镇	餐饮
19	周记盆盆虾	杨敏波	13281456789	安仁镇	餐饮
20	青苑	崔晓龙	13881977260	安仁镇	餐饮
21	迎宾饭店	王惠君	028-88390150	花水湾	餐饮
22	露园老火锅	郑小林	13981771136	晋原街道	餐饮
23	韩雅园	罗　林	13808236123	韩场镇	餐饮
24	名肴天下	植洪伟	13980928875	安仁镇	餐饮
25	红红饭店	王　洪	15928622353	红光小区	餐饮
26	周鸡婆	周敬良	028-88299039	晋原街道	餐饮
27	金桂圆	熊海忠	13548166362	苏家镇	餐饮
28	怡泰轩大酒楼	王　宇	18980526000	苏家镇	餐饮

续表

序号	单位名称	负责人	电话号码	地址	业务活动
29	旺得福黄喉火锅	沈文全	13980010648	苏家镇	餐饮
30	余一手串串香	夏　裕	13980599728	苏家镇	餐饮
31	建川公馆酒店	骆瑗珲	13982101183	安仁镇	餐饮
32	文旅集团老公馆公司	胡孝敏	18628007958	安仁镇	餐饮
33	隔壁子排汤	高　毅	18981863976	晋原街道	餐饮
34	温泉酒家	王祖林	13808225428	花水湾	餐饮
35	青记撮一顿土菜馆	青　春	13438385558	晋原街道	餐饮
36	灌口凹凸园	范　宇	13881876389	悦来镇	餐饮
37	大口巴	袁　敏	13880662766	晋原街道	餐饮
38	红太阳串串香	周　立	13646003699	晋原街道	餐饮
39	熊心串串香重庆品味园火锅	熊昌谷	13518151771	晋原街道	餐饮
40	蜀府家宴	洪　榴	13882179994	晋原街道	餐饮
41	老掌柜肥火锅	彭文锋	13551897778	晋原街道	餐饮
42	邵厨香菜馆	倪非可	18628181838	晋原街道	餐饮
43	左包子	左庆云	13880162368	晋原街道	餐饮
44	茅草屋鱼庄	王新国	13880202748	晋原街道	餐饮
45	李鸭子	李　周	18782406854	晋原街道	餐饮
46	满堂红鱼火锅	付成福	13882008730	苏家镇	餐饮
47	我为人饭店	廖国庆	13980476315	晋原街道	餐饮
48	杨四餐馆	杨顺福	13882001913	晋原街道	餐饮
49	穗宾源	李　洪	13980902032	苏家镇	餐饮
50	杨胖子特色菜馆	杨宗逊	13881902325	晋原街道	餐饮
51	幺舅小餐	高小英	028-89777578	晋原街道	餐饮
52	金胖鱼头火锅	李　波	13708056210	晋原街道	餐饮
53	晋昊私房菜	刘　建	13980087369	安仁镇	餐饮
54	树清饭店	吴俊英	15928559689	晋原街道	餐饮
55	香村乡味饭店	付成红	13981733273	晋原街道	餐饮
56	唐记飘香黄喉肥肠鸡	唐丽蓉	13540069485	晋原街道	餐饮
	邹三代羊肉		028-88376072	悦来镇	餐饮
	金沙湾	何宇，合伙人	18981861238	青霞镇	餐饮
	仁和南亭	叶	13908092807	晋原街道	餐饮
	大喜悦	张	13438480666	晋原街道	餐饮

附录六

2017年中共大邑县委重要文件索引

序号	文件标题	文号	发文时间	备注
1	县委关于在全县开展“提升精神区位、争创一流业绩”大讨论系列活动的通知	大委发【2017】1号	2017年2月28日	
2	县委、县政府关于全面实行河长制管理工作的实施意见	大委发【2017】2号	2017年4月6日	
3	县委、县政府关于印发《大邑县国有林场改革实施方案》的通知	大委发【2017】3号	2017年5月4日	
4	县委关于进一步加强和改进机关党的建设的意见	大委发【2017】4号	2017年5月2日	
5	县委关于加强和改进保密工作的实施意见	大委发【2017】5号	2017年5月12日	秘密
6	县委、县政府、县武装部关于成立驻大邑县部队全面停止有偿服务工作军地协调领导小组的通知	大委发【2017】6号	2017年5月31日	秘密
7	县委关于认真学习宣传贯彻省第十一次党代会精神的通知	大委发【2017】7号	2017年6月5日	
8	县委、县政府关于印发《扎实推进环境问题整改 做好迎接中央环境保护督察工作总体方案》的通知	大委发【2017】8号	2017年8月21日	
9	县委、县政府印发《关于进一步加强人才管理和服务工作的实施意见》的通知	大委发【2017】9号	2017年8月28日	
10	县委、县政府关于2017年党风廉政建设和反腐败工作的意见	大委发【2017】10号	2017年9月1日	
11	县委、县政府关于印发《大邑县贯彻落实全市产业发展大会重大部署行动计划》的通知	大委发【2017】11号	2017年9月5日	
12	县委、县政府关于印发《大邑县贯彻落实市委“西控”战略行动计划》的通知	大委发【2017】12号	2017年9月8日	
13	县委、县政府关于深入推进城市社区发展治理 建设高品质和谐宜居生活社区的实施意见	大委发【2017】13号	2017年9月29日	
14	县委、县政府关于印发《大邑县法治宣传教育第七个五年规划（2016—2020年）》的通知	大委发【2017】14号	2017年10月20日	
15	县委关于认真学习宣传贯彻党的十九大精神的通知	大委发【2017】15号	2017年11月6日	
16	县委、县政府印发《关于进一步加快四川大邑经济开发区体制机制改革创新的意见（试行）》的通知	大委发【2017】16号	2017年11月10日	
17	县委关于印发《中共大邑县委工作规则》的通知	大委发【2017】17号	2017年12月15日	
18	县委关于印发《中共大邑县委常委议事会决策规则》的通知	大委发【2017】18号	2017年12月15日	
19	县委关于印发《大邑县深化国家监察体制改革试点工作实施方案》的通知	大委发【2017】19号	2017年12月21日	机密
20	县委、县政府关于深化供销合作社综合改革的实施方案	大委发【2017】20号	2017年12月25日	
21	县委、县政府关于实施全面两孩政策 完善计划生育服务管理的实施意见	大委发【2017】21号	2017年12月22日	
22	县委、县政府关于深入推进城市执法体制改革 改进城市管理工作的实施意见	大委发【2017】22号	2017年12月29日	
23	县委、县政府关于印发《深入贯彻落实中央八项规定精神进一步改进工作作风密切联系群众的实施细则》的通知	大委发【2017】23号	2017年12月29日	机密

附录七

2017年大邑县人民政府重要文件索引

序号	文件标题	文号	发文日期
1	关于印发《大邑县政府对外签订合同管理办法》的通知	大邑府发【2017】1号	2017年2月28日
2	关于进一步加强农村留守儿童关爱保护工作的实施方案	大邑府发【2017】2号	2017年3月9日
3	关于印发《大邑县深化医药卫生体制综合改革试点方案》的通知	大邑府发【2017】3号	2017年4月7日
4	关于调整城镇土地使用税征收范围和使用税额标准的通知	大邑府发【2017】4号	2017年5月2日
5	印发《关于大邑县业养殖面源污染专项整治工作方案》的通知	大邑府发【2017】6号	2017年5月10日
6	印发《大邑县2017年国有建设用地供应计划》的通知	大邑府发【2017】7号	2017年5月10日
7	印发《大邑县公共资源交易监督办法》的通知	大邑府发【2017】8号	2017年5月28日
8	印发《大邑县县级储备粮油管理办法》的通知	大邑府发【2017】9号	2017年6月5日
9	关于对腾德平同志见义勇为行为进行表彰的决定	大邑府发【2017】10号	2017年6月13日
10	印发《大邑县高端绿色科技产业扶持政策》的通知	大邑府发【2017】11号	2017年6月20日
11	印发中央指定地方实施行政许可事项目录的通知	大邑府发【2017】12号	2017年6月29日
12	印发《大邑县政府性债务管理办法》的通知	大邑府发【2017】13号	2017年7月3日
13	印发《大邑县畜禽养殖管理办法》的通知	大邑府发【2017】14号	2017年7月28日
14	关于对马晓敏同志见义勇为行为进行表彰的决定	大邑府发【2017】15号	2017年9月20日
15	关于进一步规范划拨土地办理协议出让和出让土地使用权续有关事项的通知	大邑府发【2017】16号	2017年12月13日

附录八

2017年大邑县县级党政机关、群团和乡镇（街道）领导名录

【中共大邑县委办公室】
主　任：陶永刚（2月起）
副主任：张世康
目督办主任：张维东
目督办副主任：邹强、雷毅（2月止）、宋平（2月起）
政研室主任：刘大明
政研室副主任：曹承飞
保密办主任、保密局局长：刘昕
保密办副主任、保密局副局长：徐攀旺、刘春霞
机要局局长、密码管理局局长、电子政务内网建设管理办公室主任：曾毅东
机要局副局长：杨巍
接待办主任：姚国良
纪检组长：任红

【中共大邑县委组织部】
部　长：陈一军
常务副部长：张忠诚（3月起）
副部长：王冰、肖平澜、马培中、李霜
部务委员：何蔚、陈孔锐
老干局局长：马培中
老干局副局长：高冀蜀
纪检组长：陈守云（3月止）

【中共大邑县委宣传部】
部　长：邓蔚
常务副部长：邓岗（2月止）、罗新丽（2月起）
副部长：刘永泽、幸章跃
文联主席：刘永泽
外宣办主任：幸章跃
精神文明办主任：彭娟
纪检组长：龚明

【中共大邑县委统战部】
部　长：王谚
常务副部长：黄家祥（5月止）、黄勇（5月起）
副部长：汪中林、金玉良（2月止）、陈一村（2月起）
纪检组长：卢海鹰
大邑县民宗局局长：金玉良（2月止）、陈一村（2月起）

【中共大邑县委政法委员会】
书　记：李伦
常务副书记、维稳办主任、国安办主任：余成龙
副书记、综治办主任：毛红雨
防邪办主任：邓斌
防邪办副主任：吕麟君
维稳办副主任：刘旭（3月起）
综治办副主任：叶可、吴鸿（3月起）、刘旭（3月起）
纪检组长：毛红雨（5月止）、米倩（5月起）

【人武部】
部　长：王连喜（5月起）
政委：雷屏

副部长：李强（5月止）、邢宝申（5月起）

【中共大邑县委机构编制委员会办公室】

主　任：肖平澜
副主任：黄秀玲
事业单位登记管理局局长：罗向东
行政审批制度改革办公室主任：肖平澜

【中共大邑县直属机关工作委员会】

书　记：任向琼
副书记：朱秀、徐尚义（4月起）

【中共大邑县委党校（县行政学校）】

校　长：陈一军
第一副校长：罗四清
常务副校长：伍泽辉
副校长：唐皓

【城乡社区发展治理委员会】

主　任：陈一军（9月起）
常务副主任：王宗智（9月起）
副主任：刘开良（9月起）、周志伟（9月起）

【大邑县统筹城乡工作委员会办公室（11月撤销）】

主　任：周刚（11月止）
副主任：钱安桥（11月止）、严贤（11月止）、周志伟（11月止）
纪检组长：周志伟（11月止）

【中共大邑县委、大邑县人民政府信访和群众工作局】

局　长：袁雪凇
副局长：曹瑞蓉、曾渝
市民意见受理（信访群众接待）中心主任：廖柯
纪检组长：曹瑞蓉

【今日大邑采编中心】

主　任：黄映红
副主任：崔海全（3月止）、聂贵远、陈柞（3月起）
组检组长：崔海全（3月止）

【大邑县人大内设机构】

法制委员会

主任委员：陈波
副主任委员：王红
委　员：谢天新

财政经济委员会

主任委员：龙玉祥
副主任委员：邹继业
委　员：李海燕

社会事业委员会

主任委员：彭维福
副主任委员：何志明
委　员：陈嘉陵

城乡建设与环境保护委员会

主任委员：王学文
副主任委员：肖法
委　员：熊元洪

农业委员会

主任委员：唐福全
副主任委员：廖德刚
委　员：杨万良

【人大常委会内设机构】

办公室

主　任：郑建明
副主任：唐文华、吴薇
人大机关事务管理中心主任：李平
纪检组长：王雁

人事代表工作委员会

主　任：骆玉平
副主任：王蓉

预算审查工作委员会

主　任：骆建勤

信访办

主　任：杨福军

【大邑县人民政府办公室】

主　任：周宇

副主任：胡涛、杨红、李斌、岳惠玉（4月止）

应急办主任：陈一村（2月止）、李毅（2月起）

应急办副主任：黄家树

法制办主任：牟乃东

法制办副主任：杨明旭

新闻办主任：幸章跃

台、侨、外办主任：周宇

政管办（政务中心）主任：张洪伟

政务中心副主任：徐江洪

纪检组长：杨燕新

【大邑县机关事务中心】

主　任：梁峰

副主任：董建军、甘国云

【大邑县政协内设机构】

秘书长：吴强刚

副秘书长：黄家祥（5月止）、李毅（2月止）、何运科（2月起）、洪刚（5月起）、黄勇（5月起）

政协办公室

主　任：李毅（2月止）、洪刚（5月起）

副主任：罗江丽、且晓

纪检组长：池年红

政协研究室

主　任：何运科

经济（农业）委员会

主　任：曹志宇

副主任：张跃奎

社会法制委员会

主　任：王曼殊

副主任：罗洪（2月起）

提案委员会

主　任：廖开君

副主任：高静

民族宗教联谊委员会

主　任：陈亮

文史学习委员会

主　任：杜月尧

科教文卫体委员会

主　任：刘春明

副主任：程艳军

政协委员联络工作委员会

主　任：黄家祥（5月起）

副主任：乐毅

【中共大邑县纪委、大邑县监察局】

中共大邑县纪委

书　记：邱伟（6月止）、周敏（9月起）

副书记：陈勇、郑志林

常　委：但怀明（4月止）、杨文浩、王廷（4月止）、雷毅

大邑县监察局

局　长：陈勇

副局长：王廷、杨秦、刘学强（11月起）

县委巡察办

主　任：王廷（4月起）

副主任：崔海全（3月起）

第一巡察组组长：但怀明（4月起）

第二巡察组组长：陈守云（3月起）

第三巡察组组长：何龙继（3月起）

【大邑县总工会】

主　席：韦亮

副主席：雷彦、周智

纪检组长：瞿薛沁

【共青团大邑县委】

书　记：高艺超

副书记：宋平（2月止）、畅欢

【大邑县妇女联合会】

主　席：左万勇

副主席：王静、赵晓群

【大邑县科学技术协会】

主　席：刘东明

副主席：何云、李凤

【大邑县残疾人联合会】

理事长：张燕飞

副理事长：王永龙、王晋川

【大邑县红十字会】

会　长：严学茹（3月止）、薛燕（3月起）

副会长：杨咏梅

秘书长：杨送利

【民盟大邑支部】

主　委：杜月尧

副主委：蔡德军、胡易超

【大邑县工商联（商会）】

工商联主席：甘德宏

工商联副主席：汪中林、何中雯、张远彬、李世宏、李建兵、李敬、赵春、李雪梅、周志梭、刘帆、尚红光、张泽培、李莉、冯睿、鲁庆峰、文永均、徐振东、唐建波、张万良

（商会）会　长：甘德宏

副会长：丁骐、岳成文、谢许祥、闵辉、刘文章、杨朝家、刘亚斌、彭伟、刘焕元、冉学忠、李竹燕、熊学明、罗志林、王崇福、肖玉昌、李伦忠、魏晓林、岳成平

工商联（商会）秘书长：张义

工商联（商会）副秘书长：陈超、李敬尧、刘杨

【大邑县人民检察院】

检察长：古剑（1月起）

副检察长：陈文、袁青、陈翔

政治处主任：刘越知

专职委员：王建刚、王振春

反贪局局长：池济波

纪检组长：李庆强

【大邑县人民法院】

院　长：余　涛

副院长：吴成彬、刘明伟、张广宇、梁楷（10月起）

执行局局长：王世伟

政治处主任：肖娅

专职委员：杨麟

纪检组长：刘辉

【大邑县发展和改革局】

局　长：余岚（3月止）、张年（3月起）

副局长：杨林、田莉（5月止）

纪检组长：卢雪

【大邑县经济和信息化局】

党组书记：张勇

局　长：薛燕（1月止）、张勇（2月起）

副局长：罗洪（2月止）、兰兴吉、李科（3月起）

县工业和信息化服务中心主任：彭跃武

纪检组长：涂均强

【大邑县教育局】

局　长：杨文学

副局长：包蕾、顾剑波、文辉

纪检组长：何飞宇

【大邑县公安局】

局　长：巫文化

政　委：杨前

副局长：杨朝修、周光向、胡威、
钟雷、蔡橹
纪委书记：蔡橹

【大邑县财政局】
局　长：李建康（2月止）、余岚（2月起）
副局长：徐爱霞（4月止）、且成刚、伍文琴
总会计师：王倩
政府投资项目评审中心主任：谢旭东
纪检组长：罗红

【大邑县司法局】
局　长：廖波（2月止）、杨剑波（2月起）
副局长：何建国
纪检组长：何佳韡

【大邑县民政局】
局　长：张新明
副局长：罗晓勇、袁涛
县老龄办主任：刘诚
纪检组长：李玉洁

【大邑县人力资源和社会保障局】
局　长：王冰
副局长：王胜斌、高翔
公务员局局长：王冰
就业局局长：刘孝伟
医保局局长：余刚
社保局副局长：何浩煦
军队转业安置办主任：李晓东
劳动人事争议仲裁院院长：陈志刚
纪检组长：何龙继（3月止）、张春（3月起）

【大邑县国土资源局】
局　长：张天
副局长：邓宇江（5月止）、彭宏伟（1月止）、
杨华岭、杨春丽（3月起）
土地储备中心主任：张天（6月止）、
钟财帮（11月起）
不动产登记中心主任：吴疆
纪检组长：吕吉全

【大邑县环境保护局】
局　长：杨良
副局长：杨建林、黄静
监测站站长：郑鸿兴
纪检组长：廖学忠

【大邑县城乡建设局】
局　长：黄睿
副局长：王雪川、张明文
总工程师：王顺成
建设服务中心主任：方铭
优化评审中心主任：陈海全
纪检组长：杨海波

【大邑县人防办】
主　任：黄睿

【大邑县规划管理局】
局　长：王东
副局长：朱建炜、陈开浒（3月起）
总规划师：刘向林
纪检组长：李飞虎

【大邑县城市管理局】
局　长：杨文浩
副局长：蔡雪梅、冯勇
纪检组长：万勇
城市管理综合执法大队大队长：杨凯
大邑县市政环境卫生服务中心主任：方健

【大邑县安全生产监督管理局】
局　长：黄寅
副局长：周波、刘团

【大邑县旅游和商务局】

党组书记：戴勇
局　长：岳慧玉（4月起）
副局长：郭雷
商贸服务中心主任：瞿湘云
市场管理服务中心主任：王浩
纪检组长：杨向东

【大邑县统计局】

局　长：刘晓渊
副局长：徐杨、毛国良
普查中心主任：李雁莉
纪检组长：徐杨

【大邑县交通运输局】

局　长：陶永刚（2月止）、杨成贵（2月起）
副局长：肖锋、陈建伟（4月起）
纪检组长：王继康

【大邑县水务局】

局　长：王东
副局长：杨超、甘勇
纪检组长：杜建康

【大邑县市场和质量监督管理局】

局　长：刘建军
副局长：骆俊刚、黄涛、赵松柏、常青
市场和质量监督管理综合执法大队大队长：陈军
纪检组长：万琴

【大邑县农村发展和林业园林局】

局　长：石建坤
副局长：邹波、倪若玉（5月止）、蒲玉忠

农村发展服务中心

主　任：倪若玉（5月起）
副主任：柯林涛（3月止）、张敏、
　　　　程静（4月起）、粟彬（4月起）
园林绿化服务中心主任：罗晓彦
农业综合执法大队（县林业执法大队，县动物卫生监督所）大队长（所长）：黄孝斌
森林公安局（森林警察大队）局长（大队长）：
　　张黎明
纪检组长：张献

【大邑县卫生和计划生育局】

局　长：邹涛
副局长：刘琼、艾正宏、杨敬东
纪检组长：贺飞

【大邑县文化体育广电新闻出版局】

局　长：周琴
副局长：陈奇
文化市场综合执法大队大队长: 杨林
纪检组长：陈雨果（3月止）、刘昆（3月起）

【大邑广播电视台】

台　长：周琴
副台长：肖映雪、张江俊

【大邑县审计局】

局　长：马青松（12月止）
副局长：邓琴、黄烨
总审计师：杜科
经济责任审计办公室主任：任彬
基建投资审计中心主任：林爽
纪检组长：陈恳

【大邑县投资促进局】

局　长：舒静
副局长：谭然、蒋晓黎、陈进元、杨勇
纪检组长：仲继涛

【大邑县房产管理局】

局　长：罗新丽（3月止）、余松林（3月起）
副局长：陈林聪、周利、张显

纪检组长：赵勇

【大邑县科学技术局】

局　长：卢庆

副局长：曾莉萍（4月止）、杨永福、刘东明（3月起）

纪检组长：曾莉萍

【大邑县档案局】

局　长：黎杨琦

副局长：李俊辉、黄庆明

【大邑县粮食局】

局　长：张云

副局长：杨毓强、马晓丹

【大邑县防震减灾局】

局　长：王世忠

【大邑县政府金融工作办公室】

主　任：李建康（1月止）、杨剑波（1—2月）、李果（5月起）

副主任：李沿革

【刘氏庄园博物馆】

馆　长：张露仁

副馆长：卢勇、杨议、柯林涛（3月起）

【大邑县供销合作联合社】

主　任：卢世昂

副主任：戴兵华

纪检组长：戴兵华

【大邑县公共资源交易服务中心】

主任：张　发

副主任：李志、倪艳红（4月起）

纪检组长：林更新

【四川大邑经济开发区管委会】

主　任：黄吟啸

副主任：张福兵、周澜、王伟、屈勇、池建（5月起）

纪工委书记：何幸福

组织员：李杰

【成都西岭雪山风景名胜区管委会】

主　任：孙海彬

副主任：吴中文、赵君

纪工委书记：赵君

【大邑县交通建设投资有限公司】

董事长兼总经理：蔡亮

副总经理：王文虎（4月止）、石柱、康剑（5月起）

【成都市惠邑（惠山）城市投资有限公司】

董事长（兼总经理）：付一

副总经理：王军、肖新功

【成都大邑建设发展有限公司】

董事长（兼总经理）：王静涛

【大邑县担保公司】

董事长（兼总经理）：刘艳涛

【成都西岭水务投资有限公司】

董事长（兼总经理）：朱兴建

副总经理：徐志良、高涵（5月起）

【大邑县现代农业发展投资有限公司】

董事长（兼总经理）：牟乃川

副总经理：王明珍、王际惠

【国家电网大邑供电公司】

总经理：刘科

副总经理：周继红、杨朝清、李邦云、郭飞

纪委书记：刘宏

【大邑县公安消防大队】

大队长：代思敏

教导员：吴昊（5月止）、刘悦（代理，6—8月）、李貌（8月起）

【国家统计局大邑调查队】

队　长：郑循忠

副队长：倪艳辉

【大邑县国家税务局】

局　长：周志忠（4月止）、白虹（4月起）

副局长：张冀、江波、徐世滔（3月起）

纪检组长：徐世滔（3月止）、齐晓飞（3月起）

【大邑县地方税务局】

局　长：杨晓峰

副局长：汪宾、赵友明

总会计师：黄剑波

纪检组长：周常明

【大邑县气象局】

局　长：李睿

副局长：刘胜、姚鹏（12月起）

【四川省盐业总公司大邑支公司 成都市盐政市场稽查处大邑县盐政管理所】

总经理（所长）：孙华志

副经理：程建辉

【大邑县烟草专卖局、四川省烟草公司成都市公司大邑分公司】

局长（经理）：景世林

副局长：刘心一（3月起）

副经理：熊云龙

【四川银监局大邑监管办事处】

主　任：刘金川

【人行大邑支行】

行　长：李明

副行长：鲁世章、许永洪（12月起）

纪检组长：鲁世章

【农行大邑支行】

行　长：游波（12月止）

副行长：王伟（12月起，主持工作）、王学良、孙季（2月起）、张洁（1—5月）

纪委书记：王学良

【农发行大邑支行】

行　长：郭雪丹（8月止）

副行长：张锡华（8月起，代为履行行长职责）、谢力、吴建华

【中国建设银行股份有限公司大邑支行】

行　长：许强（5月止）、李柯柯（11月起）

副行长：龙刚、李柯柯（11月止）

【中国银行大邑支行】

行　长：喻泽祥

副行长：尚刚、赵华、刘娜

【成都银行股份有限公司大邑支行】

行　长：蒋瑛

【成都农商银行大邑支行】

行　长：钟涛

副行长：杨彬

【大邑交银兴民村镇银行】

董事长：孙健

行　长：孙晴

副行长：张彬

【中国工商银行股份有限公司大邑支行】

行　长：张琨

副行长：杨谦、姜晓

【中国邮政集团公司四川省大邑县分公司】

总经理：何阳（7月止）、黎洪君（7月起）

副经理：陈晓莉

【邮储银行】

行　长：刘营

【中国人民财产保险股份有限公司大邑支公司】

经　理：蔡祥

副经理：李波（2月起）

【中国人寿保险股份有限公司大邑县支公司】

经　理：安承业

副经理：周一帆（9月止）

【四川省电信有限公司大邑分公司】

总经理：冯涛

副总经理：朱莉、邓琼、王显均

【四川移动通信有限公司大邑分公司】

总经理：陈渊

【晋原街道】

党工委书记：杨成贵（2月止）、邓岗（2月起）

党工委副书记：张勇、罗瑾 、雷成江

办事处主任：张勇

办事处副主任：夏朝阳 、屈剑、牟中跃、李燕

人大工委主席：余易陶

组织委员：张春（3月止）

【安仁镇】

党委书记：陈建刚

党委副书记：罗孝成、刘海、邹红梅

镇　长：罗孝成

副镇长：严霞、任志春、郑强、李万里

人大主席：陈嘉陵

人大副主席：徐开伟

组织委员：徐开伟

【王泗镇】

党委书记：张忠诚（3月止）、曾烈军（3月起）

党委副书记：廖凌、牟国栋、付娟

镇　长：廖凌

副镇长：刘开良（11月止）、张强、顾元慧

人大主席：曹德军

人大副主席：蒋斌

组织委员：蒋斌

【沙渠镇】

党委书记：方文祥

党委副书记：王顺东、徐尚义（5月止）、任文超（3月止）、郑歆（4月起）、袁　惠（4月起）

镇　长：王顺东

副镇长：黄波、王磊、袁惠（4月止）、姚军、王中琼（4月起）

人大主席：熊元洪

人大副主席：张亚强

组织委员：张亚强

【韩场镇】

党委书记：徐家波

党委副书记：王一谦(4月止)、彭东(5月起)、戴晓兵、李红林

镇　长：王一谦（4月止）、彭东（5月起）

副镇长：姜勇波、杨彬、张军

人大主席：朱新维

人大副主席：周睿

组织委员：周睿

【新场镇】

党委书记：杜川

党委副书记：车永涛(3月止)、任文超(3月起)、王　蓉、杨剑铭

镇　长：车永涛（3月止）、任文超（6月起）
副镇长：曹巍、周珍、王森
人大主席：李毅
人大副主席：董品良
组织委员：董品良

【花水湾镇】
党委书记：王宗智
党委副书记：洪刚（4月止）、刘森尧（4月起）、李实、王洪
镇　长：洪刚（4月止）、刘森尧（6月起）
副镇长：李建忠、洪勇
人大主席：赵买存
人大副主席：周士焱
组织委员：周士焱

【蔡场镇】
党委书记：付永慧
党委副书记：罗伟、徐靖辉、杜家陆
镇　长：罗伟
副镇长：杨明刚、王俊海、严李琴
人大主席：苏勤昭
人大副主席：刘珂利
组织委员：刘珂利

【苏家镇】
党委书记：曾烈军（3月止）、廖波（3月起）
党委副书记：熊小钢、张利祥、肖力
镇　长：熊小钢
副镇长：王丽琼、周晓东（6月止）、张寿兵（6月起）
人大主席：张远翔
人大副主席：杨直
组织委员：杨直

【悦来镇】
党委书记：余松林（2月止）、车永涛（3月起）
党委副书记：刘成云、陈良军、杨勇
镇　长：刘成云
副镇长：罗炜、胥燕春、慧力
人大主席：宁兴贵
人大副主席：李永建
组织委员：李永建

【董场镇】
党委书记：余红云
党委副书记：范瑶、郑歆（5月止）、余成军
镇　长：范瑶
副镇长：舒旭、黄明立、张寿兵（6月止）、周晓东（6月起）
人大主席：张俊
人大副主席：曾泽军
组织委员：曾泽军

【青霞镇】
党委书记：代强
党委副书记：洪涛、王林茂、周洪（1月起）
镇　长：洪涛
副镇长：王剑平、万水君、周文武
人大主席：孙正勇
人大副主席：郑洁（1月起）
组织委员：郑洁

【三岔镇】
党委书记：朱斌
党委副书记：王正中、李莉、李青春
镇　长：王正中
副镇长：胡易超、胡吉波
人大主席：谢天新
人大副主席：张健
组织委员：张健

【西岭镇】
党委书记：叶仲勤
党委副书记：周水彬、车丽、陈贵林
镇　长：周水彬

副镇长：吴讯舟、张浩东、白继杨
人大主席：黄仁尧
人大副主席：李科（7月止）
组织委员：李科（7月止）

【邮江镇】
党委书记：黄勇（5月止）、王一谦（5月起）
党委副书记：郑江云、代莉、戴柯
镇　长：代莉
副镇长：王勇、李华
人大主席：高学智
人大副主席：杨理良
组织委员：杨理良

【斜源镇】
党委书记：张年（2月止）、金玉良（2月起）
党委副书记：田勇、李红辉、李尚伟
镇　长：田勇
副镇长：陈开浒（2月止）、郭文俊、
　　　　文毅（3月起）
人大主席：胡智勇
人大副主席：周典
组织委员：周典

【上安镇】
党委书记：冉云
党委副书记：陈建康、王青贵、孙山
镇　长：陈建康
副镇长：汤娟、田维
人大主席：刘怀檜

人大副主席：胥水清
组织委员：胥水清

【鹤鸣乡】
党委书记：洪浏
党委副书记：万正东、何加兵、林强
乡　长：万正东
副乡长：周竹青、王米珣
人大主席：范学林
人大副主席：游旭
组织委员：游旭

【雾山乡】
党委书记：陈万勇
党委副书记：牟林奇、郭彦、李红良
乡　长：牟林奇
副乡长：胥进、刘建中
人大主席：刘洪伟
人大副主席：赵琳琳
组织委员：赵琳琳

【金星乡】
党委书记：何君祥
党委副书记：胡文田、刘焘、徐斌
乡　长：胡文田
副乡长：闫辉、陈红
人大主席：李海燕
人大副主席：庞晏
组织委员：庞晏

DAYI YEARBOOK

索 引

D

E

F

G

H

J

K

L

M

N

P

Q

R

S

T

W

X

Y

Z

大邑县行

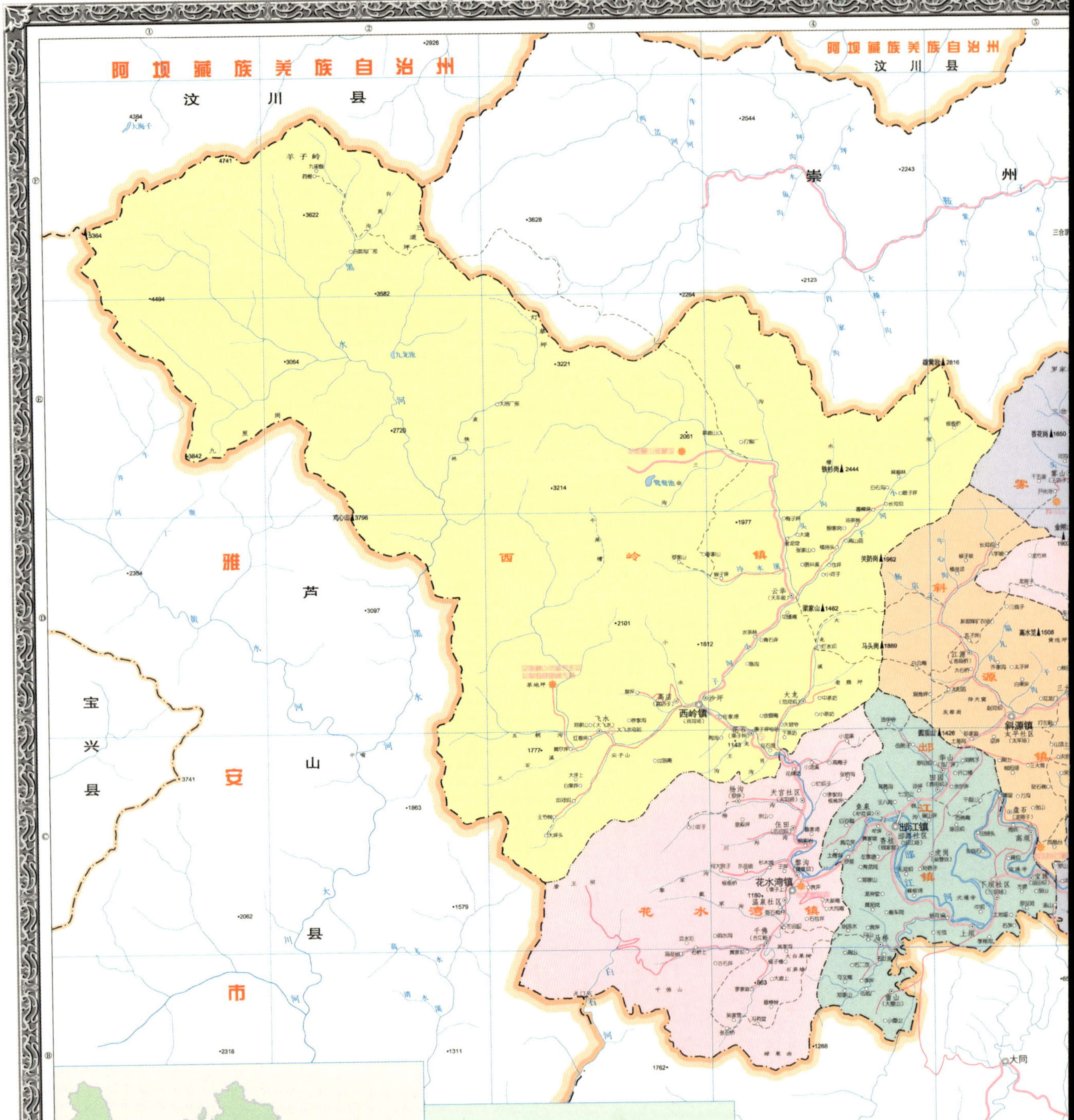

大邑县行政区划图
审图号:川S(2006)61号
成都地图出版社